Martin Hauzenberger

Franz Hohler
Der realistische Fantast

Der Autor und der Verlag danken für die
großzügige Unterstützung:

Cassinelli-Vogel-Stiftung
Elisabeth Jenny-Stiftung

MIGROS
kulturprozent

Erste Auflage Herbst 2015
Alle Rechte vorbehalten
Copyright © 2015 Römerhof Verlag, Zürich
info@roemerhof-verlag.ch
www.roemerhof-verlag.ch

Fotos Umschlag:
Porträt Franz Hohler: © Christian Altorfer
Porträt Martin Hauzenberger: © Bruno Schlatter

Druck und Bindung: CPI – Ebner & Spiegel, Ulm
Papier: Schleipen Werkdruck, spezialweiß, 80 g/m², 1.75

ISBN 978-3-905894-33-2

Inhalt

Einleitung 08
Ein reiches Künstlerleben, das bisher noch nie gesamthaft beschrieben wurde

1. **Kindheit** 22
   Der Trip der frühen Jahre: von Biel durch den Jura nach Seewen und zurück an den Jurasüdfuß nach Olten

2. **Jugend** 37
   Cello, Schule, Sport, Familie, Kirche, Lesen, Schreiben, Zeichnen: Eine Jugend voller Leben und Inspiration

3. **Studium** 75
   Von Germanisten und Romanisten lernen: Die Universität liefert dem Universalkünstler reichlich Inspiration

4. **Von »Pizzicato« zu den »Doppelgriffen«** 80
   Aus dem Heizungskeller auf die Kellerbühnen: Die Kulturszene entdeckt einen Kabarettisten mit neuen Tönen

5. **Die ersten Bücher** 111
   Eine Handvoll guter Geschichten zwischen Buchdeckeln: Der Erzähler erreicht das Publikum auch ohne Bühne

---

▸ Hugo Ramseyer, *Verleger und ehemaliger Kleintheater- und Galerieleiter* 118
▸ Dimitri, *Clown und Freund* 120

- Joy Matter, *Freundin*.................................. 123
- Emil Steinberger, *Kabarettist und Freund*............... 126
- Joachim Rittmeyer, *Kabarettist und Freund*............. 128
- dodo hug, *Sängerin Musikerin Comédienne*............... 130
- Hansueli von Allmen, *Gründer und Leiter des »Schweizerischen Archivs Cabaret Chanson Mundartrock Mimen«*... 133
- Heinrich von Grünigen, *Journalist und ehemaliger Programmleiter von Radio DRS1* 135

6. **Ursula und die Söhne** 138
   Mit einer Studienkollegin findet der junge Künstler das private Glück als Ehemann und Vater zweier Söhne

7. **1973 gibts viel Neues**................................. 150
   Ein fruchtbares Jahr: Kabarett mit Rahmenhandlung, Kinderprogramme am Fernsehen, neue Geschichten

8. **Die Siebzigerjahre** 162
   Die Welt und die Politik hören nicht an der Bühnentüre auf: Der heitere Humorist findet auch ernste Töne

9. **Die Achtzigerjahre** 179
   Preisverweigerungen und Sendeverbote: Hohlers großer Erfolg beim Publikum nervt die Neider und Kritiker

- Gunhild Kübler, *Literaturkritikerin*..................... 225
- Heide Genre, *Journalistin und ehemalige Redaktorin der »Denkpause« am Fernsehen DRS* 227
- Tobias Wyss, *Regisseur und Freund* 230
- Beatrice Eichmann-Leutenegger, *Literaturkritikerin* 232
- Klaus Siblewski, *Lektor Luchterhand Literaturverlag*..... 235
- Ursus & Nadeschkin, *Clowns und Freunde* 238

- Lorenz Keiser, *Kabarettist und Freund* 240
- Christine Lötscher, *Literaturkritikerin und Kinderbuchspezialistin*. 243

10. **Die Neunzigerjahre** 246
    Das eindrückliche Gesamtwerk wächst immer weiter und kommt live und in Büchern an die Öffentlichkeit

11. **Das neue Jahrtausend**. 284
    »52 Wanderungen«, »Spaziergänge«, »Immer höher«: Der Beobachter geht zu Fuß – und weiß viel zu erzählen

12. **Franz Hohler für die Kinder** 336
    Dreimal Tschipo und jede Menge Bilder- und Geschichtenbücher: Für die Kleinen ist Franz einer der Größten

13. **Was auch noch war** 347
    350 Seiten Buch ohne jeden Anspruch auf Vollständigkeit: Es gibt noch viel zu entdecken und zu erzählen

- Urs Widmer, *Schriftsteller* 364
- Lukas Bärfuss, *Schriftsteller* 368

Anhang. 377
- Schweizerdeutsches Glossar. 377
- Werkverzeichnis und Auszeichnungen. 379
- Text- und Bildnachweis 386
- Personenverzeichnis. 387

Einleitung

Jahresanfang 2015, St. Gallen. Die Kellerbühne feiert zwei Monate lang ihr 50-jähriges Bestehen, und eine ganze Reihe von Künstlern feiert mit – nach dem Motto »seit 5, seit 10, seit 15 Jahren treu«. Zum Abschluss ist Ende Februar Franz Hohler an der Reihe und »spaziert durch sein Gesamtwerk«. Er ist der Treueste unter den Mitfeiernden, denn er ist der Kellerbühne »seit 50 Jahren treu«. Auch er hat in diesem Jahr ein halbes Jahrhundert hinter sich: 50 Jahre solo auf den Bühnen der Schweiz und vieler weiterer Länder. Und er gehörte 1965 zu den ersten Künstlern auf der St. Galler Bühne. Sie war damals sein erster Auftrittsort außerhalb von Zürich, die Deuxième nach seinem Start im Heizungskeller der Zürcher Universität.

Das Publikum, das an Franz Hohlers Spaziergang durch sein Werk teilnehmen will, ist bunt gemischt, auch altersmäßig. Natürlich dominieren die Jahrgänge aus seiner Generation – in der Kulturszene wird ein solches Publikum mit mehrheitlich grau melierten und weißen Häuptern auch liebevoll ironisch »Silbersee« genannt. Aber es sind auch Jüngere bis ganz Junge da – Franz Hohler holt mit seinen Texten immer neue Generationen ab –, und viele von ihnen lassen in ihren Bemerkungen deutlich hören, dass sie immer in die Kellerbühne kommen, wenn es hohlert in St. Gallen.

Hohlers Texte, ein breiter Querschnitt durchs riesige Gesamtwerk mit Ausflügen bis an den Anfang seiner Karriere wecken schöne alte Erinnerungen, überraschen mit Unbekanntem. Der Jubilar ist frisch wie eh und je. Und er hat sein Publikum gut »erzogen«: Als gegen Ende das unverwüstliche – auch schon fast fünfzig Jahre alte – »Bärndütsche Gschichtli« alias »Totemügerli« seinen Auftritt hat, ist der Applaus zwar begeistert, aber nicht stärker als bei anderen Texten. Die Angst aller Künstler, die einmal einen Megahit gelandet haben, dass das Publikum nur noch auf diesen einen Titel warte, verfliegt bei Hohlers Vielseitigkeit im Nu.

Die Vielfalt dieses Gesamtwerks und seines Verfassers im Überblick zu präsentieren ist die Idee dieses Buchs. Ich bin weder Literaturwissenschaftler noch Schriftsteller, sondern Journalist und Liedermacher, das Buch ist deshalb weder wissenschaftlich noch literarisch. Es ist eine Chronik von Franz Hohlers Leben und seiner Arbeit – die eng miteinander verwoben sind – und damit auch ein Stück Geschichte der Schweiz in den letzten sieben Jahrzehnten. Für diese Chronik habe ich viele Urteile und Berichte von Kolleginnen und Kollegen aus der Kultur- und der Medienszene zusammengetragen. Erst die Summe vieler Subjektivitäten ergibt eine Art von Objektivität.

Franz Hohler war an diesem Buch beteiligt, durch sein gutes Erinnerungsvermögen und sein reich bestücktes Privatarchiv, aus dem er laufend Teile ins »Schweizerische Archiv Cabaret Chanson Mundartrock Mimen« von Hansueli von Allmen in Gwatt/Thun und ins Schweizerische Literaturarchiv in Bern transferiert. Er hat den Text gelesen – und außer technischen Details und Tippfehlern nichts geändert.

Wer auf brisante Enthüllungen hofft, wird enttäuscht. Ich kann und will keine bieten. Überraschende Entdeckungen aber schon. Im Übrigen ist es unmöglich, Stimmen zu finden, die Hohler als Person schlechtmachen. Harte politische oder inhaltliche Kritik gibt es zuhauf, Zweifel an seinen künstlerischen oder schriftstellerischen Fähigkeiten gelegentlich, begründete Einwände gegen seine persönliche Integrität gar nicht.

Wer viel Hohler gelesen hat, wird viel Bekanntes finden: Er hat in vielen Geschichten und Gedichten einen wichtigen Teil seiner Biografie selbst geschrieben. Wenn diese Darstellung von außen also immer wieder auch solche Innensichten zitiert, dann nicht zuletzt, um den Leserinnen und Lesern neue Lust aufs Hohler'sche Schreiben zu machen. Es ist ein großes und vielseitiges Werk zu entdecken. Das wusste ich zwar schon, bevor ich zu recherchieren begann, aber dieses Vorwissen hat sich mehr als bestätigt.

Ein großer Dank gebührt Hansueli von Allmen, dem pensionierten Stadtpräsidenten von Thun. In seinem privat gegründeten und geführten Cabaretarchiv – das ein ähnliches Alter hat wie Franz Hohlers Karriere – hat er mit bewundernswerter Ausdauer und Hartnäckigkeit die Schweizer Kleinkunstszene dokumentiert. Ohne die ungezählten Zeitungsartikel und Dokumente, die er gesammelt hat, wäre dieses Buch nicht zu schreiben gewesen. Ich danke ihm, dass er mich zu einem belesenen Hohler-Kenner gemacht hat. Im Archiv, wunderbar betreut von seiner Frau Anita, habe ich unzählige Entdeckungen gemacht – wie etwa den Gästebucheintrag: »Trost: Bin ich einmal alt und schief, so bin ich doch noch im Archiv. Franz Hohler, 6. 7. 1979.«

Was Hansueli von Allmens Sammlung für Franz Hohler, den Kabarettisten, bedeutet, das ist das Schweizerische Literaturarchiv in der Nationalbibliothek in Bern für Franz Hohler, den Schriftsteller. Dort habe ich manchen Fund, vor allem über Hohlers Jugend gemacht, die ihn zum Teil selbst überrascht haben. Auf meine Bemerkung in einem Gespräch, eine bestimmte Information hätte ich in Bern im Archiv gefunden, antwortete Hohler: »Es ist alles im Archiv, dann brauche ich nicht mehr daran zu denken.« Ulrich Weber, der dort Hohlers Dossiers betreut – von Nachlass muss man ja zum Glück noch nicht sprechen –, danke ich ebenfalls ganz herzlich für seine kompetente Hilfe und Geduld.

Fehler sind bei einer solchen Chronik selbstverständlich nicht zu vermeiden. Franz Hohler weiß in solchen Fällen Trost: Im Literaturarchiv findet sich eine ganze Sammlung von Tippfehlern von ihm selbst und von Leuten, die ihm geschrieben haben. Er notierte dazu: »In der Vor-Computerzeit habe ich Briefe, die ich nochmals anfangen musste, weil sich ein Fehler eingeschlichen hatte, aufbewahrt. Fehler sind etwas Erheiterndes, bitte laut und langsam lesen ... F. H.«

Bei der Recherche im Archiv zeigte sich, dass er in der Schweiz und ganz besonders in Oerlikon sehr bekannt ist: Ob jemand einen Brief an Höhle, Huler oder Höttler schrieb, ob Grübel-, Rubel-, Guge- oder Ampelstraße – es kam alles zu Franz Hohler an die Gubelstraße, sogar wenn auf dem Couvert lediglich stand: »Franz Hohler, irgendwo in Oerlikon zwischen Betonklötzen, aber mit einigen wiegenden Birkenzweigen vor dem Fenster, immerhin.«

Hohler tauchte sogar in Kontaktinseraten auf: »Selbstinserent küsst Dich vorerst nur mit Stichworten: Kultur, Erotik, Humor, Franz Hohler, Intelligenz, Bücher, Beiz, Theater, Schmusen, Sonne, Tofu, Treue (...) Undsoheiter.« Oder: »Wie ich aussehe? Wie F. Hohler, und Du?« Hohler schrieb als Kommentar zu diesen Inseraten: »Ich habe übrigens Paare getroffen, für welche der Besuch eines meiner Bühnenprogramme der Anfang ihrer Beziehung war. Manchmal standen auch schon Kinder dabei, an denen ich gewissermaßen mitschuldig war ...«

Es mag sein, dass meine Darstellung von Franz Hohlers Leben und Werk zu wenig kritisch daherkommt. Aber wenn ich sein Werk nicht gut fände, hätte ich diese Arbeit nicht auf mich genommen. Zudem hat Hohler in reichem Maße die Eigenschaft, die seinen Witz erst zum Humor macht: Selbstironie. Wenn er auf seiner – übrigens höchst besuchenswerten – Website *www.franzhohler.ch* nur die schlechtesten Rezensionen über seine Werke wiedergibt, mögen die einen das als Pose kritisieren, aber Humor braucht es dafür allemal. Und sollte das Buch zu einer Hagiografie geworden sein, dann seis drum. Es sind schlechtere Leute und Werke heiliggesprochen und -geschrieben worden.

17 Persönlichkeiten habe ich direkt zu ihren Erinnerungen an Franz Hohler befragt, 15 von ihnen in einem persönlichen Gespräch. Ich erstellte dann ein Gesprächsprotokoll, das von den Befragten mehr oder weniger stark überarbeitet wurde. Klaus Siblewski, Hohlers Lektor im Luchterhand Verlag, antwortete schriftlich auf meine Fragen, Emil Steinberger schrieb einen eigenen Text. Franz Hohlers Frau Ursula und seine Söhne Lukas und Kaspar sowie Franz' älterer Bruder Peter erhellten das familiäre Umfeld. Ihnen allen danke ich für ihre Auskünfte.

Ich danke dem Team des Römerhof Verlags, in erster Linie Lektor Felix Ghezzi, der mit seinen Bemerkungen und Rückfragen das für die 1968er-Generation allzu Selbstverständliche auch für die Nachgeborenen verständlich gemacht und einige Fehler ausgemerzt hat. Ebenso Verlegerin Anne Rüffer für das Ermöglichen dieses Projekts, Grafikerin Saskia Noll für ihre optische Umsetzung, Sandra Iseli und Stefanie Keller für die Öffentlichkeitsarbeit und Vincens Rüedi, der als Verlagsvolontär in einem Brainstorming für mögliche Biografien einst den Namen Franz Hohler ins Spiel brachte. Und vor allem meiner wunderbaren Lebenspartnerin Gaby Labhart für ihre große Hilfe und noch viel größere Geduld.

Die beiden Familienquartette

links · Franz Hohler mit seiner Frau Ursula und den beiden Söhnen Lukas (links) und Kaspar in den Winterferien in Pontresina 1987/88
rechts · und mit seinen Eltern und dem älteren Bruder Peter 2005 beim Jassen im Elternhaus in Olten.

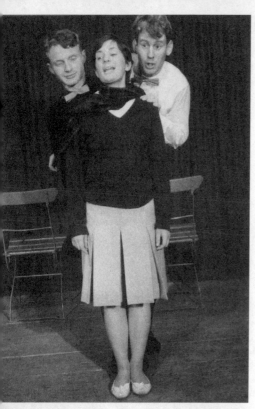

Viermal Kabarettist Hohler

links oben · Franz Hohler 1985 als Ko-Pilot Leuenberger in »Der Flug nach Milano« vor der zum »Flugzeug« umgebauten Mühle Hunziken bei Bern mit »Mühli-Pesche« Burkhart (S. 205)
links unten · Franz Hohler 1994 als Drachentöter Georg der 94. am Ende der »Drachenjagd« – mit dem frisch geschlüpften kleinen Drachen (S. 267ff.)
rechts oben · Jungkabarettist Hohler (rechts) 1962 mit Hans Byland und Brigitta de Haën im Aarauer Schülerkabarett »Trotzdem« (S. 71ff.)
rechts unten · Franz Hohler im Duett mit seinem Vorbild und Freund Hanns Dieter Hüsch (S. 276ff.)

Cellist Franz Hohler im Zusammenspiel mit den Kollegen

links oben · Auftritt für Amnesty International mit dem Liedermacherkollegen und Freund Mani Matter, Anfang der 1970er-Jahre

links unten · Die vier Cellisten Urs Frauchiger, Jürg Jegge, Franz Hohler und Joachim Rittmeyer (von links) in der Sendung »Treffpunkt Studio Bern« (der Radiosendung mit Bühnenbild) Ende März 1981 (S. 185)

»Ganz für Franz« zu Hohlers 60. Geburtstag im Zürcher Volkshaus am 28. Februar 2003 (S. 293ff.)

rechts oben · (v. l.) Moderator Röbi Koller im Gespräch mit René Quellet, Dimitri und Emil

rechts unten · Gruppenbild mit Hohler: Die versammelten Freundinnen und Freunde applaudieren dem Geburtstagskind.

Franz Hohler am Bildschirm

links · »Franz & René« auf ihrem Spezialtandem für die Kindersendung »Spielhaus« – kurz bevor Franz nach links und René nach rechts abzubiegen versucht.

Franz Hohlers satirische Denkpause vor »Aktenzeichen XY« (S. 180 ff.)

rechts oben · Die Ware Hohler wird mit einem ordentlichen Strichcode versehen.
rechts unten · (v. r.) Franz Hohler mit Redaktorin Heide Genre und Regisseur Werner Gröner

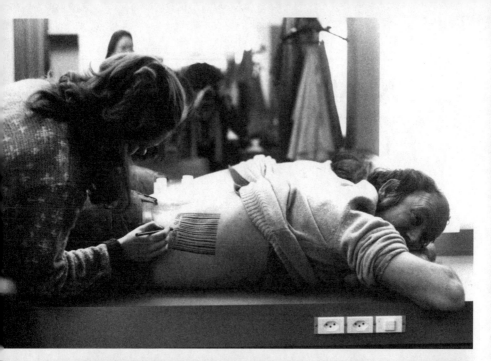

Kindheit

1

Am Anfang war der Fuß. Der Jurasüdfuß. Dort liegt Biel, wo Franz Hohler am 1. März 1943, »in der zweiten Stunde des Tages«, wie er später schrieb – genauer, um ein Uhr fünfzehn –, im Bezirksspital geboren wurde. Im Kanton Bern also. Wenn später Journalisten ihn als »Berner Kabarettisten« bezeichneten, waren sie zwar eher von seinem »Bärndütsche Gschichtli« beeinflusst. Aber zumindest Hohlers Geburtsort gab ihnen recht.

Dass Franz Hohler seinen Lebensweg außerhalb des Heimatkantons Solothurn begann, hatte weltpolitische Gründe. Er ist mit Jahrgang 1943 ein Kriegskind, geboren *»in dieser Zeit, da Krieg war in den übrigen Teilen der Welt, auf die ich kam, und mein Vater war im Militärdienst, um die Grenzen unseres Landes, als dessen Bürger ich, ob ich wollte oder nicht, geboren wurde, zu bewachen, hinter einer Flabkanone, für welche er die Abstände zu errechnen hatte, um welche die Kanone dem abzuschießenden feindlichen Flugzeug vorausgerichtet werden* *musste oder müsste, wenn eins käme, oder hätte müssen, wenn eins gekommen wäre. Das Wort dafür hieß ›telemetrieren‹, aber davon wusste ich zur Zeit meiner Geburt, in Biel also, noch nichts.*« So schrieb Hohler in einem Text, den er für den 1993 bei Luchterhand erschienenen Band »Franz Hohler – Texte, Daten, Bilder« verfasste, basierend auf einem Artikel im zweisprachigen Bieler Gratisblatt »Biel-Bienne« vom 15. Juni 1978 unter dem Titel »Ich bin ein Bieler – Je suis Biennois«.

Mit dem Vater im Aktivdienst brauchte die schwangere Mutter Hilfe bei der Betreuung des zweijährigen Peter, Franz' älterem Bruder. Und weil ihre Eltern in Biel wohnten, war die Stadt am See die logische Wahl – und wurde so zum Geburtsort für Franz Hohler.

Die zwei Geburtsorte Biel BE und Seewen SO

Viele Jahre später musste dieser dann allerdings lernen, dass er doch kein echter Bieler, sondern amtlich gesehen in Seewen im Kanton Solothurn zur Welt gekommen ist. Seine Eltern lebten damals dort als Lehrerehepaar – da die Mutter denselben Beruf hatte, konnte sie ihren Mann bei Abwesenheiten auch gleich vertreten. Und Franz Hohler erfuhr Jahre später, als er in Uetikon am Zürichsee seinen ersten Sohn auf der Gemeindeverwaltung anmelden wollte, dass in der Schweiz nicht der Ort, in dessen Spital man zur Welt kommt, sondern der Wohnort der Eltern der offizielle Geburtsort ist. Was ihn vom Bieler zum Seewener machte – oder zum »Seebner«, wie das im lokalen Dialekt heißt.

Doch als er diesen formaljuristischen Fehler bemerkte, war eben eine Anthologie mit Schweizer Schriftstellern erschienen, erzählte er Michael Augustin und Walter Weber von Radio Bremen, die ihn 2013 zum 70. Geburtstag in der Hommage »Der Wort-Werker« porträtierten: »Und auf der Umschlaginnenseite war eine Schweizerkarte mit kleinen Fotos der Autoren neben der Stadt oder dem Ort, von dem sie kamen. Und bei Biel war links Robert Walser abgebildet, und rechts war ich. Als ich das sah – ich liebe ja Robert Walser unglaublich –, sagte ich mir: ›Diesen Geburtsort gebe ich nicht mehr her!‹ Und seither komme ich aus Biel.«

Geboren wurde er »im Kreisspital, meine Mutter hatte mir das sogar gezeigt, es ist heute ein Kulturzentrum, Pasquart – vielleicht hab ich schon bei der Geburt etwas Kulturschaffendes ausgestrahlt«, ist heute auf Hohlers Website zu lesen. Deren Besuch ist übrigens sehr zu empfehlen: Sie ist restlos frei von technischen Kunststücken und optischen Purzelbäumen, dafür voll von sprachlichem und inhaltlichem Witz.

Gleich nach der Geburt ging die Lebensreise dann tatsächlich in den Kanton Solothurn, und zwar zuerst ganz nach Norden ins erwähnte Seewen im Schwarzbubenland. Diese Region gehört zwar zum Kanton Solothurn, liegt von der Kantonshauptstadt aus gesehen aber buchstäblich hinter den sieben Bergen. Basel ist von hier aus viel leichter zu erreichen als Solothurn oder Olten. Der Kanton Solothurn erstreckt sich über viele Juratäler und -höhen. Franz Hohler bedankte sich denn auch am 29. November 1983 in Olten – als Vierzigjähriger – bei der Verleihung des kantonalen Kunstpreises, der Kanton habe ihn »in seine weitverzweigten Arme genommen wie einen verlorenen Sohn«.

An die vier Seebner Jahre erinnert sich der 72-Jährige heute kaum noch: »Seewen als Wohnort ist doch sehr verblasst.« In guter Erinnerung hat er eine Lesung im Dorf seiner frühesten Kindheit – im Museum für Musikautomaten, das heute die bekannteste Attraktion des Ortes ist. Und in der Kurzgeschichte »Kinder« in der 2008 erschienenen Sammlung »Das Ende eines ganz normalen Tages« berichtet er von einer Erinnerung an eine frühe Lebensenttäuschung:

»Kinder«

Das Haus, das wir bewohnten, stand etwas außerhalb des Dorfes, in dem mein Vater Lehrer war. Neben dem Haus befand sich ein kleiner künstlicher Weiher.

Ich war höchstens drei Jahre alt, als mein Bruder und ich beschlossen, diesen Weiher auszuschöpfen. Mit einer leeren Ovomaltinebüchse gingen wir zum Rand des Teichs und begannen damit Wasser zu schöpfen und hinter uns in den Garten zu leeren. Wir schöpften und schöpften und schöpften und konnten nicht begreifen, dass sich der Wasserspiegel nicht senken wollte und dass der Grund des Weihers so unerreichbar blieb, als hätten wir ihm nicht eine einzige Büchse Wasser entnommen.

Und auf einem der »Spaziergänge«, die Franz Hohler 2010 wöchentlich unternahm und im 2012 veröffentlichten Buch unter diesem Titel beschrieb, wanderte er am 18. April mit seinem älteren Sohn durchs Schwarzbubenland, vom Dorf Nuglar, dem »Mekka der Kirschbäume«, über die Herrenfluh mit ihrem Ausblick »*auf das sanfte Wellenmeer des Juras, aus dem kein Solist herausragt, den ich identifizieren könnte*«, nach Seewen: »*Irgendwo an einem der Waldränder oberhalb des Dorfes muss das Wochenendhäuschen gestanden haben, in dem vor etwa dreißig Jahren fünf Menschen erschossen wurden. Von dieser Geschichte weiß ich fast mehr als von meiner eigenen, von der sich ebenfalls ein Teil hier abspielte. (...) Meine frühesten Kindheitserinnerungen haben nichts zu tun mit dem Ort, den ich vor mir sehe. (...) Wo ist das Äckerchen? Im Altersheim meiner Erinnerung, zusammen mit dem Weiher, der inzwischen zum Biotop eines Einfamilienhauses geworden sein dürfte.*«

1947 ging die Lebensreise weiter, nach Olten, das zum prägenden Ort im Leben Franz Hohlers werden sollte. Die Familie lebte jetzt also definitiv am Jurasüdfuß, am Nordfuß des Hügels, der zuoberst das Sälischlössli, eines der Oltner Wahrzeichen, trägt. Reiserstraße 4 hieß die neue Adresse, und hier setzen die deutlicheren Erinnerungen von Franz ein, von denen er im Gespräch berichtet: »Die Reiserstraße ist die längste Straße in Olten. Sie beginnt bei der Passerelle über die Eisenbahnlinie von Olten nach Luzern – früher verlief auch jene nach Bern über diese Geleise, bevor die Schnellzugstrecke der Bahn 2000 gebaut wurde – und geht bis zum Friedhof Meisenhard. Unser Haus Nummer 4 ist gleich bei der Passerelle. Das Gebiet etwas weiter oben gegen den Waldrand ist heute praktisch überbaut, aber zu unserer Zeit war das eine große Wiese, da wirtschaftete der Bauer Wyss. Auf dieser Fustlig-Matte konnte man im Winter noch Ski fahren.«

Franz Hohler setzte dieser Gegend später ein heimliches literarisches Denkmal: »Das war die Landschaft, die ich für ›Tschipo in der Steinzeit‹ gebraucht habe, damit ich mir beim Beschreiben auch etwas Konkretes vorstellen konnte: die Säli-Flüe mit ihrer ›Steinzeithöhle‹, ein kleines Loch neben einem großen. Da dachte ich mir, das müsse eine Kinderhöhle gewesen sein.«

Auch der zwei Jahre ältere Bruder Peter erinnert sich gut an die Oltner Zeiten. Zwar ist Franz, der Jüngere, mittlerweile der deutlich Längere geworden, aber die beiden ähneln sich – vor allem in ihrer Art zu sprechen. Franz ist in den Medien und Kulturkreisen der Bekanntere, aber wer sich mit Schach beschäftigt, wird eher vom Älteren gehört haben. Wo Franz vor allem der Mann der Worte ist, hat sich Peter mehr den Zahlen zugewandt – und dem uralten Denksport Schach. Der Mathematiker war einer der stärksten Nachwuchsschachspieler der Schweiz, und er hat seine Fähigkeit weitergepflegt, spielt in drei verschiedenen Klubs und ist als Captain der Schweizer Nationalmannschaft der Senioren in der ganzen Welt unterwegs.

Die unterschiedlichen Interessen der beiden zeigten sich früh, wie sich Peter heute erinnert: »Aus meiner Jugend gibt es Bilder – und ich erinnere mich daran –, wie ich das aufrollbare, für Schneidereiarbeiten verwendete Zentimetermaß, das von 1 bis 150 nummeriert ist, abrollte und aufrollte und so gerechnet habe. Und Franz schrieb schon früh immer etwas. Aber auch mich hat die Sprache interessiert. Ich war mehr als dreißig Jahre lang Lehrer an der Kantonsschule in Olten, und ich finde, dass Deutsch eines der wichtigsten Fächer ist, auch wenn ich Mathematik unterrichtet habe.«

Die beiden Brüder profitierten davon, dass im Haushalt mit beiden Eltern im Lehrberuf die Anregungen nur so herumflogen. »Vater ist der sprachliche Typ, und Mutter war in der Schule ganz allgemein gut«, erzählt Peter. So wurden auch er und Franz beide gute Schüler.

Sie profitierten nicht nur von den Eltern, sondern auch von den Großeltern. Zu denen durften sie oft in die Ferien – nach Biel zu den Eltern der Mutter und nach Schönenwerd SO zu den Eltern des Vaters. Die Großeltern mütterlicherseits, das Ehepaar Wittwer, schrieb Franz Hohler im bereits erwähnten Beitrag für den Band »Texte, Daten, Bilder«, wohnten in Biel »*in einem Block an der Dufourstraße, von dessen Stubenbalkon man die eine Hälfte des Fußballfeldes sah und von dessen Küchenbalkon man zuschauen konnte, wie die Menschenmenge nach einem Fußballspiel aus dem Stadion quoll und sich über Trolleybusse und Privatautos verteilte. In Biel habe ich an solchen Sonntagen zum ersten Mal Menschenmassen gesehen. Biel war für mich als Kind überhaupt* DIE *Stadt, schon der Bahnhofplatz hatte etwas Erregendes, und die Trolleybusse mit ihrem vornehm leisen Anfahrgeräusch schienen mir eine geradezu weltstädtische Einrichtung zu sein.*« Die Wagen waren nummeriert, und die beiden Brüder machten sich einen Sport daraus, den Trolleybus mit der höchsten Nummer zu suchen. »*Als mein Bruder mir einmal aus seinen Bieler Ferien schrieb, es gebe jetzt schon Trolleybusse mit Zahlen über 30, war für mich fast eine neue Zeit angebrochen.*«

Peter berichtet, dass er seine Zahlenaffinität wohl von seinem Bieler Großvater geerbt habe: »Er fand vor allem die Mathematik etwas besonders Schönes – ohne das allerdings zum Beruf zu machen. Er war Telefontechniker. Aber von dort her habe ich offenbar das Mathematik-Gen.«

Franz erbte vom Bieler Großvater etwas ebenso Zentrales: sein Cello. Die Geschichte ist so besonders, dass sie hier in Franz Hohlers Worten wiedergegeben werden soll, wie er sie den Bremer Radiojournalisten Michael Augustin und Walter Weber erzählt hat: »Mein Großvater mütterlicherseits hatte eine sehr schlimme Jugend. Er war ein Verdingkind. Das ist ein schweizerischer Ausdruck, damit bezeichnete man ein Kind, das in Pflege gegeben wurde, weil die Familie nicht mehr vorhanden war oder nur noch ein Elternteil – nur noch die Mutter, die die Familie nicht ernähren konnte. Mein Großvater war also ein solches Verdingkind. Er hat nie viel erzählt, außer dass er sehr viel geschlagen wurde. Er hat es dann aber geschafft, das Technikum zu absolvieren, wurde Fernmeldetechniker, hat eine Familie gegründet mit einer Frau, die ein Waisenkind war wie er. Und dann hat er mit 41 Jahren beschlossen: ›Jetzt mach ich noch etwas, jetzt erfüll ich mir einen Traum: Ich will Cello spielen lernen.‹ Er hat sich nicht etwa ein Cello ausgeliehen oder geborgt. Er ist nicht etwa zu einem Cellolehrer gegangen und hat gefragt: Haben Sie vielleicht ein Cello, das ich einmal ausprobieren könnte? Sondern er ging zu einem Geigenbauer, ließ sich ein Instrument bauen, und dann ging er mit diesem Instrument zu einem Cellolehrer. Und der hat ihm nach der zweiten oder dritten Stunde gesagt: Ihre Hände sind zu klein für die Griffe, die das Cello verlangt. Dann stellte mein Großvater das Cello zur Seite – er musste es jahrelang abbezahlen, ich habe alle Quittungen noch von diesem abbezahlten Instrument – und ging in einen Mandolinenklub, wo es sicher lustiger war als in der Cellostunde. Sein Sohn hätte eigentlich Cello spielen lernen sollen, aber der hat das abgelehnt. Dann kam die nächste Generation, und meine Eltern fragten mich, was ich lernen wolle, weil sie der Ansicht waren, dass ich ein Instrument lernen solle, und haben gesagt, sie hätten ein Klavier und ein Cello in der Familie. Da hab ich sofort gesagt: Cello. Da war ich zehn. Dann hab ich auf seinem Cello weitergespielt, und das ist das Cello, auf dem ich heute noch spiele und von dem ich öfter auch denke, dass es vielleicht erst mir gelang, den Traum zu verwirklichen, den er zwei Generationen früher gehabt hatte. Ihm gelang nicht die vollständige Verwirklichung des Traums. Manchmal denk ich: Er spielt ein bisschen mit.«

Franz Hohler hütet in seinem Privatarchiv eine Fotografie des Mandolinenklubs, in den sein Großvater dann eintrat – mitsamt der Lehrerin, »die diese sieben Männer alle am Gängelband hatte. Und das ist ein Bild meiner beiden Großeltern mütterlicherseits: mein Großvater, der verhinderte Cellist, und meine Großmutter, die ich damals als recht biedere Frau empfunden habe, obwohl sie in ihrer Jugend betörend schön war. Der Großmutter väterlicherseits hingegen – die gerne satirische Verse dichtete – sieht man den Witz selbst auf den alten Fotos an.«

Die Eltern des Vaters lebten in Schönenwerd bei Aarau – das entgegen der weit verbreiteten Ansicht nicht zum Aargau, sondern zum weit verzweigten Kanton Solothurn gehört –, und Franz Hohler setzte ihnen in seiner Dankesansprache für den Aargauer Kulturpreis 2002 ein kleines Denkmal (Teile dieser Rede wurden später zur Geschichte »Der Vater meines Vaters« im Erzählband »Das Ende eines ganz normalen Tages«):

Mein Großvater Julius Hohler war Webermeister und kam gegen Ende der Zwanzigerjahre nach Schönenwerd, wo er eine Stelle bei der Bally-Bandfabrik gefunden hatte. Dort arbeitete er bis zu seiner Pensionierung, und ich war als Bub öfters bei den Großeltern in Schönenwerd in den Ferien. Mein Großvater fuhr mit einem Militärvelo zur Arbeit, und ich erinnere mich sehr gut an das Geräusch des Gartentörchens am Carl-Franz-Bally-Weg, das er um 5 nach 12 aufstieß, an das Knirschen seiner Schritte und des Fahrrades, das er auf dem Kiesweg neben sich herstieß, und wenn er in die Küche kam, musste das heiße Essen schon auf dem Tisch stehen, denn die Mittagszeit war knapp. Auch das Kaffeepulver samt Würfelzucker lag schon in den hohen Gläsern bereit, und wenn er mit dem Essen fertig war, ließ meine Großmutter, die etwas bequem war, das Kaffeewasser einfach aus dem Heißwasserhahnen in die Gläser laufen.

Etwa um 5 vor halb eins gingen wir dann alle in die kleine Stube, der Großvater setzte sich auf das Sofa, nahm die Brille hervor und las das Aargauer Tagblatt, und wenn das berühmte Zeitzeichen auf Radio Beromünster ertönte, die kleine helvetische Informationsnationalhymne, legte er sich auf dem Sofa zurück und hörte sich liegend die Nachrichten der Schweizerischen Depeschenagentur an, aber spätestens bei Sätzen wie »Der Bundesrat hat in seiner heutigen Sitzung ...« hörte ich ihn schon regelmäßig atmen, und wenn um zehn vor eins die Bally-Fabriksirene für ganz Schönenwerd den Arbeitsalarm durchgab, sagte meine Großmutter sanft, aber eindringlich zu ihm: »Vater, du muesch go schaffe«, und er erhob sich mit einem leisen Seufzer, setzte sich im Korridor seine Mütze auf, und etwas später hörte ich das Gartentörchen.

Er tat mir jedes Mal leid, wenn er wieder gehen musste, und als ich später mit dem Wort »Ausbeutung« Bekanntschaft machte, kam mir immer zuerst mein Großvater in den Sinn. Aber er hatte eine wichtige und große Fähigkeit, nämlich die, sich zu freuen, sich zu freuen über das Schöne im Leben, und er wirkte auch mit am Schönen, er sang als Tenor im Männerchor und im Kirchenchor, erst kürzlich habe ich Noten und Text des Beethoven-Liedes »Die Himmel rühmen des Ewigen Ehre« gekauft, das er mir manchmal vorsang, er jasste gut und gern und war glücklich, wenn seine Söhne mit Enkeln und Enkelinnen zu Besuch kamen.

Meine Großmutter Anna hatte er als junger Mann in der Fabrik kennengelernt, und sie sagte oft im Scherz, sie habe ihn nur genommen, damit sie nicht mehr in die Fabrik müsse; sie machte gern solche Scherze, sie hatte einen scharfen, oft etwas bösartigen Witz. Sie war eine große Leserin, die mir begeistert von den Romanen Gotthelfs, von Kellers »Grünem Heinrich«, aber auch von Ernst Zahn erzählte, von den Autoren also, bei denen menschliche Schicksale im Mittelpunkt standen.

Sie schrieb auch gern, vor allem Schnitzelbankverse, bei Anlässen wie der Generalversammlung des Frauenturnvereins oder dem christkatholischen Familienabend, und die Verse hatten immer eine kleine Spitze, ich glaube, sie war eine Satirikerin, eine kritische, ja rebellische Natur jedenfalls, jemand, der bei den heutigen Bildungsmöglichkeiten vielleicht Lehrerin oder Journalistin geworden wäre, sie war auch nie damit zufrieden, dass ihr Mann ein Leben lang für geringen Lohn in der Fabrik arbeiten musste, einmal sagte sie mir, wenn die Frauen das Stimmrecht gehabt hätten, wäre sie zu den Sozialisten gegangen.

Franz Hohler lieferte dann auch einige Müsterchen seiner schnitzelbänkelnden Großmutter. Über eine Frau, die fast nie ins Turnen kam, schrieb sie:

> D Frau Widmer-Stebler het Katarrh
> Und cha nid turne, das isch klar.
> Doch a der Fasnacht – s isch kurios
> Isch sie uf einisch d Chranket los.

[Frau Widmer-Stebler hat eine Erkältung
Und kann deshalb natürlich nicht mitturnen.
Doch am Karneval – das ist eigenartig –
Ist sie plötzlich wieder gesund.]

Und als die Präsidentin der Frauenriege demissionierte, dichtete sie, die selbst Kassierin war:

Und ich ha d Kasse abgäh welle,
Es söll en andri d Buesse zelle.
Doch bhalt si, seit der Julius,
Suscht hämmer gar nie Gäld im Hus.

[Ich wollte die Verwaltung der Vereinskasse weitergeben,
Soll doch eine andere die Geldstrafen zählen.
Doch Julius sagte, ich solle sie behalten,
Sonst hätten wir gar nie Geld im Haus.]

Franz Hohler hat die Verselust also wohl aus Schönenwerd geerbt.

Das erste Tagebuch

In einem kleinen Tagebuch, das der knapp Zehnjährige Anfang 1953 begann, hinterließen die schulischen Erfolge bereits ihre Spuren. Am 9. Januar berichtete er stolz: »Heute nachmittag machten wir in der Schule etwas tolles. Auf unserer Rechnungstabelle mussten wir in einer Minute soviel Rechnungen wie möglich sagen. Ich wurde erst (sic!) mit 18 Rechnungen.« Und tags darauf: »Heute machten wir das gleiche wie Gestern. Ich wurde wiederum erster aber diesmal mit 29 Rechnungen.«

Im quadratischen Büchlein mit einem kleinen Schlösschen berichtete er in sauberer Schrift und mit wenigen Fehlern von weiteren Schulerfolgen, von Karten- und von Dominospielen in der Familie, Fußball- und Tipp-Kick-»Mätschen« mit dem Bruder, Schlitteln und Skifahren im Säli-Wald und weiteren Sporterfolgen: »Heute nachmittag besuchte unsere Klasse die Eisbahn«, heißt es am 7. Januar: »Ich fuhr zum erstenmal Schlittschuhe. Es ging schon ziemlich gut.« Und am 19.: »Heute ging ich zum 2. x auf die Eisbahn. Ich machte schon gewaltige Fortschritte.« Weniger gut war es eine Woche zuvor anderen Oltnern gelaufen: »Heute waren Peter und ich am Eishockeymatch Olten 1 gegen Basel b. Resultat: 2:6 für Basel. Der Oltner Goali war eine Saunuss.«

So wie ihm dieses Eishockeyspiel verleidet war, so ging es Franz Hohler offenbar auch mit dem Tagebuchschreiben. Am 22. Januar findet sich der letzte Eintrag. Die restlichen Seiten gähnen seither in unberührtem Weiß hinter Schloss und Deckel in einer Schachtel des Schweizerischen Literaturarchivs in Bern vor sich hin.

Seine Briefmarkensammlung kam in diesem Tagebuch nicht vor, aber um diese zu vergrößern, hatte er gelegentlich originelle Ideen. So schickte er eine Neujahrskarte fürs Jahr 1952 an seine Großmama in Biel, ohne sie zu frankieren – damit seine Sammlung zu einer Strafportomarke kam.

Die Krankheit

Mit zwölf Jahren erlebte Franz Hohler einen dramatischen Einschnitt in seinem jungen Leben: Wegen einer lebensbedrohenden Krankheit musste er nach Zürich ins Kinderspital. Und er hatte riesiges Glück, dass der Oltner Kinderarzt den Ernst der Lage sofort erkannt hatte. Er erinnert sich heute verständlicherweise gut daran: »Doktor Schenker fuhr mich sogar im eigenen Auto an einem Sonntag ins Zürcher Kinderspital. Das war richtig und nötig. Es war, wie man das damals nannte, eine ›hämolytische Anämie‹, also eine Blutarmut der roten Blutkörperchen – gewissermaßen das Gegenteil von Leukämie, bei der die weißen Blutkörperchen fehlen.« Die Krankheit hieß damals auch »Blutzersetzung« und war noch relativ wenig bekannt.

Sie zeigte sich in einer Art von Gelbsucht: »Ich wurde immer gelber – und unglaublich schwach: Ich konnte mich mit meiner Mutter fast nur noch mit Zeichen verständigen und hatte schließlich einen Hämoglobinwert von gerade noch 34 – der normale Richtwert für diese Anzahl der roten Blutkörperchen beträgt zwischen 80 und 90!«

In Zürich nahm man die Sache so ernst, dass der junge Patient in ein Einzelzimmer gelegt wurde. Und auch er selbst realisierte, dass da etwas Besonderes passiert war: »Das war gerade meine erste philosophische Phase, in der ich fand, das Leben sei interessant und das Leben sei gut: Alles, was geschieht, ist interessant. Das war gewissermaßen wie ein Eintritt ins Leben, als ich merkte: Ich bin ein Mensch, ich bin auf dieser Welt, ich lebe!« Also beschloss er, auch das Spital interessant zu finden – als eine Art Experiment, an dem er teilnahm und das er genau beobachten wollte.

Heute ist er überzeugt, dass der glimpfliche Ausgang dieser Krankheit auch einiges mit ihm selbst zu tun hatte, mit seiner Einstellung. »Sagen wir es so: Ich habe meinen Mut nicht verloren. Rückblickend denke ich, dass ich mich selbst geheilt habe – durch meine Haltung, mein positives Denken. Ich dachte: Das ist etwas Interessantes, du musst genau aufpassen, was da passiert.« Denn allzu viel konnte man auch im Zürcher Spital nicht machen.

Anfang der 1970er-Jahre kehrte der 30-jährige Franz Hohler noch einmal ins Kinderspital zurück – zu einer Fortbildungsveranstaltung für die Ärzte, für die ihn sein Cello-Kabarettistenkollege Beatocello, alias Kinderarzt Doktor Beat Richner, angefragt hatte. Es ging dort vor allem um psychologische Themen in der Kindermedizin, und Richner bat Hohler, seine Geschichte »Bedingungen für die Nahrungsaufnahme« vorzulesen. »Und so traf ich alle die Ärzte und eine Ärztin wieder, die mich damals behandelt hatten. Einige von ihnen hatten selbst eine Praxis eröffnet, aber diese Fortbildungsveranstaltungen waren so bekannt, dass auch auswärtige Ärzte kamen. Und weil kaum zwanzig Jahre vergangen waren, hatte ich einige von ihnen noch in guter Erinnerung.«

Hohler erzählte ihnen aus erster Hand von seinen Eindrücken als Patient und sagte ihnen, sie sollten die Kinder nicht unterschätzen, denn diese spürten sehr wohl, worum es gehe. Auch mit Bemerkungen sollten sie vorsichtig sein: »Ich hatte damals mit 16 Jahren einen Rückfall, obwohl man mir geschworen hatte, es komme nie wieder. Mit 16 war es nicht ganz so schlimm wie beim ersten Mal. Aber man zeigte damals einem Arzt im Gang draußen meinen Urin, und der reagierte entsetzt. Das hörte ich nicht so gerne.« Eigentlich war der 16-Jährige kein Fall fürs Kinderspital mehr, aber weil er dort schon behandelt worden war und eine Akte hatte, schickte man ihn noch einmal nach Zürich.

Darüber sprach er als Erwachsener an jener Fortbildungsveranstaltung mit den Ärzten und sagte ihnen, seines Wissens habe man zu jener Zeit noch nicht viel tun können und er sei eigentlich der Ansicht, »ich hätte mich selbst geheilt, durch meine Einstellung, die ich als Kind hatte. Da applaudierten alle. Ich habe erst später erfahren, dass damals die meisten Menschen, die diese Krankheit hatten, gestorben sind. Es war wirklich eine ungemütliche Sache.«

Der zweite Spitalaufenthalt mit 16 Jahren scheint Franz Hohler aber nicht sehr missfallen zu haben. So schrieb er seiner Großmutter in Schönenwerd aus dem Kinderspital, er lese Boris Pasternaks »Doktor Schiwago«, löse Kreuzworträtsel und spiele Blockflöte. Und schloss mit den charmanten Worten: »... empfange von mir einen Kuss auf Deine jugendliche Wange, Dein Franz.«

Später traf Hohler seinen aufmerksamen Kinderarzt »als eisgraues altes Männchen« noch einmal: »Ich ging mit meinen Eltern zum Bahnhof, und da sagte mein Vater: ›Da kommt der Doktor Schenker.‹ So konnte ich mich noch einmal bei ihm bedanken.« Und die Erfahrung im Kinderspital tauchte später auch in einer Erzählung auf: in »Der türkische Traum« im Band »Die Rückeroberung«. »Ja, Toni, der türkische Bub, der in dieser Geschichte vorkommt, wurde damals in mein Einzelzimmer verlegt, als es mir ein wenig besser ging. Der Arme hatte einen fürchterlichen Tumor, den man in der Türkei nicht richtig behandeln konnte. Wir hatten es lustig zusammen.«

Jugend
2

Nach dem Spitalschock konnte sich der Teenager wieder der Schule und seinen Hobbys zuwenden, darunter auch dem mit den langlebigsten Folgen. Denn mittlerweile hatte sich der Vielseitige dem Viersaitigen zugewandt. Dass er sich als Zehnjähriger entschlossen für das Cello entschied, wurde schon berichtet. *»Ich begann auf einem Dreiviertel-Instrument, aber schon bald waren meine Hände samt meinem kleinen Finger groß genug, dass ich auf das Cello meines Großvaters wechseln konnte«*, schrieb er 2008 in der Geschichte »Der Vater meiner Mutter«: *»Und auf diesem Cello spiele ich noch heute. Ohne den hartnäckigen Glauben meines Großvaters an das Schöne hätte sein Instrument in unserer Familie nicht auf mich gewartet, und vielleicht konnte erst ich sein Credo verwirklichen, zwei Generationen später, auch ich hartnäckig genug, um an meinem Credo festzuhalten: Das, was du gut findest, musst du tun!«*

Das tat Franz Hohler. Auch wenn der Weg zum guten Cellospieler nicht immer einfach war. »In Olten gab es damals nur einen furchtbaren Cellolehrer an der Musikschule, den ›Gygeli-Mayer‹, der gar nichts konnte. Bei ihm lernte mein Bruder Geige, und Mayer unterrichtete auch Cello, aber meine Mutter sagte, das komme nicht infrage, dass ich zu ihm in die Stunde gehen müsse.« So wurde Hans Volkmar Andreae sein Cellolehrer. Er war ein Neffe des bekannteren Volkmar Andreae, der damals Dirigent des Tonhalle-Orchesters und eine markante Figur im Zürcher Musikleben war. Hans Volkmar Andreae hatte bei Pablo Casals studiert und kam jeweils nach Olten, um ein paar Leute zu unterrichten, darunter Franz Hohler, dem er großen Eindruck machte: »Andreae gehörte zu jenen Lehrern, die eine Persönlichkeit waren und bei denen man spürte, dass sie ein Weltbild hatten, dass sie in Zusammenhängen dachten, die über ihr Fach hinausgingen.«

Andreae durfte für seinen Unterricht den Singsaal eines Schulhauses benützen, doch mit der Zeit wurde ihm die stete Reise von Zürich nach Olten zu mühsam. Als Franz Hohler dann in die Kantonsschule Aarau kam, fuhr er zu Andreae nach Zürich »und konnte so schon ein wenig Züri-Luft schnuppern – am Klusplatz«. An der Sempacherstraße hatte Andreae in einem Kellerlokal ein kleines Musikatelier. Durch seinen Lehrer lernte der junge Cellist auch die Cello-Interpretationen des großen Pablo Casals kennen, der ihn ganz besonders faszinierte.

Beim Üben blieb es nicht. Seine Mutter war eine ausgezeichnete Geigerin, daran erinnern sich beide Söhne gut und gerne. Sie spielte auch im Oltner Stadtorchester. Franz schaffte es ebenfalls schon bald ins Stadtorchester und zu anderen öffentlichen Auftritten. »Wenn er sich ganz auf das Cello konzentriert hätte«, sagt sein Bruder Peter, »wäre er ein sehr guter Cellist geworden – was er natürlich auch so ist. Er kann sich einfach hinsetzen und spielt wirklich gut.«

Zudem wurde Familie Hohler zum Streichquartett, mit Mutter Ruth an der ersten Geige, dem älteren Sohn Peter an der zweiten, Vater Hans an der Bratsche und dem jüngeren Sohn Franz am Cello. Vater Hans Hohler berichtete in einem Interview mit den »Oltner Neujahrsblättern 2001« aus Anlass der Verleihung des Kunstpreises der Stadt Olten an seinen Sohn Franz: »Mozart und Haydn waren unsere bevorzugten Komponisten.« Peter allerdings hörte mit 17 Jahren mit den Geigenstunden auf. Große öffentliche Auftritte hatte das Quartett nicht: »Vielleicht mal in kleinem Rahmen bei einer Familienzusammenkunft oder so. Aber offiziell aufgetreten sind wir nie«, erzählt Peter. Franz dagegen schreibt im 2014 erschienenen Buch »Jugendjahre in der Schweiz 1930–1950«, in dem Schweizer Prominente über ihre Kinderzeit berichteten: *»Einige Male haben wir auch öffentlich gespielt, etwa an einem Familienabend der Kirchgemeinde.«*

Vielleicht lebt das Familienquartett ein wenig weiter in Franz Hohlers Lied »Die Macht der Musik«, in dem er mit liebevoller Ironie eine Hausmusik beschreibt – allerdings mit der eleganten Distanzierung, dass da nur die beiden Kinder musizieren und vor allem dass eine Schwester namens Luise Klavier spielt – und die gabs bei Hohlers eindeutig nicht. Aber die Familienmusikdefinition ist zu schön, um sie hier nicht zu zitieren:

> *Und der Bruder nimmt die Geige*
> *Und die Schwester das Klavier*
> *Und die Mutter schließt die Augen*
> *Und der Vater schließt die Tür.*

Als Hohler-Chronist frage ich mich seit vielen Jahren, ob der Vater die Türe von innen oder von außen schließt. Das Lied hat sich mir vor allem darum eingeprägt, weil ich es auf einer gemeinsamen China-Reise, von der ab Seite 191 die Rede sein wird, mehrfach mit chinesischer Simultanübersetzung gehört habe.

Franz Hohler steckte sich auf dem Cello von Anfang an hohe Ziele: »Als ich die Etüden hinter mir hatte und etwas geläufiger mit den Fingern wurde, entdeckte ich die Cello-Suiten von Johann Sebastian Bach. Ich war wohl etwa zwölf oder dreizehn Jahre alt.« Schließlich war auch sein großes Vorbild Pablo Casals – der sich als Katalane lieber Pau Casals nannte, weil »Pau« im Katalanischen »Frieden« bedeutet – von diesen Suiten begeistert und bezeichnete sie einst als »Quintessenz von Bachs Schaffen, und Bach selbst ist die Quintessenz aller Musik«.

Die Suiten spielte und spielt Franz Hohler seither immer wieder – seit fast sechzig Jahren. »Das war eines meiner Lebensziele: einmal so weit zu kommen, dass ich alle sechs Suiten auswendig spielen könnte.« Von diesem Ziel hat er sich mittlerweile verabschiedet: »Die Suiten vier und fünf werde ich nicht mehr schaffen. Die sind beide etwas sperrig. Die erste hingegen kann ich auswendig, und die sechste konnte ich lange Zeit auch, aber wenn man sie einige Zeit nicht mehr spielt, verliert es sich wieder. Oder du musst dich auf das Erinnerungsvermögen der Finger verlassen, was ein erstaunliches Phänomen ist.«

Vor vier Jahren hat Franz Hohler in der Augustinerkirche in Zürich die erste Suite auf CD aufgenommen – für die Familie und für Freunde. Sein älterer Sohn Lukas gab ihm den Anstoß dazu – mit einem großen, ungewöhnlichen Kompliment. Lukas hatte früher im Hohler'schen Haus sein Zimmer in der Nähe des väterlichen Arbeitszimmers und hörte ihn deshalb öfter diese Suite üben. »Irgendwann, nachdem er von zu Hause ausgezogen war, wurde er dann von Nostalgie ergriffen«, erzählt Vater Franz, »und kaufte sich eine CD von Mstislaw Rostropowitsch mit den Bach-Suiten. Als er mir davon erzählte, sagte er: ›Aber der spielt die viel zu schnell.‹ Er hatte einfach meine Version noch im Ohr.«

Für Franz Hohler sind diese Suiten musikalisch etwas ganz Wesentliches: »Ich habe das Gefühl, die habe Bach auch für mich geschrieben. Ich finde es immer wieder erstaunlich, wie viel Interpretationsspielraum sie zulassen. Da dachte ich mir, ich sollte sie einmal aufnehmen – einfach so, wie ich sie spiele, als eine Art musikalisches ›Reclaim the streets‹ – oder eben ›Reclaim Bach‹.« So hat er mittlerweile auch die dritte Suite eingespielt.

Einen Konservatoriumsabschluss machte Franz Hohler nie, aber die Stunden bei Hans Volkmar Andreae machten ihn fit für allerlei Auftritte, mit denen sich auch Geld verdienen ließ, »vor allem an Beerdigungen«. Als er in Zürich sein Studium begann, bewarb er sich als Aushilfscellist an der Zürcher Tonhalle. Das klappte nicht, vor allem weil er zu wenig Erfahrung im Vom-Blatt-Spiel hatte. »Da musste man auch ohne Vorbereitung im Tenorschlüssel spielen können. Den kannte ich zwar schon, aber ich hatte darin zu wenig Übung.«

Einen gewichtigen Teil seiner musikalischen Bildung hat Franz Hohler auch Ernst Kunz zu verdanken. Kunz hatte in München studiert, in Rostock und Breslau als Theaterkapellmeister und an der Münchner Hofoper als Korrepetitor unter Bruno Walter gearbeitet – und er komponierte auch. »Als Komponist war er ein verkanntes Genie«, erzählt Hohler über den Mann, der immerhin Singspiele und Oratorien mit Librettisten wie Josef Viktor Widmann und Oskar Wälterlin geschrieben hatte, die an den Stadttheatern in Zürich und Basel aufgeführt wurden: »Er musste an der Kantonsschule unterrichten, auch die Kleinen, obwohl er dafür in keiner

Weise geeignet war. Aber uns, als wir in der 4. und 5. Gymiklasse waren, gab er wirklich schönen Unterricht.«

Franz Hohler hat Ernst Kunz ein liebevolles Porträt gewidmet – für das Buch »Mein Olten«, das 2010 erschien und in dem bekannte Oltnerinnen und Oltner wie etwa Michèle Binswanger, Alex Capus, Urs Faes, Peter Killer und Ulrich Knellwolf über »ihre« Stadt schrieben. Unter dem Titel »Der Musikdirektor« würdigte er dort den eher widerstrebend Schule gebenden Künstler »*mit einem Klumpfuß in einem Spezialschuh, (...) die strähnigen, glatten Haare kühn nach hinten gekämmt, etwas länger als der übliche Durchschnitt*«. Und er beschreibt, wie Kunz seinen Schülerinnen und Schülern die Lieder von Franz Schubert zu vermitteln versuchte wie etwa »Ich hört ein Bächlein rauschen« oder »Am Brunnen vor dem Tore« – »*und er macht uns aufmerksam auf die Strukturen und Harmonien dieser Lieder, zeigt uns, warum aus dem Bächlein mit der perlenden Begleitung kein Volkslied werden konnte, wohl aber aus dem Brunnen vor dem Tore, macht uns mit dem Dichter Wilhelm Müller bekannt, von dem wir im Deutschunterricht weder vorher noch nachher etwas hören werden und den er als Schuberts Textlieferanten in Ehren hält*«. Aber Ernst Kunz war eben, wie Hohler schrieb, »*mehr als Gesanglehrer, nämlich Musikdirektor der Stadt Olten, das war sein Titel, ein Titel, den es schon lang nicht mehr gibt, und unter diesem Titel war ihm sozusagen die musikalische Pflege der Kleinstadt anvertraut, er war Dirigent des Gesangvereins, er war Dirigent des Stadtorchesters und hatte das Ansehen der Stadt als Hort der Musik hochzuhalten, durch Konzerte zum Beispiel, in denen die musikalischen Kräfte der Provinz gebündelt auftraten*«.

So lernte Franz Hohler vom Musikdirektor nicht nur Schubertlieder, sondern er durfte auch schon mit vierzehn Jahren im Stadtorchester mitspielen, bei einer Aufführung des dritten Brandenburgischen Konzerts von Johann Sebastian Bach im Stadttheater zur 75-Jahr-Feier des Schweizerischen Vereinssortiments, des heutigen Buchzentrums Olten. Und als Ernst Kunz zur Feier seiner 40-jährigen Dirigententätigkeit mit dem Stadtorchester und allen verfügbaren Chören der Region Georg Friedrich Händels Oratorium »Judas Maccabäus« aufführte, war Franz Hohler zum ersten Cellisten des Stadtorchesters aufgerückt. So »*fiel mir die Aufgabe zu, die berühmte Sopranistin Maria Stader zu begleiten. Ich erinnere mich sehr gut an die Hauptprobe, als sich die Sängerin beim Erklingen des Cello-Vorspiels nach dem Solisten umdrehte und über dessen Jugend fast etwas erschrak, aber sie hatte nichts zu mäkeln, und wir legten das Stück einwandfrei hin, Maria Stader und ich, in der reformierten Friedenskirche zu Olten*«, erinnerte er sich im »Mein Olten«-Buch.

Seither gehört das Cello bei ihm einfach dazu. Während langer Jahre auf der Bühne und heute noch privat und auf CDs. Als sein guter Freund und Schriftstellerkollege Jürg Schubiger 2014 gestorben war, spielte Franz Hohler an der Gedenkfeier im Zürcher Fraumünster wunderbar Cello – und sagte kein Wort dazu.

Schule und Lehrer

Nicht nur die Musiklehrer prägten Hohler nachhaltig, auch in den »gewöhnlichen« Fächern traf er starke Persönlichkeiten. Zum Beispiel Kurt Hasler in der fünften Primarklasse – »ein ganz begeisterter Hobbyhistoriker aus jener Generation, die heute an die Universität gehen würden, aber das damals nicht konnten, weil es noch kein vernünftiges Stipendienwesen gab«, erinnert sich Franz Hohler. »Auch mein Vater gehörte dazu. Wer aus einfachen Verhältnissen stammte, absolvierte das Lehrerseminar, statt an die Universität zu gehen. In den 1930er-Jahren war das Seminar eine Eliteschule und bildete viele ausgezeichnete Leute aus, die in ihrem Fachgebiet Spitzenleistungen brachten. Wenn zum Beispiel der Lehrerverein Exkursionen unternahm, wusste man: Lehrer Grossenbacher ist ein hervorragender Botaniker, ein anderer kannte alle Vögel. Kurt Hasler trug immer etwas Historisches bei, und mein Vater etwas Literarisches.«

Lehrer Hasler führte auch das »Vorzugsheft«, in das er Schüleraufsätze, die ihm besonders imponierten, abschrieb – in jener Zeit vor der Fotokopie und dem Scanner tat er das von Hand. »Heute würde man einen solchen Aufsatz in den Kopierer legen und vielleicht in einem Ordner aufbewahren«, berichtet Franz Hohler. »In diesem Vorzugsheft gab es zwei Aufsätze von Peter Bichsel, der ebenfalls zu Lehrer Hasler in die Schule ging, und zwei von mir. Leider gab Hasler dieses ›Vorzugsheft‹ dann einmal weg.«

In seinem Buch »Das Kurze, das Einfache, das Kindliche« von 2010 hat Franz Hohler einen Text abgedruckt, den er 2000 zum sechzigsten Geburtstag seines Schriftstellerkollegen Peter Bichsel im Restaurant Kreuz in Solothurn vorgetragen hat – eine witzige literarische Analyse eines 1947 verfassten kurzen Bichsel-Aufsatzes aus Lehrer Haslers Vorzugsheft. Der Aufsatz trug den Titel »Murmeltiere!«, und der zwölfjährige Bichsel beschrieb eine Bergtour mit seinem Vater samt Begegnung mit Murmelis. Er schloss mit den Sätzen über ein junges Murmeltier: »Mit einem starren Blick glotzte es uns mit seinen sammetschwarzen glänzenden Äuglein an. Es dachte wohl: ›Was sind das für Mordiogesellen?‹ Es zog noch etwas Luft ein, wackelte ein paar Male mit den Ohren und verschwand.«

Franz Hohlers augenzwinkernde Textanalyse nach allen Regeln der germanistischen Kunst endete ihrerseits mit den Worten: »Es ist die Geburtsstunde der Philosophie, der wir hier beiwohnen, die Frage des Murmelis ist die Frage des Dichters in der Welt, die Frage nach den Mordiogesellen rings um ihn, und der abrupte Schluss lässt auch schon den

Meister der Kurzform aufscheinen, dessen Texte so oft ein paar Male mit den Ohren wackeln und dann überraschend verschwinden.«

Aufsätze machten auch Franz Hohler nie Mühe. Sein älterer Bruder Peter erinnert sich, dass der Jüngere sogar einmal für ihn einen Aufsatz schrieb, als sie beide am Gymnasium waren. Er habe Franz dafür bei den mathematischen Maturavorbereitungen geholfen. Dazu Franz: »Ich hatte das Glück, ein guter Schüler zu sein. Für diese ist es andererseits sozial oft nicht so einfach. Bei den Kollegen macht man sich so nicht beliebt. Aber bei mir ging es noch. Ich konnte es gut mit den anderen Schülern – meine ich.«

Vater Hans Hohler beurteilte im Interview mit den »Oltner Neujahrsblättern 2001« die schulischen Leistungen seiner Söhne ähnlich: »Die Antwort darauf macht mich verlegen und mag mich als Angeber erscheinen lassen: Beide waren sehr gute Schüler, ohne übermäßig Ehrgeiz an den Tag zu legen.«

Franz Hohler ist heute klar im Urteil über die ehemaligen Lehrer: »Es gab viele markante Figuren unter ihnen – aber auch schwache, teils sogar entsetzlich schwache, die nichts mehr taten, wenn sie einmal ihre feste Stelle hatten.« In seiner Erinnerung musste man als Schüler froh sein, wenn das Verhältnis etwa halb-halb war zwischen den Interessanten und den Paukern. Die Lehrer hätten streng nach Leistungsprinzip unterrichtet und seien oft ungerecht gewesen. »Ich fragte einmal einen Schulkollegen, ob er an die Klassenzusammenkunft komme, und er antwortete mir, wenn die Lehrer dabei seien, komme er nicht. Er habe die Lehrer als parteiisch erlebt. Und das waren sie wohl auch.«

Besonders beeindruckt war Franz Hohler am Progymnasium – der Vorstufe zum Gymasium – in Olten vom Latein- und Geschichtslehrer Franz Lämmli, der ein »Weltbild-Mensch« war: »Ich hatte ihn sehr gerne, obwohl er teils fast verhasst war oder kritisiert wurde, weil er pädagogisch oft fragwürdig unterrichtete: Er verlangte viel zu viel von uns.« Die rigiden Methoden dieses Latein- und Geschichtslehrers, ebenso wie des Französisch- und Englischlehrers, führten dazu, dass von Franz Hohlers Klasse mehr als die Hälfte rausflog. »Am Schluss waren wir nur noch zu zehnt und unter entsprechend intensiver Beobachtung. Aber ich hatte Lämmli sehr gerne. Er schaffte es, uns die Antike als eine lebendige Welt darzustellen – nicht als Ansammlung von Jahreszahlen und Kriegshelden. So lasen wir die ›Metamorphosen‹ von Ovid, und es war sehr anregend, was er zu erzählen hatte. In diesem Werk wird die Schöpfung mit lauter Verben geschildert, die ›trennen‹ bedeuten. Auch in der Genesis in der Bibel trennt Gott ja das Licht von der Finsternis, die Erde vom Wasser und so weiter.«

Franz hatte im Latein so viel Erfolg, dass sich das sogar im Sackgeld niederschlug. In den 1990er-Jahren schickte ihm ein ehemaliger Schulkamerad, der Sohn von Franz' damaligem Zahnarzt, die alten Rechnungen, die »Dr. med. Lat. Franz Hohler« einst seinem Kameraden und »Patienten« ausgestellt hatte für »Ausgeführte Reparaturen und Lückenfüllungen«, wie beispielsweise »1. Std. 3. Dekl. + Ovid Fr. 2.–, 2. Std. 4. + 5. Dekl. + Ovid Fr. 2.–, 3. Std. Konj. in Hauptsätzen Fr. 2.–« und so weiter, fein säuberlich aufgelistet bis zur damals wohl stattlichen Gesamtsumme von »total Fr. 20.–«. Dr. med. Lat. Hohler vergaß auch die Qualitätskontrolle nicht, wenn er auf der Rechnung anmerkte: »Vorbereitung auf Ex (Note 4, Anmerkung Dr. Lämmli: in letzter Zeit Fortschritte gemacht)« oder »(Bem. Dr. L.: deutlich Terrain aufgeholt)«.

Der erfolgreiche Schüler überlegte sich mit 15, 16 Jahren offenbar intensiv, ob seine Zukunft im Lehrerberuf liege. So begann er, ein besonderes Heft zu führen, in das er seine Gedanken dazu niederschrieb – in einem Briefwechsel mit sich selbst. Diesen beginnt der 15-Jährige am 31. Oktober 1958 mit dem landesüblichen Neid auf das Lehrerdasein: »Mein lieber Franz! Jetzt bist Du also auch einer von denen, die das halbe Jahr Ferien haben« und endet mit dem vierten Eintrag ein knappes Jahr später am 26. September 1959 und mit den Worten: »Vielleicht, vielleicht schreibe ich den nächsten Brief schon nächsten Frühling. So long! Franz.« Der Rest des Heftes blieb allerdings leer – die beruflichen Ambitionen hatten sich wohl in künstlerischer Richtung weiterbewegt.

Als die beiden Brüder Hohler zur Schule gingen, konnte man in Olten nur die Klassen bis zur fünften absolvieren, dann musste man nach Solothurn oder über die Kantonsgrenze an die Kantonsschule nach Aarau wechseln. »Ich ging nach Solothurn«, erzählt Peter – unter anderem weil die Schüler, die nach Solothurn gingen, unter der Woche dort im Kosthaus wohnten: »Da hatte man auch noch ein kleines Abenteuer.« Der zweite Grund war, dass die Schule in Solothurn als »leichter« galt als Aarau, der dritte, dass der Unterricht in Solothurn ein halbes Jahr weniger lang dauerte: nur zweieinhalb statt drei Jahre. »Viertens tendierten die Oltner Lehrer dazu, uns nach Solothurn zu schicken, weil man im gleichen Kanton blieb. Nur wenige gingen wie Franz nach Aarau. Er hatte das Gefühl, Aarau sei die bessere Schule – und hatte damit wohl recht. Er konnte dort eine weitere Fremdsprache lernen. Vielleicht wollte er es auch vermeiden, einfach in meinen Fußstapfen zu folgen.«

So pendelte Franz die restlichen Jahre bis zur Matur nach Aarau in die Kantonsschule. Und tauchte dort tief in die Welt der Sprachen ein. Neben den obligatorischen Fächern Französisch und Englisch belegte er freiwillig Italienisch und Spanisch – am Gymnasium mit Latein, »aber ohne Griechisch, was mir mein Lehrer Franz Lämmli in Olten sehr übel nahm. Ich hätte unbedingt Griechisch lernen sollen, fand er, das gehöre dazu. Englisch könne ich später immer noch lernen. Aber er konnte mich nicht überzeugen. Ich fand Englisch doch interessanter, lebensnaher.«

Deutsch gehörte weiterhin zu Franz' stärksten Fächern. Und so mochte er auch die Lektionen seines Deutsch- und Klassenlehrers Ludwig Storz, »obwohl er bei vielen unbeliebt war«. Bei diesem hinterließ er bleibende Eindrücke. Unter dem Titel »Auch Prominente fangen klein an« ließ der »SonntagsBlick« im Frühling 1987 »Schweizer Prominente über ihre Schulzeit, Lehrer über ihre – später prominenten – Schüler« schreiben. Ludwig Storz schrieb über Franz Hohler: »Der Franz ist ein starker Mensch, aber das weiß heute fast die ganze Schweiz, weil er auch politisch viel gewagt hat. Mir ist er nicht als Musterschüler in Erinnerung geblieben, geblieben ist vielmehr der Eindruck von Charakter, Mut und auch Originalität. Als sein Deutschlehrer muss ich sagen: Er war sehr ergiebig und hat mich zuweilen fast überfordert. Denn er hat nie in der Art eines Klassenprimus reagiert, also Antworten gegeben, die vorauszusehen gewesen wären. Nein, es kam fast immer Überraschendes. Man hatte Respekt vor ihm. Gegen bestimmte Lehrer konnte er sehr abweisend sein, nicht mit Witzen oder Nachahmungen, sondern sehr direkt.«

Lehrer Storz berichtete weiter, dass Franz Hohler schon damals als kreativer Geist aufgefallen sei, der mit anderen Schülern zusammen als Kabarettist auftrat und Cello spielte: »Er war also schon damals stark, da habe ich mich natürlich gefragt: Hat er eine Freundin? Da habe ich nichts gemerkt davon. Am liebsten hatte er wohl Musik und Theater, aber mit einem Mädchen habe ich ihn nie gesehen. Später hat er sich schon verliebt, er hat ja als Student geheiratet.« Eine weitere bei vielen Mittelschülern beliebte Aktivität fand bei Hohler wenig Beachtung, wie Lehrer Storz konstatierte: »An der Kantonsschule gabs fünf Studentenverbindungen. Daran war der Franz nie interessiert, das war ihm viel zu wenig originell und kreativ.«

Lehrer Storz und Schüler Hohler blieben sich nach der Schulzeit auch privat verbunden. Sie unternahmen zusammen Bergtouren, und Franz Hohler pflegte auch Kontakt mit den vier Kindern seines ehemaligen Lehrers. »Der Franz ist nicht nur wegen seines Geists und seines Charakters zu einer meiner eindrücklichsten Begegnungen in meiner Lehrerexistenz geworden, sondern vor allem deshalb, weil er unsere Beziehung über all die Jahre aufrechterhalten hat«, schloss Ludwig Storz seine Erinnerungen im »SonntagsBlick«.

Tagebuch Nummer zwei

Fünf Jahre nach dem ersten Tagebuch versuchte es Franz als Fünfzehnjähriger noch einmal mit dieser Form, diesmal in einer Agenda für das Jahr 1958, fünfzehn Zentimeter hoch, zehn breit, jeweils zwei Tage auf einer Seite. Die Handschrift des erwachsenen Franz Hohler ist hier schon gut zu erkennen. Vorne im Adressverzeichnis notierte er unter anderen seinen Cellolehrer Andreae H. V. in Thalwil, die Großeltern Fam. J. Hohler-Jegge am Postweg 5 in Schönenwerd und Fam. H. Wittwer-Schürch in Biel sowie ein paar Bekannte an so exotischen Adressen wie Tokio und Bangalore. Im Gegensatz zu den oft lakonisch kurzen Einträgen fünf Jahre zuvor mischte der Tagebüchner hier Stichworteinträge mit ausformulierten Sätzen. Im Mai, Juni und August machte er allerdings Pause.

Das Jahr begann etwas schwierig: Mit dem Schlittschuhlaufen klappte es diesmal nicht so gut, kurz vor Silvester brach sich der Eiskünstler die linke Hand. Er berichtete im Lauf des Jahres von Familienwanderungen, -jassen, -kunstmuseums- und -konzertbesuchen, er ordnete seine Kunstbilder, vergrößerte selbst seine Fotos, registrierte Schulerfolge, auch im Rechnen. Und er verfolgte aufmerksam die exzellenten Schachresultate seines Bruders Peter, des noch erfolgreicheren Rechners.

Die Musik begann eine entscheidende Rolle zu spielen: Konzert- und Opernbesuche standen auf dem Programm, oft in Konzerten, an denen die Mutter als gute und erfahrene Geigerin mitspielte. (Ihr Vater, der am Cello gescheitert war, hatte ihr einst Privatunterricht geben lassen.) Am 23. Januar »mit Peter 78er-Platten gekauft für je Fr. 1.50: 1. Old Black Joe/Old folks at home, 2. Voi che sapete/Non so più cosa son« – die Liebe zum US-Folk, aus dem er später einiges übersetzen, und zur Klassik, aus der er einiges spielen würde, hatte begonnen. Am 1. Februar hörte man sich bei Familie Dettwyler Aufnahmen »des Kirchenkonzertes in Trimbach, bei dem ich auch mitgespielt habe« an. Ein Tonbandgerät in Privatbesitz zur Selbstkontrolle war zu jener Zeit noch keine Selbstverständlichkeit.

Hohlers Cellokarriere kam also langsam in Fahrt. Aber man kann nicht immer nur für die Schule arbeiten oder Cello spielen. Neben der Kopf- und der Fingerarbeit widmete sich Franz Hohler, genauso wie sein Bruder, gerne auch sportlichen Vergnügen.

Der Sportler

»Wir waren beide sportbegeistert«, erzählt Peter Hohler. »Als Buben interessierte man sich in den Zeiten von Ferdy Kübler und Hugo Koblet vor allem für die Tour de Suisse. Da gingen wir hin, wenn die Tour in der Nähe vorbeifuhr.« Franz tat dies auch später, wie er 1975 in seinem sechsten Buch »Wo?« demonstrierte. Eine der 24 Geschichten, die Antworten auf die Frage des Buchtitels gaben, lautete »An der Tour de Suisse«, und Franz Hohler beschrieb darin, wie er von seinem Wohnort am Zürichsee auf den Ricken fuhr, um den Tourtross vorbeirauschen zu sehen – im Auto, wie dies die meisten Tourbegleiter und -beobachter zu tun pflegen. Dort suchte er den Bergpreis, von dem niemand wusste, wo er war. Also kaufte sich Franz ein Programm für zwei Franken. Dieses *»enthält Bilder von früheren Touren, Erinnerungen an frühere Touren, Ranglisten von früheren Touren und einige Fotos, die ich schon als Kind gesehen zu haben glaube, zum Beispiel vom Sturz einiger Fahrer in einer Passkurve mit dem Kommentar ›In den schweren Passabfahrten sind Stürze nicht ganz zu vermeiden‹.«*

Szenen der Tour de Suisse hat Franz Hohler in seiner Jugend viele gezeichnet, im Literaturarchiv in Bern ist ein ganzes Heft voll solcher Darstellungen zu finden. Und sogar ausgezeichnet wurde er für eine seiner Zeichnungen. Im »Migros-Magazin« vom 20. Oktober 2014 wurden einige Bilder von Schweizer Prominenten abgedruckt, die in ihrer Jugend im Zeichenwettbewerb des Pestalozzi-Kalenders prämiert worden waren. Neben Bildern des Schriftstellers Friedrich Dürrenmatt, der Fernsehansagerin und -moderatorin Heidi Abel, des »Schellenursli«-Zeichners Alois Carigiet und des Grafikers Celestino Piatti war da auch eines vom 14-jährigen Franz Hohler zu sehen. Es heißt »Der Ausreißer« und zeigt einen Velofahrer im roten Trikot, der offenbar das Feld abgehängt hat. Auf die Straße ist »Koblet« gepinselt, und ältere Velofans vermuten hinter diesem Bild Franz' Darstellung der legendären, 135 Kilometer langen Soloflucht von Hugo Koblet von Brive nach Agen an der Tour de France 1951.

Interessant ist der Bildausschnitt, den der junge Zeichner gewählt hat. Hinter dem Velofahrer ist nämlich der Vorderteil eines Werbefahrzeugs zu sehen, das mit zwei Kotflügeln in Tubenform daherfährt. Und darauf wird für die damals weit verbreitete Zahnpasta Binaca von Ciba geworben. Franz Hohler war in seinen Frühwerken offenbar mit dem Product Placement wohlvertraut und hat sogar den Schriftzug der originalen Binaca-Werbung getreulich nachgemalt.

Auch Fußballspiele hat er gezeichnet, denn die liebte er ebenfalls sehr:»Sowohl als Spieler wie als Zuschauer auf dem Sportplatz Kleinholz, obwohl Olten nur in der 1. Liga spielte. Vor allem aber spielte ich selbst sehr gern, sowohl bei uns auf der Straße als auch Klassen-Matches in der Schule.« Das zeigte sich auch, als die »Coop-Zeitung« 2005 für einen Artikel über Geschwisterpaare die beiden Brüder Hohler bat, eine Szene aus ihrer Kindheit darzustellen.»Wir haben ein Foto von meinem Bruder und mir nachgestellt, in dem wir auf unser Gartentörchen als Fußballgoal schossen. Und in meiner Jugend wollte ich Berufsfußballer werden – in England, weil es damals in der Schweiz noch keine Fußballprofis gab. Wir spielten auch Sporttoto, die billigste Variante: Zwei Kolonnen kosteten fünfzig Rappen, wenn ich mich recht erinnere.«

Da konnte man auch auf englische Spiele wetten: Arsenal gegen Bolton Wanderers oder Birmingham gegen Liverpool zum Beispiel. Dass es sich bei Arsenal ursprünglich um eine Waffenfabrik handelte, erfuhr Hohler erst später. Aber das Interesse für diesen Verein teilt er immerhin mit seinem berühmten englischen Schriftstellerkollegen Nick Hornby – für den Arsenal allerdings eine große Leidenschaft ist, bei der auch das Leiden nicht zu kurz kommt. Franz Hohler sieht das etwas lockerer:»Mein Interesse an Sporttoto hat dann mit der Zeit nachgelassen, den Fußball aber verfolge ich noch immer. Und früher spielte ich wirklich sehr gerne.«

Einen möglichen weiteren Grund für diese Leidenschaft nannte er im 2014 publizierten, bereits erwähnten Buch »Jugendjahre in der Schweiz 1930–1950«, als er über die damals bevorzugten Bubenaktivitäten schrieb:»*Die männliche Welt, das waren Indianerspiele, die wir im nahen Säliwald veranstalteten, oder Fußballwettkämpfe, die wir nach der Schule auf dem Sportplatz neben der Friedenskirche austrugen. Wenn man Glück hatte, schauten die Mädchen dabei zu.*«

Die beiden Brüder trieben viel Sport, »aber wir waren nicht gerade Spitzensportler«, sagt Peter. So auch beim Schwimmen, das sie gerne taten, wenn auch »nie besonders schnell. Wir schwammen jeweils auch die Aare hinunter«, erzählt Franz Hohler. In Olten kann man – wie im Marzili in Bern – ein Stück weit die Aare hinaufgehen und sich hinuntertreiben lassen, ins Chessiloch – viel weniger weit als in Bern allerdings. »Doch das Chessiloch ist gefährlich, weil es dort Wirbel gibt, die einen unter die Felsen reißen können. Es gab sogar einige Todesfälle. Aber die Aare hinunterzuschwimmen – das war immer ein besonderes Vergnügen«, fügt er hinzu.

In den Ferien ging es mit der Familie in die Berge. Peter erinnert sich, dass sie oft im Wallis und im Bündnerland waren. »Dort unternahmen wir viele Wanderungen, und Franz und ich gingen auch oft auf Bergtouren, als wir etwa 20, 22 Jahre alt waren. Er trat dem SAC bei und ließ sich die Grundgriffe und -kniffe beibringen: wie man sich anseilt, den Pickel handhabt und so weiter. Ich kann mich an Ferien in Zermatt erinnern, als wir zusammen auf der Dufourspitze waren – ohne Bergführer. Auch das Matterhorn bestiegen wir, allerdings mit einem Bergführer, weil einige Tage vorher andere Alpinisten abgestürzt waren.«

Franz hat ebenfalls lebhafte Erinnerungen: »Die Berge faszinierten mich immer, schon als Kind. Und ich stieg gerne in die Höhe. Mein Vater musste uns eher zurückhalten, wenn wir etwa in den Ferien in Adelboden auf die Bonderchrinde oder aufs Albristhorn steigen wollten und er uns sagen musste, diese seien noch zu hoch für uns.«

So ist es nicht erstaunlich, dass er Berggeschichten mochte. Franz Hohler bewahrte zum Beispiel lange das SJW-Heftli (Schweizerisches Jugendschriftenwerk) über den Mount Everest auf, über die britischen Bergsteiger George Mallory und Andrew Irvine, die dort ums Leben gekommen waren. Das Bergsteigen hat Franz Hohler intensiv weitergepflegt –

seit vielen Jahren tut er das mit »seinem« Bergführer Adolf Schlunegger.

Sonntage verbrachte die Familie Hohler oft mit Wandern, im Rucksack das Picknick. »Meine Kollegen erzählten oft von ›langweiligen Sonntagstürks‹, wenn sie mit den Eltern in den Jura mussten. Mir hat das immer gefallen.« Einmal schenkte er seinen Eltern zu Weihnachten ein Büchlein mit verschiedenen Wandervorschlägen in der Umgebung, die er selbst rekognosziert und beschrieben hatte.

Doch es gibt auch ein paar weniger angenehme Erinnerungen. Der »Schweizer Familie« antwortete er im April 2008 auf die Frage: »Was sind Ihre frühesten Erinnerungen ans Wandern?« als Erstes: »Mit den Eltern war ich im Jura unterwegs. Ich hatte immer wahnsinnig Durst.« Aber im gleichen Gespräch erklärte er den Journalisten auch seine Liebe zum Wandern: »Ich empfinde das Gehen als großes Geschenk. Es ist die menschengerechteste Art der Fortbewegung. Sie entspricht unserer Wahrnehmung. Schon auf dem Velo kommt das Auge wegen der Geschwindigkeit nicht mit – das steigert sich bis hin zum Flugzeug.« Kein Wunder, dass das Wandern im Leben des Franz Hohler eine so zentrale Rolle gespielt hat – sowohl beim Gehen selbst wie auch beim Schreiben, wo es in mehreren Büchern reichlich Spuren hinterlassen hat.

Eine besonders vaterländische von Hohlers sportlichen Leistungen ist im Literaturarchiv in Bern dokumentiert. Da findet sich eine »Ehrenmeldung für gute Leistungen im militärischen Vorunterricht« vom 14. Juni 1960, geschmückt mit einer für die damalige Zeit typischen patriotischen Illustration und einem Aargauer Wappen. Die aargauische Dienststelle des Vorunterrichts, in dem die jungen Schweizer auf den Militärdienst vorbereitet wurden, arbeitete allerdings nicht übermäßig präzise: Die Urkunde ist für einen gewissen »Hobler Franz« ausgestellt. Den hätten sie vermutlich gar nicht gefunden, wenn »der Russe« einmarschiert wäre.

Die Familie

Nicht nur am Sonntag beim Wandern, auch sonst hatten Hohlers ein intensives Familienleben. Zum Verhältnis der beiden Söhne sagt der ältere Bruder Peter: »Wir hatten es grundsätzlich gut miteinander. Brüder streiten sich natürlich immer mal wieder wegen irgendwelcher Kleinigkeiten. Und vor allem in der Primarschule gab es Konkurrenzsituationen, aber später akzeptierten wir uns in unserer Verschiedenheit.« Peter verfolgt die Arbeit seines Bruders genau: »Ich habe mir immer seine Programme angeschaut und -gehört. Er schenkt mir jeweils seine Bücher. Und ich lese sie auch.«

Im Interview, das der Oltner Germanist Peter André Bloch für die »Oltner Neujahrsblätter 2001« mit Vater Hans Hohler führte, sah dieser das ähnlich: »Ob wir eine politische Familie sind? Insofern schon, als uns Probleme des öffentlichen Geschehens immer beschäftigt haben. Obwohl wir in Sachfragen nicht in jedem Punkt einig waren und sind, entstand deswegen kein Streit. Wir ließen und lassen uns gegenseitig gelten. Peter sieht die politischen wie die gesellschaftlichen Probleme, zum Teil berufsbedingt, zum Teil von seiner Wesensart her, nicht durchwegs gleich wie Franz, der auch als Cabarettist und Schriftsteller stärker im Blickfeld der Kritik steht und daher mit Lob und Tadel rechnen muss.«

Der Vater verbarg in diesem Gespräch den Stolz auf den erfolgreichen Nachwuchs nicht: »Der Gedanke, dass wir Eltern den beiden Söhnen etwas mitgegeben haben, das sich nicht messen und wägen lässt, macht einen großen Teil des Inhalts unseres eigenen Lebens aus. Ihr Loslösen von den Eltern vollzog sich ohne schmerzhafte Hemmnisse und Schwierigkeiten. Zu ernsthaften Zerwürfnissen ist es nie gekommen.«

Voller Hochachtung schilderte er die besonderen Fähigkeiten seines Sprösslings: »Peter studierte Mathematik an der ETH in Zürich, wo er 1970 den Doktortitel erwarb, mit einer Dissertation, von der ich kein Wort verstehe!« Und fügte die Lehrer- und die große Schachlaufbahn des älteren Sohnes an. Auf meine Nachfrage im Gespräch mit Peter Hohler nach Titel und Inhalt der Dissertation schmunzelt dieser: »Der Titel lautete: ›Eine Verallgemeinerung von orthogonalen lateinischen Quadraten auf höhere Dimensionen‹. Ich müsste da jetzt etwas weiter ausholen, um das zu erklären.« Was er vernünftigerweise nicht tut. Wir finden uns bei der Feststellung, dass Mathematik eine Geisteswissenschaft und keine Naturwissenschaft ist, »die aber«, ergänzt der Mathematiker sogleich, »wichtige Grundlagen für viele Naturwissenschaften und sogar für sprachliche Gebiete oder die Psychologie legt. Die Mathematik an sich ist nicht auf die Physik oder andere Naturwissenschaften angewiesen. Aber die Physik auf die Mathematik.«

Vater Hans Hohler war im Oltner Kulturleben während Jahrzehnten eine prägende Gestalt. Bis zur Pensionierung 1980 arbeitete er als Sekundar- und Berufsschullehrer, er war ein sehr aktives Mitglied in der Dramatischen Gesellschaft, redigierte die Oltner Theaterzeitung sowie das Schulblatt für die Kantone Aargau und Solothurn und präsidierte in Olten auch die Theaterkommission. Aus dieser reichen Erfahrung mit Bühnenkünstlern heraus definierte er im Interview von 2001 seinen Eindruck von der Arbeit seines Sohnes Franz: »Als aufmerksamer, kritischer Zeitgenosse fängt er die Welt mit dem Mittel der Sprache ein. Dabei trägt ihn seine Fantasie über das vordergründig zu Tage Liegende hinaus. Er sieht die Brüchigkeiten und die Unzulänglichkeiten dieser Welt; aber er sieht auch ihr Schönes – in der Natur und in den Mitmenschen, denen er gewogen ist und die ihm gewogen sind.«

Er erinnerte sich noch an weitere Talente: »Auch Franz versteht sich, mit großem Abstand zu Peter natürlich, auf das Schachspiel. Dazu sind beide Söhne Jasser – vom Vater dazu ›erzogen‹ –, deren Spiel auch in ihren Familien betrieben wird und durchaus der Erwähnung wert ist, weil es, mit heiterer Hingebung gepflegt, der Spannung wie der Entspannung dient ...« Franz Hohler sah das im Buch »Jugendjahre in der Schweiz 1930–1950« genauso, als er sich an die Stube mit dem Holzofen erinnerte: »*Und gejasst haben wir in der Stube, ein Kulturgut, das ich bis heute bewahrt habe und auch meinen Söhnen weitergab.*«

Andere Andenken der Hohler-Familie tönen haargenau so wie diejenigen von vielen Schweizerinnen und Schweizern, die ihre Jugendjahre um die Mitte des 20. Jahrhunderts erlebten. Franz Hohler schrieb für das Buch »Jugendjahre« einige auf: »*Eine starke Erinnerung sind die wabernden heißen Dämpfe in der Waschküche, wenn die Waschfrau kam und mit unserer Mutter zusammen die Leintücher in großen Zubern unter Zuhilfenahme von Stößeln mit gelochten Glocken ›stunggelte‹. Und die Kohlen, die über eine Rutsche in den Heizungskeller donnerten, unter Hinterlassung einer Höllenstaubwolke, und der Brenner, den man in die Kohlen im Zentralheizungsofen schieben musste.*«

In seiner Dankesrede für den Kunstpreis der Stadt Zürich fasste Franz Hohler 2005 seine Jugend und seine Familie kurz zusammen. »Ich bin in Olten aufgewachsen, spielend, singend, pfeifend, musizierend, theaterspielend, denkend, schreibend, träumend, mit einem Bruder, der ebenso gern spielte wie ich, mit Eltern, die gern musizierten, wie meine Mutter, und gern Theater spielten, wie mein Vater, und beide gern lasen, wovon eine große Bibliothek zeugte, aus der ich mich bediente, sobald ich einigermaßen lesen konnte, sodass ich, als mir zum ersten Mal das Wort ›Kultur‹ begegnete, dachte, das kenne ich, das haben wir zu Hause auch.«

Die Kirche

Franz Hohler hat in seinem Leben oft Minderheitenmeinungen vertreten. Das begann schon früh. Familie Hohler gehörte nämlich zur christkatholischen Kirche, die zwar eine anerkannte Landeskirche ist – aber die deutlich kleinste. Franz' älterer Bruder Peter Hohler ist heute noch in der christkatholischen Kirche aktiv, in der Kirchgemeinde Zofingen, die zehn politische Gemeinden umfasst, darunter Aarburg, wo seine Frau und er wohnen. »Olten ist ein Zentrum der christkatholischen Kirche«, sagt er, »und unser Vater stammte aus einer christkatholischen Familie aus dem Fricktal, einem weiteren wichtigen Gebiet dieser Konfession. Unser Vater war während längerer Zeit Präsident der Christkatholischen Kirchgemeinde Olten, und ich bin es jetzt hier in Zofingen«, erzählt er.

Die christkatholische oder altkatholische Kirche entstand, wie Urs von Arx im »Historischen Lexikon der Schweiz« schreibt, »zwischen 1871 und 1876 unter den Begleitumständen des Kulturkampfes. Den unmittelbaren Anstoß bildeten die beiden auf dem 1. Vatikanischen Konzil 1870 definierten Dogmen vom Universalprimat und der Lehrunfehlbarkeit des Papstes. Dagegen formierte sich ein breit gefächerter Widerstand liberal gesinnter Katholiken, die sowohl staatsbürgerlich-politische wie kirchlich-religiöse Argumente ins Feld führten.«

Franz Hohler hat diese Kirche gelegentlich thematisiert: dass er durch sie geprägt worden ist, aber mit der Institution seine Mühe hat. Im Buch »Franz Hohler – Texte, Daten, Bilder« erklärte er in einem Interview mit Ko-Herausgeber Michael Bauer: *»Sie hat sich 1871 von der päpstlichen Katholischen Kirche losgesagt. Heute hat sie aber nichts Revolutionäres mehr, sondern kämpft nur noch um die Erhaltung ihrer Besonderheiten. Ich begreife auf ihren Kirchenbänken auch nicht* besser, was Gott bedeuten könnte, als auf einem Berggipfel oder wenn ich darüber nachdenke. Wahrscheinlich haben die Kirchen sowieso nicht viel mit Gott zu tun, er hat sich schon lange aus den Altären davongeschlichen. Christentum lässt sich letztlich nur daran messen, was die Kirche für die Menschen tut, denen es schlecht geht.«

In Franz Hohlers Jugend war diese Kirche für seine Familie eine Selbstverständlichkeit. Die Mutter war zwar im Bernbiet reformiert aufgewachsen, »aber sie ging mit meinem Vater zur Kirche. Und wir machten viel gemeinsam Musik in der christkatholischen Kirche – auch bei den Römisch-Katholiken und den Reformierten. Aber in die Christenlehre gingen wir zu den Christkatholiken, das war völlig klar.«

Franz Hohler war aktives Kirchenmitglied, sang im Jugendchor und war Messdiener. »Ich gab mir Mühe, gläubig zu sein. Aber gleichzeitig bildeten sich auch meine Zweifel. Ich weiß noch gut, wie ich nach meiner Krankheit aus dem Zürcher Kinderspital zurückkam und Pfarrer Küry mir sagte, dass Gott seine Hand über mir gehalten habe. Es war ihm ein Bedürfnis, mir die Botschaft zu geben, wir würden behütet von einer größeren Macht. Ich nickte selbstverständlich dazu und war sehr einverstanden.«

Dem Messdiener Hohler wurde es in der Kirche dann aber zwei- oder dreimal schlecht: »Wahrscheinlich vom gesammelten Unbehagen, vielleicht auch vom Weihrauch bei der Wandlung, wenn der Wein zum Blut des Herrn wird – ein andächtiger Moment. Aber irgendwann habe ich es wohl einfach nicht mehr ertragen.« Über das, was am Sonntag von der Kanzel gepredigt wurde, hatte er durchaus eigene und klare Meinungen. So schrieb der knapp 15-Jährige am 12. Januar 1958 in sein Tagebuch: »Am Morgen ging ich zur Kirche. Leider amtierte Pfarrer Waldmeier aus Trimbach. Leider! weil bei seinen Predigten nie etwas herausschaut.«

Noch ein weiteres besonderes Erlebnis verdankt er der Kirche seines Vaters: »Es ist eine Minderheitenkirche, heute noch, und das war für mich eine Minderheitenerfahrung. Wir waren so wenige.« Die Kirche hat sich nach seiner Meinung nie gut genug verkauft, obwohl sie eine ideale Alternative wäre für alle jene, die mit der römisch-katholischen Kirche Mühe haben. Es gibt kein Zölibat, keine Beichte, »und es gibt viel Klimbim nicht«, wie Hohler sagt. Zudem wird die Messe seit je in der Landessprache gelesen. »Diese Minderheitenerfahrung war für mich ganz interessant: Die Römisch-Katholiken und die Reformierten hatten ihre Christenlehre im Byfang-Schulhaus, ich ging mit meinem einzigen christkatholischen Schulkollegen über die Aare ins Hübelischulhaus zum christkatholischen Grüppchen. Das war etwas Besonderes und machte mir gar nichts aus. Ich fühlte mich gar nicht diskriminiert, sondern eher privilegiert, weil wir einen Stadtspaziergang machen durften.«

Das Christentum im Allgemeinen und die christkatholische Kirche im Besonderen sind trotz oder gerade wegen aller Kritik für ihn noch immer ein wichtiges Thema.

Lektüre und Vorbilder

Gelesen hat Franz Hohler immer viel. Abenteuergeschichten zuerst – fiktive ebenso wie reale. Da waren beispielsweise Karl May und Erich Kästner, die einen in jenen Jahren am zuverlässigsten aus dem Schul- und Schweizer Alltag herausholten. Und die oftmals »Für die reifere Jugend« etikettierten Erlebnisse großer Entdecker aus früheren und aktuellen Jahrzehnten. In »Jugendjahre« schrieb Hohler dazu: »*Wenn ich in Olten übernachte, schlafe ich in meinem Bubenzimmer. Dort stehen im Büchergestell noch Bücher, die ich als Schüler gelesen habe:* ›*Stanleys große Fahrt*‹*,* ›*Der Schatz im Silbersee*‹ *oder*

›Der 35. Mai‹. Ich habe gerne Abenteuer bestanden im Kopf, habe nicht nur mit Stanley im Urwald geschwitzt, sondern auch mit Scott und Amundsen in der Antarktis gefroren, bin mit Mallory und Irvine im Basislager am Mount Everest in engen Zelten gelegen und auch mit großem Vergnügen am 35. Mai mit dem schrägen Onkel durch einen Schrank in die Südsee hinuntergestiegen, wo ich mich als unsichtbarer Gast auf das fröhliche Pferd Negro Kaballo gesetzt habe.«

Der Zweite Weltkrieg war noch nicht lange vorbei und entsprechend präsent bei den Erwachsenen. Und was diese lasen, interessierte auch Franz. »*Der Krieg faszinierte mich. Ich konnte mich lange vertiefen in ein großformatiges sechsbändiges Werk, das unter dem Titel ›Das große Weltgeschehen‹ während des Zweiten Weltkriegs Jahr für Jahr erschienen war und in der Bibliothek meines Vaters stand.*«

Es ging auch friedlicher. Den Bremer Radiojournalisten, die ihn 2013 in der Sendung »Der Wort-Werker« porträtierten, erzählte Franz Hohler, dass er die Humoristen gerne gelesen habe: »Morgenstern und Ringelnatz, übrigens auch Wilhelm Busch – in meiner ganz frühen Jugend.« Vor allem Busch begeisterte ihn, weil dieser dem leidenschaftlichen Schreiber, Reimer und Zeichner Hohler zeigte, dass man diese Ausdrucksmöglichkeiten miteinander verbinden konnte: »Der war so eine Art – Wegweiser ist zu viel gesagt, aber ich habe schon als kleiner Kerl versucht, den Wilhelm Busch zu imitieren. Das war eigentlich das Erste, was ich geschrieben habe. Sobald ich lesen konnte, habe ich auch geschrieben. Und das Erste war ein Comic im Stil von Wilhelm Busch. Das Wort Comic trifft es allerdings nicht genau, denn da waren keine Sprechblasen. Aber es waren gezeichnete und gereimte Geschichten – das war es eigentlich, was mich an Busch fasziniert hat.« Und der beinahe allen Schweizer Kindern vertraute Globi – ein Mischwesen aus menschlichem Körper und Papageienkopf – war mit seinen Abenteuern in

Bildergeschichten mit gereimtem Text ebenfalls eine Inspiration, wie Vers und Bild zu verbinden sind.

Nun, gar so friedlich war der Wilhelm Busch ja auch nicht. In seiner Dankesrede für den Solothurner Literaturpreis 2013 betonte Franz Hohler, dass »dessen häufig etwas sadistische Vers- und Bild-Geschichten mich sehr faszinierten«. Dies zeigte auch Hohlers allererstes Werk, von dem er in derselben Solothurner Rede sprach: »Ich wolle einmal Dichter und Zeichner werden, soll ich als Kind auf die berühmte Erwachsenenfrage geantwortet haben. Ein kleiner Tatbeweis war meine allererste Geschichte, die ich als 8-Jähriger meinen Eltern zu Weihnachten schenkte. Eine Zeichnung zeigte einen Mann auf einem Pferd, darunter stand der Vers: Auf seinem Pferd Herr Fadian sich sieht die schöne Landschaft an. Das zweite Bild dann war ein Zoom auf den Hintern des Pferdes, in welchen eine Wespe stach. Daraufhin brannte das Pferd durch, Ross und Reiter stürzten in eine Schlucht, aus deren Grund ein spitzer Fels ragte, dem Pferd war der Hals aufgerissen, Herrn Fadians Schädel war in kleine Teile zertrümmert (er trug keinen Helm, der unselige), Ströme von Blut flossen, gekrönt vom Vers: Und die Moral von der Geschicht, lass dich von Wespen stechen nicht.« Hohler wies in seiner Rede auch darauf hin, dass ihn schon damals das Überraschende, Unerwartete gereizt habe: »Der Dünger für Geschichten ist nicht der gewohnte Gang der Dinge, sondern der ungewohnte, nicht das Glück, sondern das Unglück.«

Es war denn auch nicht die einzige blutige Geschichte des Jungdichters und -zeichners. In den Zeichenheften des Neun- bis Zehnjährigen finden sich neben Sportszenen reichlich Schießereien und Schlachten aller Art sowie die wilde Fahrt des Töffrennfahrers Guggsi, der sich unter dem Motto »Nur Mut« in ein waghalsiges Rennen stürzt. Weder durch einen frühen Unfall (Kommentar des Zeichners: »GUGGSIS

TÖFF HATS NICHT GESCHADET«) noch durch mehrere Stürze und sogar Abstürze von einer Passstraße lässt sich der wackere Recke schrecken. Als er sich in eine Höhle verirrt, erlegt er dort noch ganz nebenbei ein Ungeheuer und findet einen riesigen Goldklumpen. Trotzdem ist er als Erster im Ziel und bekommt zum gefundenen Goldklumpen als Siegerprämie noch einen Geldsack mit der Aufschrift 100 000 000 dazu. Abenteuerlust hatte beim jungen Franz Hohler goldenen Boden.

Den Zeichner strich Hohler schon bald aus seiner Zukunftsplanung, »aber den Dichter habe ich durch meine ganze Schulzeit und die kurze Studienzeit mitgenommen«, sagte er 2013 in seiner Solothurner Rede. »Als Gymnasiast schrieb ich kleine Glossen und Kurzgeschichten und schickte sie dem ›Oltner Tagblatt‹, welches sie zu meiner Freude abdruckte. Erst später wurde mir klar, wie wichtig für mich dieses Echo damals war, denn es enthielt die Botschaft: ›Wir können deine Geschichten brauchen.‹« Von diesen Texten wird im nächsten Kapitel noch die Rede sein.

Frühe satirische und kabarettistische Einflüsse beschrieb Franz Hohler im Buch »Jugendjahre« – diese erreichten ihn in gedruckter wie auch in radiofoner Form: »*Der ›Nebelspalter‹ kam als institutionalisierter Humorbote ins Haus, mit Versen von Bö, die mir bis heute geblieben sind. Die samstägliche Radiosatiresendung wollte ich auch nicht verpassen, mit Zarli Carigiet (›Wer sait das, Bueb?‹) oder Margrit Rainer und Ruedi Walter (›Bis Ehrsams zum schwarze Kaffi‹). Nicht dabei war Alfred Rasser, dessen Sendung gestrichen wurde, nachdem er mit einer Nationalratsgruppe zusammen das kommunistische China besucht hatte.*«

Er berichtete vom »*Radioapparat mit dem grünen Auge und der Skala, die mit dem rätselhaften Ort ›Hilversum‹ begann und vor dem wir abends mit heißen Backen die unheimlichen Sendungen ›Verzell du das em Fährima‹* [»Erzähl das dem

Fährmann«, in Basel eine häufige Redewendung, um die Glaubwürdigkeit des Erzählers anzuzweifeln] *hörten oder die Krimireihe ›Mein Name ist Paul Cox‹ oder die berndeutschen Gotthelf-Hörspiele ›Ueli der Knecht‹, die mich später zu meinem ›bärndütsche Gschichtli‹ inspirierten, oder am Samstag die bunten Abende aus dem Bernhard-Theater. Die Welt war in unseren Ohren zu Hause.*« So wurde neben anderen Radioinspirationen auch der Schauspiel-Altmeister und Karl-Valentin-Schüler Rudolf Bernhard mit seinen bunten Abenden zum Lehrmeister für den jungen Hohler.

Mit einem originalen Zeugnis solothurnischer Mundartdichtung wurde er schon früh im eigenen Zuhause konfrontiert: In seinem Elternhaus in Olten hängt bis heute ein Gedicht des im Solothurnischen einst legendären Dichters, Schriftstellers und Lehrers Josef Reinhart, der mit einigen seiner Texte bis heute nachwirkt.»De Heimetvogel« zum Beispiel wird sowohl von Jodlerchören als auch von Formationen der sogenannten »Neuen Volksmusik« gesungen. Josef Reinhart war der Deutschlehrer von Hohlers Eltern am Lehrerseminar in Solothurn und schrieb das besagte Gedicht zu ihrer Hochzeit – handschriftlich. Denn auch Franz Hohlers Mutter war in Solothurn aufgewachsen, nach Biel zog die Familie erst später. Sein in Schönenwerd aufgewachsener Vater wohnte während des Seminars in Solothurn im Kosthaus – wie später sein Sohn Peter.

Neben Wilhelm Busch war auch der große Nonsense- und Doppelsinndichter Joachim Ringelnatz ein Vorbild für Franz Hohler. Als er ihn dann zum ersten Mal nicht nur las, sondern auch hörte, erlebte er eine Überraschung.»Mich hat das sehr erstaunt, als ich diese Radioaufnahmen von Ringelnatz hörte. Ich hatte mir den immer etwas beiläufiger vorgestellt«, sagte Hohler und zitierte dann im Sotto-voce-Ton, halblaut und gedämpft: »Ein männlicher Briefmark erlebte / Was Schönes, bevor er klebte. / Er war von einer Prinzessin beleckt, / Da war die Liebe in ihm erweckt.« Hohler erzählte, er habe das jeweils wie ein kleines Aperçu vorgetragen. »Und wenn man Ringelnatz hört«, sagte er dann, wie dieser laut deklamierend: »Ein männlicher Briefmark erlebte was Schönes, bevor er klebte ...« Da sei er irgendwie aus allen Wolken gefallen: »Das muss auch sein Ton gewesen sein. Es war wohl ein Ton, der auf Säle ausgerichtet war – und ohne Verstärkung, und wo man sich auf einem Brettl durchsetzen musste gegen all die rauchenden und biertrinkenden und geschirrklappernden Leute. Das war der reinste Expressionismus eigentlich, was einem da entgegenkam oder entgegenkommt heute, wenn man diese Tonbandaufnahmen hört.« Ein wenig ist dieser Ton allerdings auch beim jungen Hohler zu hören. In seinen frühen Bühnenauftritten, beispielsweise in seinem ersten Kabarettprogramm »Pizzicato« (1965), ist bei allen differenzierten Inhalten der Ton in einigen Nummern auch eher expressionistisch.

Franz Hohler setzte sich in der Kantonsschule immer intensiver mit Cabaret auseinander. In der Dankesrede zum Kunstpreis der Stadt Zürich 2005 hielt er fest: »Wichtig war es für mich immer, meine Werke auch vorzutragen, ja, ich hatte das Gefühl, eine Geschichte sei nicht dann fertig, wenn sie geschrieben sei, sondern erst dann, wenn sie vorgetragen wurde.« So entdeckte er einen weiteren Künstler in Deutschland, der ihm besonders imponierte. »Was ich als Kantonsschüler auf diesem Gebiet live gesehen habe – davon haben mich nur zwei Sachen wirklich beeindruckt«: »Aus der Schweiz war das Cés Keiser. Bei ihm hatte ich das Gefühl, er habe eine wirklich eigene Handschrift. Und der andere war Hanns Dieter Hüsch.« Der Kantonsschüler fuhr eigens nach Basel ins »Fauteuil«, um sich das Programm »Arche Nova« anzuschauen. »Ich hatte ihn zuvor im Radio gehört und dachte mir, das würde ich gerne sehen. Ich hatte das Gefühl, er bringe etwas, das mich angehe und das auf jenem Weg liegen könnte, der mir für mich vorschwebte. Heute fährt man ja irgendwohin, nach Montreux oder Zofingen oder St. Gallen, um ein Rockkonzert zu hören und zu sehen. Aber damals war eine solche Reise nach Basel für einen Kantischüler schon etwas Besonderes.«

Denn die Bahnfahrt war für das Schüler-Taschengeld, das er sich mit dem Cellospielen an Beerdigungen oder mit Kirchenmusik verdient hatte, nicht gerade günstig. »Mit diesem Taschengeld hatte ich mir auch Karl Valentins Gesammelte Werke gekauft. Normalerweise wartete man ja sonst bis Weihnachten oder bis zum Geburtstag und ließ sich solche Sachen schenken. Ich erinnere mich noch, dass sich meine Eltern gewundert haben, dass ich dieses relativ teure Valentin-Buch unbedingt sofort haben wollte.« Valentin wurde damit zu einer weiteren Inspiration für den angehenden Kabarettisten. »Ich las sogar das Bayrisch gerne und sah diese Szenen sofort vor mir. Lange Zeit hatte man ja von Valentin das Gefühl, dass man seine Szenen nur wirklich goutieren könne, wenn er sie selber spiele. Das sagte man ja auch von Nestroy und von Molière. Aber dann zeigte es sich, dass das einfach gute Literatur ist, die unabhängig von der Originalbesetzung trägt.«

Hanns Dieter Hüsch wurde später zu einem guten Kollegen und Freund Franz Hohlers – und blieb ein Vorbild mit seiner Art des Kabaretts, wie Hohler es 2013 den Bremer Radiojournalisten erläuterte: »Bei Hüsch war für mich eine Mischung von Humor und von Komik mit Philosophie. Ich sah darin den Versuch, etwas Ernstes leicht zu sagen – und eben nicht etwas Leichtes leicht zu sagen. Ich war immer am Humor interessiert, der als Leichtgewicht daherkommt, bei dem aber ein Schatten mitläuft oder der – nautisch gesprochen – einen Tiefgang hat, wo unter dem fröhlichen Deck des Schiffes ein sehr tiefes Kielwasser brodelt und blubbert.«

Der Jungjournalist

Das Schreiben hatte ihm schon immer gelegen, ob bei Aufsätzen in der Schule oder bei seinen Bildgeschichten mit eigenen Zeichnungen. Und bereits als 16-Jähriger erhielt Franz Hohler die Gelegenheit, diese Fähigkeit auch öffentlich zu machen. Das »Oltner Tagblatt«, die freisinnige der drei Oltner Tageszeitungen jener Zeit, bot dem ambitionierten Mittelschüler die Chance, seine ersten schriftlichen Versuche zu publizieren. Rund fünfzig Jahre nach ihrer Entstehung erschienen 2011 in der »Perlen«-Reihe des Oltner Knapp Verlags Glossen, Reportagen, Rezensionen, Satiren, Feuilletons, Kurzgeschichten und Reiseberichte des Jungjournalisten. Das kleine Bändchen trägt den rätselhaften Titel »Eine Kuh verlor die Nerven« und ist ein höchst vergnügliches, spät erschienenes Frühwerk Franz Hohlers.

Man muss diesem leider zustimmen, wenn er im Vorwort schrieb: »Es mutet heute unwahrscheinlich an, dass in einer Kleinstadt wie Olten drei Tageszeitungen erschienen, das sozialdemokratische Volk, der katholische Morgen und eben das freisinnige Oltner Tagblatt. (...) Beim Schrumpfen der Presselandschaft dürfte es heute für einen jungen Menschen mit dem Traumziel Autor bedeutend schwieriger sein, einen Text bei einer Zeitung unterzubringen.« Und wir sind mit Franz Hohler »dem damaligen Feuilleton-Redaktor Peter Ammann rückblickend sehr dankbar, dass er mich, nachdem er meine erste Glosse über das Kollektieren abgedruckt hatte, immer wieder ermutigte, ihm etwas zu schicken«.

Der 16-Jährige begann tatsächlich gleich mit der schwierigsten journalistischen Form, der Glosse, und er schlug sich da bereits recht achtbar – direkt inspiriert aus seinem Schülerleben: Er thematisierte die jeder Schweizerin und jedem Schweizer aus der Schulzeit bekannten ersten Versuche, wildfremden Leuten etwas zu verkaufen, seien dies Schoggitaler, 1. August-Abzeichen oder Pro-Juventute-Briefmarken. Er formulierte eine witzige Anleitung, wie das »Kollektieren« am besten funktioniere, und eine launige Typologie der Gebenden und Nicht-Gebenden.

Es folgten ernsthafte Rezensionen über Konzerte in der Region, mit selbstsicheren und wohlbegründeten Urteilen über das Gebotene, und bereits erste Geschichten, die den späteren fantasievollen Erzähler mit Hang zum Surrealen, Fantastischen ankündigen. Da berichtete er etwa vom fasnachtsverkaterten Beamten, der in seinem Aktenschrank unversehens keine Akten, sondern eine in die Tiefe führende Treppe vorfindet. Dort unten stößt er auf zwei fröhliche Maskierte namens Kreti und Pleti, die ihm grinsend erklären, dass sie eigentlich die Normalen seien, während die sogenannt Normalen im täglichen Leben ständig Masken trügen.

Besonders vergnüglich ist die Geschichte über die steinernen Büsten der Komponisten im Konzertsaal, die sich plötzlich zu unterhalten beginnen und die Sitten und Gebräuche des modernen Konzertpublikums, der Musizierenden und der Kritiker so harsch hinterfragen, dass sich die Mozart-Büste in ihrer Verzweiflung gar vom Sockel stürzen will.

Präzise beobachtet und originell assoziiert hat er auch in seinen Reiseberichten aus Schottland und Spanien, die einem die besuchten Länder aus vielen – teilweise sogar für die lokale Bevölkerung ungewohnten – Perspektiven zeigen: »Dass ich daran Gefallen finden sollte, mutterseelenallein mit einem vollgestopften Rucksack zur Sommerszeit über spanische Hochebenen zu stolpern, wollte den Dorfbewohnern nicht recht einleuchten, bei denen ich einen Plauderhalt eingeschaltet hatte.« Und am Ende seiner schottischen Reisebeschreibungen dichtet er:

> Bevor du klug, gereift und weise,
> Bist du am Ende deiner Reise.

Auch Reportagen aus lokalen Betrieben schrieb der Journalist aus der Kantonsschule: aus einem Schlachthof oder einer Druckerei, wo er liebevoll all die Berufe beschrieb, die es in den Zeiten von computerhergestellten Zeitungen und Drucksachen schlicht und einfach nicht mehr gibt. Und den Beinahe-Kollegen aus der schreibenden Branche gab er in der Titelgeschichte deutlich und mit der ganzen Überzeugung seines 18-jährigen Lebens den Tarif durch: Da setzte nämlich eine Zeitung über die »dramatische Flucht einer Kuh«, die auf dem Weg zur Schlachtbank ausbüxte und »mittels eines wohlgezielten Gewehrschusses zur Strecke gebracht« wurde, den Titel »Eine Kuh verlor die Nerven«. Franz Hohler stellte sich dann in seiner Glosse vor, wie zwei Kühe »unseren Berichterstatter an einem langen Hanfseil zum Menschenschlachthaus« bringen. »Und nun, mein lieber Ritter vom hinkenden Bot«, gab er dem Journalisten auf den Lebensweg, »denk noch einmal ganz genau nach, bevor du von deinem erhabenen Journalistenpodest herab den elementaren Freiheitsdrang einer niederen Kreatur mit den herablassend verächtlichen Worten umschreibst: Eine Kuh verliert die Nerven.« Sicher kein schlechtes Gefühl für den Schüler Hohler, einmal selbst Noten verteilen zu dürfen.

Als 23-jähriger Student leistete er sich auch im Bericht über die Donaueschinger Musiktage durchaus seine eigene Meinung. Man darf ihm attestieren, dass seine Beschreibungen einen erstaunlich präzisen Eindruck von den oft schwierigen Werken der zeitgenössischen Komponisten – und vom Publikum – gaben. Als die Zuhörenden den nach Hohlers Meinung falschen Komponisten Beifall spendeten, »da habe ich ›buh‹ gerufen«.

Der Höhepunkt seiner kurzen journalistischen Karriere war für Hohler aber eindeutig eine Reise ins Wallis. Weil er Schüler von Hans Volkmar Andreae war, konnte Hohler 1961 mit 18 Jahren an einem Casals-Meisterkurs in Zermatt teilnehmen – »als Zuhörer, nicht als Cellist«, wie er heute erzählt. »Ich hatte in der Kantonsschule Urlaub verlangt, weil ich für das ›Oltner Tagblatt‹ über den Kurs berichten müsse. Das mit dem Tagblatt war natürlich eine Ausrede, aber die Redaktion gab mir sogar einen Journalistenausweis. Das war ein sehr starker Eindruck für mich.«

Hohler schilderte in seinen zwei Artikeln genau, worum es dem Meister ging, und machte in seiner detaillierten Beschreibung der Kursveranstaltungen auch klar, dass er selbst Cellist war: »So enthält jede Lektion stets den ›typischen Casals‹ und entlässt uns mit tiefer Ehrfurcht aus dem Zauberbanne seines Genies.«

Im Vorwort zu »Eine Kuh verlor die Nerven« beschrieb er, wie er seinen Presseausweis »in Zermatt so selbstverständlich wie möglich vorzeigte. Journalist wäre auch etwas, dachte ich mir damals, doch es blieb der einzige Presseausweis in meinem ganzen Leben.« Ein Journalist Franz Hohler hätte der Schweizer Presselandschaft nicht schlecht getan; aber der Kabarettist, Schriftsteller, genaue Beobachter und dezidierte Kommentator ist dort glücklicherweise ja trotzdem sehr präsent.

Das »Oltner Tagblatt«, mittlerweile ein Teil des Zeitungsverbunds AZ Medien, der fast alle Tageszeitungen zwischen Zürich, Bern und Basel zusammenfasst, widmete 2011 dem Büchlein seines ehemaligen Mitarbeiters eine wohlwollende Rezension. Fabian Saner schrieb, hier »scheint der Weg des unvergleichlich vielseitigen und experimentierfreudigen Autors und Kabarettisten, der teilweise in Olten aufwuchs, bereits vorgezeichnet. Es ist erstaunlich, wie wenig da stilistisch entgleist ist, von jugendlichem Pathos durchströmt oder einer überbordenden Mitteilungsfreude der Ideen entkräftet wäre – das schreibende Ich des 17-, 18-, 19-Jährigen ist schon außerordentlich ›temperiert‹. Die Texte sind nicht nur rhythmisch durchgestaltet, sondern auch erzählökonomisch sinnvoll gebaut (da hat natürlich auch der begrenzte Platz der Zeitungsseite beigetragen). Von einer schlackenlosen Prosa getragen, schlägt sich hier eine Beobachtungsgabe Bahn, die dem Stereotypen sowohl der Form wie dem Inhalt nach immer ein Schnippchen zu schlagen trachtet.« Und Marco Guetg ergänzte in »Der Sonntag« (heute »Schweiz am Sonntag«), dem Sonntagsblatt aus demselben Zeitungsverbund: »Breiten Raum nehmen Reiseberichte ein. Das sind keine Aufsätze. Das sind literarische Reportagen, in denen Hohler verschiedene Stilmittel ausprobiert: Beschrieb wie Dialog und innerer Monolog. Hohler ist ein kontaktfreudiger Beobachter und schreibt mit Schalk. (...) Überraschung, Parodie, Humor wie das Gespür für besondere Vorkommnisse: Es hohlert schon in diesen frühen Texten. Und der Oltner Student zeigt bereits in diesen frühen narrativen Variationen, dass er auf der Klaviatur des Kabaretts, der Glosse und Ironie schon recht behände zu spielen vermag. Kein Zweifel: Ein Biograf würde diese Texte auf den Seziertisch legen, weil darin der Keim für Kommendes liegt.«

Das Kabarett beginnt

Nicht nur der Journalist oder angehende Schriftsteller, auch der kommende Kabarettist Franz Hohler schlug schon in der Mittelschulzeit seine ersten Wurzeln. Wie das kam, berichtete er 1979 dem Journalisten Hans-Jürg Basler für eine Serie der »Luzerner Neusten Nachrichten« über »Alte Aargauer Kabaretts«. Eine Folge trug den Titel: »Die ersten Versuche des Franz Hohler«, und dort schrieb Basler: »Einer, der in Aarau angefangen hat, ist dem Kabarett treu geblieben: Franz Hohler. Er trat zum ersten Mal 1960 in einem Schülerkabarett auf.«Hohler habe damals in Aarau in der zweiten Klasse der Kantonsschule einen Anschlag gelesen, auf dem Mitspieler fürs traditionelle Kabarett am Schülerabend gesucht worden seien.»Ich habe gedacht, ich bin eigentlich auch einer, der gerne mitspielen würde, und bin zu diesem Treffen gegangen.« Er habe zwei oder drei Texte geschrieben und selbst mitgespielt.»Das war mein erster Kontakt mit kabarettistischen Formen, sozusagen ein Tastversuch.«

Zwei Jahre später, im Jahre 1962, gründete Hohler dann zusammen mit Kollegen und einer Kollegin das Kabarett »Trotzdem«, das in einem Keller in der Laurenzenvorstadt auftrat. Premiere war am 5. Mai 1962, Hohler hatte zum Programm die meisten Texte geschrieben. Man spielte bis im Sommer mit überraschend großem Erfolg.

Den Bremer Radiojournalisten sang Hohler 2013 für die Sendung »Der Wort-Werker« gleich den Titelsong des Programms vor:»Sag trotzdem, sag trotzdem, sag trotzdem, wenn die Welt auch untergeht. Sag trotzdem, sag trotzdem, sag trotzdem, wenn sie morgen nicht mehr steht. Wenn alles wankt und alles schwankt, dsche dsche dsche dsche dsche dsche ... Sag trotzdem ...« Und kommentierte lachend:»Heute würd ich sagen, die Heilsarmee könnte den Song eins zu eins übernehmen. Aber er drückte eben auch ein Lebensgefühl aus.« Und das Programm sei offenbar recht überzeugend gewesen, denn es sei sehr gut angekommen, fuhr er fort:»Wir haben das länger gespielt, als wir wollten, und ich konnte nachher mit dem Geld meine erste große Auslandreise machen. Ich bin mit einem Kabarettkollegen nach Schottland gereist, um dieses ›Trotzdem‹-Geld dort zu verjubeln.« Und dem »Oltner Tagblatt« die erwähnten Reiseberichte zu schicken.

Das sei schon mehr als ein Gehversuch gewesen, eine zweite Saison gab es für das »Trotzdem« trotzdem nicht: Die Mitglieder begannen an verschiedenen Orten zu studieren. »He nu«, habe sich Hohler dann gedacht, »dann mache ich es eben alleine.«

Basler hakte nach: »Was wollte der junge Franz damals mit seinem Kabarettspielen erreichen, was wollte er aussagen?« – »Mein Weltbild, das sagt man heute gar nicht mehr so gern, das stimmte ungefähr mit jenem der moralischen Aufrüstung überein.« Er habe beim »Guten in der Welt« einsetzen wollen. Es sei ihm darum gegangen, mehr als bloß zu reagieren, er habe selber zur Aktion werden wollen. Hans-Jürg Basler schloss seinen Artikel mit der leicht enttäuschten Bemerkung: »Franz Hohler hat zwar im Aargau mit dem Kabarettspielen angefangen, ist ihm aber bald einmal untreu geworden. Kurz nach seinem ersten Soloprogramm begann er in Zürich mit seinem Studium und hat sich dort auch niedergelassen. Dem Aargau bleibt bloß die Ehre, die ersten Fußabdrücke Hohlers zu besitzen.«

Der angehende Kabarettist hatte sich schon früher in seiner Kunst versucht, vor allem mit vielen Versen bei allen möglichen Gelegenheiten. Als 15-Jähriger dichtete er zum Beispiel zum 68. Geburtstag seiner ebenfalls gerne reimenden Großmutter: »Bekannt ist es von alters her: / Geburtstagsbriefe die sind schwer. / Von den Gedichten ganz zu schweigen, / Und trotzdem sollt ich sowas schreiben, / Denn darauf bist du ja versessen / Und wehe, tät ich es vergessen!« Er philosophierte wortreich weiter über die Schwierigkeiten des Dichters mit der Wortfindung und schloss: »Wahrlich: Du bist aus gutem Holz, / Ich muss schon sagen: Ich bin stolz! / Mög es auch weiterhin so bleiben! / Jetzt hör ich langsam auf zu schreiben, / Doch bleibe ich von Herzen ganz / Auf immer und ewig Dein Enkel Franz.«

Im 102 Zeilen langen »Versuch, ein lyrisches Gedicht zu schreiben« führte er dann seinen angeblichen Reimstau ausführlich aus: »So setzt auch ich mich kürzlich hin, / Weil mir mit einem Male schien: / Was Rilke kann, das kann auch ich! / Doch manchmal, leider, täuscht man sich. / Der Titel: ›Lyrisches Gedicht.‹ / Zu mehr reichts vorderhand noch nicht.« Und anlässlich einer Aufführung des »Jedermann« von Hugo von Hofmannsthal im Jahr 1959 schilderte er in einer 74-Vierzeiler-Strophen langen »Schnitzelbank, geschnitzelt von Franz Hohler« die Geschichte dieser Inszenierung mit vielen witzigen, liebenswürdigen kleinen Seitenhieben gegen Regisseur und Darsteller – bestimmt zum großen Gaudi aller Beteiligten. Der Verseschmied begann sich warmzulaufen.

Studium

3

Mit der Matura in der Tasche zog Franz Hohler hinaus in die weite Welt der Wissenschaft – von Olten und Aarau weiter am Jurasüdfuß entlang nach Zürich. »Zuerst wollte ich Deutsch, Geschichte und Philosophie studieren – das war ein übliches ›Päckli‹, das auch mit dem Stundenplan gut aufging«, erzählt Hohler. Es gab da nur ein Problem: Das Fach Geschichte erschien dem Jungstudenten plötzlich wahnsinnig langweilig. Da gabs zwar berühmte Professoren wie Leonhard von Muralt und Peter Stadler, »aber irgendwie hatte ich noch die leidenschaftlichen Geschichtsstunden von Lehrer Kurt Hasler im Kopf. Und von Franz Lämmli in Olten, der uns das Altertum nähergebracht hatte – ›die Wiege des Abendlandes‹. In der Geschichte gibt es offenbar nur Langweiler oder Leidenschaftliche, dazwischen gibts, glaube ich, nichts.«

Mit der Geschichte wurde es also nichts, und das Fach Philosophie gefiel ihm auch nicht. Dort fiel ihm immerhin die Mitstudentin und Germanistin Ursula Nagel auf, weil sie scharfsinnige Bemerkungen machte. »Ich fragte mich: Woher weiß sie das?« Als sie später seine Frau wurde, konnte er dieses Rätsel sicher lösen. »Dann schaute ich mich ein wenig um und hörte auch volkskundliche Vorlesungen von Professor Max Lüthi, die mir sehr gefielen: über Sprichwörter und Redensarten, auch über den Witz und über Märchen – er war der ›Märli-Lüthi‹.«

Anschließend wollte er auf allgemeine Romanistik umsteigen und erkundigte sich, ob er dieses Fach als erstes Nebenfach studieren könne – als Linguistik, weil ihm diese als etwas Realeres als die Textauslegung erschien, »die doch sehr persönlich ist. Die Gesetze der Lautverschiebung haben mich immer interessiert. Wir hatten einen hervorragenden Romanisten an der Kanti Aarau, einen Spanischlehrer, der uns mit großer Leidenschaft die Verschiebungen erklärte, etwa vom lateinischen »o« zum spanischen »ue«: fortis – fuerte, oder von »f« zu »h«: formosus zu hermoso. Solche Gesetzmäßigkeiten interessierten mich.« Und der Student nahm sich vor, alle romanischen Sprachen von Portugiesisch bis zu Rumänisch zu lernen.

Die studentischen Leistungen, an die er sich am besten erinnert, gehörten aber zum Hauptfach Germanistik. Er schrieb eine Seminararbeit über die Wort-Komposita im »Heliand« – einem altsächsischen Versepos über das Leben Jesu – beim Althochdeutsch-Professor Stefan Sonderegger. »Solche Wortzusammensetzungen haben mich tatsächlich immer interessiert – gerade im Deutschen, wo man einfach zwei Wörter aneinanderhängen kann: Da hat man einen Kasten und einen Vorrat, und zusammen gibt es einen Vorratskasten. Die romanischen Sprachen müssen sich da alle mit Präpositionen durchschwindeln: Die Schreibmaschine ist die machine à écrire.«

Mit Wolfgang Binder kam damals ein weiterer Germanistikprofessor neben dem großen Star Emil Staiger an die Universität Zürich. Bei Binder schrieb Franz Hohler eine Seminararbeit über den »Saal der Vergangenheit« in Goethes »Wilhelm Meisters Wanderjahre«. Für diese Arbeit »hatte ich den Ehrgeiz, keinerlei Sekundärliteratur zu lesen. Das wurde ohne Weiteres akzeptiert«, erzählt er in seiner büchergefüllten Oerliker Studierstube und geht ans Büchergestell: »Das ist mein dtv-Goethe mit sämtlichen Bänden, den ich mir damals als Student gekauft habe. Durch den habe ich mich auch tatsächlich durchgelesen, bis hin zur Farbenlehre und seinen wissenschaftlichen Texten über Knochenbau und Ohrenknöchelchen und so weiter.« Und Hohler stellt heute zufrieden fest, dass er ausschließlich mit Goethe-Texten für diese Seminararbeit gut durchkam und dass Professor Binder große Freude daran hatte. »Das spricht auch für ihn, dass er so etwas akzeptierte. Dieses Zitieren und Festhalten an dem, was andere gesagt haben, dem misstraute ich schon damals. Ich hatte das Gefühl, es gehe doch darum, sich selbst ein Bild zu machen und nicht 27 andere zu zitieren, die auch schon etwas Gescheites gesagt haben.«

Untergebracht war Student Franz Hohler im Zürcher Universitätsviertel. »Ein Cellokollege von mir, der ein wenig älter war und ebenfalls in Olten im Stadtorchester spielte, hatte in Zürich studiert und eben abgeschlossen. Als ich ihm erzählte, ich ginge nach Zürich, um zu studieren, fragte er mich, ob ich an seinem Zimmer interessiert sei, das er jetzt aufgebe.« So wurde Hohler für die Jahre von 1963 bis 1965 zum Untermieter in einer Dachkammer des reformierten Kantonsspitalpfarrers – an der Kreuzung Hochstraße-Voltastraße, »nicht weit von der Kirche Fluntern mit diesem noch immer völlig erratischen Mätteli mitten in der Stadt Zürich, wo jetzt über einen möglichen Weinberg diskutiert wird oder ob dort weiterhin Schafe weiden dürfen. Das ist ein ganz erstaunlicher Anachronismus.«

Es war der Ort, wo er seinen ältesten noch lebenden Freund kennenlernte – Klaus Grimmer, der sein Zimmernachbar war. Ursprünglich war Grimmer Physiotherapeut, einige Zeit sogar Direktor der Schule für Physiotherapie am Universitätsspital. Aber er machte nebenher immer Musik. »Er hat lange Trompete gespielt«, erzählt Hohler. »Damit hat er jetzt aufgehört, aber er hat ein Tonstudio, und bei ihm nehme ich eigentlich alle meine Sachen auf, auch meine Bach-Suiten in der Augustinerkirche. Er macht das immer sehr gut.«

Wenn Franz Hohler von der Uni statt zur Hochstraße in die Gegenrichtung die Spiegelgasse hinunterging, »kam ich immer gern am Haus vorbei, in dem die Dadaisten gewirkt hatten, ich stellte mir vor, wie Hugo Ball in seinem Kartonkostüm seine unverständlichen Monologe ins Publikum schleuderte, oder wie Hans Arp mit Sätzen wie ›sankt ziegenzack springt aus dem ei‹ dem verblüfften Zürcher Publikum die Welt erklärte. Sie waren allesamt auftrittssüchtig, und sie wollten allesamt der Realität ihre Abscheulichkeit heimzahlen, indem sie sie mit der Fantasie lächerlich machten. Und dann beschloss ich, dies auch zu tun.«

So berichtete er es in seiner Dankesrede für den Kunstpreis der Stadt Zürich 2005. Und so kam es, dass der Fünft-Semester-Student Franz Hohler sein erstes Kabarettprogramm »Pizzicato« zusammenstellte, um die Realität mit der Fantasie lächerlich zu machen. Seither hat er damit nicht mehr aufgehört. 45 Jahre später beschrieb er im Buch »Das Ende eines ganz normalen Tages« sein Leben im Übergang vom Schüler zum Jungstudenten in einer verdichteten kurzen Geschichte:

Als ich zwanzig war

Als ich zwanzig war, war es so kalt, dass der Zürichsee gefroren war.

Als ich zwanzig war, schrieb ich meinen Matura-Aufsatz über Kräfte, die jenseits von Politik und Wissenschaft unser Leben bestimmen. Ich schrieb vor allem über die Fantasie.

Als ich zwanzig war, durfte ich zum ersten Mal abstimmen. In meinem Primarschulhaus betrat man eine Wahlkabine, konnte dort seinen Stimmzettel mit »Ja« oder »Nein« beschriften und ihn nachher in die Urne werfen. Ich weiß nicht mehr, wozu ich damals Ja oder Nein gesagt habe. Stimmen durften, als ich zwanzig war, nur die Männer.

Als ich zwanzig war, gab es an der Universität so viele Studenten, dass man für die Vorlesungen des berühmten Germanistikprofessors Platzkarten lösen musste. Etwa 700 andere studierten auch Germanistik. Mindestens die Hälfte davon waren Frauen. Darunter, dachte ich, müsste auch eine für mich sein. Ich hatte recht.

Von »Pizzicato« zu den »Doppelgriffen«

4

Im fünften Semester trat für Franz Hohler das Studium bereits in den Hintergrund, vom Hörenden wurde er zum Vortragenden. In seiner Dankesrede für den Kunstpreis der Stadt Zürich formulierte er 2005 seinen Umstieg so: »Ich versammelte meine Gedichte, Texte, Lieder, Parodien und Fantastereien um mich, ordnete sie zu einem literarisch-musikalisch-satirischen Ganzen, nannte es ›Pizzicato‹ und bat den Rektor der Universität, mir den alten Heizungskeller zur Verfügung zu stellen.«

Eduard Schweizer, Rektor und Theologe, sagte sofort zu: »Selbstverständlich, machen Sie das, Aktivität ist gut!«, was Hohler ihm bis heute hoch anrechnet. In seiner Dankesrede zum Zürcher Kunstpreis 2005 sprach er darüber, was Zürich für ihn bedeute, und erwähnte auch diese Unterstützung durch Professor Schweizer, »der sich jetzt wohl weiter oben mit Heinrich Bullinger und Karl Barth darüber unterhält, ob eigentlich die Theologie seit Christi Geburt Fortschritte gemacht habe«. Der »Tages-Anzeiger« brachte am nächsten Tag Ausschnitte aus dieser Ansprache, unter anderem denjenigen über Professor Schweizer. Dann erhielt Hohler einen Anruf aus der Redaktion: Es habe jemand telefoniert, dass Professor Schweizer noch lebe. Franz Hohler »erschrak zu Tode, denn für mich war er schon in den 1960er-Jahren ein alter Mann gewesen, eine Respektsperson. Ich hatte keinen Augenblick gedacht, dass er noch am Leben sein könnte. Also rief ich ihn an, ob ich vorbeikommen dürfe, und bei diesem Besuch reagierte er auf meine Geschichte mit einem begeisterten: ›Heerlig, heerlig!‹ [»Herrlich, herrlich!«] Er nahm es mir in keiner Weise übel. Und mich freute es besonders, dass ich ihm nochmals persönlich danken konnte, dass er mir auf meinem künstlerischen Weg in diesem wichtigen Moment geholfen hatte.«

Franz Hohler startete also im Heizungskeller als sein eigener Unternehmer »und scharte meine Hilfskräfte um mich. Wer von meinen Studentenkolleginnen und -kollegen gerade da war, wurde eingespannt – eine von ihnen wurde später meine Frau.« Eine Bedingung des Rektors war allerdings, dass der Jungkabarettist nicht in seine eigene Tasche spielen durfte. »Also ging ich zur Woko, zur studentischen Wohnkommission, und fragte sie, ob ich ihnen den Reingewinn zugutekommen lassen könne.« Bei dieser Gelegenheit lernte Hohler auch, saubere Abrechnungen zu erstellen. »Und sehr viel schaute am Ende für die Woko nicht heraus, auch wenn das Programm sehr gut lief und ich sicher etwa zwanzig Vorstellungen in Zürich spielen konnte.«

Am 7. Mai 1965 war Premiere, und auf dem »Pizzicato«- Plakat stand »Franz Hohler spielt eine cabaretistische Solosuite. Keller der Universität, Eingang: Künstlergasse«. Die Gasse zum Künstler war also vorgespurt. Es wurden zwölf Vorstellungen im Mai und Anfang Juni angekündigt – zu Preisen von 3.30 bis 5.50 Franken, Studenten und Schüler

2.20 und 3.30 Franken. Die Texte stammten alle von Hohler, bei einigen Kompositionen wurde er von Jürg Iten unterstützt, und am Flügel lieferte Max Nyffeler virtuose Begleitungen im Stil der Pianisten, die damals die Programme der Kabarettisten auf Kleinkunstbühnen untermalten.

Die Worte »Aller Anfang ist schwer, / Und zwar je länger, je mehr« standen zu Beginn von Franz Hohlers Einleitungschanson, obwohl der Neuling nie den Eindruck machte, es fiele ihm schwer, auf der Bühne zu stehen. Das Programm brachte ein Feuerwerk an Parodien und Pointen, und um alles zu verstehen, brauchte man ein großes Maß an abendländischem Kulturwissen, denn es wimmelte nur so von musikalischen und literarischen Zitaten. Aber auch wenn Hohler das erste Programm nicht in spätere Sammlungen seiner Texte aufnahm, weil er diesen Stil hinter sich lassen wollte: »Pizzicato« bot neben Bildungsbürgersatiren noch reichlich anderen Stoff zum Lachen.

»Alles hats schon gegeben, / Jedes Wort war schon am Leben«, sang er zu seiner Cello-Begleitung im einleitenden Chanson »Pizzicato«. Aber was der junge, lange Mann machte aus all dem, was es schon gegeben hatte, war doch etwas völlig Neues und löste sowohl beim Publikum als auch bei den Kritikern Begeisterung aus. Mit den Zeilen »Jeder Ton hat schon getönt, jede Drohne schon gedröhnt« wies Hohler sogar, ohne es zu wissen, weit in die heute Gegenwart gewordene Zukunft.

»Oft ists genug, wenn man der Welt / Die eigene entgegenhält«, hieß es weiter im Eröffnungschanson. Das war das künstlerische Credo des Jungkabarettisten: »Ich war damals der Ansicht, das Kabarett oder die Kleinkunst könne auch etwas ganz anderes leisten, nämlich eine Gegenwelt aufstellen. Das wäre letztlich wohl der Kunstbegriff überhaupt: Die Kunst schafft eine Gegenwelt – statt einfach über das zu berichten, was gerade läuft, und das ein wenig zu kommentieren. Es war für mich ein Stück weit eine Gegenposition zu dem, was damals als politisches Kabarett galt: Das waren in der Schweiz Voli Geiler/Walter Morath oder Alfred Rasser.« Die Sachen, die sie mit einem politischen Anspruch machten, hätten ihn allesamt nicht überzeugt. Der Deutsche Hanns Dieter Hüsch war die wichtigste Ausnahme. »Bei ihm hatte ich das Gefühl: Das ist eine Handschrift, der macht das auf sehr spielerische Art.«

Nach der programmatischen Cello-Ballade zum Einstieg stellte Hohler in der zweiten Nummer einen Violinisten auf die Bühne, der sich rühmte: »Ich fiedle allein alle Mozart-Quartette.« Leider hatte er sich aber diese Kunst selbst beigebracht und nicht gewusst, dass man das Instrument zwischen Kinn und Schulter geklemmt spielt. Er hatte es zur Kniegeige gemacht.

In den »Gedichten für Mathematiker«, die er einst seinem Bruder Peter, dem Mathematiker, zu Weihnachten geschenkt hatte, wirbelte er mathematische, geometrische und chemische Fachausdrücke als Figuren in wilden Geschichten durcheinander. Und ein vergnügliches musikalisches Spiel trieb er in »Unvollendet«, der ebenso traurigen wie witzigen Geschichte der Melodie, deren Geschwister alle von großen Komponisten gefunden worden sind – »nur ich bin noch nicht komponiert«.

Dann stand der Kabarettist im Mönchsgewand auf der Bühne und donnerte »Muspilli« in den Keller, eine althochdeutsche Buß- und Weltuntergangspredigt, zu der er später in einem Programmblatt schrieb: »Die Tantiemenverhandlungen mit den Nachkommen des ›Muspilli‹-Autors sind noch im Gang. Der Mann starb vor 1100 Jahren.« Heute blickt Hohler mit einem Schmunzeln auf diese frühen Versuche: »›Muspilli‹ war sozusagen ein Geschenk meines Germanistikstudiums an den Kabarettisten – genau wie ›Klassiker kaufen ein‹ zu Beginn des zweiten Programmteils.«

»Musik, du holde Trösterin« war die erste Nummer, in welcher der sonst hochdeutsch reimende Franz Hohler Schweizerdeutsch benützte, gemischt mit viel Frangsä federal: »eh vous dites!«, »que?«, »comme?«, »c'est du fromage!«, »Godefroy de Schtoutz!« Die Story des Studenten, der bei der frankofonen Zimmerwirtin auf seinen Instrumenten zu üben versucht, bot ihm Gelegenheit, seine Vielseitigkeit vorzustellen: Er griff zu Cello, Violine, Bratsche, Blockflöte (»flûte de bloc«), Klarinette, Altflöte, »näher, mein Fagott, zu dir«, Piccolo (mit nichts weniger als dem Schicksalsmotiv aus Beethovens Fünfter), brachte eine Alphornimitation mit Flageoletttönen auf seinem Cello, setzte Jodel, Kuhglocken und Schlagzeug ein.

In »Klassiker kaufen ein« wandte Hohler noch einmal sein Literaturstudium an und textete im Stil von Goethe, Shakespeare und Mozarts Librettist Lorenzo da Ponte: Da holte sich Götz von Berlichingen Lebensmittel und zu seinem berühmten Zitat »Sag deinem Hauptmann: Vor Ihro Kaiserliche Majestät hab ich, wie immer, schuldigen Respekt. Er aber, sag's ihm, er kann mich im Arsche lecken!« zwei Rollen Klosettpapier. Hamlet brauchte Proviant für die Fahrt nach England – Gefrierfleisch beispielsweise: »O schmölze doch dies allzu feste Fleisch!«, dazu Kaffee zum Schmuggeln (fein oder grob gemahlen? »fein oder nicht fein, das ist hier die Frage«). Don Giovanni flirtete in bestem Schwadronieritalienisch mit der Verkäuferin und kaufte einiges fürs Nachtessen mit dem Commendatore ein, während Pianist Nyffeler Mozarts Melodien virtuos daruntermalte. Lady Macbeth brauchte jede Menge Seife und Putzmittel für blutbefleckte Hände, am liebsten Lux, »denn die hat Silva-Punkte«. Und Eugène Ionescos »Kahle Sängerin« wurde zum kahlen Sänger umfunktioniert. Dieser verlangte »zwei Dutzend Binsenwahrheiten, ein Halbpfund Vokale, zwanzig Beutel Buchstabensuppe, einen Bund Schnittlauch, nicht zu klein, aber auch nicht zu winzig, gerade Durchschnittlauch«, dazu reichlich Ionesco'ische Absurditäten und »zwei Kilo Alltag, vom grauen«. Wie das so ist bei Wortspielen: Einige waren glänzend, andere etwas gar kalauerig – und wo die Grenze zwischen beiden war, davon hatten schon damals alle im Publikum eine andere Meinung und pflegten ihr ganz persönliches Lachen.

Dann erweckte Hohler den »Harfner« zum Leben, einen Harfenspieler aus einem Bild im Museum, der zur Geisterstunde eine Stunde lang aufwachen und in wohlgesetzten Versen von seinem Leben als Gemälde und von seiner großen Liebe erzählen darf: »›Femme qui chante‹ von Toulouse-Lautrec: / Vor vierzig Jahren nahm man sie weg.« Für diese Nummer hatte sich Hohler sogar eine Harfe gemietet: »Das war ein wahnsinniger Aufwand. Ich nahm ein paar Lektionen bei einer Harfenistin aus dem Tonhalle- und Opernhausorchester. Ich hatte bei einer ihrer Schülerinnen eine Harfe gemietet und musste fürchterliche Verträge unterschreiben: wie gut ich dazu schauen würde, dass sie keinen Temperaturschwankungen unterworfen würde. Ich durfte die Harfe nicht auf Reisen mitnehmen – nach Berlin ist sie trotzdem gereist. Am Ende habe ich die Reparatur aller kleinen Beschädigungen klaglos übernommen – und dieses Stück nicht mehr gespielt.«

Nach dem Frangsä federal verulkte Hohler in »Sprachen« auch das Englische, kurz das Schwedische und vor allem das Halbwissen eines geschäftigen Aufsteigers, der im Gespräch mit dem Pfarrer über die neue Kläranlage fürs Weihwasserbecken mit lateinischen Sprichwörtern um sich warf, die ihm immer haarscharf danebengerieten.

Als Zugabe folgte schließlich das Lied vom »Land ohne un«, eine sprachliche Fingerübung voller Einfälle, was geschähe, wenn im Wörterbuch die Vorsilbe »un-« fehlen wür-

de. So war dann mit dem Schluss von Franz Hohlers »Pizzicato« sogar Franz Schuberts Achte Sinfonie vollendet.
In der »Neuen Zürcher Zeitung« schrieb der Schriftsteller und Fernsehjournalist Peter K. Wehrli am 15. Mai über den Newcomer: »Franz Hohlers Humor ist nicht jedermanns Sache. Sein Kabarettstil ist bewusst unaktuell, auch bleibt er stets unpolitisch. Dadurch sinken einige seiner Texte in den Bereich der lustlosen Unverbindlichkeit ab. (...) Sein tempogeladener Ulk bereitet allen jenen unsägliches Vergnügen, die sich in der Literaturgeschichte so gut auskennen, dass sie in den vielen versteckten und verschlüsselten Anspielungen, in den freundlichen Respektlosigkeiten die prasselnden Pointen zu erkennen vermögen.«

Und K. K. meinte im Aargauer Tagblatt: »Das Chargierte, das oft hervortritt, stört in einem cabaretistischen Programm, das oft vom Übertriebenen lebt, an sich nicht. (...) Es ist ein großes Positivum dieser ›cabaretistischen Solosuite‹, dass uns Franz Hohler für einen Augenblick vom Wissen um die Schwere und Schwierigkeit vieler ungelöster Probleme entlastet. Man hat nach diesem Abend kein schlechtes Gewissen, gelacht zu haben, weil man sich durch den intellektuellen Tribut, den man für das Verständnis geleistet hat, davon befreit fühlt.«

Franz Hohler selbst schrieb in einem späteren Programmblatt zu »Pizzicato« über sich in der dritten Person: »(...) findet er es schön, dass es eine Kunstform gibt, in welcher man den Schreiber, den Komponisten, den Musiker, den Sänger und den Schauspieler auf einen Nenner bringen kann, in welcher es möglich ist, fünf Seelen in seiner Brust zu hegen, ohne ein einziges ›Ach‹ ausstoßen zu müssen. (...) Zumindest eines unterscheidet ihn trotz aller Bemühungen ganz deutlich vom Berufscabaretisten. Statt ›arbeiten‹ sagt er immer noch ›spielen‹, der lausige Kerl.«

Die Entdeckung der Bühnen

Der Start in seine neue Karriere war dem »lausigen Kerl« geglückt. Und Hohler tat ohne falsche Scheu das Nötige, damit es so weiterging. So lud er Hugo Ramseyer, der damals in Bern das Theater am Zytglogge leitete, und Roland Rasser vom Théâtre Fauteuil in Basel nach Zürich ein, um ihnen sein Programm vorzustellen. »Ich wollte natürlich schon, dass das ein wenig bekannt wurde. Hugo Ramseyer engagierte mich denn auch ins Theater am Zytglogge, und Roland Rasser war so begeistert, dass er mich ebenfalls ins Programm hineinnahm – zuerst als Nocturne und als Sonntagnachmittagsvorstellung. Das ›Fauteuil‹ bedeutete mir viel, weil ich auf diesen Ort bereits als Kantischüler ein Auge hatte.« Und, so kann man beifügen, dort Hanns Dieter Hüsch zum ersten Mal live erlebt hatte.

Mit Hüsch hatte Hohler besonderes Glück. Den Bremer Radiojournalisten erzählte er in der Sendung »Der Wort-Werker«, dass während der Zeit seiner ersten Auftritte im Unikeller genau dieser Hüsch zwei oder drei Wochen lang im Zürcher Theater am Hechtplatz gespielt habe: »Da habe ich gewagt, ihn einzuladen in mein Programm, und zwar habe ich eigens dafür eine Nachmittagsvorstellung organisiert. Er kam tatsächlich, zu meiner Freude, und hat sich gefreut über das Programm. Ich denke, er sah in mir durchaus einen jüngeren Verwandten, einen Neffen sozusagen, der Ähnliches versuchte und auch die poetischen Töne suchte. Die hatte ich in diesem ersten Programm.«

Die Begegnung im Unikeller war der Beginn einer langen und intensiven Freundschaft. Die beiden seelenverwandten Berufskollegen traten mehrfach mit gemeinsamen Programmen auf. »Das hat sich über die Jahre immer wieder mal ergeben und ist so geblieben bis zu seinem Tod. Ich habe ihn auch öfters besucht, als er krank war während der letzten Jahre. Das waren sehr beeindruckende Besuche«, sagt Hohler.

Den ersten Auftritt nach seinem Start in Zürich hatte Franz Hohler dann allerdings weder in Bern noch in Basel, sondern in St. Gallen. Dort war die neu gegründete Kellerbühne wenige Monate vor Hohlers Zürcher Uraufführung eröffnet worden: am 26. Februar 1965 nach viel Fronarbeit von St. Galler Berufslehrlingen. Und am 30. Juni gastierte im Rahmen des ersten Schweizerischen Studententheaterfestivals der Solokabarettist Hohler.

Im Buch »Applaus & Zugaben – 50 Jahre Kellerbühne St. Gallen«, das Ende 2014 erschienen ist, berichtet der heutige Kellerbühnenleiter Matthias Peter: »In einer Gesamtbesprechung des Festivals, das im Stadttheater zehn Inszenierungen von Studententheatergruppen präsentierte, feierte das ›St. Galler Tagblatt‹ Hohlers Auftritt am Nebenschauplatz Kellerbühne als einen Höhepunkt. Es lobte ihn als ›literarisch, musikalisch und mimisch gleich hochbegabt‹. Bereits einige Tage zuvor hatte das ›Tagblatt‹ in einem Interview dem jungen Mann eine gehörige Portion ›an blühender Fantasie, an treffendem Witz, Technik und Sicherheit‹ attestiert und den Tiefgang seiner Nummern gelobt, unter denen einige ›wahre Kaskaden von Wortassoziationen‹ seien.« Hohler erinnert sich gut an jenen ersten Abstecher in die Ostschweiz: »Es war extrem feucht, die Garderobe war direkt am Felsen, über den manchmal noch kleine Bächlein hinunterliefen.« Seine kostbare gemietete Harfe »verstimmte sich dort restlos«.

Prägend wurden die ersten Auftritte in Bern, denn Franz Hohler entdeckte erstaunt, wie viele Kellertheater dort ihre Programme anboten: »In Zürich gab es damals nur das Theater am Hechtplatz mit Gastspielen nationaler und internationaler Künstler und das Theater an der Winkelwiese, in dem Maria von Ostfelden seit 1964 avantgardistisches Theater zeigte. Für jemanden wie mich, der das aufführen wollte, was er selbst geschaffen hatte, gab es in Zürich wenig Möglichkeiten im Vergleich mit Bern. In Bern hätte ich bestimmt nicht in den Heizungskeller gehen müssen.«

Er spielte dort zuerst im Theater am Zytglogge von Hugo Ramseyer, das er vier Wochen lang füllte, und später in Bernhard Stirnemanns »Rampe« gleich gegenüber an der Kramgasse, der schweizerischen Kellertheatergasse schlechthin. Der Wechsel auf die andere Gassenseite hatte eine heftige Auseinandersetzung zwischen den beiden Theaterleitern zur Folge. »Das musste ich als junger Künstler erst lernen«, sagt Hohler, »dass man die Verantwortlichen verstimmt, wenn man zum anderen geht, und dass man das akzeptieren muss.«

Hugo Ramseyer: »Natürlich, Bene und ich waren Konkurrenten – wie Coop und Migros. Wir haben einander heftig Künstlerinnen und Künstler abgeworben. ›Die Rampe‹ hatte in erster Linie das Image des Avantgarde-Theaters. Und weil Hanns Dieter Hüsch von Anfang an dort auftrat, gab er damit auch ein wenig die Leitlinien für andere Kabarettisten vor.« »Die Rampe« profitierte auch davon, dass die »Berner Troubadours« mit Mani Matter und Theaterleiter Bernhard Stirnemann dort auftraten.

Ramseyer und der 2011 verstorbene Stirnemann sorgten dafür, dass alle, die in der Kleintheaterszene Rang und Namen hatten, in Bern auftraten – und sie waren bei vielen »Neuen« an der Entdeckung wesentlich beteiligt. Die Berner waren oft die schweizerische Vorhut. Und mit dem »Festival Kleiner Bühnen« in den 1970er-Jahren, für das Truppen aus ganz Europa in die Kleintheater anreisten, leisteten sie auch gute Vorarbeit für das heutige »Zürcher Theaterspektakel«.

Im Herbst 1965 wurde Franz Hohler auch nach Berlin eingeladen: »Das war ein Glücksfall. Ich spielte im Theater Tangente, das dem Ehemann von Hannelore Kaub gehörte, die das ›Bügelbrett‹, eines der erfolgreichen Studentenkabarettensembles leitete. Dort durfte ich drei Wochen lang spielen. Und weil das ›Bügelbrett‹ mit der Premiere in Verzug war, konnte ich noch verlängern. Ich hatte das Glück, dass ich gewissermaßen als Entdeckung lief, nicht mehr als Student wie in Zürich. Dies öffnete mir dann auch die Türen bei anderen deutschen Kleinkunstbühnen.«

Die Reaktionen der Berliner Presse waren fast euphorisch: »So etwas ist selten geworden in Berlin: Ein Kabarett jenseits jedes politischen Engagements, ganz dem Menschlichen zugewandt, den Sehnsüchten, den Verliebtheiten, den kauzigen Narreteien, der Freude an Worten und Melodien«, schrieb beispielsweise Horst Garbe im »Tagesspiegel« und befand, »dieser so vielseitig begabte junge Schweizer« zeige »poetisches, musikalisches Kabarett, fast durchweg in einem virtuosen Solo dargeboten. Nicht die knallige Pointe herrscht, sondern die Freude; die Freude am Spielen und an der Freude selbst. Dass es so etwas gibt – man hatte es schon fast vergessen! Der lang anhaltende Beifall zeigte, wie gern man sich daran erinnern ließ.«

Und »Die Welt« befand: »Was Hohler im kleinen Theater Tangente vom hohen Berg seines Könnens zu Tale rollt, ist seit Langem das Faszinierendste, was auf der Bühne des literarischen Kabaretts zu bewundern, zu genießen war. Ein kleiner Ezra Pound der heiteren Texterei, ein Fabeltänzer auf dem Sprachseil der Moderne, ein Wunderjäger durch die rosarot verwunschenen Wälder dialektischer Poesie. Wie Franz Hohler, mimisch hochbegabt, zudem auf 15 Instrumenten spielend, die Saiten seiner liebenswert-absurden Welt bezupft: Das ist so erquicklich schön, dass ihn mit Lob zu überschütten fast beschämen möchte.«

Als er aus Berlin zurückkam, ging er in Zürich auf das Sekretariat der Universität und ließ sich für ein Jahr beurlauben, »und dieses Jahr dauert immer noch an. Ich gab mir damals Zeit und wollte mal schauen, wie das ginge.« Und dann kam er zum Schluss: »Doch, doch, das geht schon. Ich brauche dieses Studium nicht.«

Der Berliner Erfolg allerdings wiederholte sich nicht überall. Er lernte sowohl die Ups als auch die Downs seines neuen Metiers kennen. Er hatte zwar Gastspiele in München bei der legendären »Lach- und Schießgesellschaft« und im ebenso renommierten »Kom(m)ödchen« in Düsseldorf, aber diese liefen längst nicht so gut wie in Berlin, und er musste feststellen, dass es keinerlei Garantien gab, wenn ein Programm am einen Ort funktioniert, dass es an einem anderen ebenso von der Kritik und dem Publikum aufgenommen wird. Aus München schrieb er am 25. November 1965 einen Brief an seine Großmutter in Schönenwerd. Dieser sei, erzählte der Enkel, »... als Nachricht an die ganze Familli (sic!) gedacht, wo sicher alles nach Erfolgsberichten ihres gaukelnden Filius giert. Nun ist aber meine Situation dergestalt, dass sich in München nur wenige Knochen für mein Schweizerisches Exportprodukt interessieren, so dass ich diese Woche bloß Freitag und Samstag spiele – alles andere herrliche Freizeit! 12 Leute pro Abend ist doch nicht die Basis für eine wogende Beifallsapplausovationsstimmung.«

Nach diesem vierteiligen, 31-buchstäbigen Wortkompositum, das selbst den Heliand hätte erblassen lassen, erwähnte der Jungschweizer im Ausland immerhin den sicher höchst willkommenen »1000-Mark-Check der Deutschen Ingenieure (wo ich maßlos abgeschifft bin)«. Nach dieser Einführung in die harten Seiten des Bühnenkünstlertums (Hohlers Kollege Mani Matter soll in solchen Fällen gesagt haben: »Mit starrem Blick uf ds Honorar«) berichtete er seiner Großmutter, er lese »Mann ohne Eigenschaften« von Musil, was er »schwierig, aber lohnend« finde. Und er schrieb heiteren Mutes: »Rührenderweise muss ich das Lach- und Schießpersonal trösten und nicht umgekehrt, es tut allen furchtbar leid, und sie schämen sich für München und das faule Publikum.«

Zur Skepsis der Eltern in Bezug auf Franz' neuen Beruf sagte Vater Hans Hohler in den »Oltner Neujahrsblättern 2001«, dass der Entschluss des Sohnes, »der Universität den Rücken zu kehren und ausschließlich der – keineswegs gesicherten – Kunst des Cabarets zu leben, uns Eltern zu schaffen machte, da wir zwar Verständnis für die künstlerischen Neigungen und Fähigkeiten von Franz hatten, aber doch arge Zweifel hegten, ob dieser Schritt ins Ungewisse nicht einem Fehlschlag gleichkäme! – Nun, diese Sorge erwies sich dann zum Glück als unbegründet.«

Ein Jahr nach seinem Start im Heizungskeller erhielt Franz Hohler eine neue Chance in Zürich – und zwar auf seiner Wunschbühne. Im Rahmen der »Zürcher Juni-Festwochen« 1966 organisierte das Theater am Hechtplatz ein Festival mit »One-Man-Shows«. Während des ganzen Monats Juni gastierten dort internationale Größen, darunter auch die französische Chansonsängerin Catherine Sauvage, die deutsche Schauspielerin und Kabarettistin Helen Vita und die deutschen Kabarettstars Hanns Dieter Hüsch, Werner Finck und Jürgen von Manger. Als einziger Deutschschweizer neben Alfred Rasser trat Franz Hohler auf. »Dieses Theater war mein Traumziel, aber ich wagte es nicht, dorthin zu gehen als Nobody oder den Verantwortlichen zu sagen, dass ich gerne dort spielen würde.« So empfand er die Einladung von Theaterleiter Felix Rogner »als einen kleinen Ritterschlag, eine Art von Anerkennung als junges Talent«.

Im »Hechtplatz« wurde er auch vom »Platzhirsch« beobachtet, dem Kabarett- und Musicalautor und Journalisten Hans Gmür, der mit seinen Radiosendungen, Kabaretttexten und Musicals damals sehr populär und im Theater am Hechtplatz fast zu Hause war. Daneben war Gmür auch einige Zeit Chefredaktor der Frauenzeitschrift »Annabelle« und schrieb dort unter dem Titel »Franz Hohler – große Hoffnung für die Kleinkunst« über »eine ganz große und hocherfreuliche Überraschung! Zwar hatte der baumlange (189 cm) Jung-Mime mit dem Gesicht, das aussieht wie das nicht ganz gelungene Gesellenstück eines Brienzer Holzschnitzers, noch allerhand zu lernen. Vor allem schauspielerisch. (...) Seltsamerweise tat das alles dem Vergnügen, dem Entzücken keinen nennenswerten Abbruch. (...) Endlich wieder einmal ist auf einer Kleinkunst-Bühne ein Neuling aufgetaucht, der wirklich etwas Neues auf wirklich neue Weise sagt.«

Die Schweizer Kleintheaterszene nahm den Neuen mit offenen Armen und Bühnen auf. Dieser begann zu entdecken, wie viele unterschiedliche Podien es in der Deutschschweiz gab. Und er musste lernen, wie wichtig die Größe eines Theaters für die Wirtschaftlichkeit war. Denn wer von seiner Kunst leben wollte, für den waren einige der kleinen Theater zu klein. »Ideal waren Bühnen wie Emils Kleintheater, das etwas mehr Plätze hatte als ein Kellertheater. Auch das ›Fauteuil‹ in Basel hat eine gute Größe. Alle Theater mit mehr als zweihundert Plätzen sind auch vom ökonomischen Standpunkt her interessant – wenn man diese füllt, dann kann man gut davon leben.« Das gilt auch für das Theater am Hechtplatz in Zürich, wo Hohler wieder zum Theaterunternehmer werden musste: »Das war immer ein ziemlicher Kampf, denn ich musste das Theater mieten, zu einem recht happigen Preis. Aber damals hätte ich alles getan, um am Hechtplatz auftreten zu können. Es ging immer auf, ich musste nie drauflegen, aber es war auch keine ganz sichere Sache, denn die Kosten waren doch recht hoch.«

Auch in seiner Heimatstadt Olten musste er seinen ersten Auftritt selbst organisieren. »Ich durfte ins Stadttheater. Aber sie stellten mir nur den Raum zur Verfügung und halfen bei der Organisation, etwa mit Kontakten zu den Zeitungen.« Im Jahr darauf erhielt Olten das vom Architekten Massimo Hauswirth gegründete Theater am Zielemp, für Franz Hohler »eines der groteskesten Kleintheater überhaupt: Man stieg eine steile Treppe hinunter und war immer noch hoch über der Aare. Der Notausgang war ein Klassiker: Erstens hätte man die Stühle wegräumen müssen, was in einem Notfall, etwa bei einem Brand, unmöglich gewesen wäre. Wer hätte schon den Leuten gesagt: Ihr sitzt vor dem Notausgang, geht mal zur Seite? Dann musste man einen Deckel hochheben, es ging eine weitere Treppe hinunter, dann musste man eine Tür aufstoßen und stand auf einer kleinen Fläche direkt an der Aare, wo nur etwa zwölf Leute Platz hatten. Die anderen, die nachgekommen wären, hätten die ersten in die Aare gestoßen. Das war Kleinkunst!«

Als ihm die Kleintheater zu klein wurden, schlug Hohler deren Leitern vor, in einen größeren Saal auszuweichen, wobei sie trotzdem die Veranstalter bleiben könnten – mit ihrem Namen und ihrem Logo. Da gab es aber Theaterleiter, die lieber einen Abend in ihrem Kleintheater wollten, als in einen großen Raum auszuweichen – selbst wenn Franz Hohler sich trotzdem nur für einen einzigen Abend engagieren ließ, weil sonst seine Agenda hoffnungslos überfüllt worden wäre.

Der Vorwurf der Überheblichkeit blieb ihm nicht erspart, wenn er einem Veranstalter seine Wünsche nicht erfüllen konnte. Das war auch bei Hugo Ramseyer so, der zu einer zentralen Figur der Kleintheaterszene wurde, mittlerweile als Leiter des Berner Zähringer-Theaters und des Zytglogge Verlags. In der Folge war er auch eine der treibenden Kräfte der KTV, der Schweizerischen Kleintheatervereinigung, heute »KTV ATP – Vereinigung KünstlerInnen – Theater – VeranstalterInnen, Schweiz«. Diese Vereinigung hatte das Ziel, die Auftretenden und die Veranstalter näher zusammenzubringen, und hat das in den letzten vier Jahrzehnten auch in hohem Maß erreicht, vor allem durch die zu Beginn halbjährlich und heute jährlich stattfindende »Kleinkunstbörse«, wo sich alle Beteiligten treffen und miteinander ins Geschäft kommen können.

»Das hat mich ein wenig geärgert«, sagt Ramseyer: »Als die KTV 1975 gegründet wurde, waren wir froh um alle, die mit einem bekannten Namen dahinterstanden und Mitglied wurden. Aber Franz sagte mir: Ich brauche diese KTV nicht. Dort habe ich gespürt: Er hat doch auch – nicht gerade einen Dünkel, aber er weiß, was er wert ist. Auch Emil und Dimitri brauchten die KTV nicht und waren trotzdem dabei.« Dazu ist allerdings anzumerken, dass Emil damals noch Kleintheaterdirektor in Luzern war und dass Dimitri mit seiner Frau Gunda das Teatro Dimitri in Verscio im Tessin leitete. Für sie war die KTV also auch als Veranstalter wichtig. Bald darauf trat Hohler der Vereinigung ebenfalls bei – »aus Solidarität«. Heute gehört er sogar zu ihrem Patronatskomitee.

»Wenn ich später angefangen hätte, hätte ich natürlich auch den Kontakt zu dieser Künstlerbörse gesucht, die einem die Möglichkeit bietet, sich vorzustellen«, so Franz Hohler. Aber als die Künstlerbörsen Mitte der 1970er-Jahre starteten, hatte er sich bereits seine eigene organisiert und sich einen breiten Stamm an Organisatoren erarbeitet, die auf seine Auftritte warteten. Durch die Grenzen der Schweiz ließ er sich schon gar nicht einengen, auch nicht durch den deutschen Sprachraum. Sein virtuoser Umgang mit Sprachen, den er in seinem »Pizzicato« demonstriert hatte, trug ihn locker darüber hinaus. Neben den *»insgesamt 221 Vorstellungen in der Schweiz, der Bundesrepublik und Österreich«*, die er laut seinem »Kabarettbuch« mit »Pizzicato« spielte, trat er auch in beiden Teilen der damaligen Tschechoslowakei, in Italien, Spanien, Portugal, Marokko und Tunesien auf, oft eingeladen vom deutschen Goethe-Institut, sodass er auch dort vor allem deutsche Nummern aufführen konnte.

Aber er wäre nicht der sprachbegabte Franz Hohler gewesen, wenn er sich nicht auch in der jeweiligen Landessprache versucht hätte – und dies meist mit Erfolg. »In den meisten Sprachen traue ich mir zu, innerhalb eines Tages eine lustige Nummer zu machen. Ich brauche dazu ein Wörterbuch, eine Grammatik und einen, der mir die Aussprache erklärt«, so Hohler Mitte 1969 zur Zeitschrift »Radio + Fernsehen«.

Auf der Italien-Tournee erweiterte er »Pizzicato« durch Nummern wie »Italia, Italia«, einen vergnüglichen Italienischkurs, der über die Grenzen hinweg verständlich war, etwa mit Sätzen wie: »Cameriere, non ho fame. Prendo uno spaghetto.« [»Kellner, ich habe keinen Hunger, ich nehme einen Spaghetto.] Und er ersetzte den außerhalb des deutschen Sprachraums wenig bekannten Götz von Berlichingen je nach Spielort durch Dante, der für die Höllenfahrt einkaufte, oder Don Quijote – seine erste Bühnenbegegnung mit der Figur, die er später auch auf die Filmleinwände brachte.

Solche künstlerischen Auslandreisen unternahm Franz Hohler auch später noch oft. Im Schweizerischen Cabaretarchiv in Gwatt bei Thun finden sich Programmhefte und Einladungen zu Hohler-Gastspielen im Ausland, mit Nummern wie »En apprenant l'arabe« [»Beim Arabisch lernen«] zu Beginn und »Ayant appris l'arabe« [»Arabisch gelernt haben«] am Ende eines Programms von 1969 in Nordafrika. 1974 spielte er in Jerusalem mit hebräischen Nummern – und einer bunten Mischung aus den vier Programmen, die er damals bereits im Repertoire hatte.

Die meisten Kritiken, sowohl im In- als auch im Ausland, lobten den Newcomer für seine neuen Ideen. Wolfgang Bauer in der »Kleinen Zeitung« in Graz am 8. Juni 1967: »Er ist ein großartiger Wortspieler, ein Assoziations-Jongleur, ein Lautmaler und ein verträumter Spinner. Bei allem Pizzicato ist er ernst und auch bösartig. (...) Hier wird das Absurde von allen Seiten angezündet, hier gibt's keine lauten Befehle, keine eitlen Erkenntnisse, hier sitzt Franz Hohler grübelnd und schießt, zaghaft scheint es, eine Lachsalve nach der anderen ab.«

In den »Basler Nachrichten« vom 23. November 1966 hieß es: »Für Hohlers Kabarett müsste man einen neuen Namen erfinden – Kabarett ist es nicht, es ist nicht aggressiv, nicht bitter und nicht bissig, die Ankündigung, dass er die wichtigen Dinge leise sagen will, dürfte auch für die Zukunft Gültigkeit behalten.«

Die Routine wuchs, und der Erfolg auch, und wenn wir der »Rhein-Neckar-Zeitung« von November 1966 glauben dürfen, war da auch sehr viel Dynamik und Feuer drin. Dort hieß es über einen Hohler-Auftritt in Heidelberg: »Faszinierendes, weil intensives Mienenspiel und vor allem atemberaubende Virtuosität auf (wohl) 15 Musikinstrumenten sind Hohlers Mittel, die seinem Auftritt den Erfolg bescheren.«

Kabarett nach »Pizzicato«

»»Pizzicato‹ spielte ich zwei Jahre lang und brachte dann 1967 mein zweites Programm heraus. Das zweite Programm ist ja immer der eigentliche Prüfstein – genau wie das zweite Buch oder die zweite Sinfonie.« Dieses zweite Programm hieß »Die Sparharfe«, und der Name war in doppelter Hinsicht Programm: An die Stelle der sperrigen und empfindlichen Konzertharfe war eine kleinere, eine sogenannte keltische Harfe – die »Sparharfe«– getreten, wie sie die Iren oder die Bretonen verwenden: leichter zu spielen und leichter zu transportieren. Sparsamer wurde auch Hohlers Stil: Statt die klassische Bildung zu präsentieren und zu verulken, tat er das, was er seither mit nie erlahmender Freude und großer Virtuosität auf Bühnen und in Büchern gepflegt hat: Er erzählte Geschichten, Geschichten, Geschichten – oft fantastische, oft fantastisch reale. Geschichten, in denen die Realität und das Nachdenken über die Realität, überraschende Wendungen im scheinbar Alltäglichen so miteinander verschmelzen, dass beim Publikum neben den Lachmuskeln auch die Hirnzellen in Bewegung geraten und lustvoll mitarbeiten.

Die Uraufführung stieg am 9. Oktober 1967 in Hohlers alter Heimat, im noch jungen Theater am Zielemp in Olten. Es folgten 191 weitere Vorstellungen in den folgenden zwei Jahren.

Die dem Programm den Titel gebende Nummer erklärte die Probleme des Künstlers: Das Instrument war ein Geschenk wohltätiger Damen, die aber der Ansicht waren, eine kleine Version reiche für den träumenden Bettler. Diese Sparausgabe tönte härter und schärfer als die große Schwester, und Elsbeth Thommen sah in der Basler »National-Zeitung« vom 26. Oktober 1967 nach der Aufführung im »Fauteuil« diese Härte und Schärfe auch in Hohlers neuen Texten: »Aggressiv und spitzig sind auch die Worte, die zur und rings um diese Mini-Harfe gesungen werden; gallig, bissig und mit einem gewissen artifiziellen, synthetischen Witz gesetzt sind die Reime. Kalt blickt der Sänger, mit Nadelspitzenblick sein Publikum aufspießend. Beißender Intellekt regiert, der Spieltrieb, die Artistik haben bescheiden aufs zweite Glied zurückzutreten.«

Da war etwa die Geschichte vom reichen, reichen Mann, der durch die Wüste ging und dabei einfach nur Wüste, Wüste, Wüste fand und

nichts, das ihm die Wüste versüßte.
Da sah er plötzlich
schon halb gebraten
mitten in der Wüste
einen
schönen

großen
blanken
schlanken
herrlichen
gar nicht gefährlichen
hehren
rektangulären
eher prismatischen
ganz sympathischen
    Automaten.

Doch der Coca-Cola-Automat akzeptierte keine Schecks, auch keine, die auf »eine Million!« lauteten, und der reiche, reiche Mann musste schmerzlich erfahren, dass Geld allein nicht glücklich macht.

Von einer eigenwilligen Maschine erzählte auch »Die Ballade vom Computer pX«, die Hohler zuvor schon einige Male in sein »Pizzicato« eingebaut hatte. Wer nur heutige Computer kennt, kann sich nicht vorstellen, was für unförmige Ungetüme – in Hohlers »Land ohne un« hätten lauter förmige Getüme herumgestanden – die Datenverarbeitungsmaschinen in den 1960er-Jahren waren. Dass sie so komplexe Prozesse wie etwa die Fernsteuerung der Mondlandung zustande brachten, erstaunt heute sehr, denn für so viel Speicherplatz, wie ihn heute selbst kleine Smartphones zur Verfügung stellen, brauchte man damals ganze Säle. Jedenfalls war der Hohler'sche Computer pX bei Weitem groß genug, um die von ihm verehrte und begehrte Dr. math. Elisabeth Zeller, die ihm seine Daten fütterte, vor lauter Verlangen mit Haut und Haar zu verschlingen.

Den Coca-Cola-Automaten und den verliebten Computer besang Hohler in den für ihn von da an typischen Cello-Chansons. Aber es ging auch ohne Musik: In der Nummer »Die Geburt des australischen roten Känguruhs« veräppelte er die nur für Fachleute verständliche Sprache vieler Naturwissenschaftler und illustrierte den verwirrenden Vorgang dieser Geburt durch eine genauso verworrene Illustration. Und die zoologische Fachsprache erweiterte er durch einige durchaus wissenschaftlich tönende und haarscharf an der Realität vorbeischrammende, frei erfundene Fachausdrücke.

Eine ähnliche Methode des Wörtererfindens verwendete er auch in seiner ersten richtigen Mundartnummer, die seither zu seinem mit Sicherheit bekanntesten Kabarett-Kabinettstück geworden ist und damals mit dem schlichten Titel »Es bärndütsches Gschichtli« [»Ein kleine berndeutsche Geschichte«] angekündigt wurde. Dazu gab es auch gleich eine Kurzfassung auf Rätoromanisch, »Il malur da la fuorcla«, wo er auf gleiche Weise vorging und die herbeifantasierten Wörter für Nicht-Rätoromanen absolut echt klingen ließ. Im »Kabarettbuch« schrieb er zu diesen beiden Hits: *»Das Berndeutsche ist der behäbigste und wohl auch der selbstbewussteste der schweizerischen Dialekte. Wer berndeutsch spricht, steht mit beiden Beinen auf dem Boden. Viele Schweizer meines Jahrgangs erinnern sich an die berndeutschen Gotthelf-Hörspiele ›Ueli der Knecht‹ und ›Ueli der Pächter‹ oder ›Annebäbi Jowäger‹ – sie waren die Durbridges, die Straßenfeger, der Fünfzigerjahre, deretwegen Chorproben und Gemeindeversammlungen auf andere Wochentage verschoben wurden. Sie haben für mich das Bild dieses Dialekts sehr stark geprägt und mir auch Lust gemacht, ihn zu parodieren. Seit es mein ›Bärndütsches Gschichtli‹ gibt, werde ich immer wieder gefragt, was denn nun diese Ausdrücke wirklich bedeuten, und ich möchte diese Frage hier ein für allemal beantworten: Nichts. Das Berndeutsche erwies sich aber letztlich als stärker, indem mir einige meiner erfundenen Ausdrücke inzwischen in der Berner Umgangssprache wieder begegnet sind.*

Ein anderes liebes Kind in der schweizerischen Sprachlandschaft ist das Rätoromanische mit seinen fünf Untergruppen, ständig vom Aussterben bedroht und dennoch am Rande der Skipisten ständig weitervegetierend. Ich habe vom ›bärndütsche Gschichtli‹ eine rätoromanische Kurzfassung gemacht, welche dieselben Züge unverständlicher Verständlichkeit aufweist wie die Urfassung. Zugleich ist es eine kleine Liebeserklärung an dieses Minoritätenidiom.«

Hohlers Beobachtung, dass sich seine erfundenen Wörter mittlerweile selbständig gemacht und im Berndeutschen festgesetzt haben, bestätigt auch der Sprachforscher und emeritierte ETH-Professor Roland Ris, heute wohl der bekannteste Schweizer Mundartexperte. Er schätzt Hohler nicht nur als originellen Sprachschöpfer, sondern auch als großen Erzähler und als moralische Instanz in der Schweizer Literaturszene. Ris ist seit Jahren damit beschäftigt, die Ausdrücke der modernen Berner Umgangssprache systematisch zu erfassen. Gegenwärtig ist er bei rund 80 000 Ausdrücken angelangt und nähert sich der Publikation seiner aufwendig zusammengetragenen Fundsachen. Und er hat auch Hohleriana aufgelistet, beispielsweise: »Aaschnäggele: zuwider sein, anscheißen. Abschöberle: sich davonmachen. Hinderbiggelig: hinterhältig.« Dazu kommt natürlich das »Totemügerli« selbst, und der Ausdruck »ugantelig« taucht laut Ris' Aufzeichnungen immer mal wieder im Internet auf.

In »Die Rede« hat Hohler eine weitere Art von Sprache bis zur Kenntlichkeit entstellt und entlarvt: jene der Politiker und ihrer belanglosen Sätze zu allen möglichen Belanglosigkeiten. Den Hang zur wahllosen Aneinanderreihung von Klischees trieb er dabei lustvoll auf die Spitze: »Der Wohlstand, der uns in den Schoß gefallen ist, ist ein zweischneidiges Schwert, das wir zwar mit offenen Armen empfangen haben, das sich aber immer mehr als Wolf im Schafspelz entpuppt. Dieses totgeborene Kind fischt im Trüben, es ist an der Zeit, dass es über die Klinge springt.« So ging es weiter durch die Gemeinplätze bis zu: »Gerade hier sollte sich zuallererst zeigen, dass das Auge des Gesetzes Haare auf den Zähnen hat!«

Damit die alten Meister im zweiten Programm doch noch ihren Auftritt hatten, kam in »Die Alpen« der mehr als zwei Jahrhunderte alte Universalgelehrte Albrecht von Haller zu einer künstlerischen Widmung »vorzutragen im Anschluss an Alphornklänge oder verwandte Geräusche«, wie Hohler notierte. Dazu kam ein echtes Alphorn zum Klingen, das der Bläser später – vor allem aus Transportgründen – wie schon in »Pizzicato« durch Flageoletttöne auf dem Cello ersetzte. Das Alphorn war nicht das einzige neue Instrument in der »Sparharfe«. Zur Nummer »Nichts« etwa, die wortreich und witzig nichts sagte und den Geist, der stets verneint, aufs staunende Publikum losließ, begleitete sich der nichts Sagende auf zwei echten Kesselpauken. In »Die Kasse« spielte eine Registrierkasse, statt Geld zu kassieren, den Triumphmarsch aus der »Aida«, und in der Nummer »Wenn die Totengräber streiken« sorgte ein afrikanisches Xylofon für knochenklapprigen Sound.

Dass das zweite Programm eines Künstlers der wahre Prüfstein sei, war auch die Meinung des Kritikers vgn. in der Zeitung »Der Bund« vom 26. November 1967 nach Hohlers Vorstellung im Theater am Käfigturm. Hinter dem Kürzel stand Heinrich von Grünigen, der einige Monate zuvor eine Gruppe von jungen Berner Liedermachern als »Berner Troubadours« bezeichnet und damit eine Marke kreiert hatte. Später machte er sich als Radioredaktor und -programmdirektor einen Namen. Von Grünigen beantwortete in seiner Besprechung seine eigene Frage »Vermag die Fortsetzung zu halten, was die Talentprobe versprach?« positiv: Unter dem Titel »Große kleine ›Sparharfe‹« schrieb er: »Sein neues Programm stellt einen entscheidenden und demnach erfreulichen Fortschritt dar. Sein herrlich unbeschwertes Naturtalent hat sich verfeinert, ist publikums- und wirkungsbewusster geworden, in manchem diskreter und gerade darum eindringlicher und besser. (...) Perle über Perle der wirklichen ›Klein-Kunst‹, nun ganz nach eigenem Stil ausgerichtet und festgelegt: Nicht Kabarett und Satire, nicht Spitze und Angriff, sondern reine, herzliche Unterhaltung im bestmöglichen Sinne. Ein Schmaus für Auge, Ohr und Gemüt.«

Die folgenden zwei Jahre war der Sparharfner auf allen möglichen Bühnen und Podien unterwegs und erhielt viel Lob im In- und Ausland. Doch auch die Kritiker meldeten sich zu Wort. In »Die Welt«, die einst sein »Pizzicato« gelobt hatte, schrieb diesmal G. H. nach einem Berliner Hohler-Auftritt: »Franz Hohler erweist sich nicht als Kleinkunst-Volltreffer. (...) ›Die Sparharfe‹ flackert auch geistig ein wenig auf Sparflamme. (...) Im ganzen bleibt alles freundlich, gemütlich und langsam.« Wie das halt die Schweiz für viele Deutsche eben einfach zu sein hat.

Spiel auf der Klaviatur der Sprachen

Seine Ausflüge in andere Sprach- und Kulturregionen während der »Pizzicato«- und »Sparharfe«-Zeit hinterließen bei Franz Hohler fruchtbare Spuren. Sein drittes Programm nahm diese Erfahrungen auf und trug den Titel »Kabarett in 8 Sprachen«. Da kamen neben den zu erwartenden Deutsch, Französisch und Italienisch auch die weiteren romanischen Sprachen Spanisch und Portugiesisch dazu und für das heimatliche Publikum so exotische wie Baskisch, Tschechisch und Arabisch. Er verarbeitete damit die Erfahrungen seiner Auslandtourneen rund ums westliche Mittelmeer und brachte die fürs Ausland erarbeiteten Versionen seiner Nummern auch zurück nach Hause.

Denn die Ideen holte er sich zwar im Ausland, das Programm allerdings spielte er »nur in der ohnehin polyglotten Schweiz«, wie er im »Kabarettbuch« schrieb. Im eigenen Land durfte er ein sprachlich vielseitiger interessiertes Publikum erwarten als in Deutschland und Österreich. Nach der Premiere am 23. Juni 1969 im Théâtre Fauteuil in Basel brachte es der achtsprachige Abend denn auch auf »nur« 68 Vorstellungen.

Hohler überraschte in diesem Rahmen auch mit scheinbar Unmöglichem – beispielsweise damit, dass er das Publikum mit dem Konjugieren von Verben zum Lachen brachte. Dazu griff er erneut auf sein Studium zurück, diesmal auf die Romanistik. In allen romanischen Sprachen beugte er Verben, dass sich das Publikum vor Lachen bog. Indem er Konjugationen vortrug und gestaltete, als wäre er ein Schauspieler mit ernsthaftem Text, holte er aus der starren Grammatik ganze Geschichten heraus.

Wenn man ihn heute darauf anspricht, funktioniert das immer noch. Dann deklamiert er mit geheimnisvoll leiser Stimme: »Infinitif: avoir; Indicatif présent: j'ai, tu as, il a, nous avons, vous avez, ils ont.« Wechselt in einen eher gelangweilten Tonfall: »Indicatif imparfait: j'avais, tu avais, il avait, nous avions, vous aviez, ils avaient.« Wird laut und herrisch: »Futur simple: j'aurai, tu auras, il aura, nous aurons, vous aurez« und endet diese Reihe mit einem dramatischen »ils auront«. Der »Subjonctif plus-que-parfait« tönt leicht geziert: »que j'eusse eu, que tu eusses eu, qu'il eût eu, que nous eussions eu, que vous eussiez eu, qu'ils eussent eu«, gefolgt vom fordernden »Impératif: Aie! Ayez! Das Plus-que-parfait deklamierte ich wie ein uralter Greis.«

Vor allem die portugiesische Konjugation hat viele Journalisten beeindruckt, wie die Sammlung von Kritiken im »Schweizer Cabaretarchiv« bestätigt. Franz Hohler musste damals erstaunt zur Kenntnis nehmen, dass die Nummer zwar in allen romanischen Sprachen funktionierte – aber nur in diesen: »Die Leute vom Goethe-Institut sagten mir, ich solle das doch auch auf Deutsch machen, was ich auch tat. Aber da wirkte es überhaupt nicht. Es ging auf Spanisch, auf Portugiesisch, auf Italienisch – ich habe es auch auf Rätoromanisch gemacht. Nur auf Deutsch geht es nicht.«

Bei den Vorstellungen in der Westschweiz konjugierte er natürlich auch auf Französisch und baute weitere Nummern in dieser Sprache ein. Bei einem Auftritt im legendären Théâtre Boulimie von Lova Golovtchiner in Lausanne etwa rezitierte er die Tierfabel »La cigale et la fourmi« [»Die Grille und die Ameise«] von Jean de la Fontaine – »allerdings ständig unterbrochen durch Anmerkungen aus einem französischen Lehrbuch, sodass die Geschichte kaum vom Fleck kam«. Und das »Bärndütsche Gschichtli« hatte mittlerweile unter dem Titel »Une anecdote« auch eine französische Version erhalten. Ohnehin ging Hohler über die acht angekündigten Sprachen hinaus: Das Original-»Bärndütsche Gschichtli« gehörte selbstverständlich auch dazu. Und »Die Geburt des australischen roten Känguruhs« nahm er »als Beispiel für die Wissenschaftssprache« mit ins Programm.

Die damals von der Detailhändlerin Migros herausgegebene Tageszeitung »Die Tat« konnte am 30. April 1970 alle Hohler-Fans beruhigen, die sich allenfalls von der Ankündigung der acht Sprachen verunsichern ließen. Man könne »diesem sympathischen Mimen und zungenfertigen Imitator, der das gesprochene Wort in eine räumliche Dimension, man möchte sagen, in Fleisch und Blut verwandelt, ihm optische Plastizität verleiht, mühelos folgen und sich dabei auf das köstlichste amüsieren«, schrieb A. S. »Ihn fasziniert nicht ein ausgefeilter und für den täglichen Gebrauch hergerichteter Konversationsstil in diesen Sprachen, denn so weit beherrscht er sie wohl gar nicht, sondern ihr unerschöpflicher Formenreichtum, ihre onomatopoetische, lautmalende und spielerische Verwendbarkeit.«

Und Elsbeth Thommen betonte am 25. Juni 1969 nach der »Fauteuil«-Uraufführung in der Basler »National-Zeitung«, welches Vergnügen für Grammatik-geplagte Sprachenlernende dieses Programm sei, in dem mühselige Konjugationen und Deklinationen reines Vergnügen würden: »Nun kommt plötzlich ein junger Mann daher, nimmt, gleichsam zum Spaß und jeder schulmeisterlichen Doktrin Hohn sprechend, so ein fremdsprachiges, sagen wir einmal portugiesisches Verb und konjugiert es durch, fein systematisch vom Präsens bis zur kompliziertesten Rückvergangenheit oder wie das immer heißt. Und schon blüht eine fremde Sprache, eine Welt auf, verständlich selbst demjenigen, der sich bisher noch niemals in ihr versucht hat. (...) Franz Hohler als Sprachlehrer anzustellen, wäre ein einer progressiven Bildungsanstalt würdiges Unterfangen.«

Heinrich von Grünigen nahm schließlich im »Bund« nach der Berner Premiere »mit Schmunzeln« zur Kenntnis, »dass sich seine ›Kleinkunst‹ nebenbei nun auch auf eine subtile und still pointierte Conférence auszudehnen beginnt«.

Mit dem Menschen kamen die Wörter

Sieht man mal vom »Zwischenprogramm« in acht Sprachen ab, zeugen Franz Hohlers erste Kabarettprogramme allesamt für seine große Liebe zur Musik: »Pizzicato«, »Die Sparharfe« und »Doppelgriffe« spielten alle drei darauf an. Entsprechend dem Programmtitel gab es wieder – nicht selten mit Doppelgriffen auf dem Cello zu begleitende – Chansons mit Doppelsinn. Er startete mit diesem neuen Programm am 9. November 1970 im Théâtre Fauteuil in Basel und spielte es in der Folge 196-mal.

Im Stichwort-Lebenslauf »Was ich alles bin« rezitierte er eine lange Liste von Charakterisierungen, die sich im Verlauf seines – damals noch gar nicht so langen – Lebens angesammelt hatten, von »Nichtraucher – Rechtshänder – Steuerpflichtiger« über »Selbstabholer – Anwohner – Zubringer« bis zu »Mitspieler – Gewinner – Verlierer – manche finden mich auch als Mensch sehr nett«. Ein Stichwortverzeichnis eines ganzen Lebens, das alle im Publikum für sich selbst weiterdichten konnten.

Franz Hohler nahm dann in der Nummer »Nachrichten aus den Gemeinden«, die auch im zur selben Zeit erschienenen Erzählband »Idyllen« zu finden ist, die Hilfe einer ganzen Reihe von Ko-Autoren in Anspruch. Die Meldungen aus verschiedenen Ortschaften waren Leserinnen und Lesern der großen Berner Tageszeitungen »Der Bund« und »Berner Tagblatt« wohlvertraut, und die oft eigenwilligen Formulierungen der lokalen Korrespondenten sorgten sowohl im Original der Zeitungen als auch in Hohlers Bühnenfassungen für viel Vergnügen.

Die Faszination für die vielen Ausdrucksmöglichkeiten der Sprache und das Weiterdenken ihrer Bedeutung und ihrer Bedeutungen kamen vielleicht am besten zum Ausdruck in einer weiteren Schreibmaschinenballade, der »Ballade von den Wörtern – Stück für eine Sprechstimme und einen Underwood Standard Typewriter Nr. 5«, das biblisch beginnt: »Am Anfang war das Wort« und dann weiterfährt: »da kam der Mensch / und mit ihm / die Wörter«, die immer länger und komplizierter und unverständlicher werden, bis sich die Menschen überhaupt nicht mehr verstehen.

Eine besonders konsequente Geschichte erzählte die Celloballade »Friedrich der Gerechte« von jenem Mann, der nichts von Firmen kaufte, die sich irgendwie unethisch verhielten, und alle Länder mied, die gegen Menschenrechte verstießen – »und hüpft seither in langen Sprüngen / damit er nicht am Boden schuldig werde / nackt auf den Grenzen unsrer Erde / von Niemandsland zu Niemandsland«.

Außerdem erfand Franz Hohler, der große Geschichtenerzähler, der er immer deutlicher wurde, eine ganz besondere Form – die Wegwerfgeschichten. Die kurzen Erzählungen standen in kleinen Plastikdosen, wie man sie zum Aufbewahren von Nahrungsmitteln benützt, auf der Bühne, und man konnte sie, indem man die entsprechende Farbe nannte, beim Kabarettisten bestellen. Nachdem er sie vorgelesen hatte, kamen sie als Wurfsendungen zu den Bestellenden in den Zuschauerraum geflogen.

In einer nicht mehr klar auszumachenden Berner Zeitung sah K. S. in den »Doppelgriffen« »eine Komik, die die Allerweltserfahrung jäh umkehrt ins Makabre, Unsinnige oder Verächtliche. (...) Kein böses Wort der Kritik fällt, und dennoch ist alles gesagt und veranschaulicht. Oder: Hohler spielt im Dunkeln sein finsteres Menuett, das Licht geht an, da sitzt er vor seinem Cello, und auf dem Gesicht klebt eine Gasmaske. (...) Nirgends greift Hohler direkt an. Er stellt einfach dar, zeigt Situationen, exemplifiziert Begriffe oder führt Überlegungen ad absurdum, und im Handumdrehen entsteht aus den so verschiedenartigen kleinen Details ein Panoptikum, in dem wir selbst als Hauptpersonen agieren.«

Zu seinem Instrumentenpark gesellte sich ein Appenzeller Hackbrett. Dieses hatte in »Doppelgriffe« eine außerordentlich schweizerische Aufgabe: Es begleitete »S Lied vom Chäs«, Franz Hohlers erstes öffentlich vorgetragenes Dialektlied. Das Lied besingt das Land, in dem »alles us Chäs isch«: Häuser, Straßen, Bäume undsoweiterundsoweiter, bis zu den Leuten, die ebenfalls aus Käse sind und davon träumen, wie es in einem Land ohne Käse wäre – »aber au *die* Tröim si us Chäs«. Der »engelhafte« Streichpsalter untermalte den »Besuch in der Hölle«, und dann gab es noch »Eine ziemlich gespenstische Nummer mit Bass«, die natürlich auch ein ganz bestimmtes Begleitinstrument erforderte.

Rückblickend sagt Franz Hohler, dass ihm seine ersten Programme mit all den Musikinstrumenten zeigten, »dass ich all die Musikinstrumente eigentlich gar nicht brauchte. Es war auch sehr umständlich: Allein der Transport der Harfe verlangte einen Minibus.« So konzentrierte er sich immer stärker auf das Cello.

Die Schallplatten

Die Konzentration auf das Cello zeigte sich auch im Titel der Schallplatte, die er 1970, im Jahr der »Doppelgriffe«-Uraufführung, herausbrachte und die er schlicht »Cello-Balladen« nannte. Es war seine dritte Schallplatte nach dem Debüt von 1967 mit der Studioversion von »Pizzicato« bei Zytglogge und einer Single von 1968 bei EMI Columbia. Diese Single brachte »Es bärndütsches Gschichtli« unter die Leute, das bald einmal als »Totemügerli« landesweit bekannt wurde. Auf der Rückseite ist »Die Rede« zu hören, die Satire auf die floskelbeladene Politikersprache.

»Cello-Balladen« war die erste Platte, die Hohler für CBS einspielte. Der Produzent August P. Villiger gab in den 1970er-Jahren zuerst bei CBS Schweiz und später in seiner eigenen Firma APV eine Reihe von Produktionen von Schweizer Liedermachern heraus und durchbrach damit für einige Jahre das Fast-Monopol des Berner Zytglogge Verlags in Sachen Mundartliedermacher. Die Scheibe enthielt sieben hochdeutsche Lieder aus den beiden Programmen »Die Sparharfe« und »Doppelgriffe«, dazu »Italia, Italia«, in dem Hohler in den italienischen Goethe-Instituten die Schwierigkeiten der Nordländer mit dem Italienischen aufs Korn genommen hatte.

Den Klappentext der »Cello-Balladen« verfasste Hohlers Vorbild und Freund Hanns Dieter Hüsch, und er schrieb unter anderem über seine Freude bei der Entdeckung des Kabarettisten Hohler: »Endlich, dachte ich (man ist dann nicht so allein), wieder mal einer, der mit sich und durch sich selbst Kabarett macht, einer, dem man's in die Seele hineingeschaukelt haben muss. (...) Viele Menschen, die vor Ihnen gesessen haben, stehen nun hinter Ihnen, aber kein Brusttondogmatiker könnte behaupten, er ist ›unser Mann‹, denn Sie gehen zu unverwechselbar und eigengewachsen auf den Schienen des zu Ende gedachten Unsinns in das Niemandsland des Lächelns. Darum sind Sie heute zu beneiden. Morgen mehr denn je. Denn das Kabarett lebt, auch das politische, solange seine Poeten leben, und nicht seine Politruks.«

1971 folgte eine weitere Platte mit dreizehn Nummern und Liedern aus »Sparharfe« und »Doppelgriffe«, die den lautstarken Titel »Traraa!« trug. Auf dem Plattencover hatte der Grafiker und Karikaturist Balz Bächi die Buchstaben »Franz Hohler« in einige stilisierte Musikinstrumente des Multiinstrumentalisten verwandelt. Neben den hochdeutschen Texten war auch »S Lied vom Chäs« zu hören und zum Abschluss die rätoromanische Version des »Bärndütsche Gschichtli«.

Die ersten Bücher

5

Dass Franz Hohler Geschichten, wie er sie sonst auf der Bühne erzählte, auch schriftlich fürs Publikum festhielt, überraschte eigentlich nicht. Zwei Jahre nach seinem Bühnenstart kam 1967 das erste Buch heraus: »Das verlorene Gähnen« mit zehn »nutzlosen Geschichten«, wie es im Untertitel hieß. Auf dem Umschlag war der Autor mit Krawatte und Blockflöte zu sehen, was auf der Rückseite gleich aufgelöst wurde: »Franz Hohler gehört dem Jahrgang 1943 an und wehrt sich gegen jede weitere Klassifizierung. Der flötenspielende Faun auf der Titelseite soll diejenigen zum Kauf animieren, die den Autor schon als Kabarettisten gesehen haben. Ein hinterlistiger Trick, denn dieses Bändchen enthält keine Nummern, sondern Geschichten. Unglücklicherweise sind sie aber wieder nicht ernst geworden (man beachte das Adjektiv ›nutzlos‹), sondern ebenso skurril, wie der Verfasser die Welt findet.«

Für sein erstes Buch, mit seinen 62 Seiten eher ein schlankes Büchlein, hatte der Autor einen Berner Verlag gefunden: den vom Karikaturisten Ted Scapa geleiteten Benteli Verlag. Dieser brachte es in seiner »Silberreihe« heraus, wo sich Franz Hohler neben drei Limerick-Bändchen seines Kabarett-Berufskollegen Cés Keiser und einem ersten Bändchen mit Berner Chansons unter dem Titel »Ballade, Lumpeliedli à la Bernoise« wiederfand. Illustriert wurden die zehn Geschichten von Kaspar Fischer, der kurz zuvor mit seiner eigenwilligen Fantasie in seinem eigenen Programm »Zirkus« das Kleintheaterpublikum verblüfft hatte und später mit vielseitigen Talenten ein sich allen Definitionen entziehendes Werk auf die Bühnen stellte. Seine filigranen Weiß-auf-schwarz-Illustrationen passten vortrefflich zu Hohlers versponnenen Geschichten.

Franz Hohler betrachtete die Geschichten in diesem Buch später als allzu leichtgewichtige Fingerübungen und hat sie in keinen seiner späteren Erzählsammelbände aufgenommen. »Das verlorene Gähnen« ist heute nur noch antiquarisch aufzutreiben. Lediglich zwei Erzählungen tauchten in einer neueren Publikation von Hohler wieder auf, und zwar in »Das große Buch« von 2009, in dem »Geschichten für Kinder« versammelt und von Nikolaus Heidelbach wunderbar illustriert worden sind. In diesen Geschichten erscheinen zwei seiner skurrilen Gestalten als Kinderbuchhelden wieder: Herr Beeli und der Schotte MacCracken. Die Geschichte »Von echter Tierliebe«, die von Herrn Beelis großer Liebe zu seinen Schafen berichtete, wurde allerdings sowohl sprachlich als auch inhaltlich für ein kindliches Publikum umgeschrieben. Die Story »Wieviel Bäume braucht der Mensch?« über den schottischen Tangsammler MacCracken aus Thurso ganz oben in Schottland nördlich der Baumgrenze wurde hingegen nur leicht modifiziert und beweist, wie vortrefflich es Franz Hohler schon damals verstand, so zu erzählen, dass sich sowohl Erwachsene als auch Kinder daran freuen: Wie MacCracken von seiner in einem

Preisausschreiben gewonnenen Weltreise den ersten Baum, den er je gesehen hat, aus dem Zürcher Hotelhintergarten nach Hause schleppt, gefällt allen Altersklassen.

Höchst vergnüglich ist auch »Die Weise von Leben und Tod des Kornetts Fritz« aus »Das verlorene Gähnen«, in welcher der Autor mit Augenzwinkern aus »Die Weise von Liebe und Tod des Cornets Christoph Rilke« seines großen Kollegen Rainer Maria eine weit weniger martialische Geschichte macht. Rilkes Cornet, der Kavallerieoffizier, wird da zum Kornett, zum Trompetenbläser, dessen Geschichte Hohler deshalb so schön dünkte, »weil hier endlich einmal die Kunst einen Sieg über das Leben davonträgt«. Denn der Trompeter stirbt im Gegensatz zum Rilkeschen Helden nicht in der Schlacht gegen die Türken den Heldentod, sondern er verhindert mit seinem Trompetenblasen bis zum tödlichen Umfallen gleich einen ganzen Krieg.

Nutzlos mögen die zehn Geschichten gewesen sein, aber nur für jene Menschen, die sich nicht an witzig erzählten, skurrilen, ideenreichen Erzählungen freuen können. Und sie bieten neben dem Lesevergnügen einen weiteren Nachweis dafür, dass das Nutzlose oft weit nützlicher ist als das scheinbar Unerlässliche.

»Idyllen« mit Stoff zum Nachdenken

In »Idyllen«, seinem 1970 erschienenen zweiten Buch, erwies sich Franz Hohler als ABC-Schütze der besonders treffsicheren Art: Von A bis Z ging er das Alphabet durch, von A wie »Aarespaziergang« bis Z wie »Zuzgen«, seinem Heimatort. Dazwischen gab es zu jeweils einem Ort pro Anfangsbuchstaben präzise, oft scheinbar banale Beobachtungen, die aber noch heute zum Nach- und Weiterdenken verleiten. Aarau, Basel, Chur, Luzern und St. Gallen, Gelsenkirchen,

Prag, Wien und Valencia: Seine Tourneen durch die ganze Deutschschweiz und halb Europa hinterließen deutliche Spuren. Da fanden sich einfache Beschreibungen von Städten und Plätzen ebenso wie der Eintrag »Stierva«, der schlicht aus einem Nachdruck aus dem Telefonbuch bestand. Die Ansicht von Quinten wurde auf der Schreibmaschine in Form visueller Poesie mit Worten wie »Wald«, »Haus«, »Rebberge« oder »Kirche« »gezeichnet«. Unter Österreich liest man – für nicht-österreichische Augen urkomische – Ortsnamen wie Floing, Gnigl, Gurk, Potzneusiedl und Wundschuh. Hohler wollte ursprünglich Fantasienamen erfinden, bis er befand, die originalen seien lustiger. Im Schweizerischen Literaturarchiv in Bern findet man auch seine entsprechende Inspiration: ein österreichisches Postleitzahlenbüchlein mit dem Titel »Trari, Trara, die Postleitzahl ist da«.

Besonders gelungen unter den Idyllen ist die zweitkürzeste, weil sie in einem einzigen Buchstaben die Geschichte eines ganzen Jahrhunderts nachzeichnet:

> *Koblenz*
> *In Koblenz fließen Rhein und Mosel zusammen. Die Stelle heißt ›Deutsches Eck‹ und wird von einem unglaublich hässlichen Bunker dominiert, auf dem die Worte stehen*
>   *Nimmer wird das Reich zerstöret,*
>   *Wenn ihr einig seid und treu.*
> *Auf dem Bunker stand vormals eine Reiterstatue, die aber inzwischen zerstöret wurde.*

Hohler lieferte im Buch zudem drei Ersatzidyllen zum Überkleben mit, falls einem eine der Geschichten nicht gefiel. So offerierte er statt des Aare-Spaziergangs in Bern seine Mittelschulstadt, das weiter flussabwärts liegende Aarau, »für Leute, die entschlossene Anfänge lieben«. Statt Gelsenkirchen konnte man Graz einkleben, »für Liebhaber österreichischer Idyllen«. Dazu gab es eine »Heimfahrt von Köln«, mit der man entweder das H oder das K ersetzen konnte – »für Leser, denen Herisau oder Koblenz nicht liegen, und solche, die gern von Deutschland heimfahren«.

Die Typografen im Verlag übrigens liebten die Ersatzidyllen gar nicht. Denn um es der Leserschaft zu erlauben, diese am richtigen Ort ins Buch zu kleben, durften die Ersatzseiten keine Rückseite haben und mussten auch dieselben Seitenzahlen wie die Originaltexte aufweisen – dass da plötzlich rechtsliegende Seiten eine gerade Seitenzahl trugen, war für gewissenhafte Berufsleute ein Unding.

Natürlich durfte auch Hohlers Olten nicht fehlen, unter anderem mit der Feststellung: »*Olten liegt am Jurasüdfuß. Als Kind habe ich mir diesen Fuß immer vorgestellt, wenn er in den Wetterberichten auftauchte, er bestand aus gigantischen, fleischigen Zehen, die nach Süden blickten.*«

Im Schweizerischen Literaturarchiv in Bern findet man im Übrigen noch eine ganze Reihe von weiteren Texten, die im idyllischen Alphabet und damit im gedruckten Buch keinen Platz fanden: beispielsweise über Genf, Rhäzüns, Rom und Saarbrücken sowie Notizen zu Fribourg, Hannover und zum jüdischen Friedhof in Warschau. Und in zahlreichen Entwürfen liest man gestrichene Passagen wie zum Beispiel die Beschreibung des Praters in Wien als »verewigte Traurigkeit«. Es gibt da auch eine Notiz über die Entstehung der Idyllen: »Hatte von Zeit zu Zeit das Bedürfnis, Stimmungen festzuhalten, manchmal weniger das, was ich an einem bestimmten Ort sah, als manchmal das, was ich an einem bestimmten Ort dachte, also subjektive Realitäten.«

Das Leben eines Schriftstellers dagegen ist nicht immer idyllisch: Im Archiv liegt ein Brief von Hans Rudolf Linder, damals Feuilletonchef der Basler »Nationalzeitung«, dem Hohler den Text »Basel« zum Abdruck in seiner Zeitung angeboten hatte. »L.« sagte freundlich ab: »Ich habe den Text über Basel mit Interesse und Vergnügen gelesen, frage mich nun aber, ob er für unsere Basler Leser mehr hergibt als nur die registrierende Beschreibung einer lokalen Situation, die hier jeder selber kennt. Das scheint mir als Leseanreiz nicht ganz überzeugend, und ich kann mich daher zu einem Abdruck nicht entschließen.« Mehr Glück hatte der junge Schriftsteller bei Linders NZZ-Kollege Werner Weber, der sowohl den Text über den Zürcher Ignaz-Heim-Platz (im Volksmund als »Pfauen« bekannt) als auch jenen über Hohlers Heimatort Zuzgen abdruckte.

Hohlers damals in Frankfurt lebender Schweizer Schriftstellerkollege und spätere Freund Urs Widmer schrieb am 22. September 1970 in der »Frankfurter Allgemeinen Zeitung« über die »Idyllen«. Er nahm den Autor zuerst einmal beim Wort des Buchtitels und beschwor den zwei Jahrhunderte zuvor hochgeschätzten Lyriker Friedrich von Matthisson: »Dieses Buch enthält etwas, was Hohler Idyllen nennt. Der edle Matthisson allerdings würde sich mit Grausen wenden. Hohlers Idyllen sind keine Schäfereien, sie sind im 20. Jahrhundert angesiedelt, der Begriff scheint für Hohler nicht mehr zu bedeuten als kleine Stücke, Skizzen, Impressionen. (...) Hohler fördert die unbewiesene These, dass die Schweizer Literatur zum Untertreiben neigt. Seine Sätze sind klein, ohne tiefere Bedeutung, leise, und manchmal sind sie es ein wenig zu absichtsvoll. (...) Hohlers Idyllen sind für mich ein angenehmes Buch, ich hoffe, das gilt auch für Leute, die noch nie in Olten, Quinten und Stierva waren.«

Und Ernst Nef bemerkte am 13. November 1970 in der »Zeit«: »Die auffällig private Sicht der Beschreibungen Hohlers verheimlicht die Willkür der Auswahl nicht. Nicht das ohnehin Auffällige, Erstaunliche, sondern das sonst Selbstverständliche, das sogenannte Natürliche, abseits der normalen Aufmerksamkeit Liegende sieht Hohler an. Aber sein Blick ist so, dass das Natürliche unverhofft ein wenig erstaunlich wird.«

»Idyllen« markierte auch den Beginn von Franz Hohlers Zusammenarbeit mit dem Luchterhand Verlag in Neuwied bei Koblenz, dessen Literaturprogramm seit 1966 vom Verleger und Schriftsteller Otto F. Walter, wie Hohler aus Olten stammend, geleitet wurde. Walter war nach einem verlagsinternen Krach aus dem Walter Verlag ausgeschieden, der von seinem Vater Otto Walter gegründet worden war. Der Verwaltungsrat des katholischen Verlags hatte sich geweigert, das von Otto F. Walter geplante Buch »Laut und Luise« von Ernst Jandl herauszugeben. Walter nahm einige seiner Autoren mit zu Luchterhand, unter anderen auch junge Schweizer Schriftsteller wie Peter Bichsel und Jörg Steiner. »Da wollte ich auch dabei sein«, sagt Franz Hohler. Dem Verlag Luchterhand ist er, abgesehen von den Kinderbüchern, im Wesentlichen bis heute treu geblieben, auch nach dem Verkauf des Verlags an die mittlerweile zu Bertelsmann gehörende Verlagsgruppe Random House.

Hugo Ramseyer
Verleger und ehemaliger Kleintheater-
und Galerieleiter

Es war für mich eine Entdeckung, als ich von Franz Hohler 1965 nach Zürich zu seinem »Pizzicato«-Programm eingeladen wurde. Im Studentenkeller merkte ich sofort: Da ist ein Poet, der Kabarett macht, der kommt von der Sprache her, vom Sprachspiel, vom Sprachwitz. Man spürte, dass er enorme Kenntnisse hatte und anfänglich sein Studium wirklich ernst nahm, auch wenn er es nicht zu Ende brachte. Welcher Kabarettist machte das damals schon – die Literatur und die Philosophie auf die Bühne zu bringen und all das, was Sprache bietet, ins Programm hereinzuholen?

Er kam dann nach Bern zu uns ins Theater am Zytglogge und mit den Tonträgern in den Zytglogge Verlag. Was mich immer ein wenig geschmerzt hat: dass er sich für seine Buch- und Platten-Publikationen viele Optionen offen hielt – als ob er sich absichern wolle oder allen etwas gönnen möchte. Das ist leider das Schicksal eines »Aufbauverlags« wie unserem, der neue, noch unbekannte Autoren veröffentlicht, aber nicht zu den großen Verlagen gehört, die große Werbekampagnen machen können. Franz war natürlich sehr umworben – wie ein großer Sportler – und wurde abgeworben oder recycelt. Da tat es manchmal weh, wenn jene Hohler-Bücher, die wirklich gut liefen, bei Luchterhand erschienen und wir eher die Spezialitäten pflegen durften. Wir vergaben neben Mani Matter am meisten Lizenzen für Franz-Hohler-Titel. Schön war aber, dass er nach dem Abstecher zu CBS mit seinen Schallplatten und CDs zu uns zurückkam, nachdem deren Produzent August P. Villiger aufgehört hatte.

Franz rief jeweils an für Projekte, an denen Luchterhand nicht interessiert war: Die »Hin- und Hergeschichten« mit Jürg Schubiger beispielsweise bot er uns an, aber da hatten wir unser Programm schon abgeschlossen, und so gingen die beiden zu Nagel & Kimche. Die »Wegwerfgeschichten«, als Sammlung von losen Blättern in einer Box, mochte Luchterhand auch nicht. Da machten wir es halt. Auch die Sammlung »Festhalten« mit Zeitungsartikeln und anderen Texten, die ihn im Jahr 1989 beeindruckt hatten, erschien aus demselben Grund bei uns. Das waren Punkte, die mich etwas geschmerzt haben. Aber wir machten alle die Bücher, weil wir ihn einfach mochten und schätzten.

Franz meldet sich nicht sehr oft bei uns. Wir sind nicht eng befreundet, sondern eher eine Art entfernte Berufskollegen. Aber wir haben ideell das Heu auf derselben Bühne. Ich bin ein wenig älter als er, aber er ist mir in manchem weit voraus – allein schon wie wir beide auf die Berge hinaufkraxeln: Ich komme nie auf solche Höhen. Das kann man auch symbolisch verstehen. Es gibt aber Freundschaften, die über Jahre halten und bei denen der Freund, wenn es einem schlecht geht, einfach da ist. Das ist auch mit Franz so. Wir haben einige heftige Attacken erlitten während unserer Verlagsgeschichte: zum Beispiel, als es uns wirtschaftlich schlecht ging oder wir in die Schlagzeilen gerieten. Da ist er hingestanden und hat sich für den Verlag eingesetzt. Nur ganz wenige hatten »sovil Füdle«, so viel Selbstbewusstsein und Standfestigkeit wie Franz. Und unsere Mitarbeitenden konnten sich immer auf ihn verlassen.

Franz hat sich auch immer für Kollegen eingesetzt, die ihm wichtig sind und die ihn inspiriert haben. So fragte er mich, was ich davon hielte, wenn man Kaspar Fischer nicht ganz in Vergessenheit geraten lassen würde. Ich antwortete ihm, dass dies immer eine Idee von uns gewesen sei und dass wir das Projekt gerne machen wollen.

Für viele war er zu sehr Moralist. Andreas Thiel zum Beispiel begann gleich zu spucken, als ich ihm mitteilte, wir hätten Franz Hohler im Verlagsprogramm. Er sagte mir, mit dem möchte er nicht verglichen werden, er sei auf einer völlig anderen politischen Ebene. Ich merkte, dass viele jüngere Kabarettisten nicht unbedingt zu Franz aufschauen – so wie wir noch Hanns Dieter Hüsch verehrt haben. Franz hat, wie Charles Lewinsky, das Problem, dass er oft als einer gesehen wird, der auf vielen Hochzeiten tanzt – und damit erst noch Erfolg hat. Das weckt bei vielen Kolleginnen und Kollegen Neid.

Meinungsmacher sagen, er sei literarisch nicht so hochstehend. Für mich ist er, wie für viele andere, der Meister der kurzen Texte, der Kleinmeister. Ich bin nicht unbedingt ein Hohler-Roman-Leser, aber die Erzählungen, die sind gut, und seine »Wegwerfgeschichten«: Das sind kleine Kunstwerke.

Dimitri
Clown und Freund

Franz hat mich von Anfang an fasziniert – dieser Mensch, der da seine eigenen Lieder bringt, eigene Texte, eigene Kabarettnummern. Wir haben ihn alle wegen seiner Texte und seiner Musikalität bewundert, aber das Spiel überzeugte am Anfang nicht immer. Das hat er abgelegt. Er hat reduziert, sehr gut, sehr ausdrucksstark. Es ist uns ja allen so gegangen: Wenn man jung ist und anfängt, will man zeigen, was man alles kann, und man probiert alles aus. Mit der Zeit sortiert man Dinge aus, die man nicht mehr braucht. Ich finde, er habe seither noch enorme Fortschritte gemacht, auch schauspielerisch.

Was mir bei ihm besonders gefallen hat, ist seine Konsequenz. Dass er sich zum Beispiel vorgenommen hat, er fahre nicht mehr Auto – und das mit allen Folgen und Schwierigkeiten durchzieht. Damals war das sogar noch mutiger als heute. Wir anderen brauchten allein wegen unserer Requisiten ein Auto oder sogar einen kleinen Bus. Und er nahm trotz all seiner Instrumente den Zug.

Er ist für mich sehr wichtig – als Kabarettist, als Schriftsteller, als mutiger, politisch engagierter Mensch. Sehr oft begegneten wir uns – sei es in der Zeitung, brieflich, telefonisch oder persönlich –, wenn wir dieselben humanitären Aktionen unterstützten. Da war er kompromisslos, mit einem gewaltigen Engagement.

Es ist schwierig zu sagen, welches seiner Programme mir am besten gefallen hat. Es gab in allen Highlights, die ich besonders mochte. Den Einfall mit dem Kleintheater als Flugzeug in »Der Flug nach Milano« beispielsweise – der funktionierte vor allem auch als Theateridee. Man hatte wirklich das Gefühl, man sei mit der Stewardess im Flugzeug. Und die Wortschöpfungen im »Bärndütsche Gschichtli« – die finde ich schlicht genial. Sein Berndeutsch war ja fast besser als das von Bernern wie mir, der das als Kind von der Mutter mitbekommen hat.

Auch seine Wanderungen mag ich: wenn er einfach aus dem Haus geht und spontan nach Norden wandert. Wenn er es geschafft hätte, wäre er auch durch ein Haus hindurchgewandert. Wie er solche Ideen beharrlich verwirklicht, das finde ich toll. Es gibt viele Menschen mit guten Ideen, aber diese in die Tat umzusetzen ist wieder etwas anderes. Seine Wanderung auf den Säntis, die in einem Dokumentarfilm festgehalten wurde, ist so ein Beispiel. Oder sein Don Quijote als »Dünki-Schott«. Er hat wunderbare Ideen. Seine Zusammenarbeit mit René Quellet habe ich natürlich intensiv verfolgt. René ist für mich ja ebenfalls ein wunderbarer Kollege und Freund.

Wenn ich mich an unsere gemeinsamen Silvestervorstellungen Anfang der Siebzigerjahre in Emils Luzerner Kleintheater erinnere, denke ich vor allem daran, dass ich überglücklich war, dass ich dabei sein durfte. Ich war damals ganz jung und hatte nicht das Gefühl, dass ich bekannt oder besonders gut sei. Dass ich in diesen Kreis von Mani Matter, Franz Hohler, Peter W. Loosli, Emil und Kaspar Fischer aufgenommen wurde, hat mich gefreut – obwohl Franz ja eigentlich jünger ist als ich. Emil hatte diese Idee, und wir haben diese Abende sehr kurzfristig geplant und vor Ort improvisiert. Ich habe heute manchmal fast ein wenig Heimweh nach diesen gemeinsamen Projekten und Festen. Für solche Improvisationen ist Franz ganz besonders begabt. Er interessiert sich eben auch immer für die anderen. Er hat einen großen Respekt für andere Künstler.

Er ist auch ein wunderbarer Zuhörer. Er interessiert sich wirklich für die anderen und hat eine große Liebe zu den Menschen. Es ist nicht nur Neugier. Deshalb unterhält man sich so gern mit ihm. Ich kann mir vorstellen, dass ein wildfremder Mensch, der vielleicht nicht einmal weiß, wer Franz Hohler ist, ihm trotzdem seine Lebensgeschichte erzählt – weil Franz einfach so gut zuhören kann. Er ist ein Freund. Selbst wenn ich ihn nicht persönlich kennen würde, wäre er ein Freund, weil wir Seelenverwandte sind.

Bei ihm ist das Wort sehr wichtig, bei mir überhaupt nicht. Trotzdem sind wir künstlerisch verwandt. Die Musik ist ja international, ganz ohne Worte. Franz' Geschichten liebe ich. Für mich ist er wirklich ein großer Schriftsteller, der immer den Humor als Leitmotiv hat – wie ich auch. Mit Humor kann man viel ausdrücken, auch wenn es manchmal ein trauriger Humor ist. Franz ist ein großer Humorist. Wenn ich ihn in einem einzigen Wort charakterisieren müsste, wäre das: Wortclown.

Joy Matter
Freundin

Franz Hohler ist für seine unglaubliche Vielfalt an Fähigkeiten, Interessen und künstlerischen Ausdrucksformen bekannt wie sonst kaum jemand. Er ist Kabarettist, Schriftsteller, Geschichtenerzähler, Kinderbuchautor, Liedermacher, Cellospieler, Wanderer, kritischer Beobachter des Zeitgeschehens, aktiver Staatsbürger und noch vieles mehr. Er hat eine wunderbare, nie versiegende Fantasie, einen unwiderstehlichen, direkten Draht zu seinem Publikum – und ein herausragendes Talent zur Freundschaft.

Ich lernte Franz 1965 kennen. Als junger Student trat er in jenem Jahr mit seinem ersten Programm »Pizzicato« in Bern im Theater am Zytglogge auf. Mani und ich waren begeistert. Nach der Vorstellung kamen wir mit Franz ins Gespräch, und es begann eine Freundschaft, die bis heute anhält.

Franz besuchte uns in Wabern, und weil die Gespräche bis tief in die Nacht dauerten und niemand sie abbrechen wollte, begann er, bei uns zu übernachten, wenn er in der Region Bern einen Auftritt hatte. Diesen Brauch führten wir nach Manis Tod weiter: Nach der Trauerfeier im November 1972 war gegen Abend nur noch ein kleiner Kreis bei mir in Wabern. Ursula und Franz mussten einen Zug erreichen und verabschiedeten sich. Auf dem Weg zum Tram machten sie rechtsumkehrt, kamen bis zur Haustüre und ließen mir ausrichten, wir würden auch in Zukunft Freunde bleiben.

Franz liebt Kinder, weil sie offen, neugierig, ehrlich, kritisch und stets bereit sind, ihm in seine Fantasiewelten zu folgen. Und er nimmt sie immer ernst. Unvergessen die schöne Ausstellung im Strauhof in Zürich, die dieser Verbundenheit gewidmet war. Franz wurde auch für meine drei Kinder zu einem verlässlichen und verbindlichen Freund.

Zu jedem von ihnen hat er einen eigenen Weg gefunden. Mit Ueli versuchte er sich zu verständigen, als Ueli sich erst mit größter Mühe lautsprachlich ausdrücken konnte, und er verschaffte sich dadurch, beharrlich und geduldig, einen Zugang zu meinem sonst sehr kommunikationsscheuen Sohn.

Mit Meret hatte Franz schon zu ihrer Schulzeit das Theater als gemeinsames Thema. Interessiert und engagiert hat er seither praktisch alle ihre Inszenierungen in der Schweiz nicht nur gesehen, sondern sie auch mit ihr besprochen.

Nach Manis Tod ging es Sibyl, sie war damals acht Jahre alt, schlecht, und der Kinderarzt befand, ein ähnliches, aber anderes Milieu würde ihr guttun. Franz, der gerade bei uns war, telefonierte mit Ursula und nahm dann Sibyl kurzerhand mit nach Oerlikon. Dieser spontane Akt der Hilfsbereitschaft und die liebevolle Aufnahme bei Hohlers war für Sibyl ein wichtiger Schritt zur Genesung.

Später imponierte meinen Kindern, wie Franz für seine politischen Überzeugungen an Kundgebungen sprach und an Demos mitmarschierte. Das machten unsere Freundinnen und Freunde sonst nicht: Sie diskutierten, aber auf die Straße wie Franz gingen sie nicht. Und er setzte um, wofür er sich einsetzte: Er verkaufte zum Beispiel sein Auto, obschon ihm das die Reisen an seine Auftritte verlängerte und erschwerte. Und er kaufte sich ein Erstklass-Generalabonnement der Bahn, um, wie er uns erklärte, Feldstudien betreiben zu können: Inwiefern unterscheiden sich die Erstklass- von den ihm bereits bekannten Zweitklassreisenden?

Einmal stand Franz mutterseelenallein vor dem Bundeshaus. Es war im Dezember 2004. Die Foto von Franz in den Medien, allein auf dem Bundesplatz stehend, im Wintermantel und mit dicken Handschuhen, einen handgeschriebenen Karton haltend, die sehe ich noch vor mir. Auf dem Karton stand: »Die Freiheit der Kunst ist gewährleistet. Artikel 21 der Bundesverfassung.« Es ging um die Million, die der Pro Helvetia als Strafmaßnahme für ein unliebsames Kunstobjekt von Thomas Hirschhorn aus dem Budget gestrichen werden sollte. Dagegen wehrte sich Franz. Solche Beharrlichkeit macht mir Eindruck.

Eine liebe- und respektvolle Freundschaft verband Franz auch mit Hanns Dieter Hüsch. Franz erzählte mir oft von ihm. Mani und ich hatten Hüsch Anfang der 1960er-Jahre kennengelernt, und wir verpassten keinen seiner Berner Auftritte. Nach seinem Schlaganfall besuchte Franz Hüsch, der in der Nähe von Köln wohnte, regelmäßig, und er ermunterte ihn, als seine Kräfte abnahmen, seine Gedichte auf Band zu sprechen. Er, Franz, werde sie dann für ihn aufschreiben. Auf diese Weise sind Hüschs letzte Gedichte erhalten geblieben.

Ganz besonders gerne mag ich die Reden von Franz: seien es Laudationes für befreundete Preisträgerinnen und Preisträger, seien es seine Dankesworte für die zahlreichen selbst erhaltenen Preise. Immer sind seine Reden persönlich, humorvoll, voll interessanter Details und überraschender Pointen. Immer wieder gerne lese ich auch seine Geschichten: z. B. die visionäre »Rückeroberung«, 1982 veröffentlicht und heute beinahe Realität. Wie ganze Generationen wuchsen auch meine Kinder und Kindeskinder mit seinem Werk auf. Und am letzten Familiengeburtstagsfest rezitierten wir alle gemeinsam das »Totemügerli«. Zitate von Franz fließen aber auch im gewöhnlichen Alltag in unsere Sprache ein.

Franz hat ein großes und umfangreiches Werk geschaffen. Dazu gibt es unzählige Entwürfe und Unterlagen, Bücher, Filmrollen, Drehbücher, Requisiten, Fotos, Tonträger. Und was Franz sonst noch alles aufbewahrt! Ich glaube, er wirft nichts weg: weder Privates noch Berufliches, keine einzige Einladung, keinen Kinderbrief, keine Kinderzeichnung, keinen Fanbrief, einfach gar nichts. Dafür kann er bei Gelegenheit etwas Träfes hervorzaubern (denn er weiß nicht nur, dass, sondern auch wo er die Sache aufbewahrt hat) und einen liebevollen und lustigen Bezug herstellen zum Geschehen oder zu der gefeierten Person, und die Zuhörenden sind gerührt ob der Behutsamkeit und Sorgfalt, mit der Franz etwas Vergessenes wieder hervorholt und es mit der Gegenwart und mit seinen guten Wünschen verknüpft. Letztmals so miterlebt an der Hochzeit meiner Tochter Sibyl: Franz zeigte eine Zeichnung von ihr von ihrem Aufenthalt in Oerlikon im Jahr 1973 und nahm diese als Grundlage für seine herzliche und berührende Ansprache.

Franz hat vor langer Zeit eine Liste erstellt: »Was ich alles bin« (zu hören auf den Schallplatten »Traraa!« (1971) und »Vom Mann, der durch die Wüste ging« (1979)). Über 50 Bezeichnungen braucht er für seine Eigenbeschreibung, aber die ihn ganz besonders auszeichnende fehlt: FREUND.

Emil Steinberger
Kabarettist und Freund

So viele Menschen hegen Vorurteile, sie pflegen sie, sie kolportieren sie, sie sind sogar stolz, ein spezielles, vielleicht eher negatives Wissen weitergeben zu können.

Mein Franz war immer politisch tätig, nicht an eine Partei gebunden, nein, gar nicht.

Er hatte seine ganz eigenen Kanäle, wie er sein Gedankengut unters Volk bringen konnte. Medien haben seine Beiträge oft zensuriert oder Sendungen verboten, weil er vielleicht eben nicht so nett war, wie er uns Menschen in seinem Chanson vorwarf. Er engagierte sich für politische Ziele, vor allem, wenn es um die Umwelt ging.

Das prägte ihn sehr, er wurde in eine linke Schublade gesperrt, aus der ihn viele nicht mehr rausholen wollen. Das ist ein Fehler.

Da möchte ich einfach mal rausposaunen, dass Franz so ein humorvoller Mensch ist. Der hat Sinn für Komik, er kann absolut Unpolitisches, Unmissionarisches mit viel Witz von sich geben, er kann lachen! Ein Lachen, das ich immer wieder gerne höre. Er haftet nicht stur an seinen Meinungen, er diskutiert präzise und natürlich mit gescheiten Gedanken. Minuten, die man mit ihm verbringen kann, sind kostbare Minuten. Denn er ist, das wissen wir alle, ein guter Beobachter und kann auf allen Gebieten aus dem Vollen schöpfen.

Wie haben wir miteinander lachen können, sei es beim Drehen des Films »Emil auf der Post« (1975) oder beim Einstudieren meines Soloprogramms »Geschichten, die das Leben schrieb« (1969). Er genoss die Pointen, die mir beim Ausprobieren einfach so herausrutschten. Er entdeckte auch subtile Redewendungen, die er für kostbar hielt und mich dringend bat, für die Bühne beizubehalten. Auch in seinen Buchtexten schimmert sein gesunder Humor immer wieder durch. Da liegt es natürlich dann am Leser, den feinen Humor zwischen den Zeilen zu entdecken.

Lieber Franz, ich freue mich auf die nächste Begegnung mit dir. Leider sind diese viel zu rar, weil wir beide immer noch sehr aktiv, man kann auch sagen kreativ sind.

Joachim Rittmeyer
Kabarettist und Freund

Franz war für mich bei meinen ersten Soloprogrammen eine Art Richtschnur, vor allem in der Art seiner Präsentation. Dass da einer war, der künstlerisch etwas Ähnliches machte, tat mir gut. Ich fühlte mich damals noch relativ unfertig und hätte zu dieser Zeit ganz gerne ein ähnliches Selbstverständnis gehabt. Als ich einmal bei ihm zu Hause war und Franz' Vater in der Küche auftauchte, da staunte ich, wie ähnlich sich Vater und Sohn waren, im Gestus, in der Art, etwas zu erzählen – in allem. Da wurde mir »Vaterlosem« so richtig bewusst, wie es ist, durch einen Vater eine bestehende Form mitbekommen zu haben.

Gleichzeitig schuf dieses Manko bei mir den Antrieb, nach vaterähnlichen Figuren Umschau zu halten, mich an ihnen zu orientieren. Ich war noch stark am Suchen, und da bot sich in Franz, dem »Frühgefestigten«, eine sehr wertvolle Bekanntschaft. Unter anderem war er auch eine Art Stein, an dem ich meine Haut noch etwas schleifen konnte. Das war wichtig für mich, um mich selbst zu finden.

Zu Beginn machten wir noch sehr viel gemeinsam, zum Beispiel auch Kindersendungen fürs Radio. Da improvisierten wir oft gemeinsam, auch im Studio. Es gab damals die Sendung »Gspass mit« [»Spaß mit«], die wir abwechselnd gemacht haben. Er ist ein unglaublich guter Verknüpfer, der mir viele Möglichkeiten eröffnet hat. Und er ist immer sehr interessiert an dem, was die anderen machen, und schaut sich um, was es so alles gibt.

Wenn ich mich richtig erinnere, hat er mich zum ersten Mal im »Zähringer« in Bern gesehen, und er sagte mir: »Du fängst dort an, wo ich aufhöre.« Dass nämlich das Publikum auch ein Teil des Programms ist: nicht nur »Ich und die

Welt«, sondern »Wir«. Früher gab es im Kabarett ja immer »die anderen«, über die man gelacht hat, über ihre Untaten oder darüber, was ihnen halt so passierte. Und irgendwann muss man auch über sich selbst lachen können. Wir wollten beide nicht über irgendwelche Politikernamen lachen, wie das damals im Kabarett oft geschah. Das erschien uns als zu einfach, zu billig. Wir wollten etwas Eigenes bringen, eine andere Form finden.

Der Austausch mit ihm war immer sehr fruchtbar. Als ich 1982 den Kabarettpreis »Salzburger Stier« bekam und er mein Pate war, gestalteten wir ein gemeinsames Programm, das zum Teil erst auf der Zugfahrt nach Salzburg entstand.

Sein Oerlikon war ein wichtiges Zentrum: Viele haben dort übernachtet, wie Wolf Biermann oder Franz Josef Bogner, und Franz kümmerte sich auch immer um »Randständige« der Szene. Er hatte da einen altruistischen Touch, mit dem er mich sehr überzeugt hat. Er war nicht gönnerhaft, sondern er tat es aus echtem Interesse.

Als er noch in Uetikon am Zürichsee wohnte, war er in Sachen Atomenergie zum Teil noch anderer Meinung. Ich weiß noch, wie wir einmal am Cheminée saßen, als ich eben von einer Anti-AKW-Demo gekommen war und bei Hohlers übernachten durfte. Ich erinnere mich, dass ich damals ganz klar in der Anti-AKW-Position war und er eher nicht. Das änderte sich bald. Das heißt sicher nicht, dass er ein Opportunist gewesen wäre, aber er hat seine Meinung schon modifiziert.

Von seinen (Erwachsenen-)Büchern finde ich »Es klopft« am besten. Das gefiel mir ausnehmend gut. Ansonsten zähle ich mich nicht unbedingt zu den Hohler-Leseratten. Ich bevorzuge eher komplexere, verstörendere Lektüre. Das geht mir etwas ab bei seinen Büchern. Und allzu oft endet etwas, das unaufgelöst stärker wäre, in einem »befreienden« geistreichen Einfall. Da ist er vielleicht eben doch zu sehr Bühnenmensch. Aber die Prägnanz seines Schreibens schätze ich durchaus, vor allem in den Erzählungen und Kinderbüchern.

dodo hug
Sängerin Musikerin Comédienne

Franz Hohlers »Totemügerli« war wichtig für mich. Ich könnte nicht gerade sagen, es sei die wichtigste Inspiration gewesen, aber das gefiel mir extrem gut: jemanden zu hören, der nicht nur rational war, sondern auch anderes machte, nämlich lustvoll fabulieren und poetische Texte schreiben. Das ist in der Schweiz nicht so häufig – nicht nur beim Schreiben. Christoph Marthaler war in dieser Beziehung auch ein wichtiger Einfluss für mich. Mit ihm spielte ich während sechs Jahren beim schrägen Musiktrio »Tarot«. Wir hatten oft äußerst lebendige Tischrunden, in denen wir einfach »Seich gemacht« [»Unsinn gemacht«] haben. Da entstanden wilde Wortspiele und Blödeleien, und da hatte das »Totemügerli« sicher auch seinen Einfluss darauf. Es war wichtig, dass man einfach einmal ausrasten und wild drauflos fantasieren konnte.

Die Dreharbeiten zu Franz' Film »Dünki-Schott« waren für mich keine so bedeutende Geschichte. Ich bin keine gelernte Schauspielerin und vermisste ein wenig die Führung. Da war einerseits Franz, der auch kein Schauspieler ist, und andererseits Regisseur Tobias Wyss, der ebenfalls seinen ersten Spielfilm drehte und ein wenig unsicher war. Kameramann Hans Liechti hatte die größte Erfahrung und konnte mir am meisten Anweisungen geben. Ich war nicht hundertprozentig glücklich, obwohl ich den fertigen Film witzig fand. Es war ein wenig schade um die gute, coole Geschichte.

Franz bot mir ein paarmal Liedtexte zum Vertonen an – Ende der 1980er noch für mein Ensemble »Mad Dodo«, mit dem ich während zehn Jahren als Comédienne und Musikerin auf der Bühne stand. Damals war ich nicht sonderlich an engagierten Inhalten interessiert. Ich begann dann erst in den 1990ern, eigene Lieder und Songs zu schreiben.

An der Veranstaltung zu seinem 60. Geburtstag im Zürcher Volkshaus sang ich 2003 sein »Lied vom Chääs« – da fand ich, das passe gut zu mir, dieses leicht Absurde. Später sang ich dann auch »Es cheibe Meitli«, Franz' Übersetzung von Tucker Zimmermans »She's an easy rider«.

2006 verfasste Franz das Vorwort zu meinem Buch »madâme dodo – Die Chamäleondame«, und das war natürlich wunderbar. Er schrieb, dass ich für ihn so etwas wie das »Weltlied« verkörpere – das finde ich sooo schön. Mir wurde nämlich erst damit richtig bewusst, dass ich dies irgendwie immer angestrebt hatte.

Ich habe natürlich viele seiner Programme gesehen und bin bei der großen Anti-AKW-Demo in Gösgen dabei gewesen – mitgefangen, mitgehangen. Er besuchte auch regelmäßig unsere Konzerte, was mich stets sehr freute. Beim Schminken habe ich immer ein kleines Köfferchen dabei – mit ein paar Fotografien, die mich bei der Vorbereitung aufs Konzert aufbauen. Dort habe ich auch eine Karte mit einem Zitat von Franz drin:

> *Das Befinden*
> *»Wie geht's?«, fragte die Trauer die Hoffnung.*
> *»Ich bin etwas traurig«, sagte die Hoffnung.*
> *»Hoffentlich«, sagte die Trauer.*

Er kann mit wenigen Worten viel sagen. Er ist einer, der sehr viel denkt, bevor er etwas sagt – das spürt man auch im persönlichen Gespräch. Und er ist eigentlich immer noch zu entdecken. Er gab mir einmal seine »52 Wanderungen«. Da gibt es Geschichten, die man liest und bald wieder vergisst – aber später tauchen sie plötzlich wieder auf, und man erinnert sich an Zitate oder Handlungen. Von seinen Geschichten hat mich »Die Rückeroberung« besonders beeindruckt, die habe ich fantastisch gefunden – da sind wir heute schon ziemlich nahe dran. Aber irgendwann bin ich mit meiner Lektüre in andere Richtungen gegangen.

Früher steckte man ihn immer in die Schublade »Lehrer«. Aber das ist er überhaupt nicht. Und er ist nicht prätentiös, er ist sehr bei den Leuten, nicht abgehoben wie andere Schriftsteller oder Dichter, die ihr Fach als etwas Elitäres betrachten. Man spürt, dass er seine Stoffe aus dem Leben nimmt. Man hat ihm vorgeworfen, dass er »morale« – ich finde heute, man kann nicht genug »moralen«!

Franz hat etwas Seelenvolles, sehr Geistreiches, aber manchmal in seinem Vortrag, in seinem Auftritt auch etwas Holpriges. Nicht »harte Schale, weicher Kern« oder so etwas, gar nicht, eher etwas Echtes, Bodenständiges, Knorriges und gleichzeitig sehr Diffenziertes – etwas Vorbildhaftes auch für mich, aber in der Ausführung oft weniger raffiniert. Zu Beginn hat er mich nicht durch seinen Ausdruck überzeugt, nicht durch seine Form, sondern mehr durch seine Inhalte. Er hat da einen gewissen Widerspruch in sich. Aber er ist eben der Franz, und das finde ich toll. Ich schätze ihn wirklich sehr – und es ist weit mehr als Wertschätzung.

Hansueli von Allmen
*Gründer und Leiter des »Schweizerischen Archivs
Cabaret Chanson Mundartrock Mimen«*

Franz war vor 35 Jahren zum ersten Mal hier im Cabaret-Archiv – in seinen besten jungen Jahren. Wenn er dann hier in der Region auftrat, übernachtete er immer bei uns und nahm jeweils vor dem Einschlafen noch die Ordner aus den Regalen, um ein wenig darin zu »schnöiggen«. Eine bleibende Erinnerung ist, dass wir ihn gefragt haben, was er zum Frühstück möchte. Er wollte immer das beliebte Schokoladepulver Banago und Milch – also holten wir jedes Mal eine frische Büchse Banago, das ja aus Olten stammt. Die trank dann außer ihm niemand, wenn er wieder weg war. Aber das machten wir natürlich gerne.

Franz kam im Laufe der Jahre auch immer wieder zu uns ins Archiv. Als er den Ehrenpreis der Kleintheatervereinigung erhielt, brachte das »Thuner Tagblatt« eine große Reportage über ihn. Er wünschte sich, dass das Interview und die Fotografie bei uns im Archiv gemacht würden. Regelmäßig kommt ein Paket von ihm. Er ist einer der wenigen Künstler, die unaufgefordert Unterlagen ans Archiv schicken. Bei den meisten seiner Kollegen muss ich jeweils mehrmals nachfragen. Er hat mir erzählt – vielleicht ist es auch nur eine Anekdote –, dass er neben seinem Pult zwei »Ablegeordner« stehen habe: Der eine sei der Papierkorb, der andere sei beschriftet mit »Von Allmen«. Von Zeit zu Zeit leert er diese Schachtel und schickt mir alles Mögliche: Manuskripte, Entwürfe, Programmhefte. So hat er es hier im Archiv auf zehn Schachteln gebracht, vor allem wegen der vielen Zeitungsartikel über ihn, die ich über den »Argus der Presse« erhalte. Er schickt auch immer gleich ein Belegexemplar fürs Archiv, wenn wieder ein Buch von ihm erschienen ist.

Wenn ich zurückschaue, gab es nie eine Vorstellung von Franz, die mich enttäuscht hätte. Er hat über die Jahre und Jahrzehnte sein Niveau und seine Linie gehalten – und seinen Humor behalten, den ich einfach sehr liebe – den Humor, bei dem man auch selbst denkt. Er war in seiner Arbeit auch immer politisch, sehr politisch sogar. Neben ihm und dem Cabaret »Zahnstocher« in Bern fand ich das nur bei wenigen. Lorenz Keiser vielleicht noch und Joachim Rittmeyer manchmal, aber Franz Hohler hat einfach eine Linie, die mir sehr nahe ist. Angeeckt ist Franz vor allem aber wegen Auftritten in den elektronischen Medien – wegen seines »Dienschtverweigerers« oder der AKW-Thematik. Da gab es Leute, die ihn daneben fanden. Aber das hielt sich sehr in Grenzen. Bei ihm wird mehrheitlich akzeptiert, dass er unbequeme Meinungen vertritt – und dass er das in einer Form tut, mit der man leben kann. Ich kann mich gar nicht an eine negative Kritik über ihn erinnern – aber es soll sie doch vereinzelt geben.

Von den noch lebenden Schweizer Kabarettisten ist er sicher der bedeutendste – auch wenn er nicht mehr als solcher auftritt. Ich bedaure es, dass er kein Kabarett mehr macht, aber ich verstehe es, dass er sich in seinem Alter auf die Schriftstellerei verlegt hat. Dort schimmern ja sein Witz und seine Ironie ebenfalls durch.

In Sachen Schriftstellerei muss ich gestehen, dass in dieser Szene so viel publiziert wird an Ton- und Papierdokumenten, dass ich in den zwanzig Jahren, in denen ich meinen sehr fordernden Beruf als Thuner Stadtpräsident ausübte, längst nicht alles gelesen habe. Ich kenne vielleicht die Inhalte, aber ich möchte mich nicht als Franz-Hohler-Experten betrachten. Ich habe ihn in erster Linie als Kabarettisten wahrgenommen.

Wir sind auch beide Ehrendoktoren der Unversität Fribourg. Ich war ihm da sogar deutlich voraus. Als er die Auszeichnung erhielt, habe ich ihm geschrieben, es sei höchste Zeit, dass er auch dabei sei, so sei es mir weniger peinlich. Ich freue mich auch, dass Franz wie ich im Sternzeichen der Fische geboren wurde. Ich behaupte immer, dort sei ein kreativer Haufen, obwohl ich sonst wenig auf Sternzeichen achte. Gardi Hutter ist auch ganz in der Nähe und Polo Hofer – wir haben beinahe miteinander Geburtstag.

Wirklich überrascht war ich, als Franz zur Buchvernissage in den Thuner Stadtratssaal kam, als das Buch »Der Stapi« über mich vorgestellt wurde. Das hat mich wirklich sehr berührt, dass er an einem finsteren Novemberabend dafür eigens von Zürich nach Thun reiste. Das zeigte mir auch die persönliche Wertschätzung, die er mir und meiner Dokumentationsarbeit entgegenbringt. Und auf jeden Kontakt und jedes Schreiben reagiert er mit ein paar Zeilen. Da kommt immer ein persönliches Echo. Er ist wirklich ein außerordentlich liebenswürdiger Mensch.

Heinrich von Grünigen
Journalist und ehemaliger Programmleiter von Radio DRS1

Mit Franz kam ich zum ersten Mal in Kontakt, als er sein »Pizzicato« spielte und ich für den »Bund« darüber schrieb. Wir begegneten uns in den späten 1960er-Jahren einige Male, hatten aber wenig persönlichen Kontakt. Wir nahmen uns gegenseitig zur Kenntnis, aber er gab in Bern ja nur Gastspiele, und so verloren wir uns wieder aus den Augen.

Beim Radio war ich zuerst mit politischen und historischen Themen beschäftigt. Dann wurde ich Pressechef und kandidierte 1978 als Unterhaltungschef. Guido Baumann, der »Ratefuchs« aus Robert Lembkes »Was bin ich?«, war zurückgetreten, und als Nachfolger stand neben mir und Walter Kälin auch Franz Hohler zur Diskussion. Ich weiß nicht, wie sehr er selbst sich auf solche Diskussionen eingelassen hat. Ich war der Wunschkandidat des Radiodirektors und als früherer Pressechef und Assistent des Direktors mit dem Regionalvorstand, dem Wahlgremium, gut vertraut. Franz war der Unterhaltungsprofi.

Ich wurde gewählt und war immer der Ansicht, Franz wäre kein Mann für die Verwaltung gewesen. Er hätte natürlich einen guten Namen für hochstehende Unterhaltung mitgebracht, und unter den Künstlern ist er einer der bestorganisierten. Aber in meiner Arbeit war der Unterhaltungsteil der kleinere, der administrative der weitaus größere.

Dort war ich gelegentlich mit Franz in Kontakt. Er hatte am Samstagmittag eine Rubrik, und einmal gabs einen größeren Konflikt. Ich musste ihn etwas bearbeiten oder zurückweisen: als er relativ plakativ Weltuntergangsszenarien im Zusammenhang mit den AKW beschwor. Ich sagte ihm: »Du kannst das nur bringen, wenn es wissenschaftlich abgesichert ist.«

1980 zogen wir in die Nachbarschaft der Familie Hohler und grüßten uns für die nächsten Jahre gewissermaßen über den Gartenzaun. Franz war mit »Franz & René« ja auch in der Kindersendung »Spielhaus«, die meine Frau Verena Speck fast zwanzig Jahre lang moderierte – unter anderem auch gemeinsam mit Emil. Franz arbeitete für seine Filme in dieser Sendung oft mit Kindern. Unser Sohn spielte dort zusammen mit einem Freund mit. Die zwei wurden fast ein wenig zu »Franz & René«-Stars. Und wir wurden als besorgte Eltern am Küchenfenster gefilmt, wenn die Kinder im Hof unten Streiche spielten.

Wir besuchten uns oft. Franz organisierte gerne bei sich zu Hause Gartenfeste, und während einiger Jahre gab es ein

Straßenfest an der Gubelstraße, dessen Hauptorganisator er war. Der Höhepunkt war jeweils, wenn er zusammen mit den Kindern Geschichten erfand. Ich erinnere mich auch gut an seine Hartnäckigkeit. Als unser Haus umgebaut werden sollte, wollte man auch einen riesigen Park mit alten Bäumen roden und mit einem weiteren Block überbauen. Das hätte Hohlers die Aussicht genommen. Franz prozessierte mit voller Energie – und konnte mit seinen Einsprachen die Überbauung verhindern.

Bei einer weiteren juristischen Geschichte wurde er für uns beim Radio dann sozusagen lästig. Er saß bei der Urheberrechtsgesellschaft ProLitteris im Vorstand, und wir versuchten, über diese Organisation mit den Autoren Deals auszuhandeln, vor allem für die Hörspiele. Wir wollten freie Hand, um diese mehrmals senden zu können. Wenn wir für jede Ausstrahlung den vollen Tarif hätten bezahlen müssen, hätten wir uns das nicht leisten können. Die Verhandlungen waren hart, führten aber schließlich doch zu einem guten Ergebnis. In solchen Fragen konnte er einen manchmal nerven.

Es ist faszinierend, wie vielseitig er als Autor ist und wie schnell er mit einem Gedicht auf aktuelle Ereignisse reagieren kann. Man lässt ihn fast zu wenig zu Wort kommen. Manchmal vermisst man einen Kommentar von ihm. Dafür nützt er sich nicht zu schnell ab.

Auch seine Selbsterfahrungen, die Wandergeschichten, seine Erlebnisse von unterwegs: Das ist außergewöhnlich, wie er das umsetzen kann. Er ist wirklich eine Erscheinung, die weit über die enge Schweizer Welt hinauswirkt. Seine Bücher lese ich alle – und verschenke sie auch. Und vor allem haben mich immer seine Redlichkeit und seine Empathie beeindruckt.

Ursula und die Söhne

6

Franz Hohler hat immer intensiv an seinen Texten gearbeitet, mit vielen Notizen und Entwürfen. In den Notizbüchern aus den 1960er-Jahren, von denen einige im Schweizerischen Literaturarchiv liegen, hielt er alles Mögliche fest: Zitate von anderen Schriftstellern, die ihm besonders gefielen, dazu seine eigenen Gedankensplitter, Wortspiele, Entwürfe für Lieder, Kabarettnummern, Gedichte und Geschichten. Datiert sind viele Einträge nicht. Aber es fällt auf, dass in einem Wachstuchheft Mitte der 1960er-Jahre plötzlich sehr persönliche Liebesgedichte auftauchen – ernsthafte und heitere wie dieser Limerick:

> Da gabs einen Jüngling in Fluntern,
> Der war sozial bei den untern.
> Da traf er ein Engelchen an,
> Jetzt ist er kein reicherer Mann,
> Dafür ist er stets bei den Muntern.

In Fluntern am Zürichberg wohnte damals der Student Franz Hohler. Einige Liebesgedichte gingen an keine bestimmte Person, die anderen waren an Ursula gerichtet. In derselben Heftgegend ist auch ein Gedicht in einer anderen Handschrift zu finden, eine leicht veränderte Fassung eines Frühlingsgedichts von Ursi Nagel, das einst im März 1956 in der Zeitschrift »Schweizer Jugend« abgedruckt worden war. Neun Jahre später hat sie es offenbar Franz Hohler ins Stammbuch geschrieben. Ursula Nagel war in Solothurn aufgewachsen. Ihr Vater war Oberarzt in der Rosegg, der Kantonalen Psychiatrischen Klinik Solothurn. Dann führte er eine eigene Praxis, und schließlich zog die Familie Ende der 1950er-Jahre nach Zürich.

»Wir haben uns an der Universität Zürich kennengelernt. Franz und ich waren im gleichen Semester«, erzählt Ursula Hohler. »Ich studierte wie er Germanistik, dazu Mediävistik, also mittelalterliche Geschichte und Mittellatein – weil es dort am wenigsten Leute hatte. Dort konnten damals noch alle gemeinsam an einem großen Tisch sitzen und mit dem Professor zusammen Heiligenviten und Chroniken lesen.« Allzu rasch ging es nicht mit ihrer Beziehung, erzählt Ursula weiter: »Zu Beginn hatte Franz verschiedene Frauen, die ihm bei seinem ersten Kabarettprogramm ›Pizzicato‹ geholfen haben. Und ich sagte mir: Der wäre etwas für mich.« Die beiden kamen sich langsam näher. Er war dann allerdings oft mit seinem Programm unterwegs, während sie ihr Studium abschloss – und gerne auf seine Hilfe zurückgriff: »Franz war zu Beginn der viel seriösere Student als ich. Als die Prüfungen langsam näher rückten, konnte ich ihn immer fragen, wenn ich etwas nicht wusste.«

Sie wohnten noch zwei Jahre durch den Zürichsee getrennt: er im Universitätsviertel und später in der »neogotisch-postschottischen« Villa Egli im Seefeld, wie Franz Hohler das schlossähnliche Haus am See einmal nannte; sie lebte zuerst noch bei den Eltern »und dann in der Enge – gleich beim Museum Rietberg. Da ging ich immer im Park umher, wenn ich lernen musste, das war wunderbar.«

Im Januar 1968 heirateten sie. Es war eine klassische Hochzeit mit den beiden Familien und ein paar Freunden in einem Zunfthaus. »Das haben damals alle so gemacht«, erzählte Ursula Hohler 2013 im Film »Zum Säntis«: »Erst mit der Zeit fanden wir unseren eigenen Stil – und der war nicht einfach zu finden. Aber es gab viel, das uns verband – immer.«

Nicht zuletzt die Liebe zur Sprache. Ursula schloss mit dem Hauptfach Germanistik ab, zum Thema »Thomas Platters Autobiografie«. »Autobiografien interessierten mich, und Platter lebte in einer Umbruchzeit, in der die Leute begannen, in Haushaltungsbüchern auch persönliche Dinge zu notieren. Da hieß es dann etwa, wie viel Korn sie verkauft hatten oder dass wieder ein Kind zur Welt gekommen war – und oft stand noch etwas Persönliches dabei. Das war der Ursprung der Autobiografie.«

Zum Abschluss an der Universität schenkte Franz Hohler seiner Frau das »Lehrbuch der Elektrotechnik«. Denn neben ihrem Studium ging sie am Anfang als seine Assistentin mit auf Tournee, »und ich musste mich da auch mit Watt und Volt herumschlagen. Damals konnte ich auch noch Stecker auseinandernehmen und solche Dinge.« Die Zeitschrift »Radio + Fernsehen« schrieb Mitte 1969 über das junge Paar: »Hohler ist seit einem Jahr verheiratet. Seine Frau hat fertig studiert und gibt Schule. ›Damit wir etwas Solides in der Familie haben‹, sagt er. Auf die schönen Tourneen kommt sie mit und assistiert. Bei den weniger schönen tut das ein Assistent.«

Ursula merkte ziemlich bald, dass ihr das nicht guttat, und begann, Schule zu geben. Am Lehrerseminar Küsnacht erhielt sie eine Stellvertretung. »Das ging irgendwie sehr gut, obwohl die Schüler kaum jünger waren als ich. Sie behielten mich – als Deutschlehrerin.« Als 1971 und 1974 die beiden Söhne Lukas und Kaspar zur Welt kamen, »merkte ich, dass es zu viel wurde: Die Kinder waren oft krank – und unberechenbar wie alle Kinder. Deshalb begann ich, in den Medien zu arbeiten: im Kinderfernsehen und auch für das Radio mit einer Kindersendung über Träume.« An der Zürcher Schauspielakademie arbeitete sie zudem eine Weile in der Theaterpädagogik-Ausbildung mit.

Die erste gemeinsame Wohnung des jungen Paars war ein kleines Haus in Männedorf am rechten Zürichseeufer – im Garten einer Villa. Als ihr Freund Jürg Schubiger ihnen 1970 das Haus in der Nachbargemeinde Uetikon am See anbot, in dem er und früher der Schriftsteller Felix Moeschlin gewohnt hatten, zogen sie dort ein – in »eine Art altes Haus von Rocky Docky«, wie Franz Hohler es einmal nannte. 1978 zog die Familie ins Zürcher Quartier Oerlikon, in ein Haus, in dem sie noch immer wohnen. »Das wurde wirklich das Haus unseres Lebens«, sagt Ursula Hohler. Ihr Mann sprach in der Dankesrede für den Zürcher Kunstpreis 2005 vom »mittlerweile über 100-jährigen, von immer höher wachsenden Bäumen umstellten Backsteinhaus, von dem aus ich Adler sehe und die Eruption neuer Berge in der Agglomeration beobachte und das mein verstorbener Freund Niklaus Meienberg halb ironisch, halb vorwurfsvoll als ›Schlössli‹ bezeichnete«.

Ursula Hohler hatte mittlerweile einen neuen, persönlichen Weg gefunden. Im Film »Zum Säntis« erzählte sie: »Ein großer Ansporn für mich, wirklich hinauszugehen und die eigene Vision zu entwickeln, war genau die Tatsache, dass ich einen berühmten Mann hatte. Er war ja ziemlich bald bekannter als ich, und dann kamen Leute zu mir und fragten beispielsweise: ›Wann hat Ihr Mann Cello spielen gelernt?‹ Das machte mich jedes Mal sauer, und ich fand: Hallo? Ich mache selbst etwas. Da musste ich aber wissen, was. So fand ich meinen eigenen Weg: nach der Germanistik die Psychologie – zuerst Jung'sche und später prozessorientierte Psychologie.«

Zur Psychologie war sie über eine ehemalige Schulkollegin und Freundin gekommen, die am Jung-Institut studierte. Ursula Hohler traf dort den Begründer der prozessorientierten Psychologie Arnold Mindell, genannt Arny, »einen kleinen Amerikaner, der Analytiker am Jung-Institut war und der mir von Carlos Castaneda erzählte. Da war ich hin und weg. Ich übersetzte drei Bücher meines Lehrers Mindell und schrieb Artikel über diese neue psychologische Methode. Das ging gut neben der Arbeit für die Familie, und es war für mich beinahe lebensrettend. Den Abschluss am Jung-Institut machte ich 1984, begonnen hatte ich 1978 – ziemlich klassische sechs Jahre. Mit den beiden Söhnen, die noch klein waren, war das eine große Herausforderung.«

Danach eröffnete Ursula Hohler eine Praxis, »zuerst hier bei mir zu Hause, und später hatten wir als Gruppe ein Haus, wo Arnold Mindell seine prozessorientierte Ausbildung aufbaute. Ich war eine Mitbegründerin dieser Schule und viele Jahre in ihrem Lehrkörper tätig. Dazu arbeitete ich in einer Praxisgemeinschaft als Therapeutin und Supervisorin und reiste später auch häufig als Referentin und Seminarleiterin im In- und Ausland.«

Ihr älterer Sohn Lukas ist nach einigen beruflichen Umwegen ebenfalls bei der Psychologie gelandet. Er hat sich auf Konfliktarbeit spezialisiert und dazu in den USA an der Antioch University im Bundesstaat Ohio ein Masterstudium absolviert. Überdies hat er ein Diplom in prozessorientierter Psychologie. 2006 gründete er die Firma »changefacilitation GmbH«. Zuvor arbeitete Lukas für das Sozialdepartement der Stadt Zürich im Bereich Konflikte im öffentlichen Raum. »Ich habe zum Beispiel mit Punks, Alkis, Ladenbesitzern und der

Polizei verhandelt und die überhaupt einmal zum Reden zusammengebracht.« Als Freelancer für das Schul- und Sportdepartement intervenierte er dann in Klassenzimmern, wenn es Probleme zwischen Schülern und Lehrern gab.

In Zusammenarbeit mit der Fachstelle für Gewaltprävention entwickelte Lukas Hohler später ein Weiterbildungsprogramm und das Lehrmittel »Starke Lehrkräfte«. Das hat er seither in die Welt getragen: »Zuerst nach Berlin – eine witzige Parallele, mein Vater hat ja auch sein erstes Programm in Berlin gespielt.« Auch durch das weltumspannende Netzwerk der prozessorientierten Psychologie kommt er mit seinem Programm weit herum, »Starke Lehrkräfte« ist mittlerweile auf Deutsch, Englisch, Slowakisch, Spanisch und Griechisch übersetzt worden. Nach dem Programm für Lehrkräfte entwickelte er »Stark in der Arbeit mit Kindern und Jugendlichen« und »Starke Führungskräfte«.

Die Schule mochte er früher nicht. »Nach drei Jahren Sekundarschule organisierte ich eine große Bücherverbrennung in unserem Garten, bei der ich alle meine Schulbücher verbrannte und ums Feuer tanzte. Da war ich fünfzehn und begann eine Lehre als Zimmermann. Aber nach drei Monaten wollte ich wieder zurück in die Schule. Das Klima auf dem Bau und das frühe Aufstehen waren nicht mein Ding, und ich hatte das große Privileg, mich wieder für eine Schule entscheiden zu können.«

Lukas weiß es zu schätzen, dass seine Eltern ihn immer wieder darin unterstützt haben, solche Kursänderungen vorzunehmen. »Ich war wirklich sehr rebellisch. Ohne meine Eltern hätte ich leicht auf eine schiefe Bahn geraten können. Franz war sich bewusst, dass auch er keinen konventionellen Weg gegangen war und sein Studium abgebrochen hatte.«

Lukas lernte auch früh, dass es Berufe gibt, die eng mit dem Privatleben verbunden sind. An Sonntagen, wenn alle frei hatten und sie vielleicht jassten, sagte der Vater irgendwann: »I mues no chly go schäffele.« [»Ich muss noch ein bisschen arbeiten gehen.«] Als Selbstständigerwerbender merkt Lukas Hohler heute, dass ihn das geprägt hat. »Ich habe auch viel von ihm gelernt, das ich im Beruf gut gebrauchen kann – etwa, wie man mit einem Publikum umgeht und seine Botschaft rüberbringen kann. Da bin ich ihm sehr dankbar dafür.«

Franz Hohler ist für seinen Sohn Lukas »jemand, der mit großem Interesse und großer Liebe seiner Erfahrung vom Menschsein auf den Grund geht. Ein kreativer Mensch, der in sich ruht und fasziniert davon ist, wie er die Welt wahrnimmt. Das bringt er in eine Form, an der seine Mitmenschen teilhaben können. Er fühlt sich auch sonst seinem Publikum sehr verbunden. Es ist ihm ein Anliegen, alle Briefe mit einer persönlichen Note zu beantworten.«

Dass sein Vater am Fernsehen Kinderstunden machte, nahm Lukas Hohler nie als Problem wahr: »Ich wusste ja nicht, wie es war, Franz Hohler *nicht* als Vater zu haben.« Sein um drei Jahre jüngerer Bruder stimmt ihm da restlos zu. Auf die Frage, wie das war, in einer Art Halböffentlichkeit aufzuwachsen, meint Kaspar Hohler: »Das war kein Problem. Es war ja höchstens eine Ein-Sechstel-Öffentlichkeit. Weil das für mich immer so gewesen war, war ich daran gewöhnt und kannte nichts anderes. Wir fanden ›Franz & René‹ lustig, aber wir hatten bei den Kameraden weder einen Starstatus, noch wurden wir gehänselt oder kritisiert. Für uns war das alles ganz normal.«

Vor 20 Jahren war das noch ein wenig anders: Am 14. April 1994 posierte Kaspar Hohler, 19, mit seinem berühmten Vater Rücken an Rücken auf der Titelseite der »Schweizer Familie« unter dem Titel »Hilfe, mein Vater ist prominent!« Daniel J. Schüz schrieb über die Kinder von Fernsehdirektor Peter Schellenberg, Politikerin Monika Stocker, Tagesschaumoderator Hansjörg Enz, Fußballer Georges Bregy –

und von Franz Hohler. Der ältere Sohn Lukas, damals 23, hatte keine Lust, darüber Auskunft zu geben, wie sich Kinder von Prominenten fühlen. Kaspar, zu jener Zeit gerade in der Rekrutenschule, berichtete, dass er in Gesprächen manchmal Mühe habe, seinen Namen zu nennen: »Da heißt es dann gleich: Ja, bist du denn der Sohn vom ... Und dann endet jedes Gespräch in derselben Sackgasse.« Kaspar betonte, dass er stolz sei auf seinen Vater und auf das, was dieser mache. »Aber ich habe keine Lust, für den Rest meines Lebens der Sohn von Franz Hohler zu sein.« Er berichtete auch, dass er besonders in einem Punkt etwas von seinem Vater geerbt habe: »Ich liebe das Spiel mit Worten, schreibe gerne und führe regelmäßig Tagebuch.«

Im Gegensatz zu Lukas ging Kaspar gern und ohne größere Probleme zur Schule. »Ich las immer gerne, auch Zeitungen, und profitierte sicher vom lese- und diskussionsfreundlichen Klima zu Hause.« Im Gegensatz zu seinem Vater gefiel ihm das Fach Geschichte auch an der Universität und wurde zu seinem Hauptfach. Er schrieb für die Studentenzeitung »Zürcher Student« und andere Blätter, und nach einem Praktikum im Bereich Public Relations und einem IT-Traineeprogramm bei der »Winterthur«-Versicherung, wo er auch viel über das Pensionskassengeschäft lernte, kam er zur Zeitschrift »Schweizer Personalvorsorge«. Dort ist er heute Chefredaktor.

Wie sein Vater Franz steht auch er gerne auf der Bühne: »Ich bin seit 20 Jahren im Statistenverein am Opernhaus Zürich und habe in dieser Zeit die unterschiedlichsten Rollen gespielt. Auch beruflich trete ich oft vor Leute, sei es, um Paneldiskussionen zu moderieren, Referate zu halten oder in anderer Form den Verlag nach außen zu repräsentieren. Mit meinem Vater verbindet mich aber auch die gewisse Ambivalenz, einerseits gerne vor und unter Leuten zu sein, andererseits aber ein Hauch Einzelgängertum, Zeit für mich alleine zu brauchen, sei es bei der Arbeit an Texten oder auf Ausflügen.«

Die Lust zu schreiben, habe er wohl von den Eltern geerbt, sagt Kaspar: »Wir sind in unserer Redaktion – abgesehen von externen Mitarbeitern – nur vier Personen, da kommt man schon zum Schreiben. Die vielen Sachartikel zu verfassen gefällt mir sehr: komplexe Sachverhalte aus einer komplizierten Fachsprache in verständliches Deutsch zu bringen – und zwar so, dass die Experten trotzdem einverstanden sind. Das ist interessante Spracharbeit. Dazu kommen Editorials, Kommentare und Kolumnen, in denen ich auch freier gestalten und formulieren kann.«

Kaspars Bruder Lukas teilt die Liebe zur Sprache: »Ich habe ja drei Handbücher verfasst und schreibe sehr gern«, sagt der professionelle Konfliktlöser: »Der Satz von Franz, er möchte etwas Schwieriges einfach sagen, ist auch für mich sehr wichtig. Für mich ist es in der Anwendung der prozessorientierten Psychologie zentral, dass ich Übersetzer sein will.«

Dass der Vater viel unterwegs war, war für die Familie oft ein Problem, vor allem für die Mutter, die sich manchmal fast als alleinerziehend fühlte. Aber beide Söhne anerkennen, dass der Vater dafür in den Sommermonaten lange zu Hause war und dass die Familie mit beiden Eltern und viel länger in die Ferien gehen konnte als jene der Schulkollegen – oft in den Schweizer Bergen. Auch wenn der Vater und Profischreiber selbst dort nie ganz aus der Rolle schlüpfte: »Mindestens einen der Tschipo-Bände hat Franz in den Ferien geschrieben und hat uns am Abend jeweils die neuen Kapitel vorgelesen«, berichtet Kaspar. »So wurden wir zu einer Art Testpublikum, zu einer ersten Resonanzgruppe.«

Die ganze Familie habe auch – wie die Großeltern väterlicherseits – ausgiebig und begeistert gejasst und tut das immer noch gerne. Beide Söhne gehen weiterhin in die Berge. Und sie verfolgen mit Interesse, was ihr berühmter Vater tut.

Er hat sie immer ernst genommen: Als die frühen Geschichten, in denen sie als kleine Kinder vorkommen, in den Sammelbänden neu aufgelegt wurden, hat Franz Hohler seine Söhne gefragt, ob das für sie so in Ordnung sei.

»Er ist sehr interessiert daran, was wir beide machen, ohne sich einzumischen – so entwickelte er auch ein erstaunliches Interesse am und Wissen im Bereich Pensionskassen«, sagt Kaspar. »Allgemein erlebte und erlebe ich Franz und Ursula und generell das Familienumfeld als sehr inspirierend. Die beiden waren für mich Vorbilder dafür, dass man beruflich das machen sollte, was einem Freude macht und einen interessiert, ohne primär auf Arbeitsmarktrealitäten und Karrieremöglichkeiten zu schauen.«

Ursula Hohler hat sich neben der Psychologie noch ein zweites eigenes Feld erschlossen. Sie hatte ja schon als Kind Gedichte geschrieben – und hat das wieder aufgenommen: »Als ich meine Ausbildung am Jung-Institut machte, träumte ich einmal, eine Stimme sage zu mir: Warum schreibst du eigentlich nichts mehr? Und ich antwortete: Ich habe Prüfungen! Da sagte die Stimme: Für ein Gedicht reicht es immer. Als es dann einmal einen ganzen Sommer lang regnete, schrieb ich meine Mundartgedichte.« Diese publizierte sie 2004 in einem Buch: »Öpper het mini Chnöche vertuuschet« [»Jemand hat meine Knochen vertauscht«]. Und gemeinsam mit der Illustratorin und Craniosacral-Therapeutin Ruth Lewinsky – auch sie mit einem sprachgewaltigen Mann verheiratet, dem Schriftsteller und Drehbuchautor Charles Lewinsky – gab Ursula Hohler 2011 ein Buch mit hochdeutschen Gedichten heraus, die sich die beiden Frauen während zweier Jahre im Monatsrhythmus geschickt hatten. »Ein Wendebuch« nannten sie das Bändchen, das man tatsächlich von beiden Seiten her lesen kann: Auf der einen Seite stehen Ruth Lewinskys »Poetische Seufzer«, auf der anderen die Gedichte von Ursula Hohler unter dem Titel »Aus dem Tal der Füchsin«.

Wenn Lukas Hohler seine Eltern beobachtet, stellt er fest: »Auch wenn es früher manche Turbulenzen gab – es ist sehr eindrücklich und berührend, wie Ursula und Franz zusammen unterwegs sind und gewissermaßen in einem gemeinsamen Ding aufgehen.« Ursula bestätigt die Turbulenzen: Im Film »Zum Säntis« berichtete sie, dass es ihr manchmal schon »ausgehängt« habe, zum Beispiel bei der »Drachenjagd«, dem Kabarettprogramm Mitte der 1990er-Jahre, »als Franz sagte, er brauche einen Drachen – wir könnten doch im Garten ein Häuschen für den Drachen bauen. Da sagte ich: Nein, das gibts jetzt wirklich nicht, und dann setzten wir den großen Drachen in die Waschküche.«

Sehr interessiert hat es Ursula Hohler, »all die Leute kennenzulernen, denen ich sonst kaum begegnet wäre – all die Chansonniers zum Beispiel: Hannes Wader wurde ein früher Freund oder Wolf Biermann, auch wenn wir mit ihm manchmal Meinungsverschiedenheiten haben. Aber er ist wirklich ein großer Dichter. Da gibts viele schöne Freundschaften, zum Beispiel auch mit Joachim Rittmeyer und Gardi Hutter.«

Was Franz und sie vor allem verbinde, das sei eine ganz große Freude an der Sprache, das hat sich seit der ersten Begegnung nicht geändert. »Wir sind beide Sprachspieler und formulieren gerne und können uns endlos darüber unterhalten – zum Beispiel wie man einen Witz erzählen muss, damit er ankommt. Wir haben eine spezielle Art von Gesprächen, das gibt es fast jeden Tag zwischen uns. Das ist etwas sehr Schönes. Wenn man nicht spielen kann mit der Sprache, fehlt einfach etwas.«

Heute arbeitet Ursula Hohler weiterhin als Psychologin – »etwas weniger als ein halbes Pensum. Jetzt bin ich auch noch Großmutter geworden. Meine Enkelin, Kaspars Tochter, hüte ich einmal pro Woche und habe große Freude daran.« Und sie schreibt seit Langem ihre Träume auf. »Die von früher werfe ich weg, aber ich will sie zuerst nochmals lesen – damit bin ich jetzt beschäftigt. Das hat auch viel mit meiner Arbeit als Psychologin zu tun.«

1973 gibts viel Neues

7

Zum 30. Geburtstag schenkte Franz Hohler sich und dem Publikum einen neuen Kabarettisten und Schriftsteller: Er präsentierte sein neues Kabarettprogramm in einer neuen Form, er schrieb sein neues Buch in einem neuen Stil, er sang seine neuen Lieder in einer neuen Sprache, und er startete eine neue Karriere in einem neuen Medium. Das Jahr 1973 brachte mit dem Programm »Die Nachtübung«, dem Buch »Der Rand von Ostermundigen«, der Schallplatte »I glaub, jetz hock i ab« [»Ich glaube, jetzt setz ich mich«] und dem Start zur Fernsehsendung »Franz und René« einen Neustart für den bereits fast altbekannten Künstler.

Neues Kabarett

Franz Hohler, der Kabarettist, präsentierte »Die Nachtübung« nicht mehr als klassische Nummernfolge von Liedern und

Sketches, sondern er baute eine Rahmenhandlung – und wurde deutlicher in seinen Aussagen. Der Kabarettabend begann mit einer echt schweizerischen, seriösen Liste: Wer ins Theater kam, wurde am Eingang vom Protokollführer »Hohler, Franz« zuerst einmal auf einer uralten Schreibmaschine säuberlich registriert. In dieser »Nachtübung« wurde nämlich zu Übungszwecken eine Katastrophe supponiert, und da hatte Ordnung zu herrschen.

Übungsleiter Hohler schöpfte für die erste Hälfte des Programms aus eigenen Erfahrungen. Weil er zehn Jahre zuvor von der Armee wegen seiner Blutkrankheit für dienstuntauglich befunden worden war, hatte er Zivilschutz zu leisten (und Militärpflichtersatz zu bezahlen). »Ich hatte mich bei der Aushebung zur Sanität gemeldet, das war mein kleiner pazifistischer Schlenker. Den Dienst verweigert hätte ich damals nicht.« Im Zeugnis des Kinderspitals stand, dass die Ursache der Krankheit ungeklärt sei, »und man riet zum Beispiel zur Vorsicht beim Umgang mit Gewehrfett und anderen Stoffen, welche die Krankheit wieder auslösen könnten. So wurde ich dienstuntauglich und musste Zivilschutz leisten.«

Die Zivilschützer verbrachten den größten Teil des Dienstes untertage in Schutzräumen mit der Bewältigung von simulierten Katastrophen. All die Deutschschweizer Kleintheater jener Zeit, die in alten Kellern untergebracht waren, passten zu der Szenerie perfekt. Denn damals war allen ständig vom Kalten Krieg umgebenen Schweizerinnen und Schweizern völlig klar, was bei einer Katastrophe zu tun war: sofort ab in den (Luftschutz-)Keller!

Für jeden Spielort dachte sich Franz Hohler einen eigenen Schadenfall aus. In Basel, wo ich das Programm erlebte, berichtete er, eine Vitamin-C-Fabrik in Sisseln im Fricktal sei in die Luft geflogen, und jetzt sei eine Flutwelle rheinabwärts unterwegs nach Basel. Dass 13 Jahre später ein Großbrand in einer chemischen Fabrik weit näher an Basel fast zu einer Katastrophe führte, war nur eines der Beispiele, in denen Hohlers künstlerische Prognosen unversehens von der Realität eingeholt oder überholt wurden.

Auf diese Welle also hatte sich das Publikum vorzubereiten. Nach der Registrierung am Eingang vor der Vorstellung gab es zu deren Beginn erst einmal Appell, dann wurde man in Gruppen aufgeteilt. Da wurden »Freiwillige« für Wetterbeobachtung, für Verdunkelung, die Evakuierung der Jungvögel, die Sanität und andere nützliche Dinge eingeteilt. Dann tat man das, was man im Zivilschutz auch immer tat: Man wartete. Und erhielt ein paar Informationen für die Vorbereitungen aufs bevorstehende Ereignis. So wurde man mit einem Ernstfallkoffer vertraut gemacht. Und wartete weiter – allerdings war das Warten in Hohlers Keller doch weit vergnüglicher als in anderen Unterständen. Denn dieser erste Teil des Programms bot dem Kabarettisten viele Gelegenheiten, seine Nummern zu präsentieren und mit seiner großen Schlagfertigkeit auf das jeweilige Publikum einzugehen. Zum Zeitvertreib verfasste man gemeinsam eine Wegwerfgeschichte in Erwartung der Katastrophe.

Die kam im zweiten Teil. Franz Hohler schrieb im »Kabarettbuch« von 1987: »Am Schluss des ersten Teils, als feststand, dass die Katastrophe nochmals verschoben war, entließ ich das Publikum, lud aber diejenigen, die noch bleiben wollten, zu einem ungemütlichen zweiten Teil mit ein paar Liedern ein. (Meistens blieben alle.)«

Dieser zweite Teil hatte es in sich. Im Gegensatz zum »gemütlichen zweiten Teil«, wie er allen Anwesenden von Gemeinde- und Vereinsversammlungen im Anschluss an den offiziellen ersten Teil bekannt war, machte der Mann auf der Bühne jetzt erst richtig ernst. Das begann mit dem »Weltuntergang«, der apokalyptischen »Ballade mit Klopfzeichenbegleitung« über das Verschwinden eines unangenehmen dreckigen Käfers »auf einer ziemlich kleinen Insel im südlichen Pazifik«, das in einer langen Kettenreaktion zur weltweiten Katastrophe und Hohlers Schlusssatz führt:

> ich bin sicher
> der Weltuntergang, meine Damen und Herren
> hat
> schon
> begonnen.

»Strandgut«, das Lied über den Koffer, der »an der Küste irgendeines Meeres, wahrscheinlich im Norden« an den Strand gespült wird und sich nach seiner Öffnung in einem böseren Sinn als ein wahrer Ernstfallkoffer entpuppt, ist ebenfalls nicht viel vergnüglicher. Zum Glück durfte sich das Publikum ob all der wahren Katastrophenmeldungen im zweiten Teil des Abends wenigstens an Franz Hohlers Witz und Sprachkunst freuen, beispielsweise in den »Vorschriften für Alpträume«, die ganz ordentlich so begannen: »§1: Alpträumen ist prinzipiell nur der Zutritt zu gesunden und seelisch robusten Personen gestattet.«

»Wenn du den Geruch von Fäulnis spürst« und eine gesungene »Warnung« folgten: »Achtung! Rühren Sie sich nicht! Bleiben Sie stumm! Draußen geht ein armer Irrer um!« Mit dem wenig tröstlichen Ende: »Denn der Irre, der uns so schamlos bedroht – dieser arme Irre ist der Tod.« Franz Hohlers Texte rückten einem unangenehm nahe, was ihm denn auch in den folgenden Jahren immer wieder zum Vorwurf gemacht wurde: Man könne sich bei seinen Texten nicht einfach beruhigt zurücklehnen. Was auf viele ernst zu nehmende Satiriker zutrifft.

Zwei Lieder von seiner neuen Schallplatte »I glaub, jetz hock i ab« standen im »Schutzraum«-Programm für den neuen Mundartliedermacher Franz Hohler und gaben zwei Säulenheiligen der Liederkunst das Wort: dem Franzosen Boris

Vian mit seinem »Le déserteur« und Bob Dylan mit »With God on Our Side«. Hohler tat dasselbe wie in seinen anderen Interpretationen von Liedermacherkolleginnen und -kollegen: Er übersetzte nicht, sondern schweizerte dezidiert ein: Wo Dylan die Geschichte der USA kritisch rekapitulierte, setzte sich Hohler mit der schweizerischen auseinander – und der in beiden Ländern, genauso wie in vielen anderen Völkern, fest verankerten Überzeugung, man sei Gottes einziges auserwähltes Volk.

Am Schluss des Programms folgte noch eine Zugabe mit einer wunderbaren Hohler'schen Zuspitzung. Auf einem selbst gebastelten Cello, das nach der Aufschrift auf der zu einem quaderförmigen Celloresonanzkasten umfunktionierten Holzkiste »Tridux 782« hieß (auf der Kiste stand auch zu lesen: »Fragile – Pas renverser!«), sang er sein Lied mit dem Refrain »Das hab ich selber gemacht«: Wie stolz der Mann ist auf das selbst verbrannte Mahl, auf die selbst gebastelte Elektropfanne, auf all die Erfindungen und Kriege, welche die Menschen alle selber gemacht haben – genauso wie die Katastrophen, auf die man sich in Nachtübungen vorbereiten muss. Sein fragiles Cello hatte der Kabarettist im selbstironischen Schlussvers natürlich ebenfalls »selber gemacht«. »Tridux 782« existiert übrigens immer noch. »Das gebe ich nicht her«, sagt Hohler. »Ich spiele es aber nicht mehr, denn das habe ich nur für diese Nummer ›Selbergemacht‹ gebaut.«

Die Uraufführung der »Nachtübung« fand am 30. Oktober 1973 in Emil Steinbergers Kleintheater am Bundesplatz in Luzern statt. Dort war laut Übungsplan das Fürigen-Bähnli bei Stansstad in den Vierwaldstättersee gestürzt und ließ eine Springflut auf Luzern zurollen, im Zürcher Theater am Hechtplatz war es später ein explodierender Braukessel einer Brauerei am Zürichsee. Laut seinem »Kabarettbuch« spielte Hohler das Programm insgesamt 217-mal – nicht nur in der Deutschschweiz.

Auf mögliche Katastrophen musste sich auch das Publikum in deutschen Städten vorbereiten – in der »Tribüne« in Berlin wurde »Franz Hohler mit seiner ›Nachtübung‹ zum Mitspielen« angekündigt; es gab eine französischsprachige Fassung »Exercice de nuit« in Lova Golovtchiners Théâtre Boulimie in Lausanne, und auf einer USA-Tournee machte Hohler unter dem Titel »Night Drill« selbst das amerikanische Publikum mit den Besonderheiten der schweizerischen Zivilverteidigung vertraut.

Den großen Teil der Kritiker – und das Publikum sowieso – vermochte Hohler mit dem neuen Programm zu überzeugen. Eine nicht mehr zu identifizierende Luzerner Zeitung berichtete, nach kurzer Zeit »hatten die versammelten ›Einsatzgruppen‹ schon verschiedentlich Tränen gelacht. Denn Hohler gelang der kleine Schritt vom Feierlichen (lies Alltäglichen) zum Lächerlichen (lies Selbstkritischen) so trefflich, die kleine Akzentverschiebung war so maßgerecht, dass sich buchstäblich jedermann köstlich auf eigene Kosten unterhalten konnte. (...) Das Verblüffende an Hohler: Er holt die Dinge nicht weit her, er hält ein bisschen Umschau in den eigenen vier Wänden, seiner eigenen Welt.« Viele Rezensionen waren mit der Nacherzählung der Hohler'schen Übungsanlage und der Schilderung der originellen Formen so ausgelastet, dass nur wenig Platz für eine Wertung blieb.

Als 1976 das Programm vom Fernsehen aufgezeichnet wurde, tat dies nicht das Schweizer Fernsehen, sondern das Erste Deutsche mit einem Teil einer Vorstellung in Stuttgart – samt Hohlers Improvisationen und der mit dem Publikum geschriebenen Wegwerfgeschichte. Peter Zimmermann lobte die ARD dafür in der »Neuen Zürcher Zeitung« vom 5. August 1976: »Für die ganze Sendung erwiesen ihm die Fernsehleute den großen Gefallen, ohne falsche, weil unnötige Tricks und Künsteleien zu operieren.« Und er schrieb zum Programm: »Es wäre ein Trugschluss anzunehmen, Franz Hohler beabsichtige lediglich, sein Publikum mit einem Spaß zu unterhalten. In seinen Späßen steckt moralische Absicht: das ist beste Tradition im Schweizer Kabarett.«

Diese ARD-Ausstrahlung im Sommer 1976 hatte eine Vorgeschichte, wie Franz Hohler im »Kabarettbuch« schrieb: »Das Fernsehen ARD nahm eine 45-minütige Fassung davon auf, deren erste Ausstrahlung im Januar 1976 kurzfristig verschoben wurde, weil sie mit einer Springflutkatastrophe in Norddeutschland zusammenfiel.«

Die neuen Bücher

Franz Hohler, der Schriftsteller, legte 1973 nicht nur ein neues Buch vor, sondern auch eine für ihn neue Art des Erzählens. Der Band »Der Rand von Ostermundigen« enthielt Geschichten, die nach den Skurrilitäten von »Das verlorene Gähnen« und den präzise beobachteten, intelligent kommentierenden Ortsbeschreibungen von »Idyllen« eine weitere Dimension hinzufügten: Elf Erzählungen, in denen scheinbar banale Ereignisse unversehens beunruhigende bis beängstigende Wendungen nehmen konnten. Es ist ja nichts Schlimmes, wenn am Telefon immer der Satz »Das ist der Rand von Ostermundigen« zu hören ist. Aber nicht zu wissen, warum das so ist, das ist schon eher beklemmend. Als man 16 Jahre später fast per Zufall erfuhr, dass in der Schweiz 900 000 Leute und jede Menge Telefonleitungen überwacht worden waren, wuchs das Unbehagen nochmals deutlich, und Franz Hohlers fantastisch fantasierte Geschichte erhielt eine neue Dimension. Hohler mag den Ort zufällig gewählt haben, aber der westliche Rand von Ostermundigen liegt nur wenige hundert Meter von der Berner Military City mit Kaserne und vielen Ämtern des damaligen »Eidgenössischen Militärdepartements« EMD entfernt, das heute etwas ziviler »Eidgenössisches Departement für Verteidigung, Bevölkerungsschutz und Sport« VBS heißt.

Das Neue dieser Hohler-Geschichten war das leicht Unheimliche, das plötzlich allgegenwärtig wurde. Das schwer fassbare Unbehagen aus der Titelgeschichte steigerte sich in einigen der Erzählungen fast zur Panik, wenn man sich die geschilderten Situationen ernsthaft vorstellte: In »Das Dach« kommen nacheinander drei Dachdecker von einer Reparatur nicht zurück und erleben auf dem Dach oben Unvorstellbares, Unheimliches, eine ganz und gar fantastische Dachlandschaft im doppelten Wortsinn. In »Das Haustier« stellt der Ich-Erzähler fest, dass das pelzige Wesen, das er in einem Käfig aus der Zoohandlung nach Hause trägt, eigentlich ein veritabler Teufel ist. Und in »Der Stich« erlebt ein Asienreisender zu seinem Entsetzen, dass der Stich *»von einem ihm unbekannten Insekt in den rechten Unterarm«* derart schrecklich wächst, bis *»er sich damit am Kinn kratzen konnte, ohne die Hand zu heben«*. Die Haut wird so transparent, dass er in seinem Arm einen Haufen winziger Leute mit Protesttransparenten herummarschieren sieht. Hohler wurde zum Meister der fesselnden Geschichten, die ganz unversehens aus dem banalen Alltag ins völlig Surreale kippen können und ganz neue Denkprozesse in Gang setzen.

Hohlers Schriftstellerkollege Hermann Burger schrieb in einer Rezension unter dem Titel »Wegwerfgeschichten zum Aufbewahren« über die oft beängstigenden Wendungen in Hohlers Geschichten: »Unheimlich, dass sich so verschiedene Perspektiven im selben Satz vertragen. Doch die Geschichten werden nicht von einer fatalen Zwangsläufigkeit beherrscht, im Gegenteil: Sie entstehen aus der – künstlich? – naiven Frage des Autors: Was wäre, zum Beispiel, wenn …? Er verfügt über eine unwahrscheinliche Leichtigkeit im Fingieren komischer Ausgangssituationen.«

Werner Weber, damals Feuilleton-Chef der »Neuen Zürcher Zeitung«, fand »beunruhigende Lachgeschichten. Nimmt man sie nur leichthin, dann nimmt man sie zu leicht. Nimmt man sie nur als schwerwiegend, dann nimmt man sie zu schwer. Es sind Geschichten – um die eine verschwiegene Geschichte herumgeschrieben, wo man ›persönlich gemeint‹ ist. Über diese nachzusinnen, regen sie einen an.« Franz Hohler hatte sein künstlerisches Credo, »etwas Schweres leicht zu sagen«, erfolgreich in die Schrift umgesetzt. Im »Tages-Anzeiger« meinte Antonio Orlando: »Die meisten Geschichten beginnen im Einfachen, Wirklichen oder zumindest Möglichen. Mit aberwitziger Folgerichtigkeit, hirnwütiger Hartnäckigkeit werden sie zunehmend bis zum Unfassbaren hochgetrieben. Sie gehorchen dabei einer surrealen Motorik, wie sie im allgemeinen der Groteske eignet.« Und Martin Gregor-Dellin fand in der »Zeit« ein schönes Berglerbild für die Erzählungen des Berggängers Franz Hohler: »Die Überraschung liegt in der Erfindung selbst, in ihrem ordnungsgefährdenden Kleinmärchen-Charakter. (...) Es sind rollende Lawinen, deren Bestandteile so leicht wiegen wie Schnee.« Vielleicht war dieser ordnungsgefährdende Charakter von Franz Hohlers Werken – neben den immer politischer werdenden Themen – ein wichtiger Grund für die heftige bis blindwütige Kritik, die ihm in den kommenden Jahren aus den rechtsbürgerlichen Kreisen entgegenschlug.

Ein besonderes Kompliment erhielt Franz Hohler von einem der deutschen Literaturpäpste. Für seine 1986 bei dtv erschienene Anthologie »Deutsche Erzählungen des 20. Jahrhunderts« nahm Marcel Reich-Ranicki im fünften Band »Verteidigung der Zukunft: deutsche Geschichten 1960–1980« auch Franz Hohlers »Das Haustier« auf.

Franz Hohler, der Schriftsteller, veröffentlichte in diesem fruchtbaren 1973 noch ein weiteres Buch, in dem er eine Fortsetzung seiner journalistischen Tätigkeit aus den

Jugendjahren dokumentierte. Er hatte fünf Liedermacher-, Schriftsteller- und Dichterkollegen für Radioporträts interviewt, und der Zytglogge Verlag veröffentlichte Transkriptionen dieser Gespräche in seiner »Zytglogge Test«-Reihe. Die »Fragen an andere« gingen an die beiden deutschen Liedermacher Wolf Biermann (damals DDR) und Hannes Wader, die beiden österreichischen Dichter und Schriftsteller Peter Handke und Ernst Jandl sowie an den Schweizer Liedermacher Mani Matter.

Interviewer Hohler überraschte seine Gesprächspartner mit ungewöhnlichen Fragen – nach der Familie, nach dem eigenen Aussehen, ob sie gute Schüler gewesen seien. Und von allen wollte er wissen, was ihre früheste Kindheitserinnerung sei. Die teilweise sehr persönlichen Fragen und das sanfte, aber hartnäckige Nachhaken des Interviewers sorgten für eine sehr informative, abwechslungsreiche Lektüre. So antwortete etwa Wolf Biermann auf Hohlers Frage »Können Sie schwimmen?« mit einem Lachen: »Damit ich mit Mao Zedong über den Yangtsekiang schwimmen kann? Ich kann sehr gut schwimmen, ich bin Rettungsschwimmer.«

Beim schweizerischen Publikum sorgte die Tatsache, dass durch Mani Matters frühen Tod 1972 mit 36 Jahren dieses Gespräch zu einem seiner ausführlichsten und ergiebigsten wurde, für besonderes Interesse. 2010 gab es der Zytglogge Verlag auch noch in der originalen akustischen Form als CD »Fragen an Mani Matter« heraus, nachdem Teile davon schon in zwei Matter-Gedenksendungen des Schweizer Radios und in Friedrich Kappelers Dokumentarfilm »Mani Matter – Warum syt dir so truurig?« [»Mani Matter – Warum seid ihr so traurig?«] wiedergegeben worden waren.

Das neue Publikum und die neuen Lieder

Franz Hohler, der Geschichtenerfinder für Kinder, startete 1973 ein Neuprojekt, das ihn bald in die meisten Deutschschweizer Wohnstuben brachte. Das Schweizer Fernsehen lancierte die Sendung »Franz und René« im Rahmen der Kindersendung »Das Spielhaus«, die Kinder wie Eltern begeisterte und zur Legende wurde. Franz' Begrüßung »I bi der Franz, und das isch der René. Dä seit nüt« und die Antwort seines Kollegen, des Westschweizer Pantomimen René Quellet, »I säge nüt« wurden zu geflügelten Worten. Mit minimalstem fernsehtechnischen Aufwand wurde ein Maximum an Ideen ins Bild gesetzt. Im Kapitel über »Franz Hohler für die Kinder« ist dazu mehr zu erfahren.

Der Titel der Sendung tauchte kürzlich in einer anderen Branche überraschend wieder auf: Eine Schweizer Werbeagentur mit Sitz in Bern und Fribourg gab sich den Namen »Franz & René« – um klarzumachen, dass man über den Röstigraben hinweg zusammenarbeiten will. Es gibt in der Agentur weder einen Franz noch einen René, aber in manchen kreativen Köpfen offenbar gute Erinnerungen an die deutsch- und welschschweizerische Zusammenarbeit von Franz Hohler und René Quellet.

Franz Hohler, der Liedermacher, der bis zu dieser Zeit mit Ausnahme des »Lied vom Chäs« auf der Bühne ausschließlich Hochdeutsch gesungen hatte, spielte 1973 mit »I glaub, jetz hock i ab« gleich eine ganze Schallplatte mit Mundartliedern ein. Den Wechsel in seine im Alltag gesprochene Sprache vollzog er, indem er noch weiter ins Ausland schaute und Lieder von berühmten oder weniger bekannten Kollegen nicht einfach übersetzte, sondern auf die Schweiz umdichtete.

Er setzte einen deutlichen Schwerpunkt bei den Angelsachsen mit je zwei Titeln von Bob Dylan (»Blowin' in the

Wind«, »With God on Our Side«) und Lennon/McCartney (»When I'm Sixty-Four«, »Nowhere Man«) sowie je einem der US-Songwriter Woody Guthrie, Fats Waller, Frank Zappa und Tucker Zimmerman. Und er hörte sich beim Argentinier Atahualpa Yupanqui und beim Russen Bulat Okudschawa um. Vom Franzosen Boris Vian übernahm Hohler das bereits erwähnte »Le déserteur« als »Dienschtverweigerer«. Und mit leisem Ohren- und Augenzwinkern wurde das Hochdeutsche von Wolf Biermann zur Fremdsprache für Schweizer Ohren erklärt – auch wenn Franz Hohler es sonst selbst verwendete. Biermanns »Kunststück« wurde zu »Gäll he« umgedichtet.

Die fremden Lieder, von denen einige dem Publikum in den Originalversionen wohlvertraut in den Ohren klangen, verlangten auch musikalisch nach Anpassungen. So holte sich Hohler den Liedermacherkollegen Toni Vescoli als Gitarristen für die damalige US-Folk- und weltweite Straßenmusikhymne »Blowin' in the Wind« ins Studio, die bei ihm »Der einzig, wo das weis« heißt. Und im Titelsong nach Fats Wallers »I'm Gonna Sit Right Down and Write Myself a Letter« wurde er von der Basler Dixielandband »P. S. Corporation« um den Banjospieler und Gitarristen Peter Schmidli (P. S.) unterstützt – eine damals junge Formation, die ihr Spektrum immer wieder erweiterte, etwa durch witzige gemeinsame Projekte mit den »Engadiner Ländlerfründä«.

Ganz auf Mundart stellte der Liedermacher Hohler nicht um: Im »Ungemütlichen zweiten Teil« der im gleichen Jahr uraufgeführten »Nachtübung« jedenfalls wurden die vielen beunruhigenden Lieder weiterhin auf Hochdeutsch gesungen. Das ständig wachsende Repertoire an Liedern in beiden Sprachen entwickelte sich in den 1970er-Jahren für Franz Hohler zum unerschöpflichen Reservoir für Auftritte an den verschiedensten Orten: auf Bühnen, in Schulen, an Festivals, auf Kulturpodien und zunehmend auch an politischen Veranstaltungen.

Die Siebzigerjahre

8

In den 1970er-Jahren war Franz Hohler vor dem »Neustart« von 1973 vor allem mit den »Doppelgriffen« unterwegs. Sein stetig wachsendes Repertoire an Nummern und Liedern erlaubte es ihm, seine Auftritte je nach Ort und Publikum zu variieren. Zahlreich waren auch die Auftritte in Schulen, wo er gemeinsam mit den Schülerinnen und Schülern neue Wegwerf- und andere Geschichten schrieb.

Er kümmerte sich auch immer darum, was andere Leute in der Kleinkunstszene taten, und war als Ratgeber, Coach, Helfer und Freund eine wichtige Figur. Die berühmteste Zusammenarbeit war wohl jene mit einem Kollegen, der zwar schon weit länger als Kabarettist aufgetreten war als Hohler, der aber erst durch die Zusammenarbeit mit diesem zum absoluten Phänomen wurde. Der Luzerner Emil Steinberger, mit Jahrgang 1933 zehn Jahre älter als Franz Hohler, hatte bis zum Alter von 27 Jahren als Postbeamter gearbeitet, sich dann an der Schule für Gestaltung in Luzern zum

Grafiker ausbilden lassen und führte sein eigenes Werbeatelier. 1967 gründete er zusammen mit seiner damaligen Frau Maya das Kleintheater am Bundesplatz und leitete das Haus bis 1977, als er definitiv und vollamtlich aus dem Büro auf die Bühne wechselte.

Schon in den 1950er- und 1960er-Jahren hatte Steinberger in Luzerner Ensembles wie dem »Cabaret Güggürüggü« und dem »Cabaradiesli« mitgespielt. Auch als Solist war er in der Zentralschweiz bekannt: Ab 1964 trat er mit den Programmen »Emil und die 40 Räuber«, »Onkel Emils Hütte« und »Emil's Neid-Club« auf, meist getextet vom Lehrer Armin Beeler. Sein viertes Solo »Dampf abloh« spielte er bereits im eigenen Theater.

1970 wurde für Steinberger zum Jahr der Wende. In »Geschichten, die das Leben schrieb« interpretierte er zum ersten Mal seine eigenen Texte und erfand die unverwechselbare Figur des »Emil«. Der neue Kollege Franz Hohler fungierte bei der Erarbeitung des Programms als eine Art Sparringpartner. Emil Steinberger schilderte 1972 diese Zusammenarbeit während der Proben so: »Ich stehe auf der Bühne und versuche das gestellte Thema darzustellen, während Franz im Zuschauerraum sitzt und auf gute Einfälle ›sympathisch‹ reagiert. Oder er spielt meinen Partner auf der Bühne. Dann ist ein Tonbandgerät der Zuhörer, das uns anschließend über unsere Einfälle genauestens orientiert. Auf dem Papier stehen am Ende nur Ablaufnotizen und wichtige Aussagen oder Gags, die ich auf keinen Fall beim Spielen auslassen darf.«

Der durchschlagende Erfolg dieser Methode war in der Folge auf immer größeren Bühnen in der Schweiz und in Deutschland zu sehen. Emil wurde zum bekanntesten Kabarettisten weit und breit. Franz Hohler arbeitete für das zweite Programm »E wie Emil« 1972 noch einmal mit ihm zusammen und war auch 1974 beim Fernsehfilm »Emil auf der

Post« für den Süddeutschen Rundfunk Stuttgart als Ko-Autor und Regisseur mit dabei.

Auch im Theater des neuen Kabarettstars tat sich viel. Legendär waren die Silvesterabende auf der Luzerner Bühne, an denen Emil und seine Kollegen, die sonst vorwiegend allein unterwegs waren, für einen Abend gemeinsam eine Aufführung bestritten. Dabei wurde auch viel improvisiert. »Am Silvesterprogramm 1971 nahmen teil: Emil, Mani Matter, Dimitri, Kaspar Fischer, Peter W. Loosli, Franz Hohler«, schrieb der Letztere 1977 in seinem Buch über Mani Matter. Da wurde lustvoll und ideenreich gespielt, dass nicht nur das Publikum, sondern auch die sechs auf der Bühne ihre helle Freude hatten. »Für üs isch dä Silväschter jedesmol fasch en Therapie gsi« [»Für uns war jeweils der Silvester beinahe eine Therapie«], sagte Emil später in einem Radiointerview.

Zum Schluss griffen alle zur Gitarre: Zuerst standen die beiden erfahrenen Gitarristen Mani Matter und Dimitri auf der Bühne, und Dimitri begann mit dem Tessiner Volkslied »Aveva gli occhi neri«. Mani Matter stieg ein mit »E ganze Cheib voll roti, suuri Beeri« [»Eine ganze Menge von roten, sauren Beeren«]. Die beiden gelegentlichen Gitarristen Kaspar Fischer und Franz Hohler kamen als Nächste dazu, und zuletzt traten Emil und Peter W. Loosli auf, die eigens für diesen Abend zwei Griffe gelernt hatten, und mit den Versen »Wie wär s, wenn s Programm jetze fertig weeri, / Damit sich jetz der Saal au ändlech leeri, / Ich glaub, jetz hämmer scho die nötig Schweeri, / Jetz gömmer alli hei und denn i d Feeri« verabschiedete sich das Sixpack [»Wie wäre es, wenn das Programm nun fertig wäre, / Damit sich jetzt der Saal endlich leeren könnte, / Ich glaube, jetzt haben wir die nötige Schwere erreicht, / Jetzt gehen wir alle nach Hause und dann in die Ferien«].

Emil Steinberger war nicht der einzige Kollege, dem Franz Hohler mit Rat und Tat zur Seite stand. Joachim Rittmeyer erinnert sich, wie er Hohler zum ersten Mal erlebte – bei einer Aufführung der »Sparharfe« am Seminar in Rorschach, wo Rittmeyer zum Lehrer ausgebildet wurde. »Am nächsten Tag durften wir ihn im Hotel Schwanen in St. Gallen besuchen, wo er während des Gastspiels im Kellertheater mit seiner Frau Ursula wohnte.« Rittmeyer spielte damals am Seminar in einer Theatergruppe, und er und seine Kollegen hatten Fragen an Hohler, der sich auch ernsthaft damit auseinandersetzte und für Joachim Rittmeyer zu einem wichtigen Vorbild, Ratgeber und Freund wurde: »Seine Formen auf der Bühne interessierten mich sehr: dass er einfach das spielte, was er selbst schrieb, ohne dazwischengeschaltete Schauspieler, dass er seine eigenen Texte sang und sich selbst auf seinen Instrumenten begleitete. Diese Personalunion auf der Bühne faszinierte mich. Ich suchte nach ähnlichen Formen, weil ich ähnliche Begabungen hatte, die ich unter ein Dach bringen wollte. Und die Transparenz, dass das Private öffentlich wurde, sprach mich ebenfalls an.« Rittmeyer erlebte Franz Hohler so, wie dieser einst die Begegnungen mit Hanns Dieter Hüsch empfunden hatte: als erfahrenen Freund und Kollegen, der zeigt, dass man auch ganz anderes machen kann, als es der gerade aktuelle Trend vorgibt.

Hohler tat noch einiges mehr für Kollegen – weit mehr, als man hier aufzählen könnte. Zwei Beispiele seien noch genannt: zum einen die Hilfe für César Keiser, der 1976 zum 60. Geburtstag des legendären »Cabaret Voltaire«, des Geburtsorts des Dadaismus in der Zürcher Altstadt, eine Ausstellung über Cabaret in der Schweiz organisierte. Hohler half mit bei der Organisation und der Korrespondenz, etwa mit den Altmeistern Alfred Rasser, Arnold Kübler und dem legendären Westschweizer Jean Villard alias Gilles.

Und er leistete einen ganz besonderen Beitrag für die Schweizer Kleinkunstgeschichte: Er veröffentlichte 1977, fünf

Jahre nach Mani Matters Tod, ein Buch über seinen verstorbenen Freund und Kollegen, mit der Vorbemerkung: »Wenn man sagt, jemand sei aus unserer Mitte gerissen worden, dann enthält der Ausdruck die Vorstellung, dass man um diesen Menschen herumgestanden ist, und das ist auch die Optik des vorliegenden Buches. Es ist kein Porträt aus einer einzigen Einstellung heraus, sondern ich habe verschiedene Leute gebeten, sich aus ihrem Winkel und aus ihrer Distanz zu Mani Matter zu äußern, und ich hoffe, dass so für den Leser mehr Möglichkeit bleibt, sich seinen eigenen Winkel und seine eigene Distanz zu Mani Matter zu suchen. Im übrigen ist das Ganze immer noch ein Versuch, die Nachricht vom 24. November 1972 zu glauben.« Das Buch vermittelte ein vielseitiges und einfühlsames Bild des Privatmanns, Liedermachers und Juristen Hans Peter Matter alias Mani. Jedes der teils sehr kurzen Kapitel über jeweils eine der vielen Facetten Matters trug als Titel ein Minizitat aus einem von dessen Chansons. 1992 brachte Hohler eine überarbeitete, verbesserte Fassung des Buches heraus, die 2001 noch einmal neu aufgelegt wurde und heute vergriffen ist.

Der Liedermacher und der Liederhörer

Die 1970er-Jahre sahen und hörten – nicht zuletzt dank dem überragenden Vorbild Mani Matter – den Boom der Mundartliedermacher. Franz Hohler war mittendrin. Außer mit der »Nachtübung«, für die er im In- und Ausland begeisterte Übungsteilnehmer fand, war er oft als Liedermacher zu hören. Da gab es mittlerweile neben den Kleintheatern, den Kulturpodien und den Schulen weitere Auftrittsmöglichkeiten, etwa die Folkfestivals, die in den 1970er-Jahren an zahlreichen Orten in der Schweiz organisiert wurden. Der »Leuchtturm« dieser Festivals war jenes auf Schloss Lenzburg, das die Folkclubs von Bern und Zürich seit 1972 organisierten. Dort liefen neben den vielen Konzerten in- und ausländischer Musikerinnen und Musiker auch Workshops, in denen Musik nicht nur gespielt, sondern auch diskutiert wurde. So gab Franz Hohler neben seinen Auftritten einmal einen Workshop zum Thema Liederübersetzungen, in dem er einige seiner Übersetzer-Berufsgeheimnisse preisgab. Mit seinen Musikinstrumenten, die bei Mundartliedern selten zu hören waren, passte er gut in die Folkszene – und mit den Übersetzungen von Ikonen dieser Bewegung wie Bob Dylan, Woody Guthrie oder Atahualpa Yupanqui erst recht. 1969 war er auch schon am legendären Waldeck-Festival in Deutschland aufgetreten, wo sich in den 1960er-Jahren Chansonniers, Songwriters und Liedermacher aus vielen Ländern trafen.

Einen großen Nachteil hatte das Festival auf der Lenzburg: Das Schloss war viel zu klein für die vielen Leute, die zuhören wollten. So wurde 1977 ein zweites Festival auf dem Gurten, dem Berner Hausberg, ins Leben gerufen, das jeweils eine Woche nach dem Lenzburg-Festival stattfand und Platz für mehrere Tausend Folkfans bot. Als das Festival auf der Lenzburg 1980 zum letzten Mal über die Bühnen im Schloss ging, lebte der Gurten weiter und findet, in stark veränderter musikalischer und organisatorischer Form, bis heute statt.

1974 rief eine Gruppe von Liederbegeisterten um den Buchhändler Max-Jürg Glanzmann und den Lehrer und Liedermacher Ruedi Stuber das Chansontreffen Solothurn ins Leben – vom Zürcher Sonderschullehrer, Buchautor und Liedermacher Jürg Jegge, der dort einst entdeckt worden war, einmal als »Grümpelturnier der Liedermacher« bezeichnet. Auch dort war der Fast-Einheimische Franz Hohler zu hören, und mit seinem Cello setzte er einen willkommenen Kontrapunkt zur alles überrollenden Gitarrenflut seiner vielen Kollegen und leider nur wenigen Kolleginnen.

Als Max-Jürg Glanzmann 1976 unter dem Titel »Mys nächschte Lied – 20 Jahre Schweizer Chanson« eine kleine Anthologie der damaligen Liedermacherszene publizierte, schrieb Franz Hohler das Vorwort dazu und stellte darin den Untertitel »20 Jahre Schweizer Chanson« infrage, indem er auf die Vorläufer wie Hans Roelli und Hanns in der Gand verwies. Und er ergänzte zu den im Buch vertretenen Deutschschweizer Liedermachern, »dass es auch einige sehr erwähnenswerte Welschschweizer Chansonniers gibt, auch sie mit Vorläufern übrigens – Tessiner und Rätoromanen kenne ich keine, was nicht besagt, dass es sie nicht gibt.« Weiter hielt er fest, es sei für ihn auffällig, »dass ein solches Buch, wäre es vor zehn Jahren erschienen, nicht ›Schweizer Chanson‹ hätte heißen können, sondern lediglich ›Berner Chanson‹. Es hat etwas Beruhigendes, dass das Chanson in der Schweiz inzwischen nicht mehr jene rätselhafte nurbernische Angelegenheit ist, die es zu Beginn war, weil seine markantesten Vertreter durch irgendeinen Zufall Berner waren (und ich halte es für einen Zufall, je mehr Erklärungen mir dazu einfallen). Es ist erfreulich, dass vom Bündnerischen bis zum Baseldeutschen, vom Zürichdeutschen bis zum Mittellandmischmasch so viele sprachliche Farben vertreten sind; das zeigt, dass unter den Dialekten wieder eine Art Chancengleichheit eingetreten ist, dadurch, dass genügend Leute die Chance wahrgenommen haben, sie zu benutzen.«

Das Solothurner Chansontreffen mit den langen Reihen von Liedermacher-Darbietungen dürfte eine Inspiration für eine Kurzgeschichte gewesen sein, die Hohler 1979 in »Ein eigenartiger Tag« veröffentlichte: In der Geschichte »Der Liederhörer« wird von Ulli Linnenbrink aus Kreuzberg berichtet, der in jener Zeit, als es so viele Liedermacher gab, »dass niemand mehr übrigblieb, um die Lieder zu hören«, sich einen Namen machte, weil er besonders gut Lieder hören konnte. Worauf sich die Liedermacher in die Säle drängten, wo Ulli Linnenbrink auf der Bühne Lieder hörte.

1974 brachte Franz Hohler seine sechste Schallplatte heraus: »Ungemütlicher 2. Teil« hieß sie ganz programmatisch, denn sie enthielt die Lieder aus dem gleichnamigen zweiten Teil der »Nachtübung« vom »Weltuntergang« bis zu »Selbergemacht«, dazu »Der Besuch in der Hölle« aus »Doppelgriffe« und »Nichts« aus »Die Sparharfe«. Diesmal übernahm er die Begleitung wieder ganz allein, auf Congatrommel und Kesselpauke, auf geerbtem und auf selber gemachtem Cello, auf Kontrabass, Sitar und Streichpsalter – und er sang wieder ausschließlich auf Hochdeutsch.

Dies war seine letzte Schallplatte für CBS, denn sein Produzent August P. Villiger verließ die Firma, und 1977 nahm Hohler seine nächste Scheibe für Villigers neues Label »Image« auf, live im Theater im Burgbachkeller in Zug, Villigers Heimatstadt. »Iss dys Gmües« [»Iss dein Gemüse«] hieß die Platte, nach Hohlers Übersetzung von Frank Zappas Song »Mr. Green Genes«, die den Auftakt zu einem Programm machte, das wieder ganz im Dialekt daherkam – mit Übersetzungen ebenso wie eigenen Liedern. Da war zum Beispiel die unfeierliche Hymne an seine Heimatstadt Olten mit ihren stillen Attraktionen und besonderen Charakterköpfen und »S Lied vom Chäs« [»Das Lied vom Käse«] mit Hackbrett-Begleitung. Auf der selbst gebastelten »Notfallgeige« aus der »Nachtübung« interpretierte er das Lied von den »Bsitzverhältniss«, die Auflistung der Besitzverhältnisse in der Schweizer Wirtschaft, die heute anzuhören beinahe nostalgisch klingt. Die Liste der verschiedenen Besitzernamen in der Medienszene beispielsweise ist mittlerweile doch sehr viel kürzer geworden. Wie schnell das gehen kann, war schon auf der Schallplattenhülle zu sehen, wo Hohler schrieb: »Aufmerksame Zuhörer werden feststellen, dass das Warenhaus Jelmoli inzwischen bereits nicht mehr der Kreditanstalt gehört (Sondern? He?) und werden daraus den Schluss ziehen, dass auch Besitzverhältnisse, und gerade sie, veränderbar sind.«

Den Abschluss des Hohler-Schallplatten-Trios aus den 1970er-Jahren machte wieder das Hochdeutsche: Der Hessische Rundfunk bot ihm »mit seinen alljährlich wiederkehrenden Wilhelmsbader Produktionen im Comödienhaus (sozusagen dem ältesten Kleintheater Europas) eine ideale Gelegenheit, nochmals diejenigen Nummern meines hochdeutschen Repertoires aufzunehmen, die mich jahrelang begleiteten« – eine Auswahl aus den Programmen »Sparharfe«, »Doppelgriffe« und »Nachtübung«, aus Wegwerfgeschichten und dazu die »Idyllen« Österreich und Solothurn. Die Platte trug den Titel »Vom Mann, der durch die Wüste ging« und erschien 1979.

Die neuen Erzählungen

Geschrieben wurde natürlich ebenfalls in den 1970er-Jahren. Die zweite gedruckte Hohler-Publikation des Jahrzehnts nach dem »Rand von Ostermundigen« allerdings hatte er nicht für den Druck, sondern ein paar Jahre zuvor für die Bühne verfasst: Einige »Wegwerfgeschichten«, wie er sie im Programm »Doppelgriffe« ins Publikum geschmissen hatte, wurden jetzt auf den Buchmarkt geworfen. Hugo Ramseyer hat es im Kapitel über Hohlers erste Bücher erwähnt: Weil der Luchterhand Verlag kein Interesse hatte, gab der Zytglogge Verlag die »Wegwerfgeschichten« heraus. So wurden sie entgegen dem Urzweck nicht weggeschmissen, sondern festgehalten und auf losen Blättern in einen Kartonschuber gepackt. Zuerst kamen zwei Dutzend in aller Ruhe verfasste Erzählungen auf grünem Papier. Anschließend folgten sieben improvisierte Geschichten auf rotem Papier, die so entstanden waren: »Ich saß während der Samstagmittagssendung des Schweizer Radios im Studio Zürich und hatte ein Telefon und eine Schreibmaschine vor mir. Nun wurde die Telefonnummer bekanntgegeben, und man konnte mich anrufen und mir ein Thema für eine Geschichte stellen. Ich nahm die ersten drei Anrufe entgegen und wählte eines dieser Themen aus, über welches ich dann in der nächsten halben Stunde eine Geschichte schrieb und anschließend gleich vorlas.«

Dann kamen im Schuber acht mit dem Publikum geschriebene Erzählungen auf gelbem Papier nach dem Motto: »Solche Geschichten kann jeder schreiben. Jeder Mensch besitzt Fantasie, nur braucht sie nicht jeder. Um die Leute dazu zu bringen, ihre Fantasie zu brauchen, lasse ich jeweils, wenn ich mit meinem Bühnenprogramm auftrete, vom Publikum eine Geschichte erzählen, also so, dass jemand einen ersten Satz sagt, jemand anders einen zweiten, meistens folgen dann Ergänzungen, Einwürfe usw. Ich schreibe die Geschichte während ihrer Entstehung auf und teile sie am Schluss vervielfältigt aus.« Dann folgten sechs Geschichten von Erwachsenen aus »Nachtübungen« im Winter 1973/ 1974 in Luzern, St. Gallen, Zürich, Bern, Mainz und Verscio sowie zwei von Kindergruppen in St. Gerold in Vorarlberg und in Wohlen AG. Zum Schluss fand sich im »Wegwerfgeschichten«-Schuber ein weißes Blatt mit dem Hinweis »Solche Geschichten kann jeder schreiben«, gefolgt von sechs leeren Blättern, auf denen sich diese Feststellung in die Tat umsetzen ließ.

Auf den grünen Blättern hatte Franz Hohler auch seine wohl kürzeste Geschichte notiert:

Der große Zwerg
Es war einmal ein Zwerg, der war 1,89 m groß.

Ganz zufällig ist das Franz Hohlers Körpergröße. Der noch kürzere Spezialfall, in dem der Titel deutlich länger war als der Text, war eigentlich gar keine Geschichte mehr:

Die Lieblingsbemerkung des Senators
Aha.

Unter den eingeschuberten Hohler-Geschichten waren auch ein paar, die seither irgendwo in seinem Werk wiederaufgetaucht sind, wie etwa »Der tragische Tausendfüßler«, »Ektisch«, »Der Pressluftbohrer und das Ei« oder »Der Granitblock im Kino«. »Ce n'est que le provisoire qui dure«, sagt man weiter im Westen, und nichts bleibt offenbar länger bei uns als eine Wegwerfgeschichte. Denn sie sind die zweitälteste gedruckte Hohler-Publikation, die nicht vergriffen ist. Nur »Der Rand von Ostermundigen« hat noch länger für den Verkauf überlebt.

So kurz wie die superkurze Lieblingsbemerkung des Senators war ein Jahr später der Titel des nächsten Hohler-Buchs. »Wo?« wurde im Buchtitel gefragt, und darauf gab es zwanzig Antworten aus der nächsten Nähe des Erzählers. Sein scharfer Blick zielte auf alltägliche Situationen, und in einigen Texten stellte er dem öffentlichen Leben das private so gegenüber, dass sich überraschende Bezüge ergaben. Beispielsweise schilderte er eine Bundesratswahl, die er am Fernsehen verfolgte, während er sich gleichzeitig um das Familienleben und den Handwerker bei sich zu Hause kümmern musste. Die sogenannte große Politik mit den kleinen Alltagssorgen gemischt – die Gewichte verschoben sich, und was wirklich wichtig war, blieb unklar. »An der Demonstration« führt Hohler zu einer Anti-AKW-Demo aufs Baugelände nach Kaiseraugst, wo der Beobachter zwischendurch auch zum auftretenden Akteur wurde. Geschichten wie »An der Bundesfeier«, »Auf dem Schlachtfeld«, »In Amerika« zeigten den Schriftsteller als präzise rapportierenden Reporter. Mit dem Text »In vollen Zügen« nahm er dann ein oft gebrauchtes Sprachbild unter die Lupe: »*In vollen Zügen kann ich nie etwas genießen. Ich sitze dann eingepresst zwischen den auch eingepressten Nachbarn und leide weniger darunter, dass ich mich nicht rühren kann, als dass ich mich nicht rühren könnte, wenn ich mich rühren wollte.*«

Hohlers Schriftstellerkollege Martin Roda Becher schrieb in den »Basler Nachrichten« am 17. Mai 1976 nach einer Hohler-Lesung in Basel: »Hohler schildert Schauplätze, Ereignisse aus der Sicht eines Zeitgenossen ohne ideologische Scheuklappen, der das Zuschauen, das Beobachten nicht verlernt hat. Seine Antwort auf die Frage ›Wo?‹ lautet: ›Dort‹, nämlich im Detail, wo der Teufel steckt. (...) Stets wird Distanz gewahrt, auf Analyse verzichtet: die Wirklichkeit soll sich selbst entlarven. Der Autor verharrt dabei in abwartender Haltung, gibt Satz für Satz einer kargen, disziplinierten, unsinnlichen Sprache preis und freut sich an den kleinen Funken, die entstehen, wenn zwei offensichtlich wenig zusammenpassende Sätze zu einer Sequenz montiert werden. (...) Hohler ist also ein hinterlistiger Autor, der aus der Beobachtung trivialster Vorgänge, scheinbar nebensächlichster Requisiten das Typische am Allgemeinen herausfiltert.« Charles Cornu, Feuilletonchef des Berner »Bund«, beobachtete den Beobachter so: »Hohler spürt nicht den großen Tragödien und nicht den starken Gefühlen nach in diesen kleinen Prosastücken, sondern eher einem leisen, noch unartikulierten Missbehagen, den sonst überhörten Tönen, den mahnenden Trübungen, den zweiflerischen Nüancen. (...) Hohler öffnet mit seiner bedachtsamen Prosa einen Zugang zu den kleinen Dramen – Trauerspielen und Komödien – in der kleinen Welt unseres Alltags. Er tut das selbständig im wahren Wortsinn eigenartig, in einem ebenso persönlichen wie unaufdringlichen Stil, dabei eher wortscheu und jedenfalls wortwählerisch.« Dabei schmunzelte Cornu ein wenig über »die Verlagsanpreisung auf der Rückseite des Buches«, die Hohlers Texte mit jenen Robert Walsers verglich: »Hohlers Texte sind ganz anders als die dieses unglücklichen Poeten. Hohler schreibt wie Hohler, darum ist er ja gut.«

Mit seiner Formulierung, Hohler schreibe »im wahren Wortsinn eigenartig«, nahm Cornu bereits den nächsten Buchtitel vorweg. Vier Jahre nach »Wo?« lieferte Franz Hohler 1979 zum Ende des Jahrzehnts in »Ein eigenartiger Tag« weitere Alltagsschilderungen. Und überließ dem Publikum die Lösung des Rätsels, was genau dieses »eigenartig« bedeutete, welches Synonym wann das richtige war: »nach Art des Erzählers« oder »seltsam« oder »ungewöhnlich«? Die Titelgeschichte jedenfalls schilderte einen außerordentlich ordentlichen, durchschnittlichen, gewöhnlichen Tag des Erzählers in Zürich – aber gespickt mit vielen besonderen Beobachtungen, die ihn dann eben doch wieder eigenartig, auf seine eigene Art besonders machten.

Wie in »Wo?« schrieb Hohler auch hier allenfalls noch über das »Wie?«, überließ aber das »Warum?« und das Weiterdenken den Lesenden. Beobachten und die Beobachtungen beschreiben, den gewöhnlichen Alltag ungewöhnlich schildern und so interessant werden lassen: Die Feststellung des jungen Franz Hohler, dass eigentlich alles interessant und beachtenswert sei, bewährte sich erneut in vielen Erzählsituationen. Und kippte dann plötzlich in überraschende Wendungen und Pointen. Die minutiöse Beschreibung eines Leuchters in allen seinen belanglosen Einzelheiten beispielsweise endete in der lakonischen Feststellung: »Ehrlich gesagt: Einen solchen Leuchter würde ich nie kaufen.«

In vielen Erzählungen führte Franz Hohler in »Ein eigenartiger Tag« einfach Tagebuch, Alltagebuch, über Reisen im Ausland und Erlebnisse in der Nähe – die plötzlich aus dem Alltag ins Surreale kippen konnten: wenn er beispielsweise im Bahnhof Bern aus Jux in den »Schnellzug nach Singapur« einstieg und erfahren musste, dass es auf dieser Strecke keinen Zwischenhalt und keine vorzeitige Ausstiegsmöglichkeit gebe.

In der »Berner Zeitung« kommentierte R. N. am 15. Dezember 1979: »Was Hohler schreibt, sind ›Alltagsgeschichten‹, heitere, und wie es auf den ersten Blick hin den Anschein hat, ganz unbeschwerte Begegnungen mit Menschen und Dingen, die der Zufall an den Autor heranträgt. Doch in diesen Geschichten leuchtet Unheimliches auf – wir spüren: Das Leben besitzt unausgelotete Tiefen. (...) In kleinen, unauffälligen Schritten führt er den angesprochenen Leser an die Welt, wie er sie erfährt, erlebt, erwittert, heran. (...) Man lässt sich gleichsam auf der Oberfläche der Dinge gängeln, und plötzlich schwindet der sichere Boden, die Kulissen verschieben sich – wir tauchen in Abgründe. (...) In einem Vergleich, einem scheinbar beziehungslosen Gedankenblitz steht die Welt kopf, werden wir verunsichert.« Dem »Stern« war Franz Hohlers »Ein eigenartiger Tag« am 14. Februar 1980 eine größere Rezension wert. Starreporterin Birgit Lahann urteilte: »Hohler ist am besten, wenn er Realität sur-realisiert. Er muss die aus dem Kopf, aus dem Geist wuchernden Merkwürdigkeiten Wörter werden lassen, die überschwappende Fantasie, die bearbeitet werden muss, damit man nicht wunderlich wird.«

Schubert im Kabarett

Zum Schluss des Jahrzehnts folgte Franz Hohlers sechstes Kabarettprogramm. Mit dem Titel »Schubert-Abend« kehrte er scheinbar zurück zu seinen Wurzeln in der klassischen Musik. Er trat stilvoll im Frack auf, doch der Abend begann mit einem echten Unfall, genauer gesagt mit einem Umfaller. Der Cellist stürzte beim Auftritt buchstäblich auf die Bühne – oder eher: stolperte – und leerte dabei die Notenblätter in wilder Mischung mit anderen Drucksachen aller Art aus. Diese wilde Mischung von Papieren aus dem Alltag war für den Kabarettisten eine wunderbare Spielfläche für alle möglichen Ablenkungen und Improvisationen. Denn was da – immer auf der Suche nach den richtigen Schubert-Noten – alles aus den Papierbergen auftauchte, waren ideale Vorlagen für fulminantes Kabarett mit vielen aktuellen Bezügen.

Nach seinen früheren, sauber über die Deutschschweiz verteilten Premierenorten Zürich (»Pizzicato«), Olten (»Sparharfe«), Basel (»Cabaret in 8 Sprachen« und »Doppelgriffe«), und Luzern (»Nachtübung«) war diesmal Bern an der Reihe, die eigentliche Kleintheater-Hauptstadt des Landes (und diese Bemerkung bezieht sich keineswegs aufs Bundeshaus). »Die Rampe«, Hauptquartier der »Berner Troubadours« und geleitet von deren Mitglied Bernhard Stirnemann, wurde zur Startrampe – oder zuerst eher Stolperrampe für den Hohler Franz auf der Suche nach dem Schubert Franz.

Wie schon in der »Nachtübung« war Warten die wichtigste Tugend des Publikums. Aber erneut ließ der Kabarettist das Publikum natürlich nicht hängen: Er verkürzte ihm die Wartezeit bis zur Schubert-Aufführung aufs Unterhaltsamste mit seinen eigenen Liedern, Nummern und Monologen.

Auf der Suche nach Schubert fand er tatsächlich Schubert-Elemente und sang seine eigene schweizerdeutsche Übersetzung des vom Komponisten vertonten Matthias-Claudius-Gedichts »Der Tod und das Mädchen«. Dazu kam eine Übersetzung eines Kollegen, der schon vor Schubert und Claudius zu einem Säulenheiligen der europäischen Liedermacher geworden war, der schwedische Barockdichter Carl Michael Bellmann. Dessen Ballade »Vila vid denna källa – Weile an dieser Quelle« übertrug Hohler auf Deutsch und ins 20. Jahrhundert, indem er an Bellmanns lauschiger Quelle Autos, Gartengrills, Transistorradios und Kassettenrekorder erlebte und mit den Worten schloss: »Nun müssen wir bald sausen / auf der linken Spur / heimwärts mit hundertdreißig / gestärkt von einem Tag Natur!«

Die Balance zwischen Hochdeutsch und Dialekt hielt Hohler in diesem Programm auch damit ein, dass er einige der neuen Lieder zweisprachig verfasste. Darunter war sein neuer Hit, das seither fast so oft wie das »Bärndütsche Gschichtli« zitierte Lied »Es si alli so nätt«, das sich locker auf »Es sind alle so nett« umwandeln ließ. Hohlers liebenswürdig bitterböse Parabel auf die vordergründige Schweizer Freundlichkeit, die all die hintergründigen Mätzchen kaschiert, passt immer mal wieder auf eigene Erfahrungen.

Ganz zum Schluss des Programms kam Hohler doch noch bei Schubert an und verabschiedete sich mit »Gute Nacht«, dem ersten Lied aus der »Winterreise« nach Texten von Wilhelm Müller. »Die Liebe liebt das Wandern«, heißt es darin – Franz Hohlers künftige literarische Wanderungen waren schon einmal vorgezeichnet.

Am 8. März 1979 urteilte Beat Hugi in der »Berner Zeitung« nach der Uraufführung: »Kabarettist Hohler kämpft brillant gegen seinen Programmtitel, gegen den ehrenwerten Herrn Schubert an – und gewinnt. Das Programm prägen nicht die Schubert-Lieder, sondern heitere und tieftragische Celloballaden, wirre und skurrile Gedankengänge, verstrickte Geschichten, Schicksale, ein Cello und die Person eines charmanten, nicht allzu klassischen Schubert-Interpreten. (…) Man wird einerseits unterhalten, andererseits aber hält einem der ›Bajass‹ Hohler jederzeit den Spiegel unserer Zeit vor, lässt uns in seine Wahrsagerkugel gucken und gibt zu bedenken. Nicht plakativ, nicht bösartig, nicht brüskierend.« Stefan Howald beschrieb am 26. April 1979 im Zürcher »Tages-Anzeiger« den Bühnensturz: »Knall auf Fall eröffnete Franz Hohler seinen ersten Zürcher Schubert-Abend und ließ dabei aus seinem Cellokasten eine Woge der alltäglichen Informationsflut auf die Bühne des Hechtplatztheaters ausströmen. Einige der Zuschauer wollten sich schon auf Klamauk einrichten, doch fand Hohler bald zu ernsthafterer Lustigkeit und seinem Cello. (...) Geradezu als Musterbeispiel einer Satire möchte ich jenes Stück bezeichnen, in dem Hohler einige Industriekapitäne in ihrer Freizeit sich der Alternativbewegung bemächtigen lässt und er dadurch beide der Kritik aussetzen kann. Am meisten Beifall fand die Anpassung einiger Volkslieder an die Entwicklung neuer Berufe, darunter der von Hohler auf dem Hackbrett begleitete Geodäterjodel.« Bei einigen Nummern befand Howald allerdings auch, Hohler entlasse »den Zuschauer in ein allzu billiges Lachen«.

Im Gratisanzeiger »Züri-Leu« ergänzte Elisabeth Brock-Sulzer, damals eine Grande Dame der Schweizer Kulturkritik: »Nicht dass Hohler die Möglichkeiten der Kabarettkunst nicht bedenke. Doch sind die vielen Momente, wo er sich resolut oder scheinbar verlegen von ihr entfernt, die eigentlich verwegensten seiner Kunst. (...) Von ehrlich Lustigem ist er mit einem kleinen Schritt, mit einer knappen Wendung des Körpers schon beim durchaus Schwierigen angelangt, und – was noch mehr erstaunt: Das Publikum hat im Gleichschritt die Wendung mitvollzogen, bruchlos ist es Hohler gefolgt.«

Die Achtzigerjahre

9

Das neue Jahrzehnt begann für Franz Hohler mit »Schubert-Abenden« aller Orten. Die Zeitungen landauf, landab waren voll des Lobes über den Kabarettisten, und vor allem die Virtuosität, mit der er an jedem Auftrittsort aktuelle Ereignisse aus der jeweiligen Region zum Thema machte und die lokalen Nachrichten auf eine allgemein gültige Ebene zu heben vermochte. Auch seine deutliche Kritik an den von breiten Wirtschaftskreisen in den Himmel gelobten Kernkraftwerken wurde meist durchaus wohlwollend von den Medien und Kulturkritikern kommentiert. Er war ja bei Weitem nicht der einzige im Land mit dieser skeptischen Haltung.

In seiner alten Heimat »Olten bei Gösgen«, wie es im Lied »Es si alli so nätt« heißt, berichtete das »Oltner Tagblatt« am 17. Januar 1980 nach einem Auftritt Hohlers unter dem Titel »Geteiltes Unbehagen« über die Kernkraftkritik des Kabarettisten. Dieser hatte sein Programm auch hier der Region angepasst: »Franz Hohler ist ein Meister der Improvisation und der hintergründigen Wortspiele. Für den Auftritt in seiner Heimatstadt hat er sich ›Es Grabliedli‹ [›Ein kleines Grablied‹] zum Thema Atommüll-Lagerung ausgedacht: ›Herr Rometsch, Herr Rometsch, / I weiss scho, was du wettsch. / Du wettsch mit dire Nagra / uf Hägedorf cho lagra! (...).‹ [›Herr Rometsch, Herr Rometsch, / Ich weiß, was du willst. / Du willst mit deiner Nagra / nach Hägendorf gehen und deponieren!‹] Hohler singt das Lied – Zufall oder Raffinesse – mit dem Rücken zum Publikum und dem Gesicht zur Wand, Richtung Hägendorf. Der Riesenapplaus nach dieser Nummer lässt den Schluss zu, dass der Künstler nicht allein ist mit seinem Unbehagen gegen eine Lebensweise, deren Kosten vor allem unsere Nachfahren zu tragen haben werden.« Rudolf Rometsch war damals Präsident der Nagra, der Nationalen Genossenschaft für die Lagerung radioaktiver Abfälle, und diese hat bekanntlich den Ort für ein Endlager bis heute nicht gefunden. In diesem Programm hatte Hohler auch die düstere Vision von »Gösgen 2050«, in dem er einen Greis spielte, der über die Zeit nach einer fiktiven atomaren AKW-Katastrophe im Atomkraftwerk Gösgen sinniert.

Eine »Denkpause« fürs Fernsehen

Das Wohlwollen gegenüber der kabarettistischen Kritik änderte sich radikal, als Hohler von der Bühne auch auf den Bildschirm wechseln durfte. Fernsehen DRS gab ihm 1980 die Chance, sein Publikum schlagartig massiv zu vervielfachen – in der Sendung »Denkpause«. Weil die vom Zweiten Deutschen Fernsehen ZDF in Zusammenarbeit mit den Österreichern und den Schweizern produzierte TV-Verbrecherjagd »Aktenzeichen XY – ungelöst« jeweils um Viertel nach acht Uhr begann, blieb nach dem Ende der Schweizer »Tagesschau« eine Viertelstunde Zeit, bevor man sich mit den Sendern in Mainz und Wien zusammenschaltete. Dieses Zeitfenster wurde für fünfzehn Minuten kabarettistische Unterhaltung und Anregung genutzt, und dafür holte man Franz Hohler – »für diejenigen, denen es nicht gelingt, zwischen Tagesschau und Abendprogramm den Flimmerkasten für einmal abzustellen«, wie der zum Sportredaktor gewordene Regisseur und Schauspieler Werner Hartmann am 15. Januar 1980 in der »Basler Zeitung« schrieb.

Seine Vorstellungen von Fernsehen erläuterte Hohler Rudolf Blum und Rolf Mühlemann in einem Interview in der Zeitschrift »Tele«. Das erschien zwar erst am 7. Januar 1982 nach der ersten offiziellen Beschwerde gegen seine Sendung, aber es beschrieb seinen Stil von Anfang an recht gut: »Das Idealbild besteht für mich darin, mit nichts etwas zu machen. Ich sehe im ganzen Fernsehen zuviel Aufwand und zu viele glitzernde Wände, wo irgendwelche Lämpchen aufblinken, wenn jemand eine falsche oder eine richtige Antwort gegeben hat. Ich bevorzuge ein armes Fernsehen. (...) Dann wird sich zeigen, was wirklich noch vorhanden ist an menschlicher Substanz und Einfallsreichtum.« Als Vorbilder für Fernsehen mit geringem technischen Aufwand, aber mit Ideenreichtum nannte er Dieter Hildebrandt, Loriot und Otto, dessen Sendungen »das Image der Blödelei nicht verdienen«.

Nach der zweiten Sendung befand Urs Bugmann in den »Luzerner Neusten Nachrichten« am 11. Februar 1980, das »Programmstrukturloch« sei mit Hohlers »Denkpause« vorzüglich »ausgefüllt« worden: »Unnötig zu sagen, dass mit dem Titel keine Pause von Denken gemeint ist – das findet ja in der Regel einen ganzen geschlagenen Fernsehabend lang statt –, sondern ein Pause, in der gedacht werden soll. (...) Sie kann (und soll es auch) so leichtfüßig daherkommen, wie das Franz Hohlers Denkanstöße tun. Wer sich nicht anstoßen lassen will, der lässt es bleiben.« Die Berner Tageszeitung »Der Bund« zitierte gemäß der Medienmitteilung des Fernsehens, dass Hohler in seiner Sendung sagen dürfe, was er wolle, denn »schließlich leben wir ja hier nicht in Russland, und die freie Meinungsäußerung ist vollumfänglich gewährleistet, ohne dass irgendjemand politische Repressionen zu befürchten hat«.

Das stimmte nur bedingt, wie Hohler im Jahr darauf feststellen musste. Denn in diesem TV-Zeitfenster stand er plötzlich im Schaufenster. »Die Sendezeit, welche auch viele träge und gesättigte Zuschauer vermuten ließ, reizte mich, an der Oberfläche unseres schweizerischen Normalbetriebs zu kratzen«, schrieb er 1987 im »Kabarettbuch«. Die scharfen Kritiken ließen dann auch nicht lange auf sich warten. Die Schweizerische Fernseh- und Radio-Vereinigung SFRV, eine rechtsbürgerliche Gruppe, die nach einem ihrer Wortführer, dem Berner Historiker Walther Hofer, auch »Hofer-Club« genannt wurde, reagierte mit einem heftigen Communiqué auf die »Denkpause« vom April 1980, in der die damals noch drei Schweizer Großbanken Schweizerische Bankgesellschaft SBG und Schweizerischer Bankverein SBV (1997/98 zur UBS fusioniert) sowie die Schweizerische Kreditanstalt SKA (seit 1997 Credit Suisse) mit ihren Bilanzen ein Thema waren. »Geradezu dümmlich flachste Hohler über die Geschäftsberichte der Großbanken. Und nur blöd kann man die Art nennen, wie er versuchte, das Bilanzsystem zu glossieren. (...) Sicher sollen auch Wirtschaft und deren Exponenten vor satirisch aufgezogener Kritik nicht verschont bleiben.« Aber bei »plumpen und ebenso ungeheuerlichen Verdächtigungen in sogenannt ›kabarettistischer Form‹« höre der Spaß auf.

Von der Kulturredaktion der »Berner Zeitung« auf diese Vorwürfe angesprochen, sagte Franz Hohler: »Sicher, man muss als Kabarettist auf Reaktionen gefasst sein. Wenn sie nicht kommen, kann irgendwas nicht stimmen. Aber ich bin nicht abgehärtet. (...) Ich habe das Gefühl, dass ich nicht mit Frontalangriffen operiere. (...) Ich möchte die Kritik an der Wirtschaft sehen, die diesen Gruppierungen gefällt. Es müsste vermutlich eine Art Betriebskabarett sein, welches sich über die Mittagsstaus in der Kantine lustig macht. Dann hätten wir das DDR-Cabaret, bei dem man das Gefühl nicht loswird: ›Aha, hier ist etwas erlaubt.‹ Man glaubt nicht mehr an den Zuhörer, der eine satirische Sprech- und Denkweise verstehen kann. Ich werde das Gefühl nicht los, dass ein solches Publikum mancherorts sogar erwünscht ist. Ich glaube an das denkende Publikum.«

Im November 1981 zeigte er in einer »Denkpause« die Nummer »Gösgen 2050« – allerdings umgeschrieben auf »Kaiseraugst 2050«. Das AKW Kaiseraugst war damals, im Gegensatz zum 1979 in Betrieb genommenen Gösgen noch in Planung. Die Diskussionen um die Thematik waren so heftig, dass den Redaktionen bei Fernsehen DRS phasenweise verboten wurde, den belasteten Begriff »Atomenergie« zu verwenden. Stattdessen hatte man von »Kernkraftwerken« zu berichten. Die im Rahmen des »Schubert-Abends« Dutzende Male problemlos gezeigte Hohler'sche atomare Zukunftsvision wurde nach der Ausstrahlung am Fernsehen mit Beschwerden an den Bundesrat eingedeckt. »Ich musste mich in einer medienkritischen Fernsehsendung den Vorwürfen der AKW-Befürworter stellen.« Hohler legte im »Kabarettbuch« dar, »welche vor allem die Stelle mit den Zahnfleischausschlägen erbitterte (die Diskussion uferte zeitweise zu einer Art Dentalschlacht aus), und im folgenden Jahr zeigte sich, wie das im Zusammenhang mit Radioaktivität nicht erstaunlich ist, noch eine Langzeitwirkung.« Davon wird noch zu berichten sein.

Kabarettistisches Cello-Quartett

Mit den zwei Kollegen Joachim Rittmeyer und Jürg Jegge startete Franz Hohler ein ganz besonderes Projekt: einen Kabarettabend mit drei Cellisten.»Die Idee zum gemeinsamen Programm entstand, als ich Franz einmal im Spaß sagte, wegen ihm könne ich mein Cello nicht mehr auf der Bühne spielen«, erzählt Joachim Rittmeyer. Daraus wurde die Idee eines Aufarbeitens der Vergangenheit, in der bei beiden das Cello eine Rolle gespielt hatte. Liedermacher und Schriftsteller Jürg Jegge kam dazu, der früher ebenfalls auf fast professionellem Niveau Cello gespielt hatte. Die drei traten im September 1980 in der Kellerbühne St. Gallen mit dem Programm »Wie ein Mann« als Cellotrio auf, das auf der Suche nach einem Engagement ist.»Wir haben gemeinsam am Programm gearbeitet«, erzählt Rittmeyer.»Da korrigierten wir zum Beispiel gegenseitig unsere Lieder oder hielten uns Jugendsünden vor. Das war beinahe wie eine gemeinsame Werkstatt. Und jeder musste eine Zusatzstrophe zu einem Lied eines Kollegen schreiben. Franz nahm es mit viel Humor, dass ich ihm sein ›Es si alli so nätt‹ um eine Strophe ergänzte, in der auch seine Lieder als ›alli so nätt‹ beschrieben wurden.«

Richard Butz war in der »Appenzeller Zeitung« vom 23. September 1980 der Ansicht, was die drei da auf die Bühne gebracht hätten, sei »geradezu eine kleine Sensation« gewesen: »Neben all den Anstößen, den bitterbösen und traurigen Worten, den gemeinsam vorgetragenen patriotischen Liedern, neben all dem Bedenkenswerten ermöglichte der Dreierauftritt auch Vergleiche. Da war der gewitzte, schlagfertige und kräftige Hohler – nie um einen Witz verlegen; da war – in der Mitte sitzend – Liedermacher Jegge, schwerblütig, kein Humorist er, den schnellen Worten misstrauend, immer eindringlich nachdenklich, und da war der zungenschnelle Rittmeyer, jeglicher vorschnellen Versöhnung abhold, keine Geschenke machend.« Butz lobte besonders, dass sich keiner aus dem Trio habe in den Vordergrund spielen wollen und dass sie sich auch selbst parodiert hätten, »ihre Funktion als Kritiker vom Dienst – eingeladen zu allem und von allen. (...) Der Abend lebte von der Improvisation. Hohler, Jegge und Rittmeyer genossen es sichtlich – und wirkten wirklich ›wie Ein Mann‹.«

Das Programm in St. Gallen war ein so großer Erfolg, dass die Redaktion der Abteilung »Unterhaltung Wort« bei Radio DRS darauf aufmerksam wurde. In der damals zweimal jährlich live aufgenommenen und ausgestrahlten Sendung »Treffpunkt Studio Bern« waren Ende März 1981 dann sogar vier Cellisten zu hören: Der Berner Konservatoriumsdirektor Urs Frauchiger, selbst studierter Cellist und früherer Radioredaktor, machte für die Sendung das Quartett komplett. Bei dieser Gelegenheit wurde er auch gleich als ausgezeichneter Mundartliedermacher entdeckt.

Noch eine weitere Gemeinsamkeit hatten die vier ausgemacht: Zu Franz Hohlers »Dienschtverweigerer« nach Boris Vians »Le déserteur« schrieben die anderen drei je ein Pendant: Joachim Rittmeyer, der den Dienst tatsächlich verweigert und neun Monate im Gefängnis gesessen hatte, setzte einen »Dispensverweigerer« dagegen, Liedermacher und Schriftsteller Jürg Jegge, der sich mit seinen Büchern über Sonderschüler einen Namen gemacht hatte, machte aus dem »Wehrdienschtverweigerer« den »Lehrdienschtverweigerer«, der sich weigerte, seine Schüler mit harten Disziplinarmaßnahmen fertigzumachen, und der Kulturmanager Frauchiger seinerseits einen »Kulturdienschtverweigerer« gegen den Kulturkommerzbetrieb: Er ließ Johann Sebastian Bach wieder auf der Erde erscheinen und sich vehement gegen die allzu geschäftstüchtige Vermarktung seiner Werke wehren.

In der »Basler Zeitung« schrieb Werner Hadorn, Journalist und damals Präsident der Schweizerischen Kleintheatervereinigung KTV am 31. März 1981: »Die Sendung war schon von der Anlage her Überraschung und Hit zugleich – und ein Indiz mehr in jener langen Beweiskette gegen die Behauptung vom toten Schweizer Kabarett.« Er hatte nicht gewusst, dass Rittmeyer neben seinem Vibrafon und Jegge neben der Gitarre auch Cello spielten. Ein offensichtlich vielfach unterschätztes Instrument.

Improvisationen und Lieder zum Nachhören

Franz Hohler war am Radio oft zu hören, und einiges von dem, was er für dieses Medium schrieb, hielt er 1981 auf einer Schallplatte fest. »Einmaliges« hieß sie und unterlief teilweise ihren eigenen Titel, denn im Gegensatz zu Radiosendungen waren die kleinen Hörspiele auf dieser LP zum mehrmaligen Anhören bestimmt. Aber einmalig gut waren diese Szenen schon, wie zum Beispiel wenn Hohler in »Die Hüttenbaubewilligung« einen Beamten spielte, der einer immer verzweifelter werdenden Mutter erklärte, wenn ihre Kinder im Wald eine Hütte bauen wollten, müssten sie dazu eine Bewilligung einholen. Bis diese erteilt werden könne, brauche es allerdings ein paar Tage: schon heute im Wald zu spielen, sei also ausgeschlossen. Hohler hatte diese Szene aufgrund einer wahren Begebenheit in der Nähe seines Wohnorts Oerlikon zusammen mit seiner Frau Ursula für das Radio improvisiert.

Die Sparmaßnahmen beim Radio (es gibt wenig Neues unter der Sonne) parodierte Hohler mit einem »Sparhörspiel«, in dem er preisbewusst alles selber machte (er hatte ja schon in der »Nachtübung« alles »selber gemacht«). Auf der Platte war auch ein für die Satiresendung »Faktenordner«

aufgenommenes Interview von Hohler mit dem streitbaren Journalisten Niklaus Meienberg zu hören. Dieser hatte eben wegen seiner provokanten Artikel seine Aufträge aus der »Tages-Anzeiger«-Redaktion verloren, auch die Unterstützung für sein geplantes Theaterstück über die Familie Wille, die Nachkommen von Ulrich Wille, des Generals der Schweizer Armee im Ersten Weltkrieg, war aufgekündigt worden. Hohler machte das in »Meienbergs Maulkorb« dadurch ohrenfällig, dass er als Interviewer den Befragten nach einem halben Wort einer Antwort immer gleich wieder unterbrach. »Niklaus Meienberg hat seinen Text selbst gesprochen«, hieß es ironisch auf der Plattenhülle: Außer ein paarmal Luftholen hatte man von Meienberg überhaupt nichts gehört. Auch weitere improvisierte Dialoge mit seiner Frau Ursula, seinem Freund Klaus Grimmer und dem Designer Edy Brunner über »Gute Vorsätze« oder seltsame Berufe sind ein großes Hörvergnügen.

Mit der nächsten Schallplatte, »Das Projekt Eden«, ebenfalls 1981 erschienen, kehrte Franz Hohler zu seinen Celloballaden zurück, im Wesentlichen die solo interpretierte Sammlung der meist unheimlichen Chansons aus dem »Schubert-Abend« auf Hochdeutsch. Da war etwa der Titelsong über das paradiesische »Projekt Eden«, eine Art Superüberbauung, deren Realisierung Arbeitsplätze schafft und deshalb allseits unterstützt wird – bis alles im wörtlichen Sinn zu- und einbetoniert ist. Eine mehr als beklemmende gesungene Reise durch Deutschland war sichtlich für das Publikum vor deutschen Bühnen gedacht, wo Hohler in diesen Jahren ebenfalls ein begehrter Künstler war.

Ein Jahr später lieferte er unter dem Plattentitel »Es si alli so nätt« die schweizerdeutsche Version dieses Repertoires nach, live aufgenommen im Oberwalliser Kellertheater, einem Gewölbe im Stockalperschloss in Brig. Das hatte zur Folge, dass das Oberwallis von da an immer wieder zu Ehren kam, wenn von den Radiostationen »Es si alli so nätt« gespielt wurde. Denn da erklärt der Sänger in der ersten Strophe seiner enttäuschten Frau, warum er schon wieder zu einem Auftritt reisen müsse – und in der Live-Version hieß eben die Klage der Gemahlin: »Muesch jetz uf Brig go schpile? / Seit d Frau und luegt truurig dry.« [»Musst du nach Brig gehen, um aufzutreten? / Sagt meine Frau und schaut mich traurig an.«] Der Sänger erklärte ihr dann, die Leute in Brig seien doch alle so nett: »Du kennsch jo d Frau Schreiner und der Herr Roggemoser vom Chällertheater, die hei mängisch gnue aaglüte. Es si alli so nätt.« [»Du kennst doch Frau Schreiner und Herr Roggenmoser vom Kellertheater, die haben genug oft angerufen. Es sind alle so nett.«]

»111 einseitige Geschichten« und »Die Rückeroberung«

In seinem ersten Buch der 1980er-Jahre wirkte Franz Hohler 1981 als Herausgeber und präsentierte »111 einseitige Geschichten« von Kolleginnen und Kollegen aus aller Welt, die genau wie er die knappe Form des Geschichtenerzählens liebten und beherrschten oder es noch tun. Diese 111 Perlen waren, wie der Buchtitel es versprach, im doppelten Wortsinn einseitig: dezidiert subjektiv und keine mehr als eine Seite lang. So wie er in seinen eigenen Erzähl- und Lesebüchern das Publikum an erhellenden Entdeckungen in bekannten und unbekannten Welt- und Schweizer Gegenden teilhaben ließ, so verführte er es auch dazu, anderen Schreibenden zu begegnen – oder diese zu entdecken.

Die »Basellandschaftliche Zeitung« druckte in ihrer Besprechung am 20. Februar 1982 eine der Geschichten ab. Sie stammte von Wolfgang Borchert, berühmt geworden mit »Draußen vor der Tür«, der Erzählung, in der er seine Kriegserfahrungen zu verarbeiten versuchte. Seine einseitige Geschichte hatte mit demselben Thema zu tun: »Als der Krieg aus war, kam der Soldat nach Haus. Aber er hatte kein Brot. Da sah er einen, der hatte Brot. Den schlug er tot. Du darfst doch keinen totschlagen, sagte der Richter. Warum nicht, fragte der Soldat.«

1982 erschien eine nächste Sammlung mit Hohlers eigenen Geschichten, und die machte im doppelten Sinn Geschichte: Zum einen wurde »Die Rückeroberung«, die dem Buch den Namen gab, zu einer von Franz Hohlers bekanntesten Erzählungen überhaupt, und zum Zweiten bescherte diese Neuerscheinung ihrem Autor ein paar Monate später eine so lange Reihe von Zeitungsberichten, wie selbst der Vielbesprochene es bisher noch nicht erlebt hatte.

Neun Geschichten umfasst die Sammlung, und sie beginnt mit einem Paukenschlag: »Die Rückeroberung« schildert in nachvollziehbaren Schritten, wie sich die städtische Umgebung des Erzählers immer schneller und dramatischer verändert. *»Eines Tages, als ich an meinem Schreibtisch saß und zum Fenster hinausschaute, sah ich, dass sich auf der Fernsehantenne des gegenüberliegenden Hauses ein Adler niedergelassen hatte«*, heißt es im ersten Satz. Dem Adler folgen eine riesige Herde von Hirschen, ein Wolfsrudel, ein Bär am Zürcher Hauptbahnhof, Giftschlangen und eine immer üppiger sprießende Vegetation nach – bis der Ich-Erzähler vom Schreibtisch aus eine völlig unbesiedelte, verwilderte, überwucherte Stadt sieht, *»und ich sitze da und denke darüber nach, ob es jetzt noch einen Sinn hat, die Stadt zu verlassen, oder ob das alles nur der Anfang von etwas ist, das sich von hier aus uneindämmbar ausbreiten wird«.*

Seine Parabel vom Kulturkampf zwischen Zivilisation und Natur verfolgt Franz Hohler bis heute: Als beispielsweise im Sommer 2014 bei Schlieren an der Zürcher Stadtgrenze ein Wolf von der Zürcher S-Bahn überfahren wurde, erinnerten sich einige Journalisten an Hohlers Geschichte. »Franz

Hohler sah den Stadtwolf kommen«, titelte der »Blick« am 21. Juni 2014 und befragte den Schriftsteller. »Wir blenden die Natur zu stark aus«, sagte Hohler, »und leben in einer künstlichen Welt.« Wir versuchten die Natur in Konzepte zu zwängen und erstellten ein Bären-, ein Wolfs-, ein Biber-, ein Luchskonzept.»Und dann sind wir ganz erstaunt, wenn sich die Tiere nicht daran halten.« Die »Schweiz am Sonntag« zitierte einen Tag später eine frühere Aussage Franz Hohlers über die »Moral seiner Geschichte« von der Rückeroberung. Diese könnte sein, »dass die Natur mit ähnlicher Kraft auf den Menschen zurückschlägt, wie der Mensch auf die Natur einwirkt«.

Auch bei den anderen acht Geschichten des Buches gerät der harmlose Alltag durch winzige, nicht wirklich zu korrigierende Details aus den Fugen. Da ist der Cellist, der in Bozen wegen seiner Hilfsbereitschaft für einen verkrüppelten Mann und dessen schöne Tochter wider Willen das Walther-von-der-Vogelweide-Denkmal in die Luft sprengt. Oder ein Mann »– solche Geschichten handeln meist von Männern, mit Vorliebe von alleinstehenden und älteren –«, der in seinem Sparfimmel jeden Fetzen Papier in »billiges Notizpapier« verwandelt, bis sein ganzes Familienleben auseinanderbricht. Der Geist des verstorbenen Bauern, der auf der Autobahn buchstäblich als Geisterfahrer auffährt, bis man einen alten Markstein wieder an die richtige Stelle setzt und die Überholspur der Autobahn sperrt. Oder das Halstuch, das auf verschlungenen Wegen einen Kriegsverbrecher zur Strecke bringt.

Hohler hole in seinen neuen Geschichten weiter aus als früher, befand Ulrich Wienzierl in der »Frankfurter Allgemeinen Zeitung« am 14. Oktober 1982, »er beschränkt sich nicht auf akkurate, prägnant formulierte Beobachtungen, auf die wirkungsvolle Montage von Realitätspartikeln, sondern er fabuliert, lässt seiner Fantasie die Zügel schießen, ohne freilich und gottlob mit seiner Sprache ein Gleiches zu tun. Sparsamkeit des Ausdrucks ist dieses Schweizers Devise, und solches Geizen mit Poesie trägt in der Regel reichlich Zinsen. (...) Beiläufig angewendet, als Kontrastmittel zu allem Helvetisch-Seriösen, bewährt sich die Hohler'sche Verunsicherungsmethode aufs beste. Da bekommt das Alltägliche in der Tat jene Sprünge, die nachdenklich stimmen, da wird das scheinbar Selbstverständliche fragwürdig und Hohlers Zivilisationskritik so hintergründig wie eben diese Zivilisation unheimlich.«

Im »Tages-Anzeiger« meinte Emanuel La Roche am 5. November: »Franz Hohlers Lust am Spiel mit absurden Elementen verbindet sich jetzt konsequenter mit seiner Fähigkeit, die Gegenwart kritisch zu durchdringen. Die Irritation, die der Eintritt des für ganz unmöglich Gehaltenen auslöst, überträgt sich nunmehr viel direkter, gewissermaßen ungebremst auf den Leser, erzwingt, über kopfschüttelndes Lächeln hinaus, Nachdenken.«

Ein bisschen Hausmusik auf Chinesisch

Zuvor aber war Franz Hohler nach China gereist – zum ersten und bisher einzigen Mal. Es war im Herbst 1982, als das Land daran war, sich nach der grausamen und bleiernen Zeit von Maos Kulturrevolution vorsichtig zu öffnen, und Hohler gehörte zu einer Gruppe von Schweizer Kulturvertreterinnen und -vertretern. Initiiert und mitorganisiert wurde die Exkursion vom Berner Kulturjournalisten Daniel Leutenegger. Er leitete damals – erst 27-jährig – die Kulturredaktion der »Berner Zeitung« und machte mit seinen Kolleginnen und Kollegen daraus für ein paar Jahre die witzigsten, originellsten und ideenreichsten Kulturseiten, die in Deutschschweizer Zeitungen je zu lesen waren. Wie da die Kulturschaffenden einbezogen und welch überraschende Formen der Berichterstattung gefunden wurden, war einzigartig.

Es war ein bunter Haufen, der sich am 22. September 1982 auf die Reise nach China machte. Daniel Leutenegger hatte Vertreterinnen und Vertreter aus verschiedenen Sparten angefragt: Clown Dimitri mit Frau Gunda, die Kabarettisten Franz Hohler und Kaspar Fischer, Mundartrocksänger Polo Hofer, die Schriftstellerin Madeleine Santschi und die Journalistin Isabelle Guisan, Malerin und Zeichnerin Nell Arn, Jazzmusiker Mani Planzer, Fotograf Edouard Rieben, Architekt Hans-Rudolf Abbühl, Monika Coray, die Vizepräsidentin der Freundschaftsvereinigung Schweiz–China, und Daniel Leutenegger selbst. Ich durfte als Vertreter der Liedermacher mitreisen, die damals mit ihren Gitarren (und ich auch noch mit einem Hackbrett) die Kleinbühnen der Schweiz unsicher machten.

Zwar spürten wir, dass China die Tür zur Außenwelt einen kleinen Spalt geöffnet hatte, aber wir hatten häufig das Gefühl, nicht nur in einem fremden Land oder Kontinent, sondern in einer fremden Welt gelandet zu sein. Jeden Tag gab es neues Unbekanntes zu sehen, zu hören, zu riechen, zu kosten, zu bestaunen. Und weil wir eine (allerdings inoffizielle, sich selbst finanzierende) Kulturdelegation waren, hatten wir einige besondere Vorrechte: So durften wir den Stars der Pekinger Oper nicht nur auf der Bühne, sondern auch beim Training zuschauen, konnten den Ensemblemitgliedern der Sichuan-Oper in Chengdu indiskrete Fragen über ihre Berufsgeheimnisse stellen, erhielten ein Privatkonzert von Musikern aus Kunming und durften in Shanghai das berühmte Konservatorium besuchen sowie an verschiedenen Orten stundenlang mit Künstlern aus allen unseren »Branchen« sprechen.

Wir bedankten uns jeweils mit Kurzauftritten für die Vorführungen der chinesischen Kolleginnen und Kollegen. Dimitri beispielsweise bastelte sich aus Zweigen eines Buschs und aus Fischgräten Stäbe, um wie chinesische Artistinnen Teller kreisen zu lassen. Mit diesen improvisierten Stäben und mit Tischtennisbällen persiflierte er unsere Schwierigkeiten mit Essstäbchen. Dann ließ er die Teller tatsächlich auf den Stäben kreisen und jonglierte dazu die Tischtennisbälle mit dem Mund. Kaspar Fischer entwickelte auf großen Papierbogen aus den chinesischen Schriftzeichen für Pferd, Kamel, Hund und Papagei Zeichnungen dieser Tiere und schlüpfte als Pantomime gleich in die entsprechende Tierrolle.

Solch ungewohnte Verbindungen zwischen europäischen und chinesischen Künsten lösten bei den Gastgebern große Begeisterung aus – auch wenn wir oft konstatieren mussten, dass das Humorverständnis auf beiden Seiten nicht immer dasselbe war. Franz Hohler schaffte solche Verbindungen sogar sprachlich: Er übte mit unserer Dolmetscherin seine Kurzgeschichte »Das Ektische« und sein Lied von der Hausmusik (»Die Macht der Musik«) ein und gab mit ihr eine zweisprachige Vorführung. Sie setzte ihre Übersetzungen präzise in die Pausen von Franz' Gesang hinein und gab dabei auch alle Wiederholungen wieder: »Und dann macht ein bisschen Hausmusik, Hausmusik, Hausmusik – Und dann macht ein bisschen Hausmusik!« Bis heute habe ich nicht vergessen, dass »Hausmusik« auf Chinesisch zháizi yīnyuè heißt (in meiner Erinnerung und Behelfsbuchstabierung »tsaatsi jinie«).

Dem genialen Sprachspieler Hohler gelang es sogar, aus der in den vier Städten Beijing, Chengdu, Kunming und Shanghai jeweils sehr unterschiedlichen Aussprache des chinesischen Wortes für »Fisch« ein Wortspiel zu basteln, das auch die Chinesen zum Lachen brachte. Mit seinem Cello und meinem Hackbrett spielten Hohler und ich von Mani Planzer arrangierte Schweizer Melodien und begleiteten Polo Hofer, der seine erstklassigen Jodelkünste unter Beweis stellte und mit Löffeln und Perkussion auf allen möglichen Körperteilen virtuos an seine frühere Karriere als Schlagzeuger anknüpfte.

Am eindrücklichsten war Hohlers und Kaspar Fischers Eintauchen in die fremde Welt. Fischer war in seinem frisch erstandenen Mao-Anzug und -Mütze und seiner perfekten Körpersprachenimitation kaum noch von den Chinesen zu unterscheiden. Franz Hohler machte bei einem frühmorgendlichen Ausflug in die Shanghaier Innenstadt intensiv bei den öffentlichen Tai-Chi-Übungen mit, wo er allein schon durch seine Körpergröße auffiel. Noch mehr Interesse weckte er, als er einen alten Mann, der Übungen mit einem Holzschwert zeigte, zum Vorbild nahm und alle Bewegungen nachzuahmen versuchte. Und wenn er seine Blockflöte hervornahm, hatte er mit seinen virtuos geblasenen Stücken auf Chinesinnen und Chinesen eine mindestens so große Wirkung wie der legendäre Vorgänger auf die Ratten in Hameln.

In Shanghai besuchten wir auch den »Kinderpalast«: In einem protzigen Gebäude aus der europäischen Kolonialzeit durften talentierte Kinder ihre speziellen Fähigkeiten ausüben. Das reichte von technischen Bastelübungen über Tischtennis und Töpferei bis zu Ballett und Musik; ein zehnköpfiges Teenager-Akkordeonorchester beispielsweise intonierte virtuos und mit großem Ernst »An der schönen blauen Donau«. Die Theatergruppe für die Kleinsten zeigte uns ein Stück, in dem die einen Blumen, die anderen Gärtner spielten: Die kauernden »Blumen« wuchsen langsam in die Höhe, wenn sie von den »Gärtnern« aus Papierkannen »begossen« wurden. Und alle gemeinsam kreischten vor Begeisterung, als Gärtner Kaspar Fischer die Blume Franz Hohler so hoch wachsen ließ, dass auch drei der Dreikäsehochs aufeinander nicht so groß gewesen wären. Und dann tanzten die beiden Fremden mit den Kindern vor Freude.

Der Streit um die Freundschaftsbäume

Wie das auf Gruppenreisen oft vorkommt: Irgendwann gibt es Meinungsverschiedenheiten und Missstimmungen. Auf dieser Reise war das nicht anders. Beispielsweise als Franz Hohler in Kunming die Idee in die Tat umsetzte, die Kamelienbäumchen mit der Beschriftung »Freundschaftsbäume Kunming – Zürich« vor dem Rathaus zu begießen. Diese waren acht Monate zuvor im Februar 1982 von einer Zürcher Delegation gepflanzt worden – bei der Unterzeichnung des Freundschaftsvertrags mit der chinesischen Stadt durch den damaligen Stadtpräsidenten Sigmund Widmer. Franz schlug vor, dessen Nachfolger Thomas Wagner eine Karte zu schicken und ihn über unsere Bewässerungsaktion zu informieren – mit einem sanft ironischen Text über Kulturförderung in Zürich und Kunming. Mani Planzer war mit der Idee gar nicht einverstanden. Nach den harten Reaktionen der Stadtregierung auf die Demonstrationen während der Zürcher Jugendunruhen von 1980 und 1981 dürfe man sich nicht so anbiedern, fand der Musiker und löste eine hitzige Diskussion über Kritik und Anpassung in der kulturellen und politischen Schweiz aus.

Eineinhalb Monate nach unserer Rückkehr in die Schweiz wurde diese Diskussion dank Franz Hohler und der Zürcher Kantonsregierung in der ganzen Deutschschweiz geführt – weit lauter als von uns in Kunming: Ende November verweigerte der Regierungsrat dem Kabarettisten und Schriftsteller eine Ehrengabe von 5000 Franken für seinen Erzählband »Die Rückeroberung«. Eine offizielle Begründung gab es vorerst nicht, aber der Grund war klar: die bereits erwähnte »Denkpause«-Sendung vom November 1981 über Atomenergie und die damit verbundenen Beschwerden. Die fünfköpfige kantonale Literaturkommission trat aus Protest gegen das Regierungsdiktat geschlossen zurück, und 24 der 30 Ausgezeichneten aus allen Sparten teilten ihren Preis mit Franz Hohler, der das Geld umgehend an die Sozial- und Altershilfe des Schweizerischen Schriftstellerverbandes und die Mindesthonorar-Garantiekasse des Schriftstellerverbandes »Gruppe Olten« weitergab. An der inoffiziellen Feier im Anschluss an die Preisverleihung sagte Franz Hohler: »Wenn ich ›Kaiseraugst‹ in den Wald rufe und das Echo ›Kaiseraugst‹ zurückkommt, so verstehe ich das. Wenn ich aber ›Die Rückeroberung‹ rufe, und es kommt ›Kaiseraugst‹ zurück, dann glaube ich, nicht richtig zu hören.«

Der Kulturredaktor und China-Reisende Daniel Leutenegger schrieb in der »Berner Zeitung« am Ende seines Kommentars zur Preisverleihung: »PS: Lieber Franz, auf der China-Reise schweizerischer Kulturschaffender haben sich die meisten von uns ein bisschen über Dich gewundert oder gar geärgert: Du warst unbedingt dafür, dass die Zürcher Künstler in Kunming, der Zürcher Partnerstadt in China, die von Sigi Widmer gepflanzten Freundschaftsbäumchen begießen. Du hasts dann fast alleine getan. Ich muss sagen, Du hast damit gezeigt, was Solidarität mit Andersdenkenden heißen könnte.«

Lob ohne Preis bis zum Ende der »Denkpause«

Es war eine etwas umständliche, ungewollte, aber höchst effiziente Kulturförderung, die der Zürcher Regierungsrat Ende 1982 in die Wege leitete. Seine Verweigerung der Ehrengabe an Franz Hohlers »Rückeroberung« wurde in den Medien so breit und kontrovers diskutiert, dass das Buch in höchst verkaufsfördernder Weise ständig in den Medien präsent war. Dies galt nicht nur für redaktionelle Beiträge, sondern ganz besonders auch für die Leserbriefseiten, wo neben Unterstützung für den »mutigen« Regierungsrat sehr viele Stimmen laut wurden, die auf Meinungsäußerungsfreiheit auch am Fernsehen pochten.

Das bekam Franz Hohler direkt zu spüren: An der inoffiziellen Feier im Zürcher Theater an der Winkelwiese nach der offiziellen Preisverleihung erzählte er, er habe nicht nur von Kolleginnen und Kollegen Unterstützung erhalten, auch zahlreiche Unbekannte hätten ihn angerufen, ihm Briefe geschrieben und Päckli geschickt: mit Butterzöpfen, einem Kilo Honig oder einem Zehnernötli. Die entgangenen 5000 Franken der Ehrengabe waren ja auch nicht das Problem. Hohler war damals schon so bekannt und erfolgreich, dass er auf das Geld nicht angewiesen war.

Das Problem war eher das Kulturverständnis der kantonalen Exekutive, das Kritik am Wirken der helvetischen Politik generell als eine Art Majestätsbeleidigung wahrnahm – vor allem wenn Rechtsbürgerliche kritisiert wurden. Der Zürcher Regierungsrat war mit dieser Haltung nicht allein. Ich war damals Redaktor der Fernsehsendung »DRS aktuell« (heute »Schweiz aktuell«) und erlebte solches einige Male selbst. Der Gemeindepräsident einer Aargauer Ortschaft etwa, den ich wegen Recherchen zu einem geplanten Fernsehbericht über einen Streit in seiner Gemeinde anrief, sagte mir am Telefon im Befehlston: »Ich verbiete Ihnen, einen Bericht darüber im Fernsehen zu bringen!« Ich konterte in solchen Fällen jeweils, da müsse er nach Moskau gehen, wenn es ihm hier nicht passe – dort könnten die Behörden befehlen, was das Fernsehen zu senden habe, hier nicht.

Es war vor allem ein Problem des Fernsehens und seiner großen nationalen Reichweite – der Streit in besagter Aargauer Gemeinde war in den lokalen und regionalen Medien bereits breit thematisiert worden. So hieß es bei jedem Thema, welches das Fernsehen – wie andere Medien auch – aufgriff und das jemandem nicht passte: »Typisch linkes Fernsehen!« Und bei Franz Hohlers dezidierten Meinungen galt das natürlich doppelt.

Emanuel La Roche schrieb im »Tages-Anzeiger«-Kommentar, »dass in dieser Regierung das Gefühl für echte, gerade im künstlerischen Bereich großzügige Liberalität verloren geht, dass kleinkarierte Rachsucht Entscheide erzwingt auf einem Felde, auf dem es diese Auseinandersetzung nicht geben dürfte, wäre Liberalität mehr als ein wohlklingendes Sonntagswort. (...) Das ist, mit Verlaub, nicht der Stil und nicht die Aufgabe einer Regierung, die den inneren Frieden auf Dauer bewahren möchte. Das ist der Stil gnädiger Herren, die mit Gunsterweisen auf politische Wohltemperiertheit reagieren.«

Und im Berner »Bund« schlug Charles Cornu vor: »Der Regierungsrat des Kantons Zürich schaffe einen ›Ja-und-Amen-Preis‹ und verleihe diesen fortan an Schriftsteller, die ihm genehm sind. Vielleicht findet er einen, von dem man bisher noch nichts gehört hat. P.S. Man braucht nicht unbedingt mit Hohlers AKW-Gegnerschaft einverstanden zu sein, um die Ansicht zu vertreten, seine literarische Arbeit sei der Beachtung und der Anerkennung wert und es sei, hier und jetzt und überall und immer, unstatthaft, die Verleihung eines Literaturpreises von politischem Wohlverhalten abhängig zu machen.«

Praktisch zur selben Zeit Ende November kam die »Beschwerdekommission für Radio und Fernsehen«, die sogenannte »Kommission Reck« unter dem Präsidium des Publizisten Oskar Reck, zum Schluss, Franz Hohler habe mit seiner »Denkpause« zum Thema Atomenergie ein Jahr zuvor die Fernsehkonzession nicht verletzt: »Die kritisierten Andeutungen waren deutlich in den Gesamtrahmen der Satire und überdies als Elemente der denkbar ungünstigsten, fatalsten Entwicklung eingebettet. Deshalb konnten sie weder einzeln noch gesamt am Maßstab eigentlicher Informationssendungen gemessen werden.« Die Kommission äußerte allerdings auch Bedenken, dass Hohler »in einer Zeit der Emotionen und bevorstehenden Abstimmung den schlimmstmöglichen Unfall« zum Thema gemacht habe.

Die Kritik des »Bund«-Kulturjournalisten Charles Cornu am Zürcher Regierungsrat brachte FDP-Nationalrat Otto Fischer, viele Jahre Direktor des Gewerbeverbandes, auf die Palme und zum Leserbriefschreiben im »Bund« vom 16. Dezember: »Wenn schon Radio und Fernsehen politische Propaganda selbst betreiben oder bereitwillig zulassen und diesem empörenden Unfug nicht abgeholfen werden kann, so ist es gut, dass eine verantwortungsvolle kantonale Regierung diese permanente Brunnenvergiftung nicht auch noch mit Ehrengaben auszeichnet. Ein anderes Verhalten hätte dem Empfinden weiter Kreise der Bevölkerung ins Gesicht geschlagen.« Er schlug vor, solche Preise überhaupt abzuschaffen.

Dieses Zelebrieren des rechtsbürgerlichen Alleinvertretungsanspruchs forderte seinerseits den Berner Konservatoriumsdirektor und Schriftsteller Urs Frauchiger heraus. In seiner »Bund«-Kolumne an Heiligabend schrieb er unter dem Titel »Es ist Weihnacht, Herr Fischer« eine Antwort auf den Fischer-Brief, in der unter anderem zu lesen war: »Ich kenne Herrn Fischer nicht, seine Gedankengänge sind mir fremd, obwohl oder gerade weil sie so einfach sind; ich beneide ihn um seine Fähigkeit, so genau zu wissen, was gut und böse, links und rechts, oben und unten ist, aber ich habe nie daran gezweifelt, dass seine Ansichten und sein Handeln ehrlicher Überzeugung entspringen.

Hingegen kenne ich den Franz Hohler, und bei dem weiß ich es aus eigener Anschauung: Der macht es sich nicht leicht. Der Franz war auf dem besten Weg, der deutschsprachige Feierabendkabarettist par excellence zu werden. Der hätte seine Totenmügerlis weiter verkaufen können wie frische Weggli, den Gewerkschaften und dem Bankverein, dem Satus und den Rotariern, der Tante Emma und dem Professor Dr. Dr. h. c. Der hätte heute seine Eigentumswohnung am Züriberg und sein Haus im Engadin und sein Haus auf Ibiza und vor jedem seinen Mercedes und einen Alfa als Zweitwagen.

Und der hat in seinem unaufhaltsamen Aufstieg plötzlich innegehalten, weil er merkte, dass im unteren Stock auch noch Leute wohnen, denen es nicht so gut geht, die Sorgen und Ängste haben, Kummer und Not. Und so einer soll ein Brunnenvergifter sein, Herr Fischer? Ist einer ein Brunnenvergifter, der unablässig darauf hinweist, dass unsere Brunnen vergiftet sind? Dabei ist es gar nicht wichtig, ob er recht hat oder nicht. Er glaubt es, und so ist es sein Recht und seine Pflicht, es zu sagen. Es steht ja jedem frei, ihm zu widersprechen, ihn zu widerlegen.

›Brunnenvergifter‹ ist übrigens ein einklagbarer Ausdruck, ich habe einen Juristen gefragt, extra einen aus Otto Fischers Partei. Es sei ihm lieber, wenn ich seinen Namen nicht nenne. Aber darum geht es ja auch nicht. Ich nehme nicht an und hoffe nicht, dass Franz Hohler davon Gebrauch macht. Diese Gerechtigkeit verschafft kein irdisches Gericht. (...) Es ist Weihnacht, Herr Fischer. Ich wünsche Ihnen – ehrlich! – eine glanzvolle Wiederwahl im nächsten Jahr. Ich wünsche Ihnen, dass aus Ihrem Gilettäschli die blaue Blume der Toleranz erblühe. Urs Frauchiger.«

Zwei Monate später, Anfang Februar 1983, bestätigte die Regierung endlich die Vermutung, sie habe Hohler die Ehrengabe aus politischen Gründen verweigert – wegen seiner Haltung zur Atomenergie. Was sogar die freisinnige »Neue Zürcher Zeitung« zum Kommentar veranlasste: »Die Preisverweigerung deutet auf allzu eng gesteckte Toleranzgrenzen hin – liberal ist dies nicht zu nennen.«

Franz Hohlers Herkunftskanton Solothurn erteilte im September 1983 dessen Wohnkanton Zürich eine kleine Lektion in Sachen Toleranz. Der Regierungsrat verlieh dem ausgewanderten Sohn den kantonalen Kunstpreis »für sein Wirken als Schriftsteller und Schauspieler mit außerordentlich breitem Spektrum«. Er habe mit seinen Tourneen rund um die Welt bewiesen, »dass er keine Eintagsfliege, sondern ein engagierter, allgemein anerkannter Künstler ist«. Und Max Wild, Leiter der Abteilung Kulturpflege im kantonalen Erziehungsdepartement, platzierte einen kleinen Seitenhieb in Richtung Großstadtkanton: »Eine Meinung, die jener der Regierung zuwiderläuft, ist im Kanton Solothurn kein Hindernis für einen Preis.« Das immerhin im Standortkanton des AKW Gösgen, über das Hohler seine inkriminierte »Denkpause« ursprünglich geschrieben hatte.

Einen Monat später kam dann aus Zürich wieder ganz anderer Bescheid, diesmal direkt vom Fernsehen. Hohlers fertig produzierte »Denkpause« von Anfang Oktober wurde kurzfristig abgesetzt und durch die Wiederholung einer bereits früher gesendeten, harmloseren übers Wandern ersetzt. Der Grund für die drastische Maßnahme: Der Kabarettist hatte zum Thema Militär nicht nur alte Schweizer Kriegslieder, sondern auch den »Dienstverweigerer« aufgenommen. Er hatte das Lied notabene mehr als hundertmal auf der Bühne, außerdem am Radio und bereits 1974 auch im Fernsehen gesungen. Aber offenbar war die Angst vor den Kritiken aus dem rechten Lager bei den Verantwortlichen mittlerweile dramatisch angestiegen.

Daraufhin kündigte Hohler seine Mitarbeit bei der »Denkpause« per Ende Jahr, war aber bereit, die November- und Dezember-Sendungen noch zu machen. In einer »Persönlichen Erklärung« schrieb er: »Eine der Voraussetzungen für die satirische TV-Viertelstunde war für mich immer, dass ich das, was ich dem Publikum in Theatern, Singsälen und Bibliotheken zu sagen hatte, auch dem Fernsehpublikum sagen konnte. Wenn ich mich aber zweiteilen muss in einen Bühnen-Hohler, der das ausdrückt, was er denkt, und einen Fernseh-Hohler, welcher die milderen Späße fürs Freitagabend-Programmumfeld liefert, dann bin ich nicht mehr glaubwürdig.«

Auch das Ende der »Denkpause« wurde in den Medien breit diskutiert und von vielen Leserbriefschreibenden kontrovers kommentiert. Das Fernsehen brachte am 21. November 1983 eine medienkritische Sendung, in der die abgesetzte »Denkpause« dann doch noch ausgestrahlt wurde – gefolgt von einer Diskussion mit Hohler, seinem Kabarettkollegen Cés Keiser, Fernsehdirektor Ulrich Kündig, Kulturchef Roy Oppenheim, Hausjurist Wolfgang Larese und Felix Matthys, Zentralpräsident der SRG-kritischen Schweizerischen Fernseh- und Radio-Vereinigung SFRV. Nach der Herrenrunde war man allerdings auch nicht wesentlich schlauer. Interessant war höchstens, dass Fernsehdirektor Kündig, im Einklang mit der rechtsbürgerlichen Presse, Hohler kritisierte, weil dieser die Absetzung der Sendung nicht einfach hingenommen hatte.

Ein Abend im Kleintheater-Flugzeug

Nach dem Ende des Fernsehabenteuers »Hohler für Erwachsene« – die außerordentlich beliebten »Spielhaus«-Sendungen für die Kinder liefen weiter – hatte Franz Hohler im Jahr 1984 Zeit für die Vorbereitung seines nächsten Kabarettprogramms. Wie schon zwischen dem fünften, »Die Nachtübung«, und dem sechsten, »Schubert-Abend«, dauerte es auch bis zum siebten Programm, »Der Flug nach Milano«, wieder sechs Jahre. 1985 war es so weit, und Franz Hohler fand erneut einen neuen Premierenort. Diesmal war es die »Claque« in Baden im Aargau, der Region zwischen »seinen« Städten Olten, Aarau und Zürich – eine damals besonders lebendig bespielte Bühne für die Kleinkunst.

Am 26. Januar legte Franz Hohler dort los – oder besser: flog ab. Die vielen Tonnengewölbe in den Schweizer Kellerbühnen hatten ihn auf die Idee gebracht, dass sich in diesen

Räumen eigentlich bestens ein Flugzeuginnenraum supponieren ließe. So wurde das Publikum wie in der »Nachtübung« wieder in die Handlung miteinbezogen, diesmal als Passagiere des »Crash Air«-Flugs nach Milano. Am Eingang gab es, wie es sich am Flughafen gehört, einen Sicherheitscheck.

Hohler spielte alle Personen ums und im Flugzeug selbst: den Flughafensprecher ab Tonband, die Hostess, Kapitän Sturzenegger, Ko-Pilot Leuenberger und auch einige der Fluggäste, wie etwa einen italienischen Gastarbeiter in der Schweiz auf dem Weg in die alte Heimat oder einen Schweizer Wanderer unterwegs in die Cinque Terre – und vor allem die zentrale Figur, einen Flugzeugentführer. Dieser wollte in der großen Wut darüber, dass seine diversen ernsthaften ökologischen und sozialen Anliegen von den zuständigen Beamten nie ernst genommen worden waren, endlich etwas tun, statt sich immer nur vertrösten zu lassen. Deshalb versuchte er die Veröffentlichung seiner Forderungen am Fernsehen mithilfe dieser Flugzeugentführung durchzusetzen.

Selbstverständlich scheiterte der Möchtegern-Terrorist an seinem Ungeschick und fehlender Rücksichtslosigkeit – ebenso wie an den real existierenden politischen Verhältnissen in der Schweiz. Bis man die verlangte Deklaration am Fernsehen bringen könnte, beschied ihm Justizministerin Elisabeth Kopp an des Kabarettisten fiktivem Telefon, bräuchte es zuerst einmal eine Gesetzesvorlage mit Vernehmlassung, Beratung in beiden Räten und Volksabstimmung – das einstündige Ultimatum des Entführers, bevor er die Maschine in die Luft sprengen wollte, sei also unmöglich einzuhalten.

Hohler verband einmal mehr äußerst geschickt seine vielfältigen Botschaften für mehr Umwelt- und Menschenschutz mit viel Witz, Überraschendem und seiner großen Schlagfertigkeit. Letztlich hatte er mit der Entführungsstory ein drittes Mal eine Rahmenhandlung gebaut, in der das Publikum warten musste – diesmal auf den Ausgang der

Entführung. Wartezeit, die Hohler mit allerlei ebenso intelligenten wie unterhaltenden Nummern und Conférencen verkürzte. Der Entführer hatte sogar sein Cello dabei, weil er ja hatte damit rechnen müssen, dass dies für ihn die letzte Reise sein könnte. Auch Hohlers gesprochene Texte ließen nichts zu wünschen übrig. So brachte er das erste Mal seinen holländischen Text »Hoe de bergen in Zwitserland kwamen«, eine witzige Groteske darüber, wie die Berge aus den Niederlanden in die Schweiz transportiert wurden, damit die Schweizer Skilifte nicht immer durchs flache Land fahren mussten, denn »vroeger was Zwitserland een van de vlagste lande van de wereld«, wie man im ersten Satz der Geschichte aufgeklärt wurde. Die Schweizer revanchierten sich, indem sie den Holländern die unzähligen Schweizer Tulpen überließen.

Die Erklärung, die der ungeschickte Entführer am Fernsehen verlesen lassen wollte, schaffte es dann natürlich nur bis ins Kleintheater und nicht auf den nationalen Bildschirm, und der Luftpirat wurde vom Ko-Piloten überwältigt. Immerhin durfte er seinen heil davongekommenen Opfern noch sein Gedicht von der »Insel Utopia« vortragen. Dass ein verhafteter Flugzeugentführer die Gelegenheit zu einem Schlusswort erhielt, war selbst schon eine Art von Utopie.

Hohler schaffte mit der Figur des Luftpiraten Franz eine Art Kleinkunst-Stockholm-Syndrom: Man empfand Sympathie für den verzweifelten »Attentäter«, vor allem für seine Anliegen, auch wenn man wusste, dass er sie mit Gewalt nicht würde durchsetzen können. Auf einem raffinierten Umweg schaffte er es dann doch auf die Bildschirme: Das Schweizer Fernsehen strahlte den »Flug nach Milano« am 30. April 1986 aus – in voller Länge, weil Hohler das fast zweistündige Programm für unkürzbar erklärte. Das Fernsehen gab widerstrebend nach und schrieb im Pressetext: »Wegen des ungewöhnlichen Handlungsbogens bringt das Fernsehen das

Programm in voller Länge.« Auch im Radio war der Milano-Flug zu hören, auf allen drei Kanälen (DRS 1, 2 und 3) je einmal. »Dies hat mich der Mühsal enthoben, in Einzelauftritten auf Tournee zu gehen», schrieb Hohler im Jahr darauf im »Kabarettbuch«: »Der Flug nach Milano ist nämlich technisch ein äußerst aufwendiges Stück.«

Einen besonderen Auftrittsort fand er in der »Mühle Hunziken« in Rubigen bei Bern, eigentlich ein Musiklokal, das in den letzten Jahrzehnten manches unvergessliche Konzert erlebt hat. Dessen Leiter Peter Burkhart, alias »Müli-Pesche«, von Haus aus Architekt, »hatte immer ein Auge auf das, was neben der Musik sonst so lief«, erzählt Franz Hohler. »Er schaute sich den ›Flug nach Milano‹ an und sagte mir: ›Wenn du zu mir kommst, machen wir etwas ganz Besonderes.‹ Er verwandelte seine Mühle sozusagen in ein Flugzeug.« Hohler: »Er richtete sie nicht nur innen, sondern auch außen her, mit einer Jumbonase, die aus der Vorderwand drang, und einem riesigen Flügel samt Triebwerk und Blinklicht, der über den ganzen Vorplatz ging. Eingestiegen wurde über eine richtige Gangway durch ein Fenster. Den Zubringerdienst organisierten wir mit zwei PTT-Bussen, in welche die Passagiere am Hauptbahnhof Bern einsteigen konnten.« Die Mühle Hunziken steht übrigens ganz in der Nähe des Berner Flugplatzes Belpmoos, dem Büne Huber mit »Patent Ochsner« später mit dem Mundartsong »Belpmoos« ein musikalisches Denkmal setzte.

Die Churer Klybühni Schnidrzunft baute ein »Flugzeug« für Franz Hohler in einem Hangar der Air Grischa in Untervaz »zwischen Pikethelikoptern und in echtem Kerosindunst. Auch hier kamen die Zuschauer mit Bussen von Chur ins fliegerische Niemandsland hinaus«, wie Hohler im »Kabarettbuch« erzählte. Marco Guetg schrieb darüber unter dem Titel »Hohlers Flug nach Milano: Start in Untervaz zu kabarettistischem Höhenflug« in der »Bündner Zeitung« vom

5. Februar 1986: »Franz Hohler ist ein Utopist. Utopien müssen keinen negativen Beiklang haben, sie können durchaus das Resultat einer Haltung sein, für die Bloch den Terminus ›Prinzip Hoffnung‹ geprägt hat. Die Entführung geht vorbei, der Entführer wird überwältigt und abgeführt. Zurück bleibt, was er gesagt hat. Am Montagabend konnte viel gelacht, jetzt darf nachgedacht werden.«

Auch in Deutschland flog Hohler nach Milano. Über eine Vorstellung in München berichtete Jan Bielicki am 13. März 1987 in der »Süddeutschen Zeitung« unter dem Titel: »Quijote, der Luftpirat«: »In Franz Hohler, diesem so sanften Schweizermenschen, kocht Wut. Ja, noch hat er den Glauben an die Macht der Sprache nicht ganz verloren, noch ist die Entführung des Flugs CA 113 fiktiv, noch Kabarettprogramm. Im Fraunhofer sind wir eingestiegen zum ›Flug nach Milano‹, haben uns nach Waffen abtasten, mit Schokolade versorgen, die Sicherheitsanweisungen erklären lassen. Dann ist der Entführer nach vorne gestürmt mit sperrigem Cellokasten: ein schlaksiger Mensch mit roten Wangen, sanften Augen, spärlichem, grauem Haupthaar. Mit ungelenken Gesten, in nur scheinbar schwerem Schweizer-Hochdeutsch, nervös sich verheddernd in den Kabeln der Mikrofone und den Schlingen der Sprache, versucht er, uns, den Opfern, seinen Schritt plausibel zu machen. Und wir verstehen. Mit Sympathie betrachten wir den Öko-Terroristen, der vorhat, als Zeichen der Vernunft ein Blutbad anzurichten, diesem verzweifelten Wettkämpfer. Es ist erschreckend. (...) ›Everything is fine‹, beruhigt der Kapitän uns Fluggäste. Doch die Frage im Kopf: Ist ein Protest, der über Leichen geht, die letzte Chance für die Stimme der Vernunft, gehört zu werden? Eine schlimme Aussicht.«

Ob er denn selbst eine solche Wut über die Zustände in der Schweiz habe wie sein fiktiver Flugzeugentführer, fragte die Radio- und Fernsehzeitung »TR7« den Kabarettisten am

24. April 1986: »Ich bin weder nur wütend noch nur nachdenklich, noch nur fröhlich. Ich bin auch nicht nur beunruhigt. Ein Programm wie der ›Flug nach Milano‹ ist ein Konzentrat von dem, was einen beunruhigt. (...) Wenn Wut mein einziger Zustand wäre, könnte ich nicht leben. Einmal fragte mich einer nach der Vorstellung, wie ich noch schlafen könne. Aber ich kann besser schlafen, wenn ich darstellen kann, was mich beunruhigt.«

Hohler hoch zu Ross in seinem ersten Spielfilm

Die Figur des weltfremden Weltverbesserers gab Franz Hohler im Jahr darauf gleich noch einmal – und zwar erneut in einem für ihn neuen Medium, in einem Kinospielfilm. »Dünki-Schott« nannte er den Streifen, zu dem er das Drehbuch geschrieben hatte und in dem er auch die Hauptrolle spielte. Der Titelheld war der auch sprachlich eingeschweizerte Don Quijote, der Ritter von der traurigen Gestalt aus der spanischen Weltliteratur, »dieser radikale Spinner und Weltveränderer«, wie Hohler Rudolf Blum von der Zeitschrift »Tele« erklärte. »Ich habe noch nie so lange an einem Stoff gekaut«, fügte er hinzu. Sein schweizerischer Sancho Pansa hieß entsprechend Santschi und begleitete den in die aktuelle Welt- und Schweizergeschichte eintauchenden Historiker Dünki-Schott in einem dreirädrigen Roller mit Ladebrücke. Diese Rolle spielte Hohlers »Spielhaus«-Partner René Quellet. Und die holde Dulcinea alias Döltschi Bea war mit der Kleinkunstkollegin dodo hug besetzt.

Um die ritterliche Rolle zu spielen, lernte Hohler sogar reiten. Regie führte Tobias Wyss, der »Franz & René«-Regisseur beim Fernsehen, der wie Hohler mit »Dünki-Schott« seinen ersten Spielfilm drehte. Dafür war Produzent Bernard Lang ein Routinier. Er hatte im Jahr zuvor Fredi M. Murers seither legendär gewordenen Film »Höhenfeuer« produziert. Auch die technische Equipe brachte viel Erfahrung mit.

Professor Dünki-Schott, Titelheld, Historiker und Experte fürs Rittertum, der den Einfluss der Kreuzritter auf die Schweizergeschichte studierte und aus der Studierstube auf seiner Burg Echsenberg ins echte Leben wechseln wollte, ritt an gegen ein AKW, die überdimensionierte moderne Windmühle, gegen Autobahnen, für ihn die Lindwürmer der heutigen Zeit, gegen Staumauern, Rolltreppen und anderes neumodisches Zeugs, das der tapfere Ritter auf seinem Gaul unerschrocken attackierte.

Das Schweizer Fernsehen mochte bei der Finanzierung des Films nicht mittun, dafür halfen die eidgenössische Filmförderung, der »Süddeutsche Rundfunk« Stuttgart und private Sponsoren wie etwa Franz Hohler selbst, damit die benötigte Million Franken zusammenkam. Gedreht wurde im Frühsommer 1986 vor allem in der Zentralschweiz, in und rund um Littau bei Luzern, das damals eine eigene Ortschaft war und heute mit der Stadt Luzern fusioniert ist. Der Drehort war ideal, weil Hohlers Schwiegereltern die dortige Burg Thorenberg alias Echsenberg gehörte.

Der »Schweizer Illustrierten« erklärte Hohler alias Dünki-Schott während der Dreharbeiten, warum es für die Geschichte des idealistischen Professors die große Kinoleinwand brauche: »Nicht, dass ich jetzt auch noch Filmstar werden möchte. Aber für unsere heiligen Kühe ist wirklich nur auf der großen Leinwand Platz genug.« Auch die Zeitgeschichte spielte in die Dreharbeiten hinein: Während Hohler für die Kamera gegen die atomare Windmühle Leibstadt ritt, geschah die Katastrophe im fernen Tschernobyl, die auch in der Schweiz die Atomenergie in einem anderen Licht erscheinen ließ. Und noch vor der Filmpremiere im November 1986 ereignete sich der Sandoz-Chemieunfall in Schweizerhalle bei Basel. Bei dem Großbrand in einer Lagerhalle mit 1350 Tonnen Chemikalien entstanden unter anderem Verbrennungsgase mit unbekannter Zusammensetzung. Das Löschwasser verseuchte den Rhein. Die Folge war ein großes Fischsterben, auf einer Länge von 400 km starb die ganze Aalpopulation aus. Der Journalistin Vera Bueller erklärte Hohler in den »Luzerner Neusten Nachrichten« zu diesem »Ereignis«: »Am interessantesten war bei der ganzen Sache zu beobachten, wie die Beschwichtigungstaktik sofort angewendet wurde. Es war nicht von einer Katastrophe, sondern von einem Ereignis die Rede.«

Der bisher erfolgsverwöhnte Franz Hohler musste für seinen ersten Spielfilm viel und harte Kritik einstecken. Das Migros-Magazin »Wir Brückenbauer« titelte am 26. November 1986 wortspielerisch »Dünkels Schrott«, und Redaktor Henri R. Paucker urteilte: »Cervantes' Vision einer Welt, die so unheldisch ist, dass darin Ritter wie Narren wirken, schrumpfte in Hohlers Bilderbuch zu einer Welt, die so harmlos und niedlich ist, dass darin Ritter wie Gartenzwerge wirken. Franz Hohlers Dünki-Schott verhält sich zu Don Quijote wie ein Pilz zum Atompilz, wie eine Putzfrau zur Umweltverschmutzung. Franz Hohlers Film ist komisch gemeint und tatsächlich eine Tragödie, (...) ein unfreiwilliges Zeugnis von putziger Biederkeit.« Hans M. Eichenlaub sah es im »Aargauer Tagblatt« und verschiedenen anderen Regionalzeitungen ähnlich: »›Dünki-Schott‹ ist als Film gut gemeint, schade nur, dass man dabei auf Schritt und Tritt spürt, wie gut er gemeint ist. Der Film wirkt zu harmlos, er greift zu kurz.« Immerhin sei der Streifen gut gemacht und gut gespielt, aber: »Franz Hohler in der Titelrolle kann sich soviel Mühe geben, wie er will, er ist und bleibt Franz Hohler, sein Gesicht ist zu sehr bekannt und besetzt, als dass er da plötzlich zum Ritter Don Quijote werden könnte; dies jedoch vermag den Filmgenuss nicht wesentlich zu stören.«

Und die »Schweizer Illustrierte« doppelte nach: »Von Hohlers geistreichem satirischen Witz ist in dem volkstümlichen Film wenig zu spüren.« »Der Bund« hingegen hatte »eine feine, unterhaltsame Komödie« gesehen, »die dem Betrachter gleichzeitig unter die Haut geht und etwas auszulösen vermag«. Hohler und seine Mitstreiter hatten immerhin die Genugtuung, dass ihr Film im Januar 1987 am Filmfestival in Saarbrücken den Publikumspreis erhielt.

Das Hin und Her mit dem Schreibfreund

Geschichten weggeworfen hatte Franz Hohler bereits. Jetzt warf er eine Erzählung einem Freund zu, erhielt von diesem eine neue, antwortete mit der nächsten – undsoweiter immer hin und her. »Hin- und Hergeschichten« hieß das Buch, das er mit seinem Studienkollegen und langjährigen Freund Jürg Schubiger 1986 bei Nagel & Kimche herausgab, dem Verlag, der Schubigers Bücher publizierte. Es hielt die Texte fest, die sich die beiden Autoren in den drei Jahren zuvor jeweils am Samstag im Kulturteil der »Berner Zeitung« hin- und hergeschrieben hatten. Schubiger und Hohler erweisen sich als kongeniale Erzählerpartner. Hätte nicht unter jeder Geschichte das jeweilige Kürzel gestanden, man hätte Mühe gehabt zu unterscheiden, welcher von beiden welche geschrieben hatte. »Geschichten, von denen grundsätzlich jede einzelne für sich bestehen könnte. So jagen sich die Einfälle, einander über die Buchseiten hinweg an- und weitertreibend, und aus den vielen fügt sich am Ende eine einzige große Geschichte«, schrieb Bruno Lentz am 24. April 1986 im »Anzeiger von Uster« unter dem Titel »Komische Sensationsgeschichten des Alltags«.

Mit blühender, oft gar wuchernder Fantasie überwanden die beiden Schreiber spielerisch und erzählerisch alle einengenden Grenzen der Realität. Wenn Jürg Schubiger vom jüdischen Buben David schrieb, der in den 1930er-Jahren zweimal den Sommer bei Familie Schubiger verbracht und von dem man nach 1940 nie wieder gehört hatte, dann antwortete Franz Hohler mit einem Goliath. Dieser sei »gar nicht so groß, wie er immer dargestellt wird. (...) Er ist mit einem Aktenköfferchen unterwegs, fährt 1. Klasse und bereitet im Zug die Unterlagen für die nächste Sitzung vor. (...) Er will unser Bestes. (...) Allerdings, wenn es zum Kampf kommt, ist er der Stärkere. (...) Das eine Mal, seinerzeit, als jener Judenbube gewann, war eine solche Ausnahme, dass man noch während Jahrhunderten davon sprach, denn normalerweise, das muss nochmals gesagt sein, normalerweise ist es immer Goliath, der gewinnt, und David, der verliert.«

Manchmal war der Anstoß des einen Schreibpartners, den der andere aufgenommen hatte, auf Anhieb erkennbar, manchmal setzte die Suche danach die eigene Fantasie in Gang. Die beiden erzählten sich und dem Publikum persönliche Erlebnisse, die dann oft in völlig überraschende Richtung weiterdrifteten, oder sie ersannen wilde Unmöglichkeiten, wie sie nur großen Geschichtenerfindern möglich sind.

Im »Aargauer Tagblatt« sah Theo Byland am 31. Januar 1987 in der Neuerscheinung »ein außerordentlich anregendes Geschichtenbuch. Nicht selten ertappt man sich dabei, wie man in Gedanken selber weiterschreibt, eine ›unfertige‹ Handlung zu einem Ende bringt; man bekommt Lust, selber zu erzählen, Geschichten zu erfinden, und entdeckt, dass man das auch tatsächlich könnte ...« Am 30. Juli 1986 schrieb Marie-Louise Zimmermann im Magazin »Wir Brückenbauer«: »Eine gewisse Ähnlichkeit verbindet auch ihr Schreiben: Beide lassen sich immer wieder vom Sprungbrett der banalen Alltagsrealität mit einem verblüffenden Salto in bunte Fantastik katapultieren. (...) So spinnen die beiden ihr krauses Garn – und verstricken den Leser so geschickt ins bunte Muster ihres Fabulierens, dass er sich überhaupt nicht mehr wundert, wenn beim Bergbauern Melchior Zinsli plötzlich der Papst vorspricht, um beim Heuen zu helfen.« Zimmermann rapportierte in ihrem Artikel auch einen Dialog zwischen den beiden Schreibfreunden: »Mich haben Franz Hohlers Vorgaben immer stark angeregt«, erzählte Jürg Schubiger. »Sie ließen mich Geschichten entdecken in mir, auf die ich sonst nie gestoßen wäre.« Als Konkurrenz habe er das Spiel nie empfunden. »Für mich war es schon eine Herausforderung an das eigene schriftstellerische Können«, meinte dagegen sein Partner. »Ich habe immer wieder versuchen müssen, Jürg mit einem neuen Dreh der Dinge zu verblüffen.« Ihre Leserschaft verblüfften und erfreuten beide nachhaltig. Im »Tagblatt der Stadt Zürich« jedenfalls war man hingerissen von der Erzählkunst der beiden Freunde. Dort stand am 28. April 1986 zu lesen: »Bestseller der Woche: F. Hohler und J. Schubiger ›Hin- und Hergerissen‹, 22.80«.

Das »Kabarettbuch«, Bühnenerinnerungen zwischen Buchdeckeln

Wer die Karriere und die Arbeit Franz Hohlers von Anfang an mitverfolgt hatte, entdeckte in Hohlers folgender Buchpublikation scheinbar wenig Neues. Aber das »Alte« war im 1987 erschienenen »Kabarettbuch« konzis zusammengefasst und wurde vom Autor mit dem begleitenden Kommentar in den Zusammenhang gestellt. Hohler lieferte noch reichlich Bonusmaterial dazu. Beispielsweise Texte unter dem Motto »Lieder ohne Musik«. Dabei handelte es sich um ein gemeinsames Programm von Hohler und Hanns Dieter Hüsch, das sie 1981 in der »Rampe« in Bern und 1983 im »unterhaus« in Mainz gespielt hatten. Weil sie dabei auf ihre Instrumente Orgel und Cello verzichtet und vor allem von Hohler geschriebene Dialoge gespielt hatten, waren das eben »Lieder ohne Musik«. Dazu kamen je zwei Mundartübersetzungen von Liedern von Bob Dylan und den Beatles sowie einige Texte von »Denkpausen« am Fernsehen.

Zum Schluss stellte Hohler sein erstes Lied einem seiner damals jüngsten gegenüber: Da war einerseits »Im Land ohne un«, das er für das Aarauer Schülerkabarett »Trotzdem« geschrieben hatte, und andererseits seine verzweifelte Ballade von den Unerschütterlichen, das er an der großen Anti-AKW-Demonstration am 21. Juni 1986 vor dem Atomkraftwerk Gösgen gesungen hatte. Zwei Monate zuvor, am 26. April, war in Tschernobyl in der Sowjetunion etwas passiert, was laut der Schweizer Elektrowirtschaft gar nicht geschehen konnte, wie Hohler im Lied »Worum sit dir so unerschütterlich« sang:

> Jetz isch also z Russland wyt ewägg
> es Räschtrisiko explodiert.
> Theoretisch gits das all 10 000 Johr,
> jetz ischs halt e chli früeh passiert.
> Dänket a die Rueh, wo mir wärde ha
> während 9900 Johr
> und grad mir i der sichere, subere Schwiz
> bi eus gits nid die gringschti Gfohr.

> [Nun ist also weit weg in Russland
> ein Restrisiko explodiert.
> Theoretisch geschieht dies alle 10 000 Jahre,
> jetzt ist es halt ein bisschen früh passiert.
> Denken Sie an die Ruhe, die wir haben werden
> während 9900 Jahren
> und besonders wir in der sicheren, sauberen Schweiz
> bei uns gibt es nicht die geringste Gefahr.]

Der »Schweizerische Beobachter« lobte die Sammlung Hohler'scher Texte am 19. Juni 1987 als gelungenen Versuch, Kabarett in Buchform zu pressen: »Was im Buch an unmittelbarer Atmosphäre fehlt, wird durch die literarische Qualität der Texte wettgemacht, die voll zum Tragen kommt. Fazit: ein anderes Franz-Hohler-Erlebnis als bei einem seiner Auftritte – ein Leseerlebnis!« Dem schloss sich Michael Bauer in der »Neuen Zürcher Zeitung« an, und er ergänzte: »Man muss die Menschen sehr lieben, um ihnen die Gefahren ihrer Gedanken- und Sprachlosigkeit so unterhaltsam nahebringen zu können.«

Franz Hohlers Ruhm war übrigens trotz seiner großen Fernsehpräsenz, gerade auch für Kinder und Jugendliche, offensichtlich noch nicht zu allen Medien gedrungen. Jedenfalls erhielt sein Verlag Luchterhand im Januar 1988 folgende Bestellung aus der Redaktion der Zeitschrift »Schweizer Jugend« in Solothurn: »Wir möchten gerne das unten aufgeführte Buch in unserer Jugendzeitschrift – der größten der Schweiz – vorstellen: ›Das Frau Holle Cabaret-Buch‹.«

Die neuen Lieder zum Mithören

Im selben Jahr 1987 wie sein »Kabarettbuch« brachte Franz Hohler im Berner Zytglogge Verlag auch eine neue Schallplatte heraus – seine letzte, denn um diese Zeit löste die CD definitiv die LP ab. »S isch nüt passiert« hieß sie, und das war im Jahr nach Tschernobyl und Schweizerhalle natürlich bittere Ironie – eine besonders bittere, weil Hohler im Lied mit dem gleichen Titel die landesübliche Informationspraxis von oben herab zitierte und aufs Korn nahm, die auf alle besorgten Fragen nach Störfällen jeweils mit dem immergleichen Refrain antwortete:

> S isch nüt passiert, s isch nüt passiert,
> S klappt alles wunderbar.
> Nur ganz es Bitzli isch dernäbe,
> Doch das isch zuemuetbar.
>
> *[Es ist nichts passiert, es ist nichts passiert,*
> *Alles funktioniert wunderbar.*
> *Nur ganz wenig ist danebengegangen,*
> *Doch das ist zumutbar.]*

Auch die Ballade »Worum sit dir so unerschütterlich?« [»Warum seid ihr so unerschütterlich«] war natürlich zu hören und viele der Lieder mit Fragen, die der Kabarettist mit vielen anderen Schweizerinnen und Schweizern teilte, die von den Ereignissen deutlich stärker erschüttert waren als die Behörden. Das zeigte auch die Tournee mit demselben Titel wie die Schallplatte, die Hohler 1987 durch zahlreiche ausverkaufte Theater und Podien in der Deutschschweiz führte – Auftritte in Deutschland ließ er diesmal aus, denn dafür waren die neuen Lieder zu sehr auf die Schweizer Situation zugeschnitten. Schallplatte und Kabarettprogramm waren ein Querschnitt durch seine Texte und Lieder der letzten Jahre. In seinem »Usschaffigslied« [»Ausschaffungslied«], der schweizerdeutschen Version von Woody Guthries »Deportees« über das Schicksal mexikanischer Wanderarbeiter in den USA, thematisierte er die unmögliche Lage von Asylsuchenden in der Schweiz.

Als Vorschau für einen Abend in Bern berichtete Marco Hüsch am 19. Juni 1987 in der »Berner Zeitung« über einen Hohler-Auftritt im Bauerndorf Berg am Irchel im Zürcher Weinland. Er erlebte Hohler dort als einen, »der seine Zeichen zur und in die Zeit setzt, der von den Ängsten aller spricht, weil er die Worte dafür findet, wo andere nur noch die Faust im Sack ballen können. Ein Volkskünstler im wahrsten Sinn des Wortes; einer, der der Sprachlosigkeit vieler eine Sprache gibt, der stellvertretend nachfragt.«

Das Jahr ging für Franz Hohler mit einer positiven Überraschung zu Ende – und mit einer realsatirischen Pointe: Ende November erhielt er vom Kanton Zürich eine Ehrengabe für sein »Kabarettbuch« – in dem just jene Texte über Atomkraftwerke und Dienstverweigerung zu lesen waren, die fünf Jahre zuvor als Argument gegen einen Preis für Hohler angeführt worden waren. Der Zürcher Regierungsrat blieb sich dennoch treu: Er verweigerte den von der Fachkommission einstimmig vorgeschlagenen Filmpreis für den Regisseur Richard Dindo. Dieser habe in seinem Film »Dani, Michi, Renato und Max« die Zürcher Jugendunruhen von Anfang der 1980er-Jahre zu einseitig dargestellt. Mit dem Schriftsteller Rolf Niederhauser protestierte Preisträger Hohler bei der Preisverleihung gegen diesen Entscheid und übergab von den ihm zugesprochenen 10 000 Franken die Hälfte an Dindo.

Von knapper Prosa zu konzisen Gedichten

Die Gedichte, die Hohler in den vergangenen Jahrzehnten geschrieben hatte, legte er 1988 ebenfalls in einem Sammelband vor. Der mittlerweile 45 Jahre alt Gewordene nannte diesen programmatisch »Vierzig vorbei«. Seine große Kunst der knappen Aussage stellte er einmal mehr unter Beweis, diesmal in der »offiziellen«, verdichteten Form. Wer in den Jahren zuvor bei Hohlers Werk genau hingeschaut hatte – beispielsweise 1976 bei seinen Beiträgen zum zweiten Band der Reihe »Kurzwaren – Schweizer Lyriker« des Berner Zytglogge Verlags – und wer regelmäßig den »Tages-Anzeiger« las, in dem einige der Gedichte abgedruckt worden waren, entdeckte Bekanntes. Aber da war auch viel Neues, in Hochdeutsch wie in Mundart. Die freien Verse unterschieden sich oft nur formal, durch den Zeilenfall, von einer Hohler'schen Kurz- oder Kürzestgeschichte.

Da gab es Erinnerungen an die Zeiten der Familie Hohler in Männedorf und Uetikon, die an der »Goldküste« des Zürichsees liegen, etwa den

Goldküstenexpress

Wenn
der Wagenführer
seinen Kopf dreht

sieht er hinter sich
sehr achtsam
durch die Scheibe blickend
zwei Buben
sowie
einen Mann

und wenn er
dazu lächelt
weiß ich
dass er mehr gesehen hat

zwei Träume
vom Erwachsenwerden
und einen Traum
vom Kindsein.

Was er früher mit Songs und Chansons ausländischer Liedermacherkollegen unternommen hatte, tat er hier mit ein paar Gedichten aus der Weltliteratur, denen er in die Mundart hineingedichtete Versionen hinzusetzte, etwa zu Goethes berühmtem »Wanderers Nachtlied«, zu zwei Oden des Horaz und je einem Gedicht von Vergil und Sappho. Bei letzteren beiden stellte er seinen Mundartfassungen auch hochdeutsche Übersetzungen gegenüber – beim Sappho-Gedicht jene seines früheren berühmten Germanistikprofessors Emil Staiger. Matthias Claudius' Gedicht »Der Tod und das Mädchen«, das Franz Schubert so herzergreifend vertont hatte, wurde bei Hohler zu »E gruusige Bsuech« [»Ein ekliger Besuch«]. Er dichtete Politisches und Liebeserklärungen und beschloss den Band mit dem Titelgedicht »Vierzig vorbei«, einer achtseitigen verdichteten Lebensbilanz seiner Generation.

»Innehaltend erkundet Hohler den flüchtigen Moment, das privat wirkende Geschehen und hört darin die politischen Resonanzen, vor allem aber die Alarmzeichen der Zeit«, schrieb Gunhild Kübler am 19. Dezember 1988 in der »Neuen Zürcher Zeitung« zu Hohlers »Überlegungen zur Lebenssituation und zum Standort eines Mannes jenseits der Lebensmitte«: »Wie schon die Kabarettexte, so misstrauen auch Hohlers Gedichte aller voreiligen Harmonie und der weitverbreiteten trügerischen Sonntagsstimmung.« Sie fand allerdings auch: »Manchen Gelegenheitsgedichten hört man an, wie rasch sie entstanden sind. Manche Pointe wirkt abgegriffen; da zeigt sich, wie schwierig es ist, auf die wohlbekannten Katastrophen noch mit Gedichten zu reagieren.«

Nach einer Demonstration in Bern zum ersten Jahrestag von Tschernobyl, bei der die Berner Polizei mit einem völlig unverhältnismäßigen Tränengaseinsatz auf ein paar Chaoten reagiert hatte, schrieb Hohler beispielsweise eines seiner Gelegenheitsgedichte, das er in »Vierzig vorbei« festhielt:

Tränengas

und wieder einmal
werden wir
im Namen einer reibungslosen Funktion
behandelt
wie Insekten
weggesprayt
nur beim Versuch
für eine halbe Stunde
den Verkehr zu lähmen
der
bei einer wahren Katastrophe
während Jahren und Jahrzehnten
stillstehn würde.

Bern, 25. 4. 1987

Elsbeth Pulver schrieb in der »Berner Zeitung« zum Buch: »Man kennt die Stimmung, die Tonlage, den Autor; (...) ein Kabarettist, der geistreich unterhält, Vertrautes surreal verfremdet und dann unversehens kratzt und sticht. Jetzt also ein Bändchen Gedichte, Verse, (...) die nicht etwa einen ›neuen‹ Franz Hohler zeigen, aber vielleicht eine stillere, persönlichere, nachdenkliche Facette seines Wesens. Den einen, kein Zweifel, werden diese Gedichte zu privat sein, den anderen dagegen immer noch zu politisch.« Und sie sah den Dichter »in Hoffnung, Ernüchterung und Angst – und trotz der Ernüchterung hartnäckig im Widerstand und im Entschluss, sich die eigene Wahrnehmung nicht verwischen zu lassen«. Im Berliner »Tagesspiegel« lobte Jürgen P. Wallmann zwar Hohlers »durchweg recht gelungene Versuche, berühmte Gedichte der Weltliteratur in sein Schweizerdeutsch zu übersetzen«. Zu den »privaten Bekenntnissen« allerdings fand er: »Für den engeren Freundes- und Familienkreis von Franz Hohler ist dieses Bändchen zweifellos etwas Nettes. Die übrigen Leser aber halten sich besser weiter an den talentierten Kabarettisten, der in seinen Sketchen und Chansons häufig jene Verbindlichkeit erreicht, die man bei den meisten seiner Gedichte vergeblich sucht.«

Wie Franz Hohler dem Schweizer Mittelland einen neuen Berg bescherte

Nach dem bewegten Jahr 1987 gönnte sich Franz Hohler eine Bühnenauszeit, die er nur für ein paar Lesungen aus seinem Gedichtband unterbrach. Denn er saß an einem größeren Projekt, das schließlich 1989 das Licht der Bücherwelt erblickte: sein erster Roman. »Der neue Berg« hieß er, und eigentlich war es die in Romanform gegossene Geschichte von »S isch nüt passiert« und außerdem eine wesentlich dramatischere Ausgabe der »Rückeroberung«, bei der die Natur gegen die Zivilisation zurückschlägt.

Die Geschichte spielt in Zürich-Nord, dort wo Franz Hohler zu Hause und oft zu Fuß unterwegs ist, und er erklärte in einem Interview, in den Details der Geschichte gebe es durchaus auch autobiografische Elemente. Der Meister der kurzen, knappen Form überraschte bei seinem ersten Roman gleich mit satten 433 Seiten, die dank seiner schlanken Sprache und seinem Einfallsreichtum allerdings bei aller Katastrophenschwere des Stoffs leicht zu lesen sind.

Roland Steinmann, eine der Hauptpersonen, Aufzeichnungstechniker beim Fernsehen, entdeckt beim Joggen im Wald bei den alten Keltengräbern Risse im Boden. Was die einen immer stärker beunruhigt, löst bei den offiziellen Stellen eher »S isch nüt passiert, und s cha au nüt passiere«-Reflexe aus – bis zum Schluss eben doch die Katastrophe eintrifft, ein Vulkanausbruch mit Zehntausenden von Toten. Diese Geschichte erzählt Hohler mit Menschen, die auch in ihren Seelen und ihren Beziehungen gegen Risse zu kämpfen haben. Roland Steinmann wird ausgerechnet dadurch gerettet, dass er seinen eigenen dunklen Vorahnungen und vor allem dem Traum von Monika glaubt, der Teenagerin, die im gleichen Hochhaus wohnt wie er: ein Plädoyer Hohlers für unsere Träume. Den Kleinen hatte er dieses unbedingte Vertrauen in erträumte Realitäten schon mit seinem Kinderbuchhelden Tschipo schmackhaft gemacht.

Mit seinem ersten Roman musste Franz Hohler erleben, dass sich die Schar der Kritiker zweiteilte: Im Gegensatz zum überwiegenden Lob für seine kürzeren Erzählungen musste er jetzt auch viel Kritik einstecken – nicht unähnlich der Reaktion auf den Film »Dünki-Schott«. Dem »Tele«-Redaktor Rudolf Blum, der ihn darauf ansprach, dass gerade seine beiden ambitiösesten Projekte so viel Gegenwind erhalten hatten, erzählte Hohler: »Die Kritik steht in keinem Vergleich zu dem, was ich privat höre, was in Briefen steht von Leuten, die sagen: ›Ich konnte das Buch nicht mehr aus der Hand legen. Es ist jetzt morgens um vier Uhr, ich habe den Roman fertig gelesen und möchte Ihnen gleich schreiben.‹«

In Österreich kritisierte Susanne Schaber am 2. Juni 1990 in »Die Presse«: »Eine sehr moralische Geschichte ist es, die Franz Hohler da vor uns ausbreitet – und es bleibt nicht bei dieser einen. Er kann es offenbar nicht lassen, im Roman alle seine Kommentare zum Zustand unserer Welt auf einmal loszuwerden. (...) Sind Hohlers Programme eigenwillig, skurril, poetisch, versponnen, so vermisst man in diesem Buch seine Handschrift: Die Sorge um die Vermittlung seiner unzähligen Anliegen hat die Tinte wässrig werden lassen und die einzelnen Schriftzeichen verwischt.« Beat Gyger hatte am 9. Dezember 1989 im »Badener Tagblatt« bemängelt: »Ein weiter Handlungsbogen und eine durchaus tragfähige Geschichte, würde man meinen. Dass beim Lesen des Romans trotzdem keine echte Spannung aufkommen will, mag daran liegen, dass die Beschreibungen des Alltags der Menschen, ihrer kleinen Sorgen und heimlichen Liebschaften, die den Hauptteil des Buches bilden, in einigem zu lang geraten sind.«

Fehlende Distanz Hohlers zu einigen seiner Romanfiguren monierte Renate Kohl in »Die Welt« vom 25. November 1989: »Die schönsten und überzeugendsten Passagen gelingen ihm, wenn er den Schweizer Spießbürger aufs Korn nimmt. Die jungen Leute der Gruppe ›Frischer Wind‹, die vor einer möglichen Katastrophe warnen, sind dem sympathisierenden Autor dagegen zu heroisch geraten.« Im »Zürcher Oberländer«, der Zeitung für die Region, wo Roland Steinmann und Monika im Roman überleben, befand Antonio Cortesi am 10. Oktober 1989: »Wie kommt das heraus, wenn ein Meister der Kurz- und Kürzestform, wenn ein Pointenkünstler wie Franz Hohler sich als Romancier versucht? Kurze Antwort: mittelmäßig. Das war leider vorauszusehen. Wo einem der lange Atem fehlt [wie bereits beim Film »Dünki-Schott«, Anm. des Autors], ist der Langstreckenlauf die falsche Disziplin.«

Aber es gab nicht nur negative Kritik. »Schon lange habe ich kein Buch mehr gelesen, das ich so ungern aus der Hand legte, wie Franz Hohlers Roman. Hohler versteht es, mittels der äußerst kunstvollen, aber nie gekünstelten Komposition seiner Geschichte eine Spannung zu erzeugen, die durch den ganzen Roman nie abreißt«, urteilte Peter Anliker am 25. November 1989 in der Berner »Tagwacht«. Der Feuilletonchef des in derselben Stadt erscheinenden »Der Bund«, Charles Cornu, war ebenfalls gepackt worden: »Was uns so glatt und ohne augenfällige Widerhaken vom Autor eingegeben wird, so harmlos und so sanft eingänglich ist es dann doch nicht. Nur: Wenn wir das merken, wenn wir hellhörig genug und etwas gespüriger geworden sind, dann ist es bereits zu spät, da hat uns das Buch schon gepackt.«

Die Geschichte vom »neuen Berg«, von einem Vulkan bei Zürich, sei völlig realitätsfremd, schimpften Kritiker und meinten, so etwas könne in der geologischen Situation der Schweiz nie passieren. Nun geschehen allerdings auch hierzulande immer wieder Überraschungen, und die uralten Vulkankrater im Hegau bei Schaffhausen sind von Zürich-Nord nicht gar so weit entfernt. Im Buch »Franz Hohler – Texte, Daten, Bilder« von 1993 zitierte Franz Hohler denn auch folgenden Leserbrief:

Küsnacht, 21. 11. 91

Lieber Herr Hohler
Stellen Sie sich vor, jemand beschließt an einem Abend, es war der Abend des vergangenen Dienstags, beschließt also, wieder einmal ein gutes Buch zu lesen. Er sucht seine Büchergestelle auf und zieht den neuen Berg heraus. Er beginnt zu lesen, und je länger je mehr wird das Lesen zum Erleben. Als der neue Berg entstanden ist, zeigt der Wecker auf dem Nachttisch zwei Uhr vierzig. Mit Grauen im Nacken löscht er das Licht. Um zwei Uhr vierundfünfzig erschüttert das schwerste Erdbeben seit 1946 die Schweiz.
   Diese Geschichte tönt erfunden. Sie ist aber passiert. Mir. Ich werde sie nicht vergessen. Sie gehört zum neuen Berg. Darum müssen auch Sie sie kennen.
Markus Monliger

Hier möchte ich eine persönliche Geschichte anfügen. 1989 arbeitete ich als Auslandredaktor bei der »Tagesschau« des Schweizer Fernsehens. Ich wohnte damals in Bern und pendelte jeweils ins Fernsehstudio in Zürich-Nord, was mir viel Lesezeit in den SBB bescherte – Zeitungen auf dem Hinweg,

Bücher auf dem Heimweg. Am 17. Oktober hatte ich Frühdienst und Hohlers »Neuen Berg« dabei, den ich bis auf die letzten drei Kapitel gelesen hatte – die waren für den Heimweg vorgesehen. An diesem Tag wurde San Francisco vom größten Erdbeben seit der Katastrophe von 1906 erschüttert. Den ganzen Tag hatte ich die Bilder der zerstörten Oakland Bay Bridge und all der anderen gewaltigen Schäden vor Augen, die für die aktuellen »Tagesschau«-Sendungen zu bearbeiten waren. Und auf dem Heimweg im Zug dann Hohlers neuen Berg in Zürich-Nord.

Laut Wikipedia erschien vier Tage vor dem Erdbeben, am 13. Oktober 1989, in der Zeitung »Gilroy Dispatch« ein Artikel, in welchem vom Geologen Jim Berkland vom US Geological Survey das Beben vorhergesagt wurde. Berkland begründete seine Annahmen unter anderem mit dem Verhalten der Tiere – die auch in Franz Hohlers Roman als Erste aus dem gefährdeten Wald flüchten.

Gut drei Wochen später gab es dann sehr viel näher ein politisches Erdbeben, das am 9. November die Mauer in Berlin zum Einsturz brachte. Ein weiteres »völlig unmögliches« Ereignis.

Gunhild Kübler
Literaturkritikerin

Franz Hohler ist seit vier Jahrzehnten für mich ein wichtiger Autor – nachdenklich, lebensklug, witzig und wunderbar einfallsreich. Vielseitig produktiv wie kein anderer Schweizer Schriftsteller, begleitet er mich kontinuierlich durch mein Leben, eine bei aller Distanz vom Alter her beinah brüderliche Figur mit ähnlichen Interessen und politischen Einstellungen, Wünschen und Ängsten. Die Themen und Probleme, mit denen er sich in all diesen Jahren auseinandersetzte – beispielsweise seine ökologischen Sorgen –, waren solche, die mich auch umtrieben. In seiner Art, sie anzugehen, fand ich befreiende Ansätze.

Man konnte zum Beispiel einfach lachen anstatt genervt zu sein von der gewaltigen Energie, mit der Kinder ihren Willen gegen die Eltern durchzukämpfen versuchen. Lachen über das Hohler'sche Elternpaar aus dem frühen Erzählband »Der Rand von Ostermundigen«, das sich mit seinem Kleinkind in einen aberwitzigen Machtkampf um »die Bedingungen der Nahrungsaufnahme« verstrickt. Zuletzt muss die Mutter im Nachthemd auf dem Schrank im Kinderzimmer liegen, das Hausmädchen regelmäßig eine Rassel schütteln und der Vater auf einer Bockleiter vor dem Haus stehend den Löffel mit Brei zum Fenster hereinreichen. Dann und nur dann isst das Kind, ans Fensterbrett gelehnt. – Ich las die Geschichte ein paar Jahre später meinen beiden ebenfalls willensstarken Buben vor. Gelächter.

Hohlers hintergründige Geschichten faszinieren mich schon immer. Mithilfe von vermenschlichten Alltagsgegenständen entstehen da manchmal erstaunlich komplexe Situationen. Etwa wenn bei einem Kühlschrank die Tür offen blieb und es zu warm drin wird. Joghurts, Würstchen, Salate, Eier und Tomaten wollen raus. Nur das in Gläsern Aufbewahrte, z. B. Essiggurken und Silberzwiebeln, bleibt sitzen. Alle andern Insassen brechen auf, nämlich »in die Natur«. Aber schon vor der Haustür überwältigt sie die Sommerhitze, und sie sind froh, dass ihr Besitzer sie in den Kühlschrank zurückstellt. Dort in der Kälte kommen sie wieder zu sich. Und jetzt? Nennen sie ihren Ausflug ein Fiasko? Von wegen. Schön sei es gewesen »in der Natur«, lügen sie unisono und weigern sich, die Wahrheit zuzugeben. Gewiss aus purem Stolz und wegen der Selbstachtung, aber auch, weil es so schön ist, die Dableiber mit Aufschneidereien zu ärgern.

Dieser Tage lese ich solche Geschichten mit großem Vergnügen meinen Enkelkindern vor und hoffe, es bleibt ihnen für immer in Ohr und Gedächtnis, wie einfach und zugleich strahlend prägnant man auf Deutsch erzählen kann. Sie merken sich indessen stillvergnügt eine kleine Schimpfwortkaskade.

Der Wechsel zur dickleibigen Romanform muss für den erzählerischen Kurzstreckenvirtuosen Hohler ein Wagnis gewesen sein. Doch ist es ihm geglückt, und seine Leser sind ihm mit Begeisterung auch auf dieses Terrain gefolgt. Mir gefällt besonders gut sein schlanker Roman »Es klopft«. Erzählt wird auch hier wie gewohnt straff und spannend. Aber gemeinsam erzeugen die einzelnen Erzählstränge eine verblüffende Vielschichtigkeit, über die man lange nachsinnen und diskutieren kann. Mir scheint, Hohler hat hier seine alte Angst vor ökologischen Verwüstungen auf das gefährdete und schutzbedürftige System menschlicher Beziehungen übertragen.

Anlässlich von Hohlers siebzigstem Geburtstag gab es vor Kurzem im Zürcher »Kaufleuten« ein Fest. Er selber bot einen Querschnitt aus seinem Werk. Der Saal war brechend voll, Leserinnen und Leser aller Altersgruppen hatten sich eingefunden und hingen an seinen Lippen. Und beim Zuhören waren die Leute nicht nur konzentriert und still, sie gingen auch spürbar mit: angeregt lachend, nachdenklich, gerührt und erinnerungs-, ja vielleicht sogar gemeinschaftsselig. Einem ebenfalls gut bekannten Schweizer Schriftsteller neben mir fiel diese besondere Atmosphäre von Hohlers Lesung auf, und sichtlich betroffen und mit kollegialem Mitgefühl sagte er: »Wie sehr sie ihn alle lieben.«

Ja, Franz Hohler ist nicht nur populär hierzulande, sein Lesepublikum liebt ihn. Ich auch. Als Grund wird bisweilen angegeben, er behalte die Leute im Blickkontakt über die Rampe hinweg, habe zu ihnen einen speziellen »Draht«. Das ist plausibel. – Ein anderer Grund ist aber wohl genauso wichtig: Hohlers Publikum bringt ihm Dankbarkeit entgegen. Denn er hat an seinem speziellen und wie immer auch begrenzten Ort diese Welt ein wenig humaner gemacht.

Heide Genre
Journalistin und ehemalige Redaktorin der »Denkpause« am Fernsehen DRS

Wir machten die »Denkpause« mit Franz Hohler am Fernsehen von Anfang 1980 bis Ende 1983, also ziemlich genau vier Jahre – bis zur Zensur der »Dienschtverweigerer«-Sendung. Interessanterweise hatten wir immer mit alten Nummern Pech, die Franz zuvor schon viele Male auf der Bühne gespielt hatte: mit »Kaiseraugst 2050«, das ursprünglich »Gösgen 2050« geheißen und ihn einen Literaturpreis des Kantons Zürich gekostet hatte, und dann eben mit »Le Déserteur«, einem damals schon dreißig Jahre alten Lied. Die Reklamationen kamen teils zu uns in die Redaktion, meistens aber gingen sie von gewissen rechtskonservativen Interessengruppen gleich an die Fernsehdirektion.

Als Ressort Kultur betreuten wir damals mehrere Sendungen, auch eine Reihe von kulturellen Dokumentarfilmen. Und ab 1980 mussten wir die Lücke zwischen der »Tagesschau« und »Aktenzeichen XY – ungelöst« füllen. Diese viertelstündige Sendung hieß intern zuerst »Lückenbüßer«. Dann hatte Franz die Idee mit der »Denkpause«. Ich kannte ihn schon von der Sendung »Theatermagazin« her, die ich gemeinsam mit der Moderatorin Verena Hoehne gestaltete. Wir stellten jeweils am Schluss der Sendung als kleines Schmankerl einen Theaterberuf vor. Dort hatte er seinen »Theaterdonnerer« gezeigt, den er später auch auf die Bühne brachte, und den »Theaterarzt«.

Den »Theaterdonnerer«, eine wunderbare Nummer, drehten wir in Olten im Stadttheater, weil Franz' Vater dort als Präsident des Theatervereins gute Beziehungen hatte. Die Donnerbleche, die Franz für die Nummer brauchte, ließen wir bei unserer Requisitenabteilung herstellen und fuhren damit auf der Autobahn nach Olten. Auf der Rückfahrt donnerte dann sogar eines vom Autodach. Zum Glück ist nichts passiert.

Die Arbeit mit Franz für die »Denkpause« war ein reines Vergnügen. Wir machten zehn Sendungen im Jahr, jeweils eine Viertelstunde. Überspitzt gesagt: Meine »Hauptaufgabe« als Redaktorin bestand vor allem darin zu schauen, dass er die Sendezeit nicht überzog – wegen der gemeinsamen Ausstrahlung von »Aktenzeichen« mit den deutschen und österreichischen Sendern durften wir keine Sekunde zu spät sein. Sonst hätten wir uns bei den Eduard-Zimmermann-Fans eher unbeliebt gemacht.

Der Entstehungsprozess der einzelnen Sendungen verlief so: Franz kam mit einer Idee und meist auch bereits geschriebenen Texten. Dann besuchten Regisseur Werner Gröner und ich Franz in seinem Übungskeller. Er spielte uns vor, und wir diskutierten gemeinsam darüber. Je nachdem überarbeitete er seine Vorlage, und schließlich wurde die »Denkpause« bei uns im Studio aufgenommen. Neben den Themen AKW und Militär gab es nur noch eine Reklamation. Das war, als Joseph in einer Sendung zu Maria sagte: »Dann nehme ich eben dieses Kind«. Religion war ja damals das dritte Tabuthema. Dinge, die in einer Zeitung kaum beachtet wurden, lösten am Fernsehen heftige Proteste aus.

Nach der Absetzung der »Dienschtverweigerer«-Sendung hatte Franz genug, das war auch begreiflich. Er erfüllte bis Ende Jahr seinen Vertrag mit einer letzten »Denkpause« und einem Schubert-Lied: »Fremd bin ich eingezogen, fremd zieh ich wieder aus« aus der »Winterreise« bekam so einen schönen Doppelsinn. Wir veröffentlichten später die fertige, abgesetzte Sendung, in der Franz alte Kriegslieder und zum Schluss eben den »Dienschtverweigerer« gesungen hatte, als Kassette im Fernsehshop.

Unter seinen Büchern und Geschichten ist »Die Rückeroberung« mein absoluter Liebling. Immer wenn ich irgendwo einen Grashalm durch den Asphalt wachsen sehe, freue ich mich. Franz hat einen erstaunlichen visionären Sinn: so auch im sehr alten Lied vom Weltuntergang, in dem irgendwo auf einer Südseeinsel ein Käfer ausstirbt und eine fatale Kettenreaktion auslöst.

Es ist fabelhaft, wie knapp und präzis er etwas ausdrücken und auf den Punkt bringen kann. Mir hat auch immer imponiert, wie er in verschiedene Rollen hineinschlüpfen kann und fast dahinter verschwindet. Wenn er allerdings zu predigen beginnt, ist er nicht mehr so überzeugend. Aber meistens verpackt er die Botschaft gut, und dann ist es wunderbar. Er findet fast immer schöne, treffende, zwingende Bilder. Und Franz ist mit Bestimmtheit keiner, der Wasser predigt und Wein trinkt. Man muss nicht verlangen, dass jemand genau nach seinen Texten handelt, aber bei Franz stimmt es absolut.

Tobias Wyss
Regisseur und Freund

Franz und ich haben uns an der Gartenbauausstellung »Grün '80« in Basel kennengelernt. Dort hatten er und René Quellet einen Auftritt. Von 1980 bis 1995 habe ich dann alle »Franz & René«-Sendungen realisiert, im Rahmen der Fernseh-Kindersendung »Spielhaus«. So wurden wir mit der Zeit gute Freunde.

Franz schrieb meistens die Drehbücher für den Studioteil. Bei den Filmen, die eingespielt wurden, lösten er und René sich ab. Die verrückteren, schrägeren kamen von René. Eine Szene vergesse ich nie mehr: Da fuhr ein Eisenbahnzug in einen Tunnel, in der Nähe von Le Landeron, wo René wohnt. René rannte hinter dem Zug her in den Tunnel – und kam mit dem Schlusslicht wieder heraus. Auch Franz hatte wunderschön schräge Ideen. Einmal schaute er im Studio plötzlich in die Kamera und sagte: »Da isch doch es Meitli z Romanshorn: Was hesch du gseit? De René heig si Huet schräg auf em Chopf? René, leg mal di Huet richtig aa!« [Da seh ich doch ein Mädchen in Romanshorn: Was hast du gesagt? Renés Hut sei schräg auf seinem Kopf? René, setz deinen Hut richtig auf!«]

Wir machten vielleicht vier bis sechs Sendungen im Jahr, und meistens nahmen wir mehrere miteinander auf – alles mit einem Minimum an technischem Aufwand. Wir drehten oft in der Umgebung von Franz und René, um das Haus und in ihrem Garten. Den Studioteil nahmen wir ohne viel Aufwand auf. Das Bühnenbild war offen. Da hatten wir oft Mühe, dass das große Studiomikrofon nicht ins Bild kam.

Dann begannen Franz und ich am Projekt eines Films herumzufantasieren. Daraus entstand »Dünki-Schott«. Ich muss sagen, dass ich da vieles »in den Sand gesetzt« habe, weil mir die nötige Erfahrung fehlte: Ich bin ein Dokumentarfilmer. Ich war zwar beim Film »Der schwarze Tanner« von Xavier Koller Regieassistent, aber als Regisseur von »Dünki-Schott« kam ich in einen ganz anderen Bereich hinein. Die Entstehung des Films war sehr interessant, aber für mich war es harte Kost. Das hatte nichts mit Franz zu tun, sondern damit, dass ich oft mit der großen Equipe nicht zurande gekommen bin.

»Dünki-Schott« hatte im Kino etwa 50 000 Zuschauer – das war im Jahr 1986 nicht so schlecht. Am Filmfestival Max Ophüls Preis in Saarbrücken im Januar 1987 wurde er zweimal gezeigt, und bei beiden Vorführungen erhielt er vom Publikum eine Standing Ovation. Die Leute waren völlig aus dem Häuschen, für sie funktionierte dieser Film. Er passte auch irgendwie in jene Zeit und gewann sogar den Publikumspreis.

Franz und ich haben uns auch privat oft gesehen. Wir hatten lange Zeit ein Haus in Italien, und Franz und Ursula waren dort zu Besuch. Wir waren auch bei ihnen, haben zusammen gegessen – und natürlich auch gejasst!

Franz hat mir gezeigt, was das ist: ein guter Freund. Er ist nicht nur ein präziser, sondern auch ein verbindlicher und treuer Mensch. Diese Freundschaft hat mich sehr bewegt. Unser letzter Film »Zum Säntis!« ist eigentlich kein Porträt von Franz, sondern das, was die Amerikaner einen »Buddy«-Film nennen: das Porträt einer Freundschaft. Die Filmkommissionen und auch die Kritik sahen das anders – es wurde ein Porträt von Franz Hohler erwartet, über seine literarische und gesellschaftspolitische Bedeutung.

»Zum Säntis!« haben wir an den Solothurner Filmtagen gezeigt, und das wurde eine wunderschöne Vorführung. Auch René Quellet kam dort dazu. Später lief der Film achtmal im »Filmpodium« in Zürich. Das war eine ganz ordentliche Auswertung, nachdem er schon so oft am Fernsehen ausgestrahlt worden war.

Ich finde, Franz hat ein unglaublich gutes Gefühl fürs Geschichtenerzählen. Vor allem die Kurzform gefällt mir enorm. Auch seine Romane gefallen mir, doch die kurzen Sachen mag ich lieber. Und wie er erzählt! Als Beispiel kommt mir die Geschichte in »Die Torte« in den Sinn, wo ihm frühmorgens auf der Notre-Dame de Paris eine Frau gewissermaßen in die Arme fällt – Lady D ... Er hat oft etwas Entwaffnendes in der Art, wie er etwas erzählt. Ich denke dann oft: So könnte ich das nie sagen.

Wenn ich Franz definieren müsste: Er ist bei der Sache. Er ist konzentriert. Er ist da. Er kann sich intensiv auf etwas einlassen, ist im besten Sinne des Wortes engagiert. Er sagt in unserem Film: Ich bin ein KMU, ein künstlerisches mittelständisches Unternehmen. Dass einer mit 20 Jahren sagte: Ich habe die Sprache, und von dieser Sprache will ich leben – das ist wirklich erstaunlich, irgendwie »unschweizerisch«. Er war sich auch nicht zu schade, diese Idee durchzuziehen. Es ist ihm bis heute gelungen und wird ihm auch weiterhin gelingen!

Beatrice Eichmann-Leutenegger
Literaturkritikerin

Von 1969 bis 1974 studierte ich in Bern und Zürich Germanistik und Kunstgeschichte, und in meiner Berner Zeit war ich sehr oft mit einer Kommilitonin zusammen, Annemarie Studer aus Solothurn. Mit ihr besuchte ich viele Veranstaltungen und schrieb darüber nebst dem Studium für die »Tagwacht«, die Berner SP-Zeitung. So ging ich auch oft in die Berner Kleintheater, vor allem ins »Zähringer Refugium«, wo Franz Hohler und andere Größen auftraten. Irgendwann sagte Annemarie beiläufig, Franz sei übrigens ihr Cousin. Da war ich verblüfft und fühlte mich ein wenig »gehoben«, dass ich mit seiner Cousine verkehrte. Es war die Zeit, als er sein Studium bereits zugunsten seiner kabarettistischen Karriere aufgegeben hatte. Irgendwie bewunderte ich diesen Schritt. Für mich war das keinesfalls ein Akt des Scheiterns, sondern ich dachte, der sei mutig. Der mache das, wozu er sich berufen fühle.

Später nahm ich ihn natürlich vor allem dank seiner literarischen Publikationen wahr. Für mich als Literaturkritikerin war das der genuine Zugang, und ich bin von seinen Büchern nach wie vor überzeugt. Er ist ein blendender Erzähler. Die kleine, überschaubare Form liegt ihm aber meiner Meinung nach besser als die Romanform. In den kleinen Formen ist er auch sprachlich fast immer sehr stringent, oft geradezu virtuos, in der ausufernden Romanform dagegen der Gattung gemäß weniger kompakt. Von den beiden jüngsten Romanen habe ich »Es klopft« recht gut gefunden, aber »Gleis 4« hat mir gar nicht gefallen.

Ich bewundere ihn als Erzähler, und was ich außerordentlich finde, ist sein Erfindungsreichtum: dass er aus scheinbar banalen Sachen etwas Hintergründiges und sehr oft auch Hinterhältiges herausschälen kann. Der Einbruch des Grotesken ins Alltägliche, den wir ja alle mit offenen Sinnen immer wieder erleben und der uns sehr erschrecken kann und aus dem Gleis und aus der Balance wirft – Hohler hat da ein unglaubliches Potenzial. Da ist er ein Anarchist durch und durch, auch wenn er mit freundlich lächelndem

Gesicht auftritt. Er hat es faustdick hinter den Ohren. Hier ist eine Verschmitztheit höherer Ordnung am Werk.

Im Buch »Das Ende eines ganz normalen Tages« habe ich drei Lieblingserzählungen gefunden, die eine ist sogar meine Toperzählung. Der Text »Von Matt liest« über die Abschiedsvorlesung von Peter von Matt an der Universität Zürich ist sprachlich brillant. Dann die Geschichte »Ein Fall«: Dort spielt Franz Hohler gekonnt mit den verschiedenen Bedeutungen von »Fall«, »Zufall«, »Überfall«, »Einfall« et cetera.

Mein Liebling an erster Stelle ist aber die kurze Erzählung »Die Verkündung«. Es geht um eine alltägliche Situation im Zug. Franz Hohler hätte wohl gerne seine Ruhe, wie wir meistens auch. Vielleicht möchte er noch etwas für einen Auftritt vorbereiten und sich konzentrieren. Und da wird nebenan pausenlos telefoniert, auf einem Handy, und man bekommt alles ungewollt mit. Aber irgendwann ist plötzlich alles anders als vorher: Ein Mann in Franz Hohlers Hörbereich erhält nämlich die Nachricht, dass ein Kind geboren worden ist: ein Oliver. Man erfährt auch, wie schwer dieses Bébé ist und wie viele Zentimeter lang. Plötzlich breitet sich in diesem Zugsabteil eine ganz andere Stimmung aus. Erzähler Franz Hohler sagt zum Schluss: »Denn soeben haben wir die uralte Botschaft vernommen, dass uns ein Kind geboren wurde.«

Sprachlich interessant ist der Titel: Diese Geschichte heißt eben gerade nicht »Die Verkündigung«, sondern »Die Verkündung«. Wenn der Erzähler »Verkündigung« schreiben würde, hätte der Text sofort einen religiösen Touch, es würde ihn in gewissem Sinne einengen, aber wenn er »Verkündung« schreibt, ist alles viel offener, weiter gefasst, es können sich viel mehr Leser damit identifizieren. Wer den Nachklang des biblischen Geschehens hineindeuten will, kann das trotzdem tun. Ich finde es wunderbar, dass er diese Türen und Fenster öffnet. Und das Staunen, das sich ausbreitet, diese Freude über die Geburt eines neuen Menschenkindes – das ist so schön! Diese Geschichte könnte man auch an Weihnachten vorlesen.

Franz Hohler hat eine unglaubliche Fantasie und eine geniale Ader im Geschichtenerfinden. Außerdem ist er ein Seismograf für gesellschaftliche Entwicklungen. Und er beherrscht die Kunst der Reduktion. Diese Kürzestgeschichten sind reduziert auf ein Minimum, auf ein Destillat sozusagen: reiner Schnaps, reiner Geist.

Klaus Siblewski
Lektor Luchterhand Literaturverlag

Ich arbeite mit Franz Hohler seit 1980 zusammen. In der Zwischenzeit sind wir nicht nur die ältesten Vertreter (er als Autor, ich als Lektor) im Luchterhand Verlag. Ich nehme auch an, dass es im Bereich der deutschsprachigen Literatur kein länger zusammenarbeitendes Autoren-Lektoren-Duo gibt als FH und mich. Und dazusagen möchte ich noch: Als ich FH das erste Mal traf und ihn in Darmstadt vom Bahnhof abholte, war ich, als er aus dem Zug stieg und dann vor mir stand, erstaunt, wie groß er ist. Das darf metaphorisch verstanden werden und hat von seiner Gültigkeit bis heute nichts verloren.

Ich arbeite noch mit anderen Schweizer Autoren beziehungsweise in der Schweiz schreibenden Autoren zusammen. Im Augenblick sind es Christian Haller, Melitta Breznik und Angelika Overath. Meine Beziehungen zu Schweizer Autoren und zur Schweizer Literatur reichen aber viel tiefer und weiter in die Vergangenheit zurück. Ich habe sehr lange und intensiv mit Kurt Marti zusammengearbeitet, mit Otto F. Walter und anderen.

Franz Hohler ist kein »schwieriger Kunde«. Der Grund, weswegen das so ist, ist einfach zu benennen. Er weiß genau, was er in seinen Texten und als Autor erreichen möchte. Das ist für die Zusammenarbeit mit einem Autor eine gute und zu guten Ergebnissen führende Grundlage. Zu seinen Besonderheiten zählen das sichere Erzählenkönnen auf engstem Raum und ein genau und für die jeweiligen Stoffe sehr präzise und angemessen sich entfaltender Erzählton und Takt im Erzählen.

In unserer Zusammenarbeit wird an vielem gearbeitet, darunter auch an Helvetismen. Es geht um den jeweiligen passenden Ausdruck und nicht um die Frage, welche Spracheigenheiten (die Autoren aus Österreich, Südtirol oder Berlin und Flensburg auch besitzen) sich durchsetzen können oder in ihrem Erblühen behindert werden sollen. Es geht dabei auch um die Frage, wie viel sprachliche Verschlossenheit der Text verträgt und welchen Grad an Mitteilsamkeit er erreichen möchte. Es geht also im Kern um literarische Fragen ...

In der Regel arbeitet FH seine Projekte selbständig aus. Der Verlag äußert gelegentlich den Wunsch nach einem neuen Roman oder schlägt dem Autor einen Sammelband vor. Der Autor nimmt diese Vorschläge und Anregungen aber nur auf, wenn diese Anregungen sich mit seinen Schreibprojekten in Verbindung bringen lassen, die er verfolgt. An die Ablehnung eines Buchprojekts kann ich mich nicht erinnern.

Ein sentimental-inniges Verhältnis habe ich zu den Erzählungen im Band »Die Rückeroberung«. Vermutlich hat das drei Gründe: Weil ich diese Erzählungen noch heute sehr mag, weil Franz Hohler in diesen Erzählungen erstmals eine längere Form erprobte und weil diese Erzählungen für mich am Anfang einer Entwicklung stehen, die dann zu vielen längeren Erzählungen (im »Geisterfahrer« nachzulesen) und zu Romanen geführt haben; und weil mit der »Rückeroberung« (wiederum aus meiner Sicht) der Anfang gemacht war, dass der »literarische« Autor Franz Hohler seit damals deutlicher in der Öffentlichkeit wahrgenommen worden ist. Und gleich dazugesagt: Gegen die kurzen Erzählungen spricht das nicht.

Früher wurden, grob gesprochen, rund 80 Prozent von Franz Hohlers Büchern in der Schweiz verkauft, 20 Prozent in der BRD. Mittlerweile dürfte das Verhältnis bei rund 60 Prozent in der Schweiz und 40 Prozent in der BRD sein und sich möglicherweise auf die 50 zu 50 Prozent zubewegen.

Es ist aus meiner Sicht nicht schwieriger geworden, Bücher von Franz Hohler in Deutschland zu verkaufen, seit er weniger auf Kabarettbühnen auftritt, sondern umgekehrt: Es ist einfacher geworden. Der Grund: Kabarett und Buchmarkt durchdringen sich kaum. Der Erfolg auf dem einen Gebiet wird auf dem anderen kaum wahrgenommen.

Franz Hohler wird seit Langem und in den letzten Jahren mit deutlich wachsendem Gewicht als einer der bedeutenden Autoren der Schweiz in der Bundesrepublik wahrgenommen. Das zeigt sich daran, wie während Buchmessen die Plätze, an denen Autoren vor großem Publikum auftreten, besetzt werden. Da ist Franz Hohler an führender Stelle zuverlässig dabei. In den langen, von der ARD ausgestrahlten Büchernächten zum Beispiel. Ein Unterschied zu anderen bedeutenden Autoren aus der Bundesrepublik ist dabei nicht festzustellen. Er ist kein »Schweizer Autor«. Er ist ein deutschsprachiger Autor, der in der Schweiz geboren wurde und dort lebt – wie Max Frisch, Friedrich Dürrenmatt oder Peter Bichsel auch.

Ursus & Nadeschkin
Clowns und Freunde

N › Zu Beginn unserer Karriere hatten wir die Idee, die Requisiten für unser erstes Straßentheater in einem Cellokasten aufzubewahren.

U › Also schrieben wir einen Brief an die drei Männer in der Kleinkunstszene, die mit Cello tourten: Beatocello, Marcocello und Franz Hohler.

N › Franz Hohler antwortete als Einziger – mit einer kurzen Notiz: »Ja, der Franz hat einen.«

U › Und diesen konnten wir dann bei ihm zu Hause abholen, mussten ihn uns aber zuvor mit einem Gratisauftritt am Gubelstraßenfest in Oerlikon erspielen. Denn dieses Fest in seinem Wohnquartier organisierte er immer mit.

N › Wir freuten uns sehr über den Koffer, den Franz selber sicher nie gebraucht hätte: Es war ein kitschiger, himmelblauer ...

U › ... mit Wölklein drauf ...

N › Er hatte ihn wohl selbst mal geschenkt gekriegt.

U › Jahre später hat uns der Franz dann lachend erzählt, wie erleichtert er tatsächlich war, dass er den Schönwetter-Koffer so sinnvoll losgeworden ist ...

N › Der Cellokasten wurde uns ein paar Jahre später gestohlen, aber die Freundschaft zum Franz ist geblieben.

U › Und immer mal wieder saß er bei uns im Publikum. Das war Anfang der Neunzigerjahre schon so und ist es heute noch.

N › 2012 haben wir unser aktuelles Programm geprobt, und Franz war noch vor der Premiere an einem Try-out dabei. Natürlich war es zu früh, und vieles stimmte noch nicht. Aber der Franz nahm sich nach unserem Spiel die Zeit und gab uns zusammen mit seiner Frau eine Superkritik. Dieses Feedback hat uns auf unglaublich gute Art ermutigt und gefreut.

U › Es gibt kein überflüssiges Wort von Franz, weder im Gespräch noch schriftlich. Er ist sehr überlegt und nimmt alles wichtig und ernst. Wenn er etwas tut, tut er es richtig. Das ist für mich eine seiner ganz großen Qualitäten.

N › Auch seine Rede an der Trauerfeier im Großmünster für Cés Keiser – ich weiß nicht, wer so etwas sonst könnte. Da hab ich nur noch geweint. Obwohl ich Cés Keiser privat kaum kannte, durch Hohlers Worte lernte ich ihn irgendwie kennen. Das hat mich unglaublich bewegt.

U › Er ist einer der wenigen, der die richtigen Worte findet, wie auch damals bei 9/11. Denn wenn der Franz was sagt, so kommt das gut. Und es ist erstaunlich, dass er auch nach so vielen Jahren immer noch offen ist für so viel Neues.

N › Seinen Roman »Es klopft« habe ich zweimal gelesen. Das Thema, dass Leute um jeden Preis ein Kind haben wollen und sich dabei nie überlegen, was mit diesem Menschen dann ein Leben lang passiert, fand ich umwerfend. Wie schafft er das? Ein Problem, das er wohl selber nie hatte, in seiner ganzen Komplexität, aus verschiedensten Perspektiven und mit solch großer Emotionalität in Worte zu fassen?

U › Als er 2008 in Düsseldorf den Salzburger Ehrenstier bekam, durften wir für ihn die Laudatio halten. Noch im gleichen Jahr sagte er »Jaaa«, als wir ihn uns als Laudator an unserer Hans-Reinhart-Ring-Feier wünschten. Mich freute es sehr, dass er uns bei seinem Salzburger Ehrenstier vorgeschlagen hatte. Bei dieser Gelegenheit wollte ich ihm endlich auch mal öffentlich sagen, wie sehr wir ihn mögen und wie wichtig er für uns ist. Doch wie formuliert man so was, ohne dabei pathetisch zu wirken? Wie schwierig ist das, wenn zufällig der Einzige, der so was wirklich gut kann, dieser Franz ist, der da sitzt und zuhört, währenddem wir nach den treffenden Worten ringen ...

N › Er ist eine Instanz. Ich bin immer froh, wenn er zu einem Thema, das die ganze Welt aufregt, seinen Senf dazugibt. Dieser Senf ist immer sooo gut.

Lorenz Keiser
Kabarettist und Freund

Ich kenne Franz, seit ich klein bin. Ich weiß, dass meine Eltern an Franz' erster Aufführung im Heizungskeller der Universität waren. Irgendwie erinnere ich mich dunkel – ich war damals sechs Jahre alt –, dass sie erzählten, sie hätten einen jungen Studenten gesehen, der sehr gut sei. Kurz darauf waren sie mit ihm befreundet. Franz wohnte damals in der Villa Egli im Zürcher Seefeld, und ich war sehr beeindruckt, wenn ich als Kind in diesem Studentenzimmer zu Besuch war, in dem viele ethnologisch-exotische Instrumente standen und hingen.

Ich habe den damals 23-Jährigen als zwar erwachsenen, aber auch sehr jugendlichen Freund wahrgenommen. Später wohnten Ursula und er am Zürichsee. Es war bei ihnen so, wie man sich das Studenten- und Künstlerleben vorstellt – sowohl in dem in meiner Erinnerung düsteren, vollgestopften großen Raum in der Villa Egli als auch in jenem langsam zerfallenden Haus auf dem Hügel mit Blick über den See.

Als ich etwas größer war, im Jugendalter, beeindruckten und prägten mich zwei Werke von Franz stark – das waren Sachen, die neben dem lagen, was ich als Sohn von Kabarettisten gemeinhin mit Kabarett in Verbindung brachte. Es waren zwei Schallplatten, die ich sehr oft gehört habe, obwohl ich mir sonst sicher keine Kabarettplatten anhörte. Mein Bruder Mathis und ich hatten sie von Franz geschenkt bekommen. Die eine hieß »Traraa!« und ist eine Platte mit dunklen, schrägen Liedern. Am liebsten hatte ich »Wenn die Totengräber streiken« und »Eine ziemlich gespenstische Nummer mit Bass«.

Noch wichtiger für mich – ich war damals 14 Jahre alt – wurde 1973 aber die andere Platte: »I glaub jetz hock i ab« mit Übersetzungen internationaler Songs, die ich schon kannte. Es war die Zeit der Rockmusik, auch der psychedelischen oder abwegigen Rockmusik wie zum Beispiel der von Frank Zappa – die Zeit zwischen 1967 und 1975, die musikalisch bis heute unwiederholt ist, als von den Beatles über die Rolling Stones, über Pink Floyd, über Deep Purple, über Led Zeppelin alle Bands eine großartige LP nach der anderen herausbrachten. Die ich alle fast süchtig konsumiert habe.

Und Franz holte diese Lieder in die Schweiz. Ich fand das genial, auch die Auswahl auf seiner Platte: Beatles, Boris Vian, Frank Zappa, ich kann diese Lieder alle noch singen: »Iss dys Gmües« oder »Weni mol alt bi«, eine großartige Übersetzung von »When I'm Sixty-Four«, »Nowhere Man«, Woody Guthrie, natürlich Bob Dylan und Atahualpa Yupanqui – der Südamerikaner, dessen Namen ich nie aussprechen konnte. Franz hat sie nicht einfach übersetzt, sondern er holte sie wirklich zu uns. »When I'm Sixty-Four« ist ja nicht eine Übersetzung, sondern eine Neudichtung: »Machsch mer denn vo Zyt zu Zyt e Münzetee?« Das hat mich in mancher Hinsicht geprägt.

Franz ist der einzige Berufskollege, mit dem mich eine nun lebenslange Freundschaft verbindet. Wir sehen uns nicht häufig, aber immer wieder; wir treffen uns in den interessantesten Momenten, zum Beispiel in der Eisenbahn, wenn wir beide zu einem Auftritt unterwegs sind und jeder dem anderen viele Leute wünscht. Dann schreibt Franz nachts um zwölf Uhr noch ein SMS, erzählt, wie es bei ihm gewesen sei, und fragt, wie es bei mir war.

Er ist unglaublich herzlich, lieb und toll als Mensch – und Ursula auch. Sie ist eine unterschätzte Lyrikerin, wenn ich das noch anfügen darf. Sie schreibt wunderschöne, starke Gedichte. Sie hat mir immer sehr gut gefallen, als Teenager war ich ein wenig in sie verliebt. Vielleicht war ich auch deswegen so gerne bei Hohlers zu Besuch.

Die Bücher von Franz lese ich auch. Er hat ja eine derart riesige Produktion, dass ich zu meiner Schande gestehen muss, dass ich nicht alles gelesen habe. Und ich bin ganz schlecht darin, mir Titel zu merken. Ich kann dir eher den Inhalt als den Titel einer Geschichte sagen. Sehr eindrücklich waren »Der neue Berg« und »Die Rückeroberung«, aber auch der Erzählband »Die Torte«.

Natürlich sind auch unsere Kinder mit Franz aufgewachsen. Ich habe mit ihnen »Tschipo« gelesen und den »Urwaldschreibtisch«. Meine Frau führt den Kinderbuchladen »Mr. Pinocchio« in Zürich und pflegt ihre ganz spezielle, gute Auswahl. Sie verkauft die Bücher von Franz in allen Sprachen und sucht ganz gezielt: Wo finde ich noch eines seiner Bücher – beispielsweise auf Spanisch? Franz freut sich immer darüber, und wenn er aus irgendeinem fernen Land ein paar Belegexemplare erhält, schickt er ihr die.

Christine Lötscher
Literaturkritikerin und Kinderbuchspezialistin

Ich bin natürlich mit »Franz & René« aufgewachsen – das sage ich auch immer, wenn ich Franz Hohler irgendwo vorstelle: dass er für mich eine besondere Figur sei. Ich schaute als Kind selten Fernsehen – bei meinen Großeltern. »Spielhaus« war die Sendung, die ich schauen durfte. Und ich war überzeugt davon, dass Franz und René mich sehen konnten. Deshalb war es viel später für mich ein ganz besonderes Erlebnis, als ich zum ersten Mal vom »Tages-Anzeiger« geschickt wurde, um etwas über Franz zu schreiben, und ich plötzlich beurteilen musste, ob das gut sei oder nicht.

Franz Hohler hat so etwas wie eine wasserdichte Schicht, an der Kritik abläuft. Das hat wohl verschiedene Gründe. Ich habe schon viele Lesungen mit ihm moderiert. Dabei versuchte ich immer, etwas über ihn herauszufinden, bot ihm meine Interpretation an und wollte mehr wissen. Er erzählte jeweils stattdessen eine Geschichte. Franz will Geschichten erzählen und will überhaupt nicht auf der Metaebene diskutieren. Die interessiert mich aber, denn er ist auf diesen Metaebenen durchaus zu Hause. Man spürt seinen Hintergrund als Germanist. Seinen Heine-Abend von 1999 beispielsweise fand ich genial.

Ich habe einmal im Basler Literaturhaus eine Hohler-Buchpremiere moderiert und versuchte, analytisch zu fragen, weil ich wusste, dass das Basler Literaturhaus-Publikum sehr an solchen Fragen interessiert ist. Er stieg aber nicht darauf ein und erzählte großartige Geschichten. Und sagte zum Schluss: »Ich danke Christine Lötscher für ihre bohrenden Fragen.« Ich glaube, er interessiert sich für Literaturwissenschaft nur insofern, als sie ihm beim Erzählen etwas bringt.

Ich finde ihn auch vom Performativen her wahnsinnig gut. Selbst beim Lesen der gedruckten Texte schwebt viel von seinen Auftritten wie in einem Ballon mit: die Art, wie er seine Texte lebendig macht. An der Buchmesse in Leipzig moderierte ich einen Abend mit fünf Autoren, und Franz hatte seinen Teil perfekt durchchoreografiert. Selbst wenn er einfach erzählte, war alles durchgestaltet und auf die Minute genau vorbereitet. Am Schluss wirkt es trotzdem völlig spontan und authentisch.

Ich versuchte mal herauszufinden, wie seine Texte funktionieren. Er wendet rhetorische Mittel sehr drastisch an. Übertreibung, Eskalation, Pointen – er macht das alles sehr extrem. Gleichzeitig sind es irgendwie prekäre Texte, die an den Rand gehen. Es geht meist nicht um »normale« Leute, sondern um sensible Figuren, um Außenseiter, gleichzeitig wird so überzeichnet, dass man auch darüber lachen kann. Man weiß: Es geht eigentlich um mich, aber nicht so, dass ich mich angegriffen fühlen muss. Irgendwie schleicht sich dann doch etwas Unheimliches hinein. Aber seine Person gibt eine große Sicherheit.

Ich finde »Die Steinflut« einen großartigen Text. Dort zieht Franz die Erzählform – die Novelle – recht klassisch durch, mit unglaublicher Konsequenz. Er kann mit wenigen Mitteln eine Situation evozieren. Man hat das Gefühl, man kenne die Figur und höre sie sprechen. Die Texte haben gleichzeitig etwas Sinnliches wie etwas Abstraktes, weil sie auf der Erzählebene sehr reflektiert sind. Aber sie setzen sich auch mit Erzählstrukturen auseinander.

Franz nimmt auch gerne Verfahren aus der Kunst- und Literaturgeschichte und macht etwas Eigenes daraus: Das »Bärndütsche Gschichtli« ist eigentlich klassischer Nonsense. Die Grammatik stimmt, aber die Worte sind frei erfunden. Das gibt einem ein unglaublich freies Gefühl.

Auch wenn seine Romane nicht jedes Mal die ganz großen Würfe sind, kann man trotzdem sagen, dass es bei ihm mit dem Erzählen immer funktioniert. Es wird nie belanglos, da ist immer die Energie von etwas Lebendigem. Im großen Ganzen knarrt es vielleicht etwas im Gebälk der Romankonstruktion, aber die einzelnen Szenen und Situationen sind sehr stark. Das kann natürlich mit seiner Kabarett- und Theatererfahrung zu tun haben und auch mit seiner Musikalität. Viele Autoren schreiben ja und wissen gar nicht so genau, warum, aber bei Franz hat alles etwas Zwingendes: Dies muss jetzt passieren, damit nachher das geschehen kann. Vielleicht haben seine Romane nicht den großen Groove, das »epische Rauschen«. Aber sie sind handwerklich einfach gut. Franz schreibt gute Sätze, und sie stehen am richtigen Ort.

Die Neunzigerjahre

10

Das Buch, das Franz Hohler 1990 zusammen mit Brigitta La Roche herausgab, drehte sich ausschließlich um 1989. Seine Mitherausgeberin war – unter ihrem Mädchennamen de Haen – 28 Jahre zuvor mit Hohler im Cabaret »Trotzdem« in Aarau aufgetreten. »Festhalten – ein Jahrbuch« enthielt an Hohler'schen Texten nur das kurze Vorwort und ein Gedicht über einen in Afghanistan verwundeten russischen Soldaten. Sonst kam eine ganze Reihe von schweizerischen Schriftstellerinnen und Schriftstellern und sonstigen Schreibenden zu Wort, von denen Franz Hohler im Verlauf des Jahres 1989 etwas gelesen hatte, das ihm positiv aufgefallen war. »Während des Jahres reiße ich mir oft einen Zeitungsartikel heraus, der mich beeindruckt hat, und lege ihn auf einen Haufen, und meistens liegen unter dem Haufen noch die Zeitungsartikel und Texte des letzten Jahres, die mich beeindruckt haben, und die des vorletzten Jahres, und irgendeinmal stehe ich in der Mitte meines Zimmers mit einem

Packen beeindruckender Artikel in der Hand und schaue ratlos auf meine vollen Bücherregale, und dann verschnüre ich den Haufen und lege ihn zum Altpapier, und ein bisschen komme ich mir dabei vor wie jemand, der Brot wegwirft.« So eröffnete er sein Vorwort und erklärte dann, diesmal wolle er ein Jahrbuch wagen, »das von all den Gedanken, die im Lauf eines Jahres geäußert wurden, einige festhält, die sonst verlorengingen«.

Das Buch figuriert nicht in Hohlers Werkliste im Internet, und es erschien auch nicht bei seinem Verlag Luchterhand, sondern bei Zytglogge in Bern, denn die Texte waren doch sehr auf die Schweiz zugeschnitten. Aber für jemanden mit Interesse an der jüngeren Geschichte ist es noch immer lesenswert. Was Andreas Bänziger, Journalist und jahrelang Korrespondent in Afrika und Asien, am 6. Oktober 1989 unter dem Titel »Die Armen holen uns ein« im Zürcher »Tages-Anzeiger« schrieb, tönt schrecklich vertraut: »Haben wir wirklich geglaubt, zu uns kämen aus den armen Ländern dieser Welt nur die Reichsten, um unsere Tresore mit ihren Schätzen zu füllen? (...) Ha! Jetzt kommen die Armen, die auch gehört haben, wo Milch und Honig fließen, zu Hunderten und zu Tausenden kommen sie. Während wir laut die DDR-Bürger beklatschen, die die Bundesrepublik und die Freiheit wählen – sie nennen wir ohne Zögern Flüchtlinge –, kommen bei uns still durch die Hintertür die Armen dieser Welt. (...) Geben wir es doch zu: Uns fällt zur Abwehr der Menschen aus den Armenhäusern der Welt nichts mehr ein. (...) Unser Problem ist so unlösbar wie das Problem der Armut in dieser Welt.«

Eine weitere Fundsache aus Hohlers Fundus: Im Bulletin der Schweizerischen Gesellschaft für Umweltschutz SGU (heute »equiterre«) hatte Filmregisseur Kurt Gloor geschildert, wie er einen Tag lang in der Entladehalle der Zürcher Kehrichtverbrennungsanlage Hagenholz saß und seinen Augen nicht traute, wie viele fabrikneue oder kaum benutzte Möbel und elektronische Anlagen da ins große Feuer flogen. Er hätte sich locker ein paar komplette Wohnzimmer zusammenstellen können.

Flüchtlings- und Asylpolitik – auch aus der Sicht des damaligen SVP-Bundesrats Adolf Ogi –, Drogen- und Kulturpolitik, Umwelt- und Bildungspolitik, das Ende der DDR und die Folgen für die Schweiz, ein Plädoyer von Niklaus Meienberg zur Wiedereinführung der Kavallerie in der Schweizer Armee und die Abstimmung über die Abschaffung ebendieser Armee – ein breites Spektrum deckten diese vielen lesenswerten Beiträge ab, darunter von so bekannten Namen wie Peter Bichsel, Max Frisch, Claudia Storz, Otto F. Walter, und Fotografien, Karikaturen, Kinderbriefe.

1989: Die Schweiz und ihre Schnüffler

1989 war ein lebhaftes Jahr – in der Schweiz und in der Welt. Im Januar musste die erste Bundesrätin Elisabeth Kopp zurücktreten. Sie hatte Informationen aus ihrem Departement an ihren Mann weitergegeben, der mit einer Firma im Kontakt stand, die verdächtigt wurde, in Geldwäschereigeschäfte verwickelt zu sein. Im Juni schlug die chinesische Führung die Opposition auf dem Tienanmen-Platz in Peking blutig nieder, und im Herbst geschah in Osteuropa Unglaubliches: Zuerst in Ungarn und Polen, dann in der DDR und der Tschechoslowakei, schließlich auch in Bulgarien und Rumänien brachen die alten Regimes zusammen, weil die Sowjetunion unter dem neuen KP-Chef Michail Gorbatschow sie nicht mehr stützte. Außer in Rumänien, wo Diktator Ceaușescu gewaltsam gestürzt werden musste, lief das alles ohne Blutvergießen ab. Viele Tote gab es dagegen Ende Dezember bei der Invasion in Panama durch die USA, um den von ihnen einst hofierten Diktator Manuel Noriega zu stürzen.

Auch die Schweiz hatte zum Jahresende ihre Riesengeschichte. Am 24. November platzte eine politische Bombe: Die Parlamentarische Untersuchungskommission (PUK) unter dem Vorsitz des Nationalrats und späteren Bundesrats Moritz Leuenberger, welche die Gründe und Hintergründe von Elisabeth Kopps Rücktritt untersucht hatte, präsentierte ihren Bericht und stellte darin fest, dass der schweizerische Staatsschutz im Laufe der Jahre und Jahrzehnte 900 000 Personen und Organisationen bespitzelt hatte. Wie sich nach der Veröffentlichung der sogenannten Fichen herausstellte, hatten die Überwacher ihre zahllosen Berichte mit geradezu ernüchternder Ahnungslosigkeit und Naivität verfasst.

Nur zwei Tage später lehnte die Schweizer Bevölkerung die Initiative der »Gruppe für eine Schweiz ohne Armee« GsoA zur Abschaffung der Schweizer Armee zwar klar ab, doch der Ja-Stimmen-Anteil von 35,6 Prozent war für die Rechtsbürgerlichen nach den Enthüllungen vom Freitag ein weiterer Schock. Viele dieser Ereignisse hinterließen im Werk von Franz Hohler sicht-, les- und hörbare Spuren.

Kurz bevor Bundesrätin Kopp zurücktreten musste, hatte das Schweizer Fernsehen DRS wieder eine Sendung gestartet, die satirische Kommentare brachte – unter dem Titel »Übrigens« nicht mehr zur besten Sendezeit um 20 Uhr wie Anfang der 1980-Jahre, sondern eine Stunde später. Den Auftakt machte am 4. Januar 1989 Franz Hohler – fünf Jahre nach dem Ende seiner »Denkpause«. Im Wochenrhythmus löste er sich mit der Baslerin Vreni Schmidlin – den Basler Schnitzelbangg-Fans als »Zytigs-Anni« ein Begriff –, dem Zuger Osy Zimmermann und dem Vater-Sohn-Duo Cés und Lorenz Keiser ab. 36-mal im Jahr – mit der fernsehüblichen langen Sommerpause – standen ihnen jeweils zehn Minuten zur Verfügung. Der verantwortliche Redaktor Ulrich Weber hatte beim Start der Sendung gegenüber der »Berner Zeitung« schon eine leichte Skepsis durchblicken lassen und sich auf Kritik vorbereitet: »Für viele Leute ist die Toleranz, sowohl in der Politik wie auch im Alltag, leider zum Fremdwort geworden.« Er wolle aber den Auftretenden möglichst viel Freiraum bieten, »in dem sie sich ungestört entfalten können«.

Franz Hohler hatte dem Boulevardblatt »Blick« auf die Frage, warum er nach seinen schlechten Erfahrungen wieder dabei sei, geantwortet: »Die Freude an der Satire, die Lust, eine solche Sendung für ein Publikum zu machen, das größer ist als jenes, das ins Theater kommt. (...) Die Schweiz ist in den letzten fünf Jahren weder fortschrittlicher noch liberaler geworden. Es darf nicht das Kriterium sein, ob es Beschwerden gibt oder nicht. Wenn man Angst davor hat, kann man das Maul nie aufmachen.« Rolf Hürzeler urteilte in der Zeitschrift »TR 7« am 20. März nach den ersten Sendungen: »Hohler propagiert nichts, sondern schafft einfach Klarheit – ohne Verbissenheit, ohne vordergründiges Sendungsbewusstsein (obgleich das natürlich in den Windungen seines Schädels sitzt).« Bis 1994 dauerte diesmal die monatliche Satire, die Besetzung wechselte, neue Namen kamen dazu: Joachim Rittmeyer mit Werner Widmer alias Bluesmax, Birgit Steinegger, Sauce Claire und andere, und auch Franz Hohler machte 1992 ein Jahr Pause.

Keine Lust auf 700 Jahre

Der Fichenskandal Ende des Jahres löste eine heftige politische Diskussion im Land aus. Kam dazu, dass die Feierlichkeiten zum 700. Geburtstag der schweizerischen Eidgenossenschaft bevorstanden. Es wurde allerlei geplant, und natürlich war auch der Kultur, insbesondere den Schriftstellern, eine wichtige Rolle zugedacht.

Doch als das Ausmaß und die Unbedarftheit der staatlichen Spitzeleien immer deutlicher wurden, lancierten die »Gruppe Olten«, der linke der beiden Schweizer Schriftstellerverbände, und die »Wochenzeitung« einen Boykottaufruf. »Den Schnüffelstaat abfeiern? Ohne uns!« hieß der Titel in der WoZ vom 23. Februar 1990, und 500 Kulturschaffende erklärten mit ihrer Unterschrift, sie wollten ihre Teilnahme an 700-Jahre-Projekten überdenken. Sie hätten keine Lust, einen Staat, der jede Kritik mit Bespitzelung quittiere, zu feiern. Und sie protestierten gegen den Generalverdacht gegenüber der Kultur. Die Kulturschaffenden waren sich einig in ihrem Protest, nicht aber in der Boykottdrohung. Wo die einen mit diesem Staatsgeburtstag nicht zu tun haben wollten, argumentierten die anderen, jetzt müsse man die Gegenstimmen erst recht zu Gehör bringen.

Die Migros-Zeitschrift »Wir Brückenbauer« befragte in ihrer Ausgabe vom 11. April 1990 die Schriftstellerinnen Verena Stössinger, Maja Beutler, Erica Pedretti und ihre Kollegen Urs Widmer, Gerold Späth, Franz Hohler und Jürg Federspiel nach ihren Begründungen für den Protest. »Wenn bloße Ahnungen von der Realität eingeholt und sogar übertrumpft werden, ist das Erschrecken überhaupt nicht geringer«, sagte Franz Hohler. Für ihn sei die Heimat um einiges weniger heimelig geworden, man müsse grundsätzlich über die Bücher. »Diesem Staat fehlt es an Offenheit, an Fantasie, an Perspektiven.«

In einem Interview mit Thomas Gubler von der »Basler Zeitung« am 28. September 1990 begründete er seinen Boykott der 700-Jahre-Feiern damit, er könne sich vorstellen, »dass gerade die Verweigerung der Künstler die Leute nachdenklich stimmt. Wenn sich das Schweizervolk fragt, was ist eigentlich los, warum machen die nicht mit, dann ist das auch ein Beitrag der Künstler an die 700-Jahr-Feier. Ich behaupte aber nicht, dass diese Rechnung aufgeht. Es gibt gute Gründe zum Mitmachen wie zum Boykott. Ich habe mich für den Boykott entschieden. (...) Den Ausschlag hat bei mir vielleicht eine Jugenderinnerung gegeben. Eines meiner großen Vorbilder ist der spanische Cellist Pablo Casals. Er hat nach dem spanischen Bürgerkrieg erklärt, dass er in keinem Land mehr offiziell auftreten werde, das die Franco-Regierung als legitime anerkennt. Dieser Haltung ist er bis ins hohe Alter treu geblieben, und das hat mich schon als ganz junger Mensch tief beeindruckt.« Er ergänzte, dass er nach seinem Rückzug von der TV-»Denkpause« sieben Jahre zuvor jetzt bei seiner neuerlichen Mitarbeit festgestellt habe, »dass der damalige Rücktritt durchaus seine Wirkung gezeigt hat und zwar als eine Art Tarifmeldung der Freischaffenden in dem Sinne, dass sich diese weder kaufen noch einspannen lassen«. Die Künstler würden sich 1991 allerdings durchaus zu Wort melden: »Wir nehmen einfach an den öffentlichen Anlässen nicht teil.«

Franz Hohler selbst setzte wieder viel Fantasie ein, um sein Live-Publikum zur Offenheit und zum Nachdenken über neue Perspektiven anzuregen. Neben dem Buch »Festhalten« brachte er 1990 sein neues Kabarettprogramm auf die Bühne – »Ein Abend mit Franz Hohler«. Das Publikum nahm offenbar mit Lust seine Kommentare zur Lage der Schweiz und der Welt auf. Andres Büchi schrieb am 4. Februar 1990 in der »SonntagsZeitung«, die Zürcherinnen und Zürcher »stürmten so entschlossen ins Hechtplatztheater, dass eine zusätzliche Vorstellung im Volkshaus nötig war. Und Franz Hohlers erster Roman ›Der neue Berg‹ überschritt die 25 000er-Marke so schnell, dass Buchhandlungen ihre Kunden mit Lieferverzögerungen trösten mussten.« Dabei gab es fast drei Wochen lang »Abende mit Franz Hohler« am Hechtplatz. Und später viele Auftritte an anderen Orten.

Redaktor Max Rüeger, der selbst eine große Zahl von Kabaretttexten, etwa für das Badener »Cabaret Rüeblisaft« und andere verfasst hatte, schrieb in der »Schweizer Illustrierten«, mit dem neuen Programm bestätige sich Hohler »als aktueller und zeitloser Eulenspiegel«. Rüeger bezeichnete ihn als »unseren aktivsten und intelligentesten Großmeister der Kleinkunst«, der »nicht gewillt ist, ein Programm anzubieten, das kein Programm hat«.

Der Verzicht auf eine Rahmenhandlung erlaubte es dem Kabarettisten, mit älteren und neuen Nummern und Liedern und entsprechenden Conférencen schnell und schlagfertig auf die aktuellen Ereignisse zu reagieren, eine Fertigkeit, die ihn immer stärker auszeichnete. Auch die Möglichkeit, im Hit »Es si alli so nätt« die in den Refrain hineingesprochenen Kommentare den jeweiligen Auftrittsorten und den Zeitläuften anzupassen, nutzte Hohler weidlich. Das »Restrisiko«, das die real existierenden Schweizer Ämter und Unternehmen, die mit Störfällen zu tun hatten, immer wieder vergeblich zur Beruhigung der Bevölkerung einsetzten, stellte er gleich persönlich dar:

> Sie finden vielleicht, ich passe nicht hierher
> da müsste ich sagen, das bedaure ich sehr
> denn ich bin praktisch bei jedem Empfang
> vielleicht nicht zuvorderst, eher hinten im Gang
> da tauche ich auf, ohne Eile, ohne Hast
> und stehe dann da wie der dreizehnte Gast
> > Meine Damen, meine Herren
> > wie geht es? Hallo!
> > Mir geht es gut, ich bin das Restrisiko.
> > Ich habe an alle von euch gedacht
> > und habe ein Köfferchen mitgebracht.
>
> Brennstabschmelzen und Natriumbrände
> plötzlich berstende Reaktorwände
> Computerfehler für Erstschlagbefehle

leckende Gase und Gifte und Öle –
hab ich alles da drin, nehmt ihr alles in Kauf!
Wollt ihr mal sehen? Dann mach ich es auf ...

So begann der »Restrisiko«-Text. Und in einem messerscharfen Mundartlied analysierte er »die schwigendi Mehrheit / si isch von're große, dumpfe Rueh / und nimmt jedes Johr chli zue« (»die schweigende Mehrheit / sie ist von einer großen, dumpfen Ruhe / und nimmt jedes Jahr ein bisschen zu«). Die Bespitzelung der Bevölkerung, damals in den Medien immer wieder Thema, kam ebenfalls zur Sprache: Hohler mokierte sich über die schwachsinnigen Spitzelberichte, wie beispielsweise den Eintrag »Trinkt abends gern ein Bier« über die Thurgauer SP-Nationalrätin Menga Danuser. Er habe in Bern angefragt, ob er ebenfalls fichiert sei, erzählte er in »Die Fichen«. Es habe ihn einfach interessiert zu erfahren, was er am Abend so zu trinken pflege. Auf die Abstimmung von November 1989 anspielend, befand er, mehr als 35 Prozent Zustimmung für die Abschaffung der Armee sei doch eigentlich »viel für ein Land, in dem jeder erwachsene Mann seine Armbrust im Schrank hat«.

Auch die strenge Neutralität der Schweiz brachte er in einem anschaulichen Gleichnis auf den Punkt: »Neutralität heißt, dass man dem Teufel Kohle für die Hölle verkaufen kann und dem lieben Gott Harfen für den Himmel und dass sich das nicht ausschließt. Dass mit unsern Harfen im Paradies jubiliert wird, macht sich gut für unsere Jahresberichte, und dass wegen unserer Kohlen in der Hölle gestöhnt wird, brauchen wir ja nicht an die große Glocke zu hängen – wir liefern nur die Kohle! Und sie können sicher sein, wenn wir sie nicht liefern, liefert sie einfach jemand anders.« Ob die Mediensprecher heutiger Waffenexporteure in fremde Kriegsgebiete Franz Hohler wohl Tantiemen für seine präzisen Textvorgaben schicken?

Alle Zeitungskritiken resümierten den »Theaterdonnerer«, welcher die zweite Programmhälfte eröffnete. Ein Glanzstück, in dem Hohler einen Geräuschemacher hinter der Bühne darstellte, der fürs Donnern zuständig ist und eigentlich um seinen Job mit den großen zitternden Blechen zittern müsste, aber überzeugt ist: »Zum Glück weiß ein guter Regisseur, dass ein richtiges Gewitter immer noch von einem richtigen Donnerer gemacht werden muss, denn der ist dann am Abend da, und der Schauspieler spielt auch nicht jeden Abend gleich, der ist manchmal etwas heftiger, und ich spüre das und kann etwas heftiger donnern, und am nächsten Abend ist er etwas zurückhaltender, und ich kann etwas zurückhaltender donnern, und das kann ein Tonband einfach nicht, und irgendwie ist das das Schöne an unserm Beruf, dass der Mensch nicht ersetzbar ist, auch nicht beim Donnern ...«

Das war leider so wunderbar unrealistisch wie die schöne Geschichte von der kleinen Made, die so klein war, dass sie deswegen ständig ausgelacht wurde – bis sie es auf wundersame Weise schaffte, nach Hongkong und zu viel Gold zu kommen, alle Spielzeugfabriken in Hongkong kaufte und auf alle Spielzeuge »Made in Hongkong« drucken ließ, bis alle Maden zu Hause wussten, dass sie es geschafft hatte. Hohlers einmalige Gabe, ebenso intelligent zu unterhalten wie zu kritisieren und auch »Kindergeschichten« in ein Erwachsenenprogramm zu schmuggeln, sicherte ihm weiterhin ein begeistertes Publikum.

Die neuen Bücher: Hohler als Comic

Franz Hohler, der Vielseitige, hatte nicht nur viele Seiten publiziert, sondern auch viele Formen des Publizierens ausprobiert. Doch 1991 bescherte ihm und seinen Fans auch in dieser Beziehung noch eine Neuheit: den ersten Franz-Hohler-Comic. Gewiss, es gab schon illustrierte Kinderbücher mit Hohler-Geschichten und Illustrationen zu Erzählungen für Erwachsene, beispielsweise das außerordentlich fantasievolle »Zoologische Findlinge – ein Tierbuch« des Berner Sängers und Zeichners Arthur Loosli, das Hohlers skurrilen Geschichten ebensolche gezeichnete Kreaturen gegenüber- und nebeneinanderstellte – etwa einen »Rüsselkropf«, der einen Elefantenrüssel zu einem eigenen Gesicht werden ließ und andere wilde Fantasiewesen. Loosli hatte 1978 und 1985 bereits Hohlers erste zwei Tschipo-Geschichten illustriert, von denen noch die Rede sein wird.

Aber eine ganze, längere Geschichte von Franz Hohler als Comic – das gab es erst jetzt. Karin Widmer, eine junge Grafikerin, die für Franz Hohlers Schweizer Buchverlag Zytglogge arbeitete, ließ sich von der »Rückeroberung« zu präzisen, nahe am Text gezeichneten Illustrationen inspirieren, die in einem düsteren Blaugrau begannen und gegen Ende der Geschichte von immer mehr – ebenfalls nicht allzu strahlendem – Grün überlagert wurden. Zeichnungen, »welche die unheimlich-komische, realistisch-fantastische Stimmung der Erzählung hervorragend einfangen und steigern«, wie Elisabeth Binder in der »Neuen Zürcher Zeitung« festhielt.

Der Zeichnerin war der Autor nicht nur aus seinen Büchern und Platten bekannt: Sie kannte ihn auch als Kollegen und Freund ihres Vaters, des Berner Lehrers und Troubadours Fritz Widmer, der mit Franz Hohler immer wieder gemeinsam auftrat, mit einem Programm, in dem die beiden begnadeten Texter zahlreiche Werke der Weltliteratur in die Schweizer Mundart übertrugen.

Karin Widmer hatte die Idee mit den Illustrationen, und sie freut sich heute noch darüber, wie interessiert Franz Hohler an diesem Projekt war und wie sehr er es unterstützte. Franz Hohler beschrieb in seinem Vorwort, was in der

Zeit seit der Entstehung der Geschichte im Jahr 1979 und ihrer Publikation in Buchform 1982 geschehen war: »Seither schicken mir immer wieder Leute persönliche Rückeroberungserlebnisse zu oder Zeitungsberichte über die Füchse in London oder die Elche in Moskau oder die Wildschweine im Aargau, Schulklassen bemalen Unterführungen mit diesen Motiven, oder ein junge Zeichnerin wie Karin Widmer macht einen Comic-Band daraus, also kann mit diesem Gedanken etwas angefangen werden; es wird mit ihm gespielt, er wird weitergedacht, und wenn ich an die Schwalben, den Fuchs und den Habicht denke [die unterdessen in Hohlers Umgebung aufgetaucht waren, Anm. des Autors], habe ich das Gefühl, die Natur denkt ihn schon lange.«

Neue Erzählungen hatte er auch schon wieder eine ganze Reihe auf Lager, wie 1991 sein neues »Lesebuch« zeigte, das den Titel der ersten Geschichte »Der Mann auf der Insel« trug. Dieser Mann merkte, dass seine Insel zu zittern begann, und überlegte sich, ob er etwas tun solle. Aber er wartete, bis die Insel im Meer versank – und er damit. Diese Geschichte »gibt der Sammlung nicht nur den Titel, sondern schlägt auch den Ton an, der, mit Nuancen der Empörung, der Hoffnung, der Resignation, des Trotzes, vom Anfang bis zum Ende durchs Buch klingt und nachschwingt in uns Lesern«, schrieb Charles Cornu am 2. März 1991 im Berner »Bund«: »Es sind Geschichten mit offensichtlich moralischer Absicht, und was ein Johann Peter Hebel seinerzeit seinen Schnurren und Histörchen angefügt hat, das lapidare Sätzlein nämlich: ›Der geneigte Leser merkt etwas‹, das nimmt unausgesprochen auch Hohler für seine Sachen und Sächelchen in Anspruch, mit Recht. Überhaupt steht Hohler in vielen dieser Stücklein dem alemannischen Kalendergeschichtenerzähler Hebel recht nahe. Auch bei ihm sind oftmals jene fabulierende Leichtigkeit, die lächelnde Heiterkeit und bildhafte Anschaulichkeit festzustellen, die wir aus Hebels ›Hausfreund‹

kennen und die uns die ›Moral‹ überzuckern und eingänglich machen sollen, der Bitterkeit zum Trotz, die eigentlich in ihr steckt.« 23 Jahre später sah das auch die Regierung des deutschen Bundeslandes Baden-Württemberg so, als sie 2014 Franz Hohler den Johann-Peter-Hebel-Preis zusprach.

Hohler fand in »Der Mann auf der Insel« eine gute Mischung aus Erfundenem und scharf Beobachtetem, schilderte beispielsweise mit viel Empathie die musikalische Abschiedsfeier für den Nachbarn, Freund und Musiker Max Wynistorf oder verband eine Mitgliederwerbung der »Gesellschaft für bedrohte Völker« mit seinem Nachdenken über das Älterwerden seiner Eltern. Denn deren vielfältige Aktivitäten kamen ihm plötzlich vor »wie aussterbende Bräuche eines bedrohten Volkes« und machten ihm Angst vor der Zukunft ohne seine Eltern. »Ich glaube, der ›Gesellschaft für bedrohte Völker‹ werde ich beitreten«, schloss die Geschichte.

Mit seinen dezidierten Kommentaren über die Abstrusitäten unseres Alltags und unseres Umgangs mit der Umwelt löste Hohler natürlich wieder einiges an Kritik an den Inhalten und Umsetzungen seiner Geschichten aus. Christine Richard in der »Basler Zeitung« beispielsweise platzte der Kragen ob Hohlers Schreiben. Wenn all das Beschriebene für Hohler, der »gewiss ein guter Mensch sein« müsse, so schlimm sei – »warum platzt ihm nicht endlich einmal der Kragen? Franz Hohler wahrt immer die Form. (...) Oft liefert der Autor gegen Ende noch eine Pointe oder etwas Selbstbesinnliches nach und mahlt seine Erlebnisse in Gedanken nochmals durch, bis sie so platt sind wie Allgemeinplätze. Vielleicht ist Franz Hohler gar kein so guter Mensch. Denn vielleicht hält er seine Leser für Schafsnasen, denen man am Schluss noch eins drüber geben muss, damit sie zu Verstand kommen. Dann brummt einem der Schädel; es ist des Guten einfach zu viel.«

Die Ereignisse jener Jahre wie etwa die Wende in Deutschland, welche die Biografien von Hunderttausenden Menschen in West und vor allem Ost umkrempelten, schilderte er präzise und reflektierte auch die seltsame Beobachterrolle der Schweiz im »Polstergruppenschlaraffenland«, wo wir plötzlich eine »Schlaraffenschnüfflerzentrale« entdeckt hatten. »Bildschirmwende« nannte er dieses Gedicht, das so schloss:

und auf einmal dämmert es uns
dass wir möglicherweise
aufstehen sollten
von unseren Bildschirmen
dass wir die Rolle des Zuschauers
in dieser Welt nicht ewig spielen können
dass diese fremde Erschütterung
erst einen Sinn hat
wenn es auch unsere eigene ist.

Er berichtete auch von den Orten, wo er selbst hingeschaut hatte, aus Russland und Guatemala, aus »Ostwestberlin« und Dresden, zwei der Städte, die durch die Wende so heftig durchgeschüttelt worden waren – präzise Schilderungen von einem besonders klarsichtigen Reporter mit dem Blick auf die »gewöhnlichen« Leute und hinter die Dinge.

Gedenktage und ein entscheidender Tag

1992 war Franz Hohler mit seinem »Abend mit ...« unterwegs, und auch sein Buch über den Mann auf der Insel und all die anderen Begebenheiten und Beobachtungen trug seine Gedanken ins Land hinaus. Gegen Ende des Jahres gab es zwei Jahrestage – den einen zu feiern, den anderen zu betrauern. Einerseits feierte das Duo »Franz & René« im »Spielhaus« des Fernsehens seinen 20. Geburtstag – die erste Sendung war damals zwar erst im Januar 1973 ausgestrahlt worden, aber vorbereitet hatte man sie schon im Jahr zuvor, und so feierte man das Duo schon Ende 1992. Andererseits jährte sich der Todestag des großen Berner Troubadours Mani Matter ebenfalls zum zwanzigsten Mal. Zu diesem Anlass gab Franz Hohler seine Biografie des Freunds in einer überarbeiteten Fassung heraus und gastierte in verschiedenen Städten zusammen mit Fritz Widmer, Matters Troubadour-Kollege, und einem Programm zu Ehren von Matter und seinem Werk.

Zum Jahresende stand am 6. Dezember noch die große Abstimmung über den Beitritt der Schweiz zum Europäischen Wirtschaftsraum, dem EWR, bevor. Hohler mokierte sich im Text »Wackelpudding der Unentschlossenen« über den seltsamen Umgang der Schweiz mit jenem Europa, in das sie im täglichen Leben unentwirrbar integriert war und zu dem sie doch nicht gehören mochte. Am 30. November erhielt er von der »Schweizer Illustrierten« nach der letzten großen Fernsehdiskussion zum Thema die »Rose der Woche« zugesprochen, mit der Begründung: »Gemessen an der landesweiten Euro-Erregung, bot die letzte große TV-Debatte zum EWR erstaunlich wenige Glanzlichter. (...) Zum Glück gab's da aber noch Franz Hohler. Einfach unnachahmlich, wie er die Nöte und Zweifel des Stimmvolkes auf den Punkt brachte. Absolut brillant, wie der bekennende EWR-Befürworter es verstand, Hiebe nach allen Seiten auszuteilen, ohne je verletzend zu wirken. Hohler ist wahrscheinlich zurzeit der einzige Kabarettist hierzulande, der das Kunststück schafft, das Thema EWR unverkrampft abzuhandeln. Wofür ihm unser Dank gebührt: Rose der Woche an Franz – den Listigen!«

1993 feierte Franz Hohler am 1. März seinen fünfzigsten Geburtstag. Das Migros-Magazin »Wir Brückenbauer – das Wochenblatt des sozialen Kapitals« stellte ihn am 17. Februar als »Neues Gesicht« vor: »Ohne Bart und mit neuem Elan startet er ins neue Lebensjahrzehnt.« Hohler startete mit einem nächsten Band voller scharf beobachteter Geschichten, der sich beinahe als Fortsetzung oder Ergänzung des »Mann auf der Insel« lesen ließ. »Da, wo ich wohne« hieß er, und das war durchaus doppeldeutig zu verstehen: Die Titelgeschichte – die diesmal erst ganz am Schluss des Buches stand – und die Fotografie des Autors auf dem Buchumschlag bezogen sich zwar beide klar auf Oerlikon, das Quartier im nördlichen Teil der Stadt Zürich, wo Hohler noch immer wohnt. Aber das »Da, wo ich wohne« meinte ganz klar auch die Schweiz – und ihre christliche Tradition. Gott, Jesus und der Heilige Geist kamen drin vor, allerdings in durchaus ungewohnten Situationen. Kain und Abel waren auch da, nicht im Nahen Osten, sondern erschreckend viel näher im Bürgerkrieg im zerfallenden Ex-Jugoslawien, wo die serbischen und kroatischen Brudervölker sich damals gerade in Slawonien, der Region um die Städte Vukovar und Osijek, die Schädel einschlugen. Franz Hohler schrieb ihnen einen Brief: »Lieber Kain, lieber Abel! Ich weiß nicht genau, wo Ihr zurzeit seid, in Dubrovnik vielleicht oder in Vukovar oder in Osijek, aber mit Schrecken sehe ich: Wo immer Ihr seid, Ihr seid nicht weiter als im ersten Buch Mose.«

Von dort, wo Hohler wohnte, zog er wieder weit in die Welt hinaus und erzählte denen, die dort, wo er wohnte, zu Hause geblieben waren, über die fernen Länder und ihre gar nicht immer so fremden Sitten und Gebräuche. Er war in Stockholm und Island, für das deutsche Goethe-Institut auch in Brasilien, Chile und Argentinien, und er berichtete fesselnd über seine Erlebnisse und Erfahrungen. Er besuchte Australien, wo so viele menschliche und tierische Urein-

wohner verschwunden sind seit der europäischen Invasion, nicht zuletzt auf der abgelegenen Insel Tasmanien.»Dafür gibt's in Tasmanien eine schöne Universität, an der sogar Deutschkurse abgehalten werden, mit freilebenden Autoren, die kurzfristig aus Europa eingeflogen werden.«
Aber er berichtete auch von »Ganz nah«, wie eine der Erzählungen hieß – über seine Fiche, das Protokoll der »diskreten Überwachung« des Franz Hohler, wie das offiziell heimlich genannt wurde. Diese Überwachung geschah auf den in der Schweiz üblichen drei Ebenen:»Der Charme der Schweiz ist ja die heilige Dreifaltigkeit von Bund, Kanton und Gemeinde, staatsbürgerlich gesehen existieren wir alle dreifach, folglich werfen wir in allen unsern öffentlichen und halböffentlichen Angelegenheiten einen dreifachen Schatten, den Bundesschatten, den Kantonsschatten und den Stadtschatten.« Festgehalten wurden in diesen stichwortartigen Spitzelberichten banale demokratische Aktivitäten des Bespitzelten: Er hatte Aufrufe unterzeichnet, Texte für AKW-kritisches Straßentheater geschrieben und war an Demonstrationen so öffentlich aufgetreten, dass eine heimliche Überwachung sich eigentlich erübrigt hätte.»Die subversiven Substantive sind also Unterzeichner, Mitunterzeichner, Schriftsteller, Sänger, oder schon nur, schlimm genug, meist als vernichtender Schlusspunkt einer Eintragung: Teilnehmer«, fasste Hohler die heimlichen Fremdprotokolle seines Lebens zusammen.»Es fröstelt mich bei der Gründlichkeit, mit welcher die Kultur als solche beschattet wurde. (...) Dass die Diktaturen die Kultur fürchten, wussten wir. Dass auch die Demokratien die Kultur fürchten, haben wir befürchtet, aber eigentlich haben wir gehofft, *unsere* Demokratie, die älteste, die beste, wie immer wieder betont wird in den Festreden, fürchte sie etwas weniger. Dem ist nicht so, dem war nicht so.«

»Die Geschichten geben Nachricht vom Leben, vom Nachdenken, sie versuchen Antworten auf die Frage nach der Geschichte und den Bedeutungen von Gegenständen, von Ereignissen zu geben. Es sind poetische Antworten, ohne viel Aufhebens in einer klaren und knappen (manchmal auch etwas sorglosen) Sprache erzählt, wie nebenher gesprochen«, urteilte Urs Bugmann in den »Luzerner Neusten Nachrichten« vom 8. Juli 1993, »so ist dies ganze Buch. Beiläufig und dennoch bedeutend, denn in der Aufmerksamkeit für das Geringe wie im Wahrnehmen des Weltbewegenden, das hier stets in den nahen Umkreis, dahin ›wo ich wohne‹, geholt ist, liegt das Zeugnis eines Zeitgenossen, der sein Leben, seine Welt nicht bloß erleidet. Er lebt und macht sich bewusst, wie und wo er lebt. Diese scheinbar anspruchslosen Texte verändern die Sicht auf das Alltägliche. Im Kleinen liegt hier das Große.« Und Beda Hanimann schrieb am 18. Juni über eine Hohler-Lesung in St. Gallen in der »Ostschweiz«: »Es erstaunt immer wieder, wie diesem Franz Hohler das Leben förmlich zu Geschichten gerinnt. Es sind keine Hirngespinste, seine Geschichten, es sind reale Begebenheiten – eigentlich auch dort, wo es Märchen sind. Denn entweder beschreibt Hohler etwas ›in der Hoffnung, dass es auch anders sein könnte‹, oder aber weil es schön ist, dass es so ist. Da wird er denn auch zum Poeten, mit kindlichen Vorstellungen.«

Hohlers Freund Niklaus Meienberg, wortgewaltiger Journalist und Schriftsteller und lustvoller Berserker, sah es im »Tages-Anzeiger« am 23. Juni so: »Sein Wanderreiseleseaugenohrenbuch ist ein Schatzkästlein, manchmal eine Wundertüte. (...) Aber ein Spaßvogel oder Humorvogel ist er eben gerade nicht, nur ab und zu einer, der auf dem letzten Loch pfeift. Er laugt ab, bis unter dem dicken Farbaufstrich der Ideologien das Holz der Wirklichkeit hervorschaut. Manchmal auch der harte Stahl.«

Noch ein zweites Buch von – und über – Franz Hohler erschien 1993. »Franz Hohler – Texte, Daten, Bilder«, herausgegeben vom Journalisten Michael Bauer und Hohlers Luchterhand-Lektor Klaus Siblewski, enthielt Texte des Schriftstellers und Kabarettisten über sich selbst, samt Lebensdaten und Bildern aus den ersten fünf Jahrzehnten, dazu zwei große Interviews, eines mit dem Schweizer Journalisten Patrik Landolt und eines mit Herausgeber Michael Bauer. Dann folgte eine ganze Reihe von Rezensionen über Hohlers Kabarettprogramme, Bücher und Kinderbücher. Am Schluss standen Texte von und über Hohler und sein Verhältnis zu den politischen Zuständen und den Medien in der Schweiz.

Eine besondere Trouvaille ist der Text »Der Ernstfall«, der Hohlers konstanten sprachlichen Gedankenritt über den Bodensee thematisiert, sein unablässiges Über-Setzen zwischen dem schweizerischen und dem deutschen Deutsch und die stete Frage, welche Schweizer Ausdrücke in Deutschland überhaupt verstanden werden:

Der Ernstfall
oder von der Schwierigkeit eines Schweizer Autors
mit deutschen Ohren und Lektoren
Ein Alptraum für Klaus Siblewski

Beim Stromunterbruch, der sich ausgerechnet an Auffahrt ereignete, besammelte sich die Equipe, welche Pikett hatte, in eindrücklichem Tempo auf der Gemeinde. Ein Adjunkt verteilte äußerst speditiv die Alarmdispositive, der Entscheid zum Ausrücken wurde innert Sekunden gefällt, Gasmasken hatte es keine, dafür wurden Helme gefasst, doch leider hatten die Automobilisten ihre Wagen auf dem Trottoir dem Bach entlang parkiert, was sich als derart kontraproduktiv erwies, dass nicht einmal das Tram durchkam und sich die Organe der Feuerwehr darauf beschränken mussten, einen Mann, den sie beim Rekognoszieren am Boden liegend gefunden hatten, wiederzubeleben. Dies gelang ihnen definitiv, nachdem sie ihm den Kopf in ein Lavabo gehalten hatten, und der Betreffende stellte sich als Lektor eines deutschen Verlages vor, der erklärte, er sei sonst ein senkrechter Mann, aber angesichts der sprachlichen Ereignisse sei er von etwas befallen worden, das er noch nie gehabt habe, er glaube, es sei eine Art gesamtschweizerische Hühnerhaut.

Es gab in diesem Buch auch einen Text von Peter Bichsel zum Verbot von Hohlers Dienstverweigerer-»Denkpause« Ende 1982 und Hohlers darauffolgendem Rücktritt am Fernsehen. Es war der Nachdruck eines Manuskripts, das Bichsel für eine Radiosendung »Zum Fall Hohler« am 15. Oktober 1983 verfasst hatte:

> Immer wieder fragen mich Leute, wie mir diese Sachen eigentlich in den Sinn kommen, und sagen, ihnen würde nichts in den Sinn kommen. (...) Diesmal ist mir auch nichts mehr in den Sinn gekommen. Weil ich die ganze Woche daran denken musste, dass man einem anderen am Fernsehen seine Geschichte verboten hat. Und jede Geschichte, die ich jetzt erzählt hätte, hätte so ausgesehen wie eine Geschichte, die man erzählen darf.
>
> Lieber Franz Hohler, wenn Deine Geschichten verboten werden, dann fallen auch mir plötzlich keine Geschichten mehr ein. Denn es gibt keine Geschichten, die jenen gefallen, die an eine harte Realität glauben und daran glauben, dass alles so sein muss, wie es ist.
>
> Sie sterben aus, die Geschichten, und ich wüsste Tausende von Geschichten der Weltliteratur, die gegen die Konzession von Radio und Fernsehen verstoßen.

Lieber Franz Hohler, ich bin traurig darüber, dass Du aufhörst. Es wird solche geben, die jetzt von Resignation reden und meinen, Du müsstest jetzt erst recht weitermachen. Aber es gibt einen Punkt, wo einem nichts mehr einfällt, und es ist nicht so, dass man einfach eine Geschichte durch eine andere ersetzen kann. (...) Diejenigen, für die jede Geschichte durch eine andere ersetzbar ist, wissen offensichtlich nichts davon, dass es eigentlich nur eine Geschichte gibt – die Geschichte von der Sehnsucht der Menschen. Wenn sie uns diese Geschichte nehmen, sind wir tot – vielleicht wissen sie es.

Solidarität mit Sarajevo

Dass es der Kabarettist nicht beim Kommentieren bewenden ließ, zeigte seine aktive Rolle im Aufruf der Schweizer Kulturschaffenden zum Krieg in Bosnien. Weil die Verhandlungen über einen Waffenstillstand zwischen den verfeindeten Parteien in Genf stattfanden, brachten der Schriftsteller Silvio Blatter, Filmregisseur Fredi M. Murer und Franz Hohler persönlich eine lange Liste mit Unterschriften schweizerischer Künstlerinnen und Künstler nach Genf zu den Verhandlungsdelegationen. Die Radiosendung »Echo der Zeit« strahlte zu diesem Thema eine Sondersendung aus, in der sich bekannte Kulturleute wie Anne Cuneo, Alberto Nessi, Andreas Vollenweider, Hans Saner, Dimitri, Peter Bichsel, Adolf Muschg und Franz Hohler mit dem Konflikt auseinandersetzten. Die Sendung wurde mit Simultanübersetzung auch nach Bosnien übertragen, wie der »Tages-Anzeiger« am 22. Dezember 1993 berichtete.

»Ein wirklicher Friede ist in Bosnien-Herzegowina und in allen anderen Staaten des ehemaligen Jugoslawien nur möglich, wenn er dem Neben- und Miteinander verschie-

dener Völker Rechnung trägt«, sagte Franz Hohler. »In Sarajevo haben 250 Intellektuelle und Tausende von Bürgerinnen und Bürgern einen Aufruf unterzeichnet, der sich gegen die Teilung der Stadt richtet. Als Bewohnerinnen und Bewohner eines Landes, in welchem Menschen verschiedener Sprachen und verschiedener Ethnien zusammenleben, unterstützen wir diesen Aufruf und verlangen von Ihnen, dass Sie diese Stadt nicht mit einer neuen Berliner Mauer trennen, sondern sie als multikulturellen Lebensraum erhalten. Wenn Sie diese Ziele jetzt nicht erreichen können, dann sollten Sie das nächste Mal in Sarajevo tagen und nicht mehr in Genf.«
Der Aufruf zog in der Folge weitere Kreise. Am 14. Februar 1994 übergaben Franz Hohler und die Vorsitzenden der Schriftstellerverbände dem damaligen Schweizer Außenminister, Bundesrat Flavio Cotti, einen von fast 18 000 Menschen unterschriebenen »Appell für Bosnien«, der eine Kulturbrücke nach Sarajevo forderte. Bosnische Kulturschaffende sollten die Erlaubnis erhalten, »für kurze Zeit in die Schweiz zu reisen, um hier über die Kriegsgreuel auf dem Balkan berichten zu können«, wie die »Basler Zeitung« berichtete.

Jagd auf die Schweizer Drachen

1994 war es neun Jahre her seit dem »Flug nach Milano«. Nach den Repertoireprogrammen »S isch nüt passiert« (1987) und »Ein Abend mit Franz Hohler« (1990) war jetzt wieder Zeit für einen durchgestalteten Abend mit einer Rahmenhandlung. Die widmete Franz Hohler der Jagd auf den Drachen. Die Vorstellung begann mit dem Erzähler Hohler, der aus einem Märchenbuch vorlas: »Es war einmal vor langer Zeit, im tiefsten Imperfekt, eine Stadt, die wurde von einem

Drachen heimgesucht.« Das Untier verbreitete Angst und Schrecken, sodass die Stadtoberen nicht mehr ein noch aus wussten und verzweifelt Hilfe suchten. Diese kam schließlich in Form eines kleinen Briefes: »Sehr geehrter Rat, habe von Ihrer Unbill gehört und möchte mich anerbieten, damit aufzuräumen. Mein Name ist Prinz Georg der 94., ich entstamme einem uralten Drachenbekämpfungsadel und weiß aus persönlicher Überlieferung, wie man mit Drachen umzugehen hat, um sie zu besiegen.«

Das Angebot wurde angenommen, und so bot sich dem Kabarettisten eine Reihe von Paraderollen, vom hehren Drachentöter über den Stadtpräsidenten bis zum pflichtbewussten Abwart des Hochhauses, der dem furchtlosen Kämpfer Georg, der dort einquartiert wurde, die mannigfaltigen Vorschriften des Schweizer Alltagslebens ins Stammbuch hämmerte. Diesmal hatte Hohler seine Geschichte klar in der größten Schweizer Stadt situiert, die manchen als »Zureich« gilt. So gab es neben vielen in der ganzen Schweiz und im Ausland verständlichen Pointen und Erzählungen auch einige typisch zürcherische Seitenhiebe zu sehen und zu hören.

Der Drache nahm in der Recherche des Drachentöters alle möglichen Formen an und verwirrte den tapferen Ritter immer aufs Neue. Denn der Rauch in der Ferne entpuppte sich nicht als Drachenatem, sondern als Kühlturmdampf des AKW Leibstadt. Das mörderische Geräusch vor dem Fenster war der Verkehr, der in der Stadt alle 16 Tage ein »Menschenopfer« forderte und täglich 3,36 Verletzte – »vor allem dä hinder em Komma tuet eim leid« [»vor allem der Verletzte hinter dem Komma tut einem leid«]. Und auch der Gestank war offenbar völlig normal. Ritter Georg war einigermaßen fassungslos, dass sich die Bevölkerung von diesen Gefahren, Belästigungen und Opfern weit weniger beunruhigen ließ als von einem Drachen, der nur selten auftauchte.

Zwei veritable Meisterwerke waren der Monolog des »Stadtrandspaziergängers« und der ausführliche Bericht des Drachentöters über seinen »Gang durch die Stadt« auf der Suche nach dem Untier. Diese beiden Texte gaben Hohler ausgiebig Gelegenheit, die Gesellschaft in der Großstadt und ihre Probleme und Merkwürdigkeiten mit unzähligen witzigen Seitenhieben zu kommentieren. Wie in seinen früheren Programmen mit Rahmenhandlung hatte Hohler auch diesmal eine Geschichte ersonnen, in der gewartet werden musste: diesmal auf den Drachen, der zum Schluss auch tatsächlich auf der Bühne auftauchte.

Vorpremiere hatte das Programm Ende Januar 1994 im Kino Monti in Frick AG, unweit von Zuzgen, in der Heimat der Vorfahren väterlicherseits. Dass er sich in der »Provinz« einspielen wolle, bestritt Hohler im »Aargauer Kurier«: »In der Schweiz gibt es keine Provinz, alles ist so nah beieinander. Auch unterscheidet sich das Land- kaum vom Stadtpublikum. Auf dem Land ist die Zusammensetzung vielleicht vielfältiger.«

Kurt-Emil Merki vom »Züri-Tip« – zu jenen Zeiten nach alter Rechtschreibung mit nur einem p geschrieben – des »Tages-Anzeigers« erklärte am 28. Januar 1994 in seiner Vorschau auf die Zürcher Premiere im Theater am Hechtplatz Hohlers Methode: »Ein Märchen, das dem Schauspieler, der ja gleichzeitig sein eigener Autor ist, verschiedene Möglichkeiten eröffnet: Mal ist er ganz real der Prinz Georg, der schon aus rein biografischen Gründen gewillt ist, gegen den Drachen anzutreten. Mal nehmen Lindwurm und Jäger surreale Züge an, das Fabeltier steht für den Verkehrsmoloch genauso wie für den Suchtdämon, der Prinz für die ziemlich aussichtslose Schlacht dagegen. Gleichzeitig – und dies ist das Hohlertypische an der ›Drachenjagd‹ – gelingt im Verlaufe der Aufführung der Nachweis, dass sich die Welt nicht einfach in Gut und Böse aufteilen lässt. Der Drachen ist, wie die meisten Symbole, vielschichtig und auch widersprüchlich. Er flößt nicht nur Angst ein, er fasziniert auch.« Roland Papenberg vom grenznahen deutschen »Südkurier« erklärte Franz Hohler, warum er aus seinem neuen Programm ein Märchen gemacht habe: »Weil dies ein Rahmen ist, der viele Assoziationen eröffnet.« Und auf die Frage, ob er ein Moralist sei, antwortete er: »Wenn das jemand ist, der sich die Welt besser wünscht – dann bin ich ein Moralist. Allerdings nicht im Schiller'schen Sinne des gekränkten Idealisten.« Und Reto Baer von »Wir Brückenbauer« sagte er in der Ausgabe vom 9. Februar 1994: »Ich sehe den Moralisten auch als komische Figur. Sonst wäre ich vermutlich Sektenprediger geworden.«

Die »Neue Zürcher Zeitung« sah am Premierenabend im Hechtplatz »ein sehr engagiertes, aber allzu chargiertes Unternehmen. Hohler will viel, bietet viel, verliert aber in – teils wohl ›programmatischer‹, teils hingegen eindeutig kontraproduktiver – Verzettelung fortlaufend den Handlungsfaden. Wodurch phasenweise selbst seine hervorragendste Stärke kaum mehr zum Tragen kommt: Das Geschichtenerzählen.«

Adi Kälin im »Tages-Anzeiger« lobte: »Das lange Warten auf Franz Hohlers neues Bühnenprogramm hat sich gelohnt: Auf seiner ›Drachenjagd‹ seziert der Altmeister des Schweizer Kabaretts mit unglaublicher Präzision das Innenleben einer nicht ganz unbekannten Stadt, die von einem fürchterlichen Lindwurm in Angst und Schrecken versetzt wird. Ein Kabarettabend, der mal umwerfend komisch, mal verstörend, mal etwas zu direkt, aber immer anregend ist. (...) Hohler wirkt zwar äußerst angriffig und direkt, in einzelnen Szenen kommt er aber auch etwas zu plakativ und allzu deutlich daher. (...) Was die ›Drachenjagd‹ trotzdem zum umwerfenden Kabarettabend werden lässt, ist Hohlers Vielseitigkeit. Kabarettnummern wechseln mit Gedichten ab, Lieder mit philosophischen Betrachtungen und surrealen

Szenen. (...) Einmal mehr zeigt er uns, dass er nicht nur den wuchtigen Zweihänder beherrscht, sondern auch mit einem ganzen Arsenal an spitzen Speeren umzugehen weiß.«

Einen wilden Zweihänderhieb gegen Hohlers »Klischeehatz« führte Torbjörn Bergflödt in verschiedenen Zeitungen, etwa den »Vorarlberger Nachrichten« und dem »Badener Tagblatt«: »Der renommierte Schweizer Kabarettist lässt kostenlose Zeitkritikklischees in Legionsstärke zur überraschungslosen Generalversammlung antreten. (...) Hohler erweist sich als terrible simplificateur, der erbarmungslos alles und jedes, was sich der Gratisattacke eines von Berufs wegen Dauerbetroffenen anbietet, aufsammelt und über einen Leisten schlägt. Manche Kalamitäten werden mit einer Lichtjahre an einer etwelchen Pointe vorbeisausenden Betulichkeit gerüffelt. Und öfters wirkt die Anstrengung, einer Sache krampfhaft eine Pointe abzuluchsen, obszön.«

Im Gegensatz zum »Flug nach Milano« mussten die Fans diesmal nicht lange auf die elektronische Konserve zum Programm warten: Zytglogge brachte die CD »Drachenjagd« noch 1994, im Jahr der Premiere, heraus. Beim Anhören der CD ist doch ganz erstaunlich, wie aktuell sie geblieben ist – einerseits, weil Franz Hohler ein paar heutige Zustände durchaus prophetisch vorweggenommen hatte, andererseits weil sich manches seither erstaunlich wenig verändert hat.

Im Jahr darauf folgte die CD »Der Theaterdonnerer«. Sie versammelte Lieder und Nummern aus den frühen 1990er-Jahren. Diesmal allerdings stammten die Liveaufnahmen von drei Hohler-Auftritten am »Salzburger Stier«, dem großen Kleinkunst-Wettbewerb der Radioanstalten aus Österreich, Deutschland und der Schweiz. Es ist für ein Schweizer Publikum noch heute vergnüglich zu hören, wie Franz Hohler dem deutschsprachigen Ausland die Schweizer Eigenarten erklärt – zum Beispiel die alltägliche helvetische Bürokratie, wenn die russische Botschaft einem Schweizer Bestattungsbeamten Lenins in Moskau nicht mehr erwünschten Leichnam zur Beisetzung in Zürich übergeben will: Schließlich sei der Mann ja einst von Zürich aus zur Revolution ins Zarenreich aufgebrochen. Oder die Schwierigkeiten von Auswärtigen mit den eigenwilligen Regeln der schweizerdeutschen Dialekte. Auch das Holländische der Geschichte »Hoe de bergen in Zwitserland kwamen« war auf der CD live zu hören.

Mit einem Programm, das nach diesem Text »Wie die Berge in die Schweiz kamen« benannt worden war, ging Hohler ab Ende 1995 parallel zur »Drachenjagd« auf Tournee – ohne Rahmenhandlung. Er spielte diese vor allem an Orten, wo sich der große technische Aufwand für die »Drachenjagd« nicht lohnte. Martin Kraft schrieb in der »Zürichsee-Zeitung« vom 6. Februar 1997 über eine Vorstellung im Zürcher Theater am Hechtplatz: »Erstaunlich ist, wie klassische Nummern, auch wenn man sie längst auswendig zu kennen glaubt, in der authentischen Interpretation ihres Autors unvermindert lebendig wirken.« Pirmin Bossart sah in den »Luzerner Neusten Nachrichten« am 12. Dezember 1996 einige seiner negativen Vorurteile widerlegt: »Dieser Hohler ist tatsächlich gut. Sein Zeugs trifft und geht unter die Haut. Er analysiert scharf, manchmal sogar ätzend, dass es eigentlich nicht zum Aushalten ist. Etwa wenn die Diabetes-Mäuse vom Labor 4 ihrem geschätzten Herrn Professor Zinkernagel zum Nobelpreis gratulieren, während sie sich nach der Devise ›Besser krank im Labor als gesund in der Mäusefalle‹ ergeben dafür opfern, dass die Menschen gesund werden. (...) Plump wird das nie, auch dann nicht, wenn Hohler seine Rohstoffe immer wieder mit spontan eingebrachten Bezügen zum Hier und Jetzt aktualisiert.«

Und Adi Kälin staunte im »Tages-Anzeiger« am 12. Januar 1997 über einige erstaunlich präzise Prophezeiungen:

»Vieles, was Hohler in seinem Programm vorträgt, ist älteren Datums, und doch kann man kaum einem Stück die Aktualität absprechen. ›Ich habe es ja immer gesagt‹, könnte Hohler angesichts der heutigen Krisenstimmung sagen. Aber er tut es nicht. Stattdessen denken wir: ›Wieso hat damals keiner auf ihn gehört?‹«

Hohler zum Selberlesen

Die nächste gedruckte Sammlung seiner Erzählungen erschien 1995 unter dem Titel »Die blaue Amsel«: Beobachtungen und Zuspitzungen aus der Schweiz und fernen Ländern mit Sichtbarmachungen wie: »Vor dem Eisenbahnfenster wird Dänemark durchgezogen. Der Bühnenbildner hat sich für Bäume, Büsche, Äcker und Wiesen entschieden. Auf zusammenhängende Wälder hat er verzichtet.« Oder Hohlers Probleme, die »Drachenjagd« ins Hochdeutsche zu übertragen – »meinen Stadtrandspaziergänger von Schwamendingen nach Mainz zu transportieren, was ein ständiger Kampf mit Verlusten ist, mit Sprachverlusten, die auch Stimmungsverluste sind«.

Aus Südamerika brachte er eine Geschichte übers Geschichtenerzählen in Bolivien mit oder übers Zeitunglesen in Paraguay. Immer hielt er die Augen offen, schaute in fremden Ländern so genau hin wie zu Hause. Er ließ uns teilhaben an einem Gespräch mit dem großen Schriftstellerkollegen Elias Canetti, den er auf der Heimreise aus dem Tessin im Zug getroffen hatte – noch ein Argument für die Eisenbahn –, oder an seiner Freundschaft mit dem am 22. September 1993 verstorbenen Niklaus Meienberg, dem er einen Nachruf hinterherschickte.

Er pflegte weiterhin eine seiner liebsten Beschäftigungen: das Neu-Erzählen von Bekanntem, zum Beispiel »Was nicht in der Bibel steht«, nämlich die Geschichte der drei Prinzen aus dem Abendlande. Diesen war wie den drei Königen aus dem Morgenlande die bevorstehende Geburt in Bethlehem prophezeit worden, aber in Jerusalem wurden sie in die Irre geschickt und landeten statt an der Krippe bei den einsamen Gattinnen der drei Könige. Ritter Georg, den fernen Urururururrurahn des Helden aus seiner »Drachenjagd«, ließ er in einer anderen Geschichte ebenfalls auftauchen, damit er ihn fragen konnte, warum er eigentlich diesen armen Drachen hingerichtet habe. Auch in der Titelgeschichte ging es um geflügelte Wesen – und um den ganz alltäglichen Rassismus: Die Amseln schikanieren die einzige blaue Vertreterin ihrer Art, »weil wir Amseln schwarz sind«. Amseln sind ja auch nur Menschen.

»Leicht und freundlich geben sich die kurzen Texte. Etwas Fremdheit und Traurigkeit können sie dennoch nicht verleugnen wie die einsame blaue Amsel, das Titeltier«, schrieb Beatrice von Matt am 28. November 1995 in der »Neuen Zürcher Zeitung«: »Franz Hohler greift zu allerlei Sprechweisen, um verschiedenartige Befindlichkeiten und Beobachtungen einzufangen; vom tagebuchähnlichen Bericht kommt er zur merkwürdigen oder närrischen Geschichte, vom nüchternen Brief zum nachdenklichen Gedicht. So beweglich dieses Schreiben anmutet, es ist im Grunde asketisch. Der Autor leistet sich kein Wort mehr, als er denkt. Er hält sich strikt an die Tatbestände, die äußeren und die inneren.«

Eine etwas längere Geschichte Franz Hohlers hieß »Das verspeiste Buch« und erschien 1996 ganz allein in einem kleinen Büchlein, farbig und dezent illustriert vom deutschen Zeichner, Karikaturisten und Bildgeschichtenerzähler Hans Traxler, einem kongenialen Kollegen von Hohler, bekannt auch durch seine Arbeiten für die Satirezeitschriften »Pardon« und »Titanic« sowie verschiedene andere deutsche Zeitungen. Hohler hatte diese Geschichte einst in sechs jährlich erscheinenden Fortsetzungen für den Almanach »Von Büchern & Menschen« geschrieben, der von 1987 bis 1992 in der Frankfurter Verlagsanstalt und 1994 dann im Frankfurter Verlag Schöffling herausgegeben worden war. Eine kleine, vergnügliche und sogar ein bisschen lehrreiche Geschichte ist das über menschliche List und Leichtgläubigkeit. Hohler siedelt sie am Hochrhein zwischen Sisseln im Fricktal und der Basler Herbstmesse an, und er macht seinen Urgroßvater zur Hauptfigur, zum listigen Bauern, der den überheblichen Städtern eine kleine Lehre erteilt und sich dabei noch ein munteres Taschengeld verdient. Der Schauplatz der Geschichte passt gleich doppelt, denn schließlich war in jener Gegend einst auch Johann Peter Hebel zu Hause und am Wirken. Und er hat dieser höchst vergnüglichen und unterhaltsam erbaulichen Erzählung bestimmt ein wenig Pate gestanden.

So wie die Neunzigerjahre mit dem Buch »Festhalten« begonnen hatten, folgten im Laufe des Jahrzehnts weitere Bücher und CDs, die Hohler'sches für die »Nachwelt« festhielten. Dem »Kabarettbuch« von 1887 ließ er 1996 »Drachenjagen, das neue Kabarettbuch« folgen: eine vielfältige Auswahl aus dem seit 1987 Entstandenen. Nach dem »Restrisiko« kamen sieben Bühnennummern, acht hoch- und neun schweizerdeutsche Lieder und drei Übersetzungen von jiddischen Liedern. »Was für eine schöne und traurige Sprache, wieviel Untergang teilt sie uns mit, und wieviel Hoffnung zugleich! Ich habe sie immer als die dunkle Schwester des Schweizerdeutschen empfunden. Vertraut und fremd zugleich«, schrieb er zu den Letzteren.

Dann folgte der vollständige Text der »Drachenjagd«, damit man nach dem Theatererlebnis und der CD-Konserve die Nummern und Monologe in aller Ruhe nachlesen konnte, sieben »Übrigens«-Beiträge aus dem Fernsehen und vier »Zytlupe« fürs Radio. Die »Übrigens«-Sendungen waren, wie schon erwähnt, 1994 eingestellt worden – genauso wie die Kultsendung »Franz & René«. Nach dem Ende seiner »Fernsehkarriere« war Franz Hohler dafür regelmäßig bei Radio DRS zu hören und zwar von 1995 bis 1997 in der »Zytlupe«, für die er schon 1986 Beiträge geliefert hatte. Diese Radiokolumne wurde einmal im Monat am Samstagmittag ausgestrahlt – an den übrigen drei Samstagen waren andere Satireformate zu hören –, und Franz Hohler teilte sich diese zwölf Daten mit seinem Schriftstellerkollegen und Freund Peter Bichsel.

Charles Linsmayer, der Mann mit dem wohl umfassendsten Überblick über die Schweizer Literatur der vergangenen Jahrzehnte, schrieb am 16. November 1996 im »Kleinen Bund«, der Kulturbeilage des Berner »Bund« über Franz Hohlers zweites Kabarettbuch: »Das ist ein Härtetest. Kabarett-Texte sec auf Papier, auf das reine Wort reduziert, ohne Musik, Gestik und Mimik, ohne die unverwechselbare Diktion, ohne die Stimme und den Charme des Kabarettisten, der einzig mit ein paar Szenenfotos optisch präsent ist. Bei vielen würde das banal und flach herauskommen, bei Franz Hohler aber, dem Schriftsteller unter den Schweizer Kabarettisten, bringt die eingehende stille Lektüre seiner Bühnentexte an den Tag, dass ihre Wirkung und ihr Erfolg weit über das interpretatorische Flair des berufenen Entertainers hinaus auf der brillanten sprachlichen Formulierung und auf der genuin literarischen Umsetzung von politisch-gesellschaftlichen Themen in bildhaft-anschauliche Momentaufnahmen und prototypische Figuren beruhen müssen.«

Am Ende des Kabarettbuches waren drei Dialoge zu lesen, die Franz Hohler für sein gemeinsames Programm mit Hanns Dieter Hüsch geschrieben hatte – herrlich groteske Zwiegespräche mit vielen schrägen Assoziationen und argumentativen Purzelbäumen, mit dem die zwei in jenen Monaten in den deutschen und schweizerdeutschen Kleintheatern unterwegs waren.

In der »Badischen Zeitung« vom 28. November 1996 berichtete Bettina Schulte über einen Auftritt im Theater im Park in Freiburg im Breisgau: »Hüsch und Hohler – was für ein Gespann. Flachland und Gebirge, Niederrhein und die Gegend um Olten, Orgel und Cello, endloses Alltagsgequassel und groteske Kürzestgeschichten. (...) Das ist Komik pur, verbaler Slapstick, Blödelei auf hohem Niveau. (...) Der Karge und der Brabbler: Was sie verbindet, ist die im Herzen versöhnliche Haltung, die ein Stück zurücktritt vor den menschlichen Gebresten und Unvollkommenheiten und in ein Gelächter ausbricht, das sich einem zuallerletzt verdankt: dem Hohn. Zwei Clowns auf verlorenem Posten.«

Die zwei wortgewaltigen Clowns spielten im gemeinsamen Programm eigene Nummern, die sie aufeinander abstimmten – und dazu kamen die Dialoge, etwa jener des Berggängers Franz Hohler mit dem Bergverweigerer Hanns Dieter Hüsch aus dem Flachland des Niederrheins, die sich im Bergrestaurant treffen. Hüsch möchte seinen Agatha-Christie-Krimi »Alter schützt vor Scharfsinn nicht« lesen und holt den »Fletschhorn-Nordwand-Bezwinger« Hohler, der seine Heldentat erzählen will, brutal vom verbalen Höhenflug herunter: »B: Die Berggipfel sind mir egal. Als Kind sollte ich sie immer auswendig lernen. Mönch, Jungfrau, Titlis, Finsteraarhorn – konnte ich nie unterscheiden. Für mich sah jedes Schwarzhorn weiß aus.« – »A: Dann verstehen Sie auch nicht, was einen dort hinauftreibt.« – »B: Nein. Niemals. Der pure Schwachsinn.« – »A: Na, hören Sie, seh ich so aus?« – »B: Aber sicher. Das sind ja reine Verkleidungen. Schon diese Schuhe. Damit kann ein normaler Mensch keinen Schritt gehen. Und der Helm – als ob Sie von einer Baustelle kämen.« – »A: Sie sprechen die richtige Ausrüstung an –« – »B: Ich spreche den alpinen Mummenschanz an.« Zum Schluss des Gesprächs will der Alpinist vom Kritiker – der sich aber in der Geschichte des Bergsteigens so exzellent auskennt wie sein Textautor

Franz Hohler – noch etwas wissen: »A: Sagen Sie mal, aber eigentlich interessieren Sie sich doch für die Berge – wieso steigen Sie da nicht selbst hinauf?« – »B: Ich habe alle wichtigen Berge schon längst bestiegen. Als Kind. Im Kopf. Sie waren groß und wild und unberührt, und man kann sie im Leben kein zweitesmal besteigen.«

Auf einer CD des deutschen Labels »WortArt« aus dem Jahr 1996 mit einer Liveaufnahme aus der »Münchner Lach- und Schießgesellschaft« lassen sich diese verbalen Perlen von »Hanns Dieter Hüsch trifft Franz Hohler« bis heute bequem nachhören.

Die Berge spielten auch im folgenden Buch eine entscheidende Rolle – genauer gesagt der Plattenberg über dem Glarner Sernftal und der Gemeinde Elm. 1998 erschien »Die Steinflut«, Franz Hohlers erste Novelle. Johann Peter Eckermann zitierte 1827 nach einem Gespräch mit Goethe dessen Definition dieser Gattung: »Was ist eine Novelle anders als eine sich ereignete, unerhörte Begebenheit.« Der Brockhaus definiert die »Novelle (›Neuigkeit‹, nach ital. Novella)« als »Prosaerzählung meist geringeren Umfangs, die sich auf ein ungewöhnliches (›neues‹) Ereignis konzentriert. Die Novelle beschränkt sich, im Unterschied zum Roman, auf einen Geschehensausschnitt, der einen Wendepunkt bringt.«

Ein Wendepunkt war es tatsächlich im Leben der siebenjährigen Katharina Disch und was für einer: der große Bergsturz von Elm im Jahr 1881. Franz Hohler hatte für das Buch ausgiebig recherchiert und mit vielen Einheimischen gesprochen. Seine Erzählung basierte auf der realen Katharina Rhyner-Disch, die 1959 als 85-jährige Urgroßmutter gestorben war und als Kind ihre ganze Verwandtschaft beim Bergsturz vom Plattenberg verloren hatte. Sie hatte überlebt, weil sie sich geweigert hatte, nach ein paar Tagen Aufenthalt im Haus ihrer Großmutter mit den anderen wieder hinunter ins Tal zu gehen. Er habe viel Information zusammengetragen, um dann die Figur der Katharina »neu zu erfinden«, erzählte Franz Hohler der Journalistin Antje Weber von der »Süddeutschen Zeitung«.

»Kinder trauen im Prinzip immer ihrer Wahrnehmung«, sagte er laut dem »Anzeiger von Uster« vom 21. November 1998 an einer Lesung seiner »Steinflut« in der Gemeindebibliothek von Volketswil im Kanton Zürich. Diese unbestechliche kindliche Wahrnehmung ist der rote Faden der Novelle, die ganz aus der Optik der Siebenjährigen geschrieben ist, auch wenn die Erzählkunst des erwachsenen Franz Hohler die Geschichte trägt.

»Als die siebenjährige Katharina Disch mit ihrem vierjährigen Bruder Kaspar am Freitag, dem 9. September 1881 das Haus ihrer Großmutter betrat, wusste sie nicht, dass sie erst wieder bei ihrer Hochzeit von hier weggehen würde.« Der erste Satz des Buchs lässt keinen Zweifel am Ausgang der Geschichte. Wir begleiten das staunende Kind durch die unverständliche und widersprüchliche Welt der Erwachsenen bis zum schrecklichen Ende, das Hohler in einem einzigen, vier Seiten langen atemlosen Satz, in einer Steinflut von Worten auf die Leserinnen und Leser hinunterdonnern lässt.

Es war ein Hohler'sches Thema seit der »Ballade vom Weltuntergang«: Man hätte im Tal die Katastrophe voraussehen können, Warnungen und kleine Bergstürze gab es genug. Aber der Schieferabbau, der den Berg destabilisierte, brachte halt auch Arbeitsplätze und Verdienst nach Elm. So krachten am 11. September 1881, nach tagelangem Regen, zehn Millionen Kubikmeter Fels ins Tal und töteten 114 Menschen.

Thomas Bolli interessierte sich für die Reaktionen der Einheimischen auf Hohlers Roman und berichtete darüber am 11. September 1998 im »Tages-Anzeiger«. Der pensionierte Lehrer und Dorfchronist Walter Fromm bestätigte ihm, Hohler habe »genau hingeschaut, seine Beschreibung der damaligen Umstände hat mich beeindruckt«. Und am Stammtisch habe einer gesagt, nun habe der Hohler endlich etwas Rechtes gemacht.

Gut 150 Seiten umfasst die Novelle und ist damit lang genug, um viel zu erzählen, und kurz genug, um beim Lesen keine Pause zu machen. Hohlers Erzählung lässt einen ohnehin nicht los. Das ging Christine Richard von der »Basler Zeitung« nicht anders. Unter dem Titel »Mitreißend: Franz Hohlers genaue Novelle ›Die Steinflut‹« schrieb sie am 9. Oktober 1998: »Es gibt Bücher, die liest man in einem einzigen Zuge durch. Sie halten sich kurz, ohne zu verkürzen. Sie erzählen einfach, aber nicht simpel. Sie bergen einen geheimen Schrecken, ohne schrecklich geheimnisvoll zu tun. So ein Buch ist Franz Hohlers Novelle ›Die Steinflut‹.« Beeindruckt war auch Charles Linsmayer im »Bund« vom 22. Oktober 1998: »So karg, so unprätentiös, so unbestechlich und bis auf die Farben, Gerüche und Geräusche sinnlich exakt und authentisch ist Hohlers Schilderung und Figurenzeichnung, dass man sich unversehens einer ganz neuen, fast elementar anmutenden Art von Bauernliteratur gegenübersieht, die allein schon in ihrem Tonfall und mit ihrem erzählerischen Understatement vergessen macht, was seit Gotthelf in diesem Genre mitunter gesündigt worden ist.«

Vor der Jahrtausendwende kümmerte sich Franz Hohler noch um zwei besondere Projekte. 1998 startete er mit zwei Liedermacherkollegen, dem Westschweizer Michel Bühler und dem Tessiner Marco Zappa ein dreisprachiges Trio unter dem Titel »Schweizer sein – Être Suisses – Essere Svizzeri«. Der Kabarettist, der Chansonnier und der Cantautore stellten aus ihren großen Repertoires ein gut aufeinander abgestimmtes Programm zusammen. Die beiden Gitarren aus der lateinischen Schweiz legten mit Franz Hohlers Cello einen feinen musikalischen Teppich unter die Texte, die dem Publikum jeweils auch mit viel Humor und dreisprachig übersetzt wurden. So wurden auf lockere und wohlklingende Art die Klischees über die anderen Landesteil abgebaut.

Der »Berner Zeitung« sagte Franz Hohler im Februar 1999, es stimme schon, »dass sich Leute romanischer Herkunft meist geläufiger und fließender, oft sogar gebildeter ausdrücken. Sie benützen mit ihrer Sprache so etwas wie eine internationale Eisenbahnlinie, während wir im holprigen Regionalbähnlein der Mundarten unterwegs sind.« Er stellte seine Fähigkeiten allerdings etwas gar bescheiden dar, wenn er mit dem Hinweis auf Marco Zappas »unheimlich kunstvolle Arrangements« sagte: »Wenn ich mitspielen muss, komme ich als größtes musikalisches Sicherheitsrisiko in diesem Projekt oft an meine Grenzen.«

Die Reaktionen aus der Medienwelt konzentrierten sich vor allem auf des Trios angeblich unzeitgemäße Kommentare zum Zustand der Schweiz in den Jahren vor der bevorstehenden Landesausstellung. So schrieb Georg Schmidt am 3. November 1999 in der »Basler Zeitung«: »Es mutet in unserer Glitzerwelt anachronistisch an, dürfte aber künstlerische Absicht sein: Drei gestandene Herren, 50, 54 und 56 Jahre alt, sitzen auf der kleinen Fauteuil-Bühne, musizieren und singen an gegen den neoliberalen Lauf der Welt, gegen den engstirnigen Krebsgang der Blocher-Schweiz. Und manchmal fügen sie rührende Miniaturen einer besseren Welt in ihr Programm ein.«

In der »Neuen Zürcher Zeitung« vom Martinstag 1999 vermisste Ueli Bernays die geschlossene Dreieinigkeit: »Dem Programm fehlt es an gemeinsam erarbeiteten Nummern, zeitweise droht der Abend zwischen den einzelnen Repertoires zu zerfließen. Nur selten fügen sich die Stimmen zu einem kräftigen Terzett zusammen. Typisch Schweiz, mag man denken, ein höfliches Nebeneinander statt eines vitalen Miteinanders.«

Am 11. Januar 1999 traf sich Franz Hohler mit einem weiteren Kollegen, einem allerdings deutlich älteren: dem bösen Spötter und großen Träumer Heinrich Heine. »Wer Heinrich Heine am Montag einen Besuch abstatten wollte, auf dem Pariser Friedhof Montmartre, blieb mit dem kalten Grabstein allein«, schrieb Christine Lötscher am 13. Januar im »Tages-Anzeiger«. »Denn Heines Geist, einmal mehr von einem Wahlverwandten wachgekitzelt, hatte sich aus seiner Marmortruhe hinausbegeben, um dem Zürcher Theaterpublikum einen vergnüglichen Abend zu bescheren. Auch für Heine selbst muss es eine Freude gewesen sein, dass Franz Hohler dichtete und Daniel Fueter komponierte, was das Zeug hielt, um auf seine alten, bösen Lieder neue, ebenso böse Antworten zu finden.«

Hohler setzte seine Cello-begleiteten Texte an diesem Abend im Zürcher Schauspielhaus den Heine-Interpretationen des Tenors Hans-Jürg Rickenbacher und der Pianistin Gertrud Schneider gegenüber. Die eine Hälfte des Programms bestritten Rickenbacher und Schneider mit Heine-Vertonungen von Clara und Robert Schumann, Mendelssohn und Liszt, aber auch mit jüngeren Fassungen von Hanns Eisler oder von Daniel Fueter, der sie für diesen Abend komponiert hatte, den anderen Teil übernahm Hohler mit eigenen Texten und Gegenüberstellungen wie seine Übersetzung von Boris Vians »Déserteur« mit Heines »Grenadieren« aus der napoleonischen Zeit. Nach Heines Liebesliedern im ersten Teil waren im zweiten seine politischen Texte zu hören. Manfred Papst stellte in der »Neuen Zürcher Zeitung« fest: »Der Kabarettist gibt sich an diesem Abend nicht – wozu Heine auch verführen könnte – als Mahner der Nation. Er wirkt bei aller Ernsthaftigkeit verspielt. Weder seine noch Heines Texte zieht er mit dickem Filzstift nach; im geschickten Hin und Her zwischen beiden Programmhälften entsteht ein lebhaftes Gespräch über die Zeiten hinweg.« Susanne

Rothenbacher von der »Züri-Woche« hatte Hohler in einer Vorschau auf diesen Abend erklärt: »Für mich ist Heine erstaunlich zeitgenössisch. Ich habe das Gefühl, er sei ein verhinderter Romantiker gewesen. In Herz und Zwerchfell war er Romantiker, aber er konnte seine romantische Sehnsucht nicht mit seiner Wahrnehmung von der Welt zusammenbringen. Darin fühle ich mich ihm verwandt.« Das Programm »Hohler meets Heine« wurde Ende Januar auch von Radio DRS ausgestrahlt.

Schließlich hatte 1999 auch Franz Hohlers zwölftes Kabarettprogramm »Das vegetarische Krokodil« seine Premiere – eine weitere Auswahl aus seinem Repertoire an Liedern und Geschichten. Als Bob-Dylan-Fan fühlt sich der Schreiber dieser Zeilen beim Betrachten von Franz Hohlers Kabarettprogrammen der 1990er-Jahre oder an seinen heutigen Lesungen unter dem Motto »Franz Hohler spaziert durch sein Gesamtwerk« an Dylans »Never Ending Tour« erinnert: Da stellt der angebliche Oldie auf der Bühne vorne aus seinem unerschöpflichen Repertoire jeden Abend eine andere Auswahl zusammen, und unten hoffen die Fans, dass er doch bitte heute genau jene Stücke bringen möge, die sie selbst zwar auswendig mitsingen oder -rezitieren könnten und doch immer wieder in einer überraschenden neuen Version des Autors hören wollen.

Das neue Jahrtausend

11

Die Jahrtausendwende bedeutete auch eine Wende in Franz Hohlers künstlerischem Schaffen. Mit seinem 13. Kabarettprogramm »Im Turm zu Babel«, das am 14. November des runden Jahrs 2000 Premiere hatte, spielte er sein letztes Programm mit Rahmenhandlung. Im Jahr darauf folgte mit »S Tram uf Afrika« die 14. und letzte Bühnenproduktion, die unter dem Stichwort »Kabarett« lief – eine neue Sammlung von Geschichten und Liedern mit vielen Varianten.

Der »Turm zu Babel«, die biblische Parabel für die menschliche Sprachverwirrung, bot dem Wort- und Sprachkünstler Franz Hohler ein weites und außerordentlich fruchtbares Feld für Wortspiele und für ein behutsames und beharrliches Abklopfen der Sätze und Sprachen auf ihre Bedeutungen, Geheimnisse und Hintersinne. Man begleitete an diesem Abend einen Kandidaten für die Stelle eines »General Entrance Desk Manager« im Turm zu Babel. »Meine Nachbarin, die Dolmetscherin ist, hat gesagt, das sei einfach ein

Portier«, erklärte der Kandidat und Kabarettist auf der Bühne.

Hohler holte gleich zu Beginn das Publikum mit ins Boot, indem er es für Mitbewerber für den Job hielt, die offenbar dasselbe Inserat gelesen hatten und jetzt ebenfalls auf die Aufnahmeprüfung warteten. Elegant hatte er so auch in diesem Programm das Warten zum Rahmen des Abends gemacht, in den er seine Nummern, Lieder, Geschichten und Gedichte einbetten konnte. Das Durchschnittsalter des Kleintheaterpublikums wurde augenzwinkernd mitkommentiert, als er sagte, das heiße es ja wirklich selten in einem Stelleninserat: »Sie sind mindestens 55 Jahre alt, eine reife Persönlichkeit, die sich rasch und umfassend in ein komplexes ... undsoweiter.«

Als roten Faden zog Hohler einen Bewerbungsfragebogen durchs Programm, den der Desk-Manager-Kandidat elektronisch auszufüllen hatte und der viele Gelegenheiten für Pointen aus der politischen und gesellschaftlichen Aktualität bot. Und für ebenso witzige wie poetische Antworten: »Was ist ein vermummter Aufschneider? Chirurg. Was ist ein Druckertreiber? Aufsichtsperson in einer Druckerei. Was ist Ihre Muttersprache? Die Poesie.«

Auch wenn heute einige der kommentierten Ereignisse schon fast historisch anmuten: Beim Anhören der 2002 erschienenen CD mit dem »Babel«-Programm gibt es reichlich Anlass, zu schmunzeln und sich über Hohlers witzige Anmerkungen zu freuen. Er erfand wieder einige köstliche Figuren wie den eidgenössischen Beschwichtigungsbeamten oder die Telefonistin Angelika im Paradies – immer haarscharf auf dem Grat zwischen witzig und blödelnd, mit munteren Ausflügen auf beide Seiten. Und im besten Hohler'schen Stil, der einem immer wieder das Lachen im Halse stecken bleiben ließ.

Am Schluss wurde Kandidat Hohler dann tatsächlich als »General Entrance Desk Manager« ausgewählt. Den Job wollte er allerdings nicht mehr haben – nach all seinen Erfahrungen mit der Aufnahmeprüfung und dem unheimlichen, geheimnisvollen, undurchsichtigen Apparat dieses Turms. Mit diesem konnte er nämlich nur via Computer kommunizieren und erhielt seine Anweisungen von Stimmen aus Lautsprechern, die zumeist völlig unverständliche Sprachen redeten. Aber er musste feststellen, dass die Türen jetzt verschlossen waren und dass es aus diesem Turmsystem kein Entkommen mehr gab.

In der »Neuen Zürcher Zeitung« lobte und kritisierte Manfred Papst am 16. November 2000: »Einzelne Nummern sind umwerfend lustig, dann wieder gibt Hohler den in sich gekehrten Lyriker, den nachdenklichen Mahner. Die Einlagen zeigen seine Vielfalt, aber sie nehmen auch viel Spannkraft aus dem Stück. Mitunter droht die monumentale Metapher Babel fast zu verschwinden; der eindringliche Schluss mutet unvermittelt feierlich an. Aus dem Thema Sprachverwirrung hätte gerade Hohler, der Wortkünstler, noch mehr machen können.« Im »Tages-Anzeiger« trug Anja Laupers Besprechung gleichentags den Titel »Das beste Kabarett seit langem« und endete mit dem Verdikt: »Neben Bichsel ist Hohler vielleicht der größte Moralist unter den Schweizer Dichtern und Denkern der Gegenwart. Gegen die gallige Kritik am diskursbeherrschenden Medium Computer möchte man vielleicht einwenden, dass das Misstrauen angesichts neuer Medien so alt ist wie Platons Schriftkritik. Und immerhin verdanken wir dem elektronischen Sprachsalat den dichtesten Hohler-Abend seit langem.«

Die reale Welt lieferte zu Hohlers beobachteter und erdachter eine weitere, schöne Pointe: Wenige Tage vor Hohlers Premiere am 14. November musste die Großbank Credit Suisse bekanntgeben, dass vertrauliche Daten bekannter

Größen aus der Schweizer Showszene versehentlich eine Woche lang im Internet einzusehen gewesen waren. »Grund ist ein Missverständnis zwischen der Interpretenrechtsgesellschaft Swissperform und der Credit Suisse«, berichtete die sda, die Schweizerische Depeschenagentur. Die Namen, Adressen, Kontonummern und Zahlungen für Interpretenrechte von mehreren Prominenten seien versehentlich in einem öffentlichen Bereich des CS-Internetbankings Direct Net frei zugänglich gewesen. Konkret sei es gemäß einem Bericht im »Blick« um 670 Zahlungen an schweizerische oder in der Schweiz wohnhafte Stars wie Roger Moore, Udo Jürgens, Polo Hofer, DJ Bobo oder Franz Hohler gegangen. Es habe sich dabei um Beträge von bis zu 46 000 Franken gehandelt.

Die Geschichte passte nicht schlecht zur Vision vom undurchsichtigen Computersystem, das Hohler im »Turm zu Babel« präsentierte. Und dass er selbst zu den Betroffenen gehörte, war für die Medien natürlich ein gefundenes Fressen. Die »Sonntagszeitung« stellte ihm denn auch in der Ausgabe vom 12. November, zwei Tage vor Hohlers »Babel«-Premiere, die Frage, was diese Panne für ihn bedeutet habe. »Im Internet war ja bloß der Betrag zu sehen, den ich von der Swissperform für 1999 zugut hatte. Das waren 620.25 Franken«, antwortete er. »Dieser Betrag entsteht aus dem Schutz für schauspielerische Leistungen. Und solche waren letztes Jahr nicht der Schwerpunkt meiner Arbeit.« – »Noch mehr verwundert« zeigte sich der befragende Journalist Thomas Isler, »dass Sie als Bankenkritiker ein Konto bei der Credit Suisse haben«. Hohler erklärte ihm: »Als gebürtiger ⋅¹ᵗner war ich einst bei der Ersparniskasse Olten. Die wu⋅ ihrem Zusammenbruch von der Credit Suisse über Ich habe dann das Konto behalten.« Sonst sei die Bank Schweiz seine Hauptbank. Im Übrigen sei nehmenden Vernetzung schlicht alles möglic⋅

neuen Programm beschäftige ich mich genau mit dieser Thematik: Die neue Unübersichtlichkeit der Welt. Es ist ein satirischer Gang durch die Zeit, die stark von den Pannen und Fallen unserer Überentwicklung beeinflusst wird.« Ob ihm denn die CS »quasi den Werbegag für Ihr Programm beschert« habe, wollte der Journalist noch wissen. »Das kann man so sagen«, meinte Hohler.

Ein knappes Jahr nach der Premiere setzte dann ein Ereignis der Weltgeschichte ein besonderes Zeichen hinter Hohlers Programm. In New York stürzten am 11. September 2001 die Zwillingstürme des World Trade Center nach dem Kamikazeflug von Attentätern ein und begruben 3000 Menschen unter sich. Ein Journalist des »Südkurier« aus Konstanz fragte Franz Hohler im Februar 2002, ob dieser Terroranschlag das Programm oder Hohlers Sichtweise verändert habe. »Es hat ein anderes Licht auf mein Programm geworfen«, antwortete er. »Als die Ereignisse stattfanden, wurde in der Folge ein neuer Scheinwerfer auf dieses Motiv ›Turm‹ gerichtet, und es wurde mir klar, dass die Terroristen dasselbe Symbol, mit dem ich spiele, angegriffen haben. Sie haben es in gewisser Weise für dasselbe genommen: Sie haben den größten und glänzendsten und himmelstürmendsten Turm ausgesucht und haben den vernichtet. Dieses Ereignis hat mich schockiert, auch unter diesem Aspekt. (...) Und das hat auch zu Veränderungen in meinem Programm geführt.«

Die Stadt seiner Jugend ehrt ihren Künstler

Franz Hohler hatte bereits im alten Jahrtausend ein Dutzend Preise für sein Schaffen erhalten: für Literatur, für Kinder- und Jugendbücher, für Mundartliteratur und Kabarett. Den ersten mit einer 2 zu Beginn der Jahreszahl erhielt er

»zu Hause«, in Olten, der Stadt seiner Jugend – und zwar genau zwei Tage vor der Premiere von »Im Turm zu Babel« in der fernen Wahlheimat Zürich. »Die Ehrung eines Unbequemen« übertitelte die »Aargauer Zeitung« ihre Vorschau auf die Verleihung des Oltner Kunstpreises 2000. Die »Solothurner Zeitung« berichtete vom Festakt im Stadttheater in Olten, dass dort auch Kurt Hasler und Franz Lämmli im Publikum gesessen hätten, zwei der Lehrer, die Hohler aus seiner Schulzeit in guter Erinnerung behalten hatte. Mit leiser Wehmut schrieb die Journalistin Dora Meschini: »In den nationalen Medien wird er ausschließlich als Zürcher Kabarettist und Schriftsteller gefeiert. Das muss man verkraften. Franz Hohler ist seiner Heimatstadt längst entwachsen. Doch an der Preisverleihung von gestern Sonntagmorgen war spürbar, dass dieser große Künstler seine kleine Heimatstadt nicht vergessen hat.« Denn Hohler fand in seiner Rede viel Grund zum Danken für all die vielen Anregungen in seiner Jugend.

Der Oltner Germanist, Mittel- und Hochschullehrer Peter André Bloch begann die Laudatio, die später in den »Oltner Neujahrsblättern 2001« nachzulesen war, mit der Erinnerung an den Kunstpreis des Kantons Solothurn, den Hohler 17 Jahre zuvor erhalten hatte: »1983 erhielt der damalige Landammann des Standes Solothurn von der ›Schweizer Illustrierten‹ eine Rose zugesprochen, für den Mut des Kantons, Franz Hohler den Kunstpreis zugesprochen zu haben, im Gegensatz zum Kanton Zürich, der soeben – zum Ärger der schweizerischen Öffentlichkeit – den Antrag der dortigen Kunstkommission zurückgewiesen hatte, weil sich Hohler in Fragen der Kernenergie und der Zürcher Regierungsgeschäfte parodistisch eingemischt hatte.« Franz Hohler habe auch sonst einige Dämpfer einstecken müssen, weil er mit seinen klaren Meinungen angeeckt sei. »Doch immer wieder verlangte das Publikum nach ihm, denn es liebte seinen träfen Humor, seine moralische Geradheit, sein großes Können und seine umwerfende Wahrheitsliebe.« Bloch hatte auch eine verblüffende Nachricht aus dem hohen Norden der Literaturwelt zu vermelden: »In einer Umfrage in Schweden nach dem bekanntesten Autor deutscher Zunge wurde zuerst Günter Grass genannt, weil er soeben den Nobelpreis erhalten hatte, dicht gefolgt vom Schweizer Franz Hohler! Warum: Unter seinen fantastisch-originellen Kurzgeschichten gibt es auch diejenige vom Gasmasken verkaufenden Elch, die im Norden in alle Schulbücher aufgenommen worden ist und bei Jung und Alt wegen ihres absurd-konsequenten Humors zu einem der beliebtesten Texte deutscher Sprache geworden ist.« Und er erinnerte daran, dass Franz Hohler nicht nur ein großer Kabarettist und Schriftsteller sei, sondern seinen Worten auch immer wieder Taten folgen lasse: »Er hat den Mut, den Menschen auf seiner Suche nach sich selbst zu beobachten und zu beschreiben, im Kampf um seine innere Freiheit gegen die ihn fremdbestimmenden Mächte.«

Erzählen unterwegs zwischen Leben und Tod

Während Franz Hohler seine letzten Kabarettprogramme durch die Schweizer und deutschen Kleintheater und Kulturpodien trug, bereitete er auch die definitive Konzentration auf die Schriftstellerei vor. Er publizierte im Jahr 2000 »Zur Mündung, 37 Geschichten von Leben und Tod«, dessen Titelerzählung die Richtung für mehrere der folgenden Bücher vorgab: Er wurde noch konsequenter zum wandernden, spazierenden, Berge besteigenden Erzähler, der sich stets neue Richtungen und Erfahrungen zu Fuß erschließt.

»Zur Mündung« der Glatt wanderte er zuerst. Eines Morgens beschloss er spontan eine geografische Erkenntnissuche zu Fuß. »*Ich gehe der Glatt entlang, bis sie in einen größeren Fluss mündet*«, schrieb er auf einen Zettel, den er auf dem Küchentisch deponierte, und zog los. »*Wäre ich im Kanton Zürich zur Schule gegangen, wüsste ich wahrscheinlich, ob die Glatt in die Töss oder in den Rhein mündet, aber nun schaue ich auf keiner Karte nach, sondern beschließe, selbst nachschauen zu gehen, wo die Mündung der Glatt liegt*«, erklärte er dem Publikum seines Buchs und schilderte dann minutiös und mit vielen überraschenden Beobachtungen und Kommentaren seinen Forschungsmarsch in der alltäglichen Umgebung am Flüsschen, welches das Zürcher Unterland prägt, die Gegend zwischen Franz Hohlers Wohnort Oerlikon und dem Rhein, der Grenze zu Deutschland.

Die Glatt entspringt im Greifensee, schlängelt sich dann, meist im Versteckten, durch Zürichs nördliche Agglomerationsgemeinden mit ihren Wohn- und noch größeren Industrievierteln, fließt am Westrand des Flughafens Kloten entlang und gibt dabei vier Gemeinden ihren Namen: Glattbrugg, Oberglatt, Niederglatt und Glattfelden. Die meisten Schweizerinnen und Schweizer haben die Glatt auf Eisen- oder Autobahnbrücken vor ihrem Abflug in die Ferien und nach ihrer Rückkehr schon überquert, ohne eine Ahnung von ihr zu haben.

Diese Ahnung gibt ihnen Hohler in seiner Erzählung. Das Flüsschen »*muss irgendwann entkrümmt, entsumpft, entrietet, berichtigt und beschwichtigt worden sein*«, stellt er fest und entdeckt all das, was die Autofahrer rund um ihn unbeachtet links und rechts liegen lassen. Als er sich seinem Ziel nähert, erkennt er, »*dass die Hügelzüge der Glatt keine Chance lassen, sich noch mit der Töss zusammenzutun. Die Gletscher in der letzten Eiszeit haben anders entschieden.*« Schließlich schildert er die große Ernüchterung, als er sich schon auf die Mündung der Glatt in den Rhein freut und feststellen muss, dass der Fluss in einem Tunnel verschwindet: »*Die*

Wasser der Glatt ergießen sich nicht in den Rhein, sondern sie werden direkt in das Flusskraftwerk Rheinsfelden geleitet, oder vielleicht, das sehe ich von oben nicht genau, vielleicht noch in das Staubecken der vordersten Schleuse. Ich bin enttäuscht. Die Mündung wurde annulliert. Es gibt keine Vereinigung des Flusses mit dem Strom, sondern nur eine Ankunft, die Glatt wird vom Rhein nicht empfangen und mitgerissen, sondern sie wird abgefertigt, runter durch die Röhren in die Turbinen, und dann unterhalb des Kraftwerks zur Weiterreise nach Holland entlassen.«

Schon die Titelgeschichte wird also dem Buchuntertitel gerecht, dem Erzählen zwischen Leben und Tod – genauso wie der berührende Besuch beim sterbenden Schwiegervater oder der Gang durch die Katakomben des Wiener Stephansdoms. Hohler berichtet aus den Ländern Osteuropas, die in den letzten Jahrzehnten so viel Leid und Tod erlebt haben, und schildert die Tessiner Variante seiner »Rückeroberung« in der Erzählung »Maggiatal«, in der die Natur die sich langsam entvölkernden Tessiner Bergregionen wieder besetzt: »*Der Wald hat den Kampf um die Abhänge gewonnen*«, beginnt die Geschichte und schließt mit: »*Wenn es Nacht wird und der Waldkauz durchs Dickicht schreit, dann ist es nicht nur der Ruf des Siegers, sondern auch die Klage Quetzalcoatls über sein ganz und gar überwachsenes und versunkenes Mayareich.*«

Auch im längsten Text des Buches spielen die Berge eine Hauptrolle: Er beschreibt Hohlers Besteigung des Eigers und des Mönchs – nicht über die berühmt-berüchtigte Eigernordwand, wie einige Rezensenten gelesen zu haben glaubten, sondern über den ein wenig leichter zu überwindenden Grat, aber auch da immer auf dem schmalen Streifen zwischen Leben und Tod am Berg. Ein Nervenkitzel mit dem simplen Titel »Zu Berg« mit intelligenten Überlegungen dazu, warum man sich das antut und was das Leben am Limit so besonders macht.

Sabine Doering freute sich in der »Frankfurter Allgemeinen Zeitung« vom 4. August 2000 am Zusammenspiel der Hohler'schen Geschichten: »Ein Ausweichen in die Idylle ist nicht möglich, denn in diesen Geschichten hängt alles mit allem zusammen. Die kunstvolle Komposition des schmalen Bandes offenbart sich nur schrittweise: Häufig sind die einzelnen Abschnitte durch scheinbar nebensächliche Stichwörter miteinander verflochten, sodass eine feingesponnene Kette entsteht, die immer wieder die kleine Schweiz mit der großen Welt verknüpft.« Michael Bauer dagegen vermisste in der »Süddeutschen Zeitung« vom 6. Juni die erzählerische Dringlichkeit: »Was den neuen Geschichten allerdings fehlt, ist der erzählerische Coup. (...) Vielleicht hätte Hohler einfach das Flüsschen Glatt zur Quelle und nicht zur Mündung hin entlanggehen sollen. Da die Moral derzeit in der Krise steckt, braucht die Literatur moralische Geschichten ›von Leben und Tod‹, aber solche, die das Buchregal erzittern lassen.«

Sechs Jahrzehnte Hohler

Am 1. März 2003 wurde Franz Hohler 60 Jahre alt. Das wurde mit einem großen öffentlichen Fest gefeiert, einem Abend »Ganz für Franz« im Volkshaus Zürich – am 28. Februar, dem Vorabend zum eigentlichen Datum. Es war eine illustre Reihe von Gratulantinnen und Gratulanten, die ihrem Freund und Kollegen die Aufwartung machten. Der Jubilar begann am Cello mit seiner Beatles-Nachdichtung, deren »When I'm Sixty-Four« er schon viele Jahre zuvor um vier Jahre auf »Weni mol alt bi, sächzgi und meh« [»Wenn ich einmal alt bin, sechzig und mehr«] vorverlegt hatte. Dann sang ihm die Sängerkollegin dodo hug sein eigenes »Lied vom Chäs« vor. Im Laufe des im Wortsinn einmaligen und höchst abwechslungsreichen Abends lösten sich seine Bühnenkollegen Linard Bardill, Joachim Rittmeyer, Hannes Wader, Wolf Biermann, Lorenz Keiser, Michel Bühler, Marco Zappa, Sonny Boppeler alias Viktor Giacobbo, René Quellet, Dimitri, Emil und Fritz Widmer mit seinen Schriftstellerkolleginnen und -kollegen Adolf Muschg, Jürg Schubiger, Brigitte Schär und Peter von Matt ab. Wer selbst irgendwo sonst auf der Bühne stand und deshalb nicht persönlich – oder erst später wie Cés Keiser – ins Zürcher Volkshaus kommen konnte, schickte Grüße per Video: Ursus & Nadeschkin, Stephan Eicher, Cés Keiser und Margrit Läubli. Moderator Röbi Koller, der den Abend gemeinsam mit der Kulturmanagerin Bettina Tamò und Franz Hohler organisiert hatte, durfte sich von den Hohler-Freundinnen und Freunden mit den großen Namen viele witzige und spannende Geschichten über den Gefeierten erzählen und sie ihre besonders gestalteten Nummern und Texte für Franz vortragen lassen.

Liedermacher Wolf Biermann zum Beispiel berichtete von einer Begegnung mit Hohler, die mehr als 30 Jahre zurücklag: »Als ich noch in Ostberlin an der Chausseestraße saß – verboten, geächtet –, aber dieser Schweizer mit seinem Cello ist eben nicht wie andere musikalische Tanzbären nach Ostberlin gefahren und hat sich dort Zucker in den Hintern blasen lassen und Sand ins Gehirn. Sondern kam in die Chausseestraße 131, hat die Torturen der Grenzkontrolle über sich ergehen lassen, weil natürlich die Grenzbeamten an der Friedrichstraße nie darauf reingefallen sind, dass da ein Cello drin ist. Und dann haben wir uns unterhalten, haben uns gegenseitig Lieder vorgesungen, haben alle Probleme der Menschheit endgültig gelöst, merkten auch schon damals, dass wir nicht immer einer Meinung sind. Aber was für mich neu war und was ich von diesem Franz damals – obwohl er so jung war – lernte in Ostberlin, war etwas, was mir wirklich als gelernter Ostmensch, als gelernter Drachentöter neu war.

Das konnte mir im Osten auch keiner beibringen. Ihr werdet euch schieflachen, denn ihr könnt das alle automatisch – die Schweizer sowieso, wie Luftholen –: Toleranz. Das kann auch eine Kritik sein, weil du ja schon dunkel ahnst: Leute, die für alles Verständnis haben, die verstehen gar nichts. Aber diese – sagen wir mal nicht schweizerische, sondern mehr westliche – Schiefheit, die der Franz auf zwei Beinen darstellte, war für mich mit meiner Ostschiefheit etwas wirklich – und du weißt es: ohne einen Hauch von Ironie –, war etwas Kostbares. Weil im Streit mit den Herrschenden in der DDR konnte man dies und das lernen. Aber Toleranz nicht.«

Bergführer Adolf Schlunegger erzählte vom Bergsteiger Franz Hohler, die Schauspieler Gilles Tschudi und Christopher Novak spielten den schrägen Dialog »Die Geburtstagstorte«, den Franz Hohler für Hanns Dieter Hüsch und sich selbst geschrieben hatte, und der damals noch amtierende Bundesrat Moritz Leuenberger brachte mit seinem Bruder Dieter, Maler und Illustrator des Hohler-Kinderbuchs »Der Urwaldschreibtisch«, die Politik und die bildende Kunst auf die Bühne.

Den Abschluss machte Franz Hohlers wohl berühmtester Text, das »Bärndütsche Gschichtli« – eingeleitet durch eine persönliche Würdigung des Literaturprofessors Peter von Matt von der Universität Zürich für den einstigen dortigen Studenten Hohler: »Ich bin aufgerufen, als Literatur- und Sprachwissenschaftler Franz Hohlers ›Totemügerli‹ zu würdigen, und zwar innerhalb von vier Minuten. Das ›Totemügerli‹ ist, wie Sie alle wissen, ein Klassiker, dessen Bekanntheitsgrad in der Schweiz denjenigen von Goethes ›Faust‹ deutlich übersteigt. Was weniger bekannt sein dürfte, ist Folgendes: Dieser Text ist das einzige zwingende Beweismittel für eine der umstrittensten Thesen der modernen Sprachwissenschaft über den Schweizer Dialekt. Vermutet wird nämlich, dass die allgemeine Kommunikation in der deutschen

Schweiz nur deshalb so gut funktioniert, weil die Schweizer einander gar nicht verstehen. Dafür gibt es Indizien: Denken Sie nur an die unterschiedlichen Bezeichnungen, die für ein so schlichtes Wesen wie die Ameise in unserem Lande zirkulieren!« Dann referierte er 20 Dialektausdrücke für die Ameise, von »Omeisele« bis »Umbeisgi« und gar 27 für »den Anschnitt des Brotes« und schloss: »Der wissenschaftliche Streit über diese These verläuft fast lautlos, aber mit brutaler Grausamkeit. Dialektforscher werden in ihrem Fanatismus bekanntlich nur noch von den Dialektdichtern übertroffen. Ich aber darf Ihnen hier und heute in einem Experiment von klinischer Präzision den endgültigen Beweis für die umstrittene These ankündigen: Franz Hohlers ›Totemügerli‹, diese einzigartige Hochzeit zwischen Jeremias Gotthelf und dem Cabaret Voltaire, führt uns vor Augen, warum die Schweiz immer noch funktioniert: Man versteht gar nichts, ist begeistert darüber und fühlt sich als ein einziger Haufen von Brüdern und Schwestern.«

Das Geburtstagsjahr als Pause zum Wandern

Am Fest zu seinem 60. Geburtstag und in verschiedenen Interviews hatte Franz Hohler angekündigt, dass er sich ein Jahr Pause gönnen wolle. Adi Kälin vom »Tages-Anzeiger« erzählte er in der Ausgabe vom 25. Februar 2003, er habe »Im Turm zu Babel« 163-mal aufgeführt, dazu viele Abende mit dem Lieder- und Geschichtenprogramm »S Tram uf Afrika« und Lesungen mit seinem Buch »Zur Mündung« bestritten. Er fasste sein Programm vergangener Monate in der Formel »Berlin – Brig – Brütten – Düdingen – Kleinandelfingen« zusammen und nannte es »eine Sklavenarbeit. Es wird mir jedoch auch nie langweilig dabei.« Denn kein Abend sei wie der andere. Aber »Ganz für Franz« sei für ein Jahr der letzte öffentliche Auftritt. Er wolle schreiben und »fürs Alter üben«. Sich mehr Zeit nehmen für sich, die Familie und Freunde. Und er wolle sein Pult aufräumen, bis es so leer sei »wie das Pult eines Generaldirektors«. Anita Hugi von der »NZZ am Sonntag« verriet er, er wolle auch »anfangen, mein Material vorzubereiten auf mein ... Verschwinden«. Er finde sein Zeug schon, »aber ich möchte, dass es auch andere finden«. Er wolle mehr Muße, auch fürs Wandern, mehr Raum für Leere, »auch um hinhören zu können, was ich noch machen möchte«.

Den Vorsatz mit dem Wandern nahm Franz Hohler besonders wörtlich, und zwei Jahre später erfuhr auch die Welt davon. Am 5. März 2003 ging Hohler für eine Wanderung ins Sihltal. Weil er sich zwar eine kreative Pause gönnen wollte, seine Fantasie und seine Einfälle aber munter weiterarbeiteten, kam ihm sihltalwandernd eine Idee, an die er in seinem Buch »52 Wanderungen« so erinnerte: »Im Gehen denke ich, wieso mache ich dieses Jahr nicht jede Woche eine Wanderung? Als Fußgänger fühle ich mich gut und frei.« Die Realisierung dieser Idee war dann 2005 im Buch nachzulesen.

Bereits 2003 erschien ein Buch, für das Hohler aber tatsächlich schreibfrei hatte: »Die Karawane am Bodens des Milchkrugs« war eine Sammlung früher verfasster Erzählungen, von denen auch die meisten bereits publiziert worden waren, die hier aber in neuer Umgebung erschienen, mit dem Buchuntertitel »Groteske Geschichten« versehen.

»Es wirkt grotesk, wie glücklos die Literaturwissenschaft bis dato um eine Definition des Begriffs ›grotesk‹ ringt. Ebenfalls nicht festlegen kann sich Franz Hohler: Einer jeden seiner insgesamt 45 im Band ›Die Karawane am Boden des Milchkrugs‹ vereinigten ›Grotesken Geschichten‹ liegt ein anderes Verständnis dieses ominösen Wortes zugrunde. Da gibt es die Traumsequenz und den Totentanz, das kafkaeske Gleichnis und die Gogol'sche Karikatur, die Persiflage und die Moralpredigt. Die fünf Erzählungen, worin Gott oder der Teufel die Hauptrolle spielen, lesen sich dann als Anklang an die Geburt der grotesken Künste aus dem Geist des Spätmittelalters.« Das schrieb Gieri Cavelty in der »Neuen Zürcher Zeitung« vom 15. November 2003, und es wirkte fast ein wenig grotesk, wie verzweifelt der Rezensent versuchte, Hohlers Fantasie in die Gesetze seiner Schulweisheit hineinzuzwängen. Er sah bei verschiedenen Geschichten immerhin, dass der Autor »der Gabe des geistreichen Einfalls nach wie vor nicht verlustig gegangen ist«, »Esprit« und »das fantastisch-unheimliche Element in einigen von Hohlers älteren Arbeiten. In ›Das Fußballspiel‹ heißt der Autor die Lebenden zum Match gegen die Toten antreten und entfaltet dabei auf gerade einmal eineinhalb Seiten eine poetisch suggestive Szene, die uns schier das Blut in den Adern gefrieren lässt. Demgegenüber präsentiert sich die Mehrzahl der später entstandenen Geschichten entweder humorvoll und harmlos oder aber mit reichlich Gesinnungspathos angereichert.«

Noch eine weitere Hohler-Sammlung erschien im Sabbatical-Jahr 2003: »Weni mol alt bi«. Galt bei der »Karawane« das Motto »Wiederlesen macht Freude«, erfreute bei dieser CD das Wiederhören Hohler'scher Liedern und Nummern – darunter die titelgebende Beatles-Nachdichtung von »When I'm Sixty-Four«, seine gesungene Hommage an seine Heimatstadt »Olten und Umgäbig« und die umwerfende Geschichts-, Zeitgeschichts- und Bestattungssatire »Lenins Leichnam«, bei der es den Schweizer Politikern letztlich nur darum geht, ob die Stadt oder der Kanton die Bestattung des einst aus Zürich zur Revolution aufgebrochenen Revolutionärs bezahlen müsse. Die CD schloss mit dem berühmten »Lied vom Chäs« und meinem persönlichen Favoriten unter Franz Hohlers Liedern: »S Tram uf Afrika«, das einen Zürcher Elfer quer durch die Stadt nach dem plötzlich in Hohlers Stadtquartier Oerlikon liegenden Afrika fahren lässt – mit ein wenig afrikanischer Musik im Tram und Hohlers Fantasie ist alles möglich.

Einen kleinen Rückfall in die Öffentlichkeit hatte Franz Hohler doch noch: Am 13., 20. und 27. November hielt er im Zürcher Literaturhaus drei Poetikvorlesungen für die Universität Zürich. Sie trugen die Titel »Das Kurze«, »Das Einfache« und »Das Kindliche«. Der Meister der Kurzgeschichte, des Einfachen mit Hintersinn und der Geschichten für Kinder philosophierte vor seinem germanistischen und lebenserfahrenen Hintergrund über das Erzählen. Seine Gedanken lassen sich heute bestens und vollumfänglich nachlesen. Sie bilden den Hauptteil des 2010 erschienen Buches »Das Kurze. Das Einfache. Das Kindliche«.

Wie eine Torte die Weltgeschichte veränderte

Der Kabarettist Franz Hohler hatte sich endgültig zum Schriftsteller gewandelt, der seine Bücher immer wieder an Lesungen mit seiner kabarettistisch geschulten Bühnenpräsenz an die Leute brachte. Das Erste war 2004 der Band »Die Torte und andere Erzählungen«, eine Sammlung von zehn Geschichten, die allerlei Fenster aufstießen. Die Titelgeschichte mischte sich gar in die Weltgeschichte ein und erzählte vom fast 100-jährigen Ernesto Tonini in einem Altersheim in der Nähe von Locarno, den alle nur »la torta« nannten, weil er immer nur den Satz wiederholte: »Un giorno vanno trovare la torta.« [»Eines Tages werden sie die Torte finden.«] Und zwar im See. Als der Ich-Erzähler berichtete, man habe im See eine Blechschachtel mit verrosteten Zündern gefunden, erfuhr er die Geschichte vom armen Schlucker Tonini aus den Tessiner Bergen, der als Laufbursche im Grand Hotel Locarno gearbeitet hatte und deshalb von seinen kommunistischen Freunden auserwählt worden war, 1925 die für die große Nachkriegskonferenz aus ganz Europa angereisten Spitzenpolitiker in die Luft zu sprengen. Er sollte Dynamit in einer Torte platzieren und damit ein Schiff, auf dem er die Staatsmänner zu bedienen hatte, in die Luft sprengen. Doch die Liebe zur Tochter des Anführers der kommunistischen Zelle ließ ihn die Torte aus scheinbarem Ungeschick in den See schmeißen – und überleben.

Es gibt in diesem Buch ein paar Erzählungen, in denen es Franz Hohler wieder schafft, das Unheimliche in den Alltag kriechen zu lassen, ohne dass sich die Betroffenen hätten dagegen wehren können. Das endet oft friedlich wie bei der »Torte«, aber in der zweitletzten Erzählung »Der Brief« fühlt man sich an den Satz von Friedrich Dürrenmatt erinnert, dass eine Geschichte erst dann zu Ende erzählt sei, wenn sie die schlimmstmögliche Wendung genommen habe. Wie ein ehrenwerter Pfarrer durch den Fund einer alten Velonummer und die Tatsache, dass ihm die Brieftasche gestohlen wird, in Mordverdacht gerät und seine ganze Existenz zusammenbrechen sieht, schildert Hohler beklemmend und mit einer absolut unausweichlichen Folgerichtigkeit.

Seine Fantasie trug ihn wieder locker durch Raum und Zeit, etwa in »Der Schimmel«, in dem eine Frauenärztin zu ihrer eigenen Überraschung zu einer Entbindung ins Mittelalter reitet, von Franz Hohler mit großer Präzision und Detailtreue geschildert. »Die Rechnung« mit Datum 24. Juni 1938, die eine junge Lehrerin im Futter des vor wenigen Tagen gekauften Regenmantels findet, führt sie ebenfalls in eine weit zurückliegende Geschichte. Hohler hat eine große Gabe, sein Lesepublikum in fantastische Richtungen zu entführen – bis zur überraschenden Begegnung des Erzählers mit Lady Diana auf dem Turm der Pariser Notre-Dame.

Charles Linsmayer stellte in der »Weltwoche« am 12. August 2004 fest, Hohler sei »nicht mehr der politisch Bewegte von 1993 und früher. (...) Aber so unschulmeisterlich verspielt, so arglos unprätentiös wie in diesen zehn auch sprachlich meisterhaften, wie kabarettistische Vortragsstücke gebauten und durchgestalteten Erzählungen ist er noch kaum je dahergekommen.«

Franz Hohler machte 2004 nicht nur mit den Erzählungen in der »Torte« von sich reden und schreiben, sondern auch mit zwei politischen Engagements. Im September reiste er mit einer Delegation von Schweizer Parlamentariern nach Israel und Palästina und berichtete in einem Beitrag für die »WOZ – Die Wochenzeitung« am 7. Oktober 2004 von seinen Erlebnissen, auch einem Treffen mit dem Palästinenserführer Jassir Arafat. Er schilderte den Alltag der Palästinenser in den besetzten Gebieten, von dem in den Schweizer Medien sonst kaum einmal die Rede ist. Die Delegation sprach mit beiden Seiten und verzweifelte oft über die ausweglos scheinende Situation. Franz Hohler berichtete auch von Begegnungen mit palästinensischen Kulturschaffenden, die sich auf künstlerische Art mit der Besetzung auseinandersetzten: »Im Nationaltheater in Jerusalem wird für ein Stück über die Mauer geprobt, eine Komödie übrigens, denn es gibt auch Humor und Selbstironie als Waffe gegen Erniedrigung und Depression. Eine Gruppe von jungen Musikern, die in ebendiesem Theater ein Konzert geben, verwandeln die Tristesse des Alltags in Songs, einer davon, locker und schwungvoll, ist eine Liebesgeschichte, die an einem Checkpoint beginnt, wo sich der Sänger beim Warten in ein Mädchen verliebt. Hätte ich das nicht auch gesehen, wären die sechs Tage meiner Reise durch die besetzten Gebiete fast unerträglich gewesen.«

Am 13. Dezember schließlich hatte er einen besonderen Auftritt in Bern, als er vor dem Bundeshaus als Einmanndemonstration die Freiheit der Kultur einforderte. Eine Woche zuvor hatte der Ständerat der Kulturförderstiftung Pro Helvetia das Budget um eine Million Franken gekürzt, weil diese die umstrittene Ausstellung »Swiss-Swiss Democracy« des Künstlers Thomas Hirschhorn im Centre Culturel Suisse de Paris unterstützt hatte. Konservative Politiker waren schockiert über das Bild, das der Künstler angeblich (die meisten hatten die Ausstellung gar nicht gesehen) in Paris von der Schweiz präsentierte. Besonders empörten sie sich über ein Theaterstück, in dem ein Schauspieler in der Pose eines Hundes an ein Bild des damaligen Bundesrates und SVP-Chefstrategen Christoph Blocher pinkelte. Hohler trug zur Debatte im Nationalrat ein Plakat mit der Aufschrift »Die Freiheit der Kunst ist gewährleistet – Artikel 21 Bundesverfassung« – und er gehörte für einmal zu den Siegern. Der Nationalrat korrigierte den Beschluss der kleinen Kammer und gab der Pro Helvetia die Million vorerst zurück.

»Die Schweiz kann extrem bieder sein, spießig, provinziell, geistig eng, arrogant und politisch unbedarft«, kommentierte am Tag darauf Andrea Masüger in der Bündner Tageszeitung »Südostschweiz«: »Und doch hat die Schweiz ihre demokratischen Korrekturmechanismen, die ihr immerhin ein Überleben in den letzten paar Jahrhunderten gesichert haben. Wenn es gar zu arg wird, wenn die Sache ins Peinliche kippt, wenn sich selbst die Stammtische wundern und jedermann merkt, dass es gegen die Grundwerte geht, dann, ja dann besinnt man sich. Diese Rolle hat gestern der Nationalrat übernommen. Er hat erkannt, dass man diese Sache nicht so stehen lassen konnte. (...) Die Schweiz ist um eine Politposse reicher. (...) Franz Hohler hat gestern eine Ein-Mann-Demo vor dem Bundeshaus veranstaltet. Er hat sich durchgesetzt. Das stimmt versöhnlich.«

Aber nicht für lange: Nach einem Hin und Her zwischen den Räten brachte der Ständerat die Budgetkürzung trotzdem durch. Der »SonntagsBlick« rechnete aus, dass die Debatten die Steuerzahler 300 000 Franken gekostet hatte.

Die Beute des Wanderjahres 2003

Nach dem »Weihnachtsgeschenk« des Nationalrats an die Kultur publizierte Franz Hohler Anfang 2005 sein nächstes Buch, die »52 Wanderungen«. Der Gang vors Bundeshaus gehörte nicht dazu, Hohler zog in diesem Buch die Wanderbilanz seines auftrittsfreien Jahres zwischen Anfang März 2003 und Ende Februar 2004: *»Ich habe mir bewiesen, dass ich mir die Zeit nehmen, mich ausklinken und tun kann, was ich tun will. Mein erstes Privileg ist, dass ich freischaffend bin, und das zweite, dass ich mit meiner Arbeit Echo und Erfolg habe. Für diese zwei Privilegien verneige ich mich dankbar vor meinem Schicksal und hüpfe fröhlich davon.«*

»Für heute, den 5. März, war ein schöner, frühlingshaft warmer Tag angekündigt. Ich habe eine Flasche mit Zitronenmelissensirup und etwas Dörrobst in meinen kleinen Rucksack gesteckt, habe die Wanderschuhe angezogen und bin mit dem Zug nach Sihlbrugg gefahren.« So begann das Protokoll der ersten Wanderung unter dem Titel »Sihlaufwärts«, und der kleine Rucksack mit seinem naturbelassenen Inhalt wurde gewissermaßen zum Symbol für die nächsten zwölf Monate mit ihrer wöchentlichen Wanderung und dem dazugehörigen Protokoll.

Auf jeder dieser Wanderungen fiel Hohler vieles auf, an dem andere achtlos vorbeigehen. Mein Zeichnungs- und Kunstgeschichtslehrer am Gymnasium pflegte das Wesen eines Kunstwerks jeweils mit der verbalen Dreierreihe »Objet trouvé – objet déplacé – objet d'art« zu bezeichnen. Genauso machte es Franz Hohler mit seinen Beobachtungen und seinen Anmerkungen dazu: In seinen Texten wurde manches zum entdeckenswerten Kunstwerk. Das begann mit der Wanderung an der Sihl, die den meisten Menschen in der Schweiz allenfalls als unscheinbare Begleiterin auf einer Zugfahrt zwischen Zürich und Zug oder umgekehrt bekannt ist. Hohler sah mehr – zu Fuß ohnehin: »*Was für ein eigenwilliger Fluss, die Sihl. Statt sich von Einsiedeln aus auf geradem Weg in das einladende Zürichseebecken zu ergießen, hat sie alles getan, um diesem See auszuweichen, und es ist ihr gelungen; sie versteckt sich die längste Zeit hinter einer Seitenmoräne des Linthgletschers und mündet knapp hinter dem Seeausfluss in die Limmat.*«

Die Wanderungen führten ihn auf hohe Berge und sanfte Hügel, in Städte und Dörfer, in viel besuchte und in wenig bekannte Gegenden der Schweiz und des Auslandes, an berühmte Ausflugsziele wie Rigi oder Rheinfall und zu abgelegenen Besonderheiten wie der Linde von Linn, an deren 800-jährigem Leben sich die Aargauer und Schweizergeschichte in Kurzform erzählen ließ: von den Habsburgern, die in ihrer nahe gelegenen Stammburg ihre mächtige Weltkarriere starteten, über die jahrhundertelange Herrschaft des dominierenden Staates Bern und die Invasion von Napoleons Armeen bis zu den AKW-Kühltürmen von Leibstadt und Gösgen.

Zu den Wanderungen gehörten auch Zeitreisen zurück in die Jugendstadt Olten zu seinem Elternhaus oder durchs Zürcher Universitätsviertel, wo Studienerinnerungen geweckt wurden. Hohler wanderte in Italien und Wales, auf dem Robert-Walser-Pfad im Appenzellerland, zum Dichterfreund Gerhard Meier in Niederbipp am Jurasüdfuß und zu Gotthelf ins Emmental. Und er ging ans einzige von Zürich aus in anderthalb Stunden erreichbare Meer, ans schwäbische.

Hohler experimentierte dabei sprachlich: So war einer der Berichte in lauter Infinitivformen verfasst, was diesem Rapport über die aus Wettergründen abgebrochene Besteigung des Mürtschenstocks einen ziemlich drängenden Ton verlieh. Und auf der Tour mit seinem Deutschlehrer Ludwig Storz aus der Kantonsschule ertappte er sich bei einem sehr persönlichen Gedanken, als er hinter dem Lehrer herging,

»damit er das Tempo bestimmen kann. Da vorn, denke ich auf einmal, da vorn gehe ich selbst, in zwanzig Jahren.« Nach einem Jahr führte ihn die letzte Wanderung erneut ins Sihltal.

»Hohler müsste nicht Hohler sein, wenn aus der Absage an die Literaturszene nicht doch wieder ein Buch entstanden wäre«, schmunzelte Charles Linsmayer am 15. Februar 2005 im »Bund«. »›52 Wanderungen‹ nennt es sich bescheiden, und wer es liest, den erwarten nicht nur ungewöhnliche, ebenso frisch wie unprätentiös dargestellte Begegnungen mit Landschaften und Menschen, den erwartet auch eine sehr persönliche, bewegende Begegnung mit dem Autor und Menschen Franz Hohler, seinem Denken, seinem Fühlen und seiner spezifischen Art, die Welt wahrzunehmen. Es ist ganz und gar erstaunlich, wie gut und genau Franz Hohler die Schweiz kennt, wie viel Reizvolles und bisher kaum Beachtetes er entdeckt, auf was für eine neue, frische Art er längst Bekanntes neu und aus einer ganz anderen Perspektive zu präsentieren versteht.«

In der »Sonntagszeitung« vom 20. Februar hingegen mokierte sich Roger Anderegg, welche Banalitäten Hohler »für berichtenswert« halte und befand: »Uns ergeht es mit der Zeit nicht anders als ihm, als er den Pfäffikersee umrundet und den gleichen Gestalten ein zweites Mal begegnet: Auch uns beschleicht das Gefühl, wir hätten das alles doch eben schon gelesen. So wünschten wir uns denn, während wir mit Hohler 52-mal fürbass schreiten, dringend, wir würden mal stolpern. Über etwas Unerwartetes, etwas Überraschendes oder gar über einen verborgenen Hintersinn. Flachwandern ist auf die Dauer ermüdend.«

Gegen Ende Jahr bezeichnete Literaturkritikerin Gunhild Kübler die »Wanderungen« in der »NZZ am Sonntag« am 13. November als »eines meiner liebsten Bücher aus diesem Jahr« und freute sich über Hohlers Tipps: »Man kann Hohlers Wanderbuch kaum lesen, ohne davonzustürzen, um am nächsten SBB-Schalter ein Bahnbillett zu einem der Ausgangspunkte seiner Touren zu erwerben. Er habe, schreibt Hohler, in seinem mit Fußmärschen ausgefüllten Jahr auch ›für das Alter üben wollen‹. Man weiß nicht genau, was er damit meint, aber man versteht ihn trotzdem. Hier geht es wohl weniger um den Erwerb und die Pflege körperlicher Fitness als um die Reduktion seines Erlebens auf etwas wie ›das Wesentliche‹.«

Der Band tauchte zwei Jahre später plötzlich noch einmal in der Zeitung auf, als am 25. April 2007 Thomas Wyss im »Tages-Anzeiger« das neue Buch seines Journalistenkollegen Thomas Widmer mit diesen Worten vorstellte: »Vor etwas mehr als zwei Jahren hat Franz Hohler das Buch ›52 Wanderungen‹ vorgelegt, nun zieht ›Weltwoche‹-Journalist und -Kolumnist Thomas Widmer nach: Er präsentiert ein Werk mit dem fast identischen Titel: ›Zu Fuß – In 52 Wanderungen durchs Jahr‹. Die beiden Bücher weisen etliche Gemeinsamkeiten auf. Sowohl der Wahlzürcher Hohler, in Biel geboren und in Solothurn (sic!) aufgewachsen, wie auch der Wahlzürcher Widmer, im appenzellischen Stein zur Welt gekommen, stolpern mit liebe- und humorvollem, teilweise auch dezent ironischem oder kritischem Blick über Stock und Stein. Ihre Beschreibungen wecken die Lust aufs Nachwandern, aufs Nacherleben.« Thomas Widmer wandert noch immer jede Woche durch die Schweiz, mittlerweile allerdings ist er ebenfalls Mitglied der »Tages-Anzeiger«-Redaktion.

Im April 2008 definierte Franz Hohler in einem Gespräch mit der »Schweizer Familie« zum Thema »Die Schweiz unterwegs« noch einmal seine Beziehung zum Wandern: »Gehen ist für mich meditativ: Nicht nur der Körper ist in Bewegung, auch die Fantasie. Beim Wandern begegnet die Innenwelt der Außenwelt.«

Der Zürcher Preis gegen die Kommission

Im September 2005 erhielt Franz Hohler einen weiteren wichtigen seiner zahlreichen Preise, den bereits erwähnten Kunstpreis der Stadt Zürich. Diesmal entbrannte rund um eine Preisverleihung eine Diskussion der etwas anderen Art. Die zuständige Kommission hatte nämlich den in Zürich-Seebach aufgewachsenen Schauspieler Bruno Ganz auszeichnen wollen, der im Jahr zuvor mit seiner Rolle als Adolf Hitler in Oliver Hirschbiegels »Der Untergang« Aufsehen erregt hatte. Die 17-köpfige Nominationskommission hatte aber nur ein Vorschlagsrecht, und der Stadtrat entschied sich für Franz Hohler, der im Dreiervorschlag der Experten an zweiter Stelle aufgeführt worden war. Stadtpräsident Elmar Ledergerber erklärte im Interview mit dem »Tages-Anzeiger«-Journalisten Philipp Gut die Gründe, warum Hohler ausgezeichnet worden sei: »Die ganze Nation kennt ihn als Cello spielenden Kabarettisten vom Fernsehen. Er hat sich als Grüner profiliert, bevor es die grüne Bewegung gab. Und ich schätze ihn als Literaten und Schriftsteller, der verschiedene Nischen besetzt.« Auf den Vorwurf, der Stadtrat habe die Kommission übergangen und eigenmächtig und selbstherrlich gehandelt, erwiderte er: »Selbstherrlich? Der Stadtpräsident trägt die Verantwortung für die Kulturförderung. Und die versucht er so gut wie möglich wahrzunehmen. Im vorliegenden Fall sind die Fakten klar: Die Nominationskommission macht einen Dreiervorschlag, und der Stadtrat entscheidet dann. Daran gibt es nichts zu deuteln. Alle drei Vorgeschlagenen waren sehr gute Kandidaten, jeder von ihnen hätte den Preis verdient gehabt. Ein Entscheid für eine Person ist immer auch ein Entscheid gegen eine andere Kandidatur.«

»Tages-Anzeiger«-Kommentator Tobi Müller kritisierte Ledergerbers Vorgehen in derselben Ausgabe: »Kulturpreise sind Kompromissentscheide, gerade weil sie in Gremien von verschiedenen Fachleuten besprochen und ausgehandelt werden. Elmar Ledergerber aber führte vor zwei Jahren ein, dass man ihm gefälligst eine Rangliste mit drei Vorschlägen unterbreitet, die dann auch nicht näher diskutiert werden. Streng formal hat er nichts falsch gemacht, das Reglement erlaubt ihm dies. Doch der Stil zeugt von mangelndem Unterscheidungsvermögen. Ledergerber verwechselt den Preis mit einer Direktorenwahl oder mit hierarchisch steileren Vorgängen in der Betriebswirtschaft.«

Aber alle waren sich einig, dass Franz Hohler den Preis verdient habe. So schrieb Christine Lötscher ebenfalls an diesem Tag im »Tages-Anzeiger«: »Satire, hintergründiger Humor und Pointensicherheit machen nur den halben Hohler aus. Die andere Hälfte besteht aus so unzeitgemäßen Dingen wie Moral und Gewissen, und auch dafür lieben ihn seine Leserinnen und Leser. Dass sich Hohler gegen die Zerstörung der Umwelt und gegen soziale Ungerechtigkeit einsetzt, kommt nicht von ungefähr. ›Was sind schon drei Tage am Kreuz‹, soll seine Großmutter gesagt haben, ›gegen ein Leben in der Fabrik!‹ Wenn es der Freiheit der Kunst an den Kragen geht, wird er aktiv – wie jüngst bei der Strafaktion gegen die Pro Helvetia im Gefolge der Aufregung um Thomas Hirschhorns Ausstellung in Paris; da protestierte er allein mit einem Transparent vor dem Bundeshaus. Insofern setzt die Verleihung des Zürcher Kunstpreises an Hohler auch ein Zeichen für die Freiheit der Kunst – und für das Engagement der Künstler auch in der Welt außerhalb von Bühnen und Buchdeckeln. Wichtiger aber: Hohler wird literarisch immer besser, und im Erzählband ›Die Torte‹, letzten Herbst erschienen, zeigt er sich auf der Höhe seiner Kunst; der Satiriker, der Moralist und der Romantiker schmelzen in den raffiniert und mit fein abgestuften Zwischentönen erzählten Märchen und Parabeln aufs Schönste zusammen.«

Das sah Constantin Seibt in seiner »Weltwoche«-Kolumne am 7. Juli in einem Brief an Elmar Ledergerber etwas anders: »Sicher, es wird keine beneidenswerte Entscheidung gewesen sein: Wer soll den mit 50 000 Franken dotierten Kulturpreis der Stadt Zürich bekommen? Bruno Ganz, der den Erbsensuppe essenden Hitler dargestellt hatte? Oder Franz Hohler, der seine wöchentlichen Fußwanderungen als Buch herausgegeben hatte? Es blieb die Wahl zwischen zwei Stücken derselben Torte: Kunstkitsch oder Kleinkunstkitsch. In dieser Situation wählten Sie die große Geste. Als erster Stadtpräsident überhaupt überstimmten Sie Ihre Kulturkommission, die Bruno Ganz auf Platz 1 gesetzt hatte. Und kürten stattdessen Hohler, mit der schönen Begründung, dass dieser ›die üblichen Klischees vermeide‹. Was, liest man Hohler, etwa so überzeugend klingt, als würde man Chruschtschow als schönsten Lockenkopf der Ex-Sowjetunion auszeichnen.«

Bruno Ganz erhielt den Zürcher Kunstpreis dann im Jahr darauf.

Das alljährliche Buchgeschenk

In den Jahren seither folgten sich Hohlers neue Bücher weiterhin im Jahresrhythmus, und immer wieder verpackte er seine Inhalte in andere literarische Formen. Im Jahr 2006 erschien zur Abwechslung sein zweiter Gedichtband – nach dem Debüt von 1988 – unter dem Titel »Vom richtigen Gebrauch der Zeit«. Der Gedichtband begann mit kurzen, schlichten, berührenden Liebesgedichten wie dem »richtigen Gebrauch der Zeit«:

*Ich habe dich
heute morgen
nicht zum Bahnhof begleitet
ich hatte soviel zu tun
und brauchte sie dringend
die halbe Stunde.*

*Doch kaum warst du weg
saß ich da
und war
eine ganze Stunde lang traurig.*

Es folgten poetisch verdichtete Gedanken beim Lesen der Nachrichten aus der weiten Welt, Empathie mit den Geplagten in vielen Ländern, Weiterdenken der nackten News und dezidierte Kommentare:

Die Selbstgerechten

*Und als der Irak
Kuwait überfiel –
habt ihr da auch demonstriert?*

*So fragen uns die
die selber nie demonstrieren*

*und falten die Hände
über den Bäuchen.*

Er ließ sich seine große Fähigkeit, zu spüren, zu empfinden und all dies zu verdichten, nicht nehmen, beispielsweise im »Nach-Ruf« auf Niklaus Meienberg, den Kollegen und Freund, der sich das Leben genommen hatte. Er begann mit

Lieber, böser Niklaus
nun sprechen und schreiben sie alle von dir
im Imperfekt
er war, er wurde
er schrieb, er lebte
er ging
so schnell passt sich Sprache
der Wirklichkeit an
...

Und er klopfte weiterhin virtuos die Sprache auf Hinter-, Doppel- und Scheinbedeutungen ab:

Spruch

Ganz der alte
sagen die Leute
wenn einer so ist
wie er als jung war.

Neben den freien Versen lieferte der Vielseitige auch Landschaftsbilder in traditionellen, gereimten Vierzeilern, gedachte des Umweltaktivisten Bruno Manser, der seit Mai 2000 in Borneo als vermisst gilt, und des verstorbenen Mickey-Mouse-Zeichners und -Erzählers Carl Barks, der einst in einer simplen Bildergeschichte den Kapitalismus schlagend zusammengefasst hatte: Als Onkel Dagobert – unterwegs mit Donald, Tick, Trick und Track – sein überflüssiges Kapital mit Konsumieren loswerden wollte, stellte er am Schluss fest, dass sie ausschließlich in Firmen Geld ausgegeben hatten, die ihm selbst gehörten. Und so wurde Carl Barks bei Franz Hohler zu »Marx' Brother«.

Im »Bund« vom 20. Mai 2006 schrieb Charles Linsmayer – zu den kurzen Gedichten passend unter seinem Kürzel li –:

»Franz Hohlers zweiter Gedichtband handelt von der Zeit und ihrem Verhältnis zum Leben und zur Liebe. Von glücklichen Momenten wie einem Abend auf der Alp oder von der Begegnung mit ›Drei Frauen‹, die sich am Ende als eine einzige entpuppen: ›Alle hatten dasselbe graue Haar / und alle drei / hab ich von Herzen lieb.‹«
Alexandra Kedves schließlich nannte »Vom richtigen Gebrauch der Zeit« in der »Neuen Zürcher Zeitung« vom 5. Februar 2007 »eine kleine, rotgefasste Kostbarkeit, die jede Minute wert ist, die man mit ihr, in ihr verbringt. (...) Wer sonst kann heute das Alltägliche so alltäglich formulieren – und ihm gleichzeitig und gerade dadurch sein Wunder zurückgeben? Franz Hohler fürchtet sich nicht vor der Banalität von Tiefe – und findet gleichzeitig und gerade dadurch Tiefe im Banalen. Wer sonst kann heute so leicht vom Schwersten schreiben, und dies, ohne dem Sujet Unrecht zu tun?«

Einseitiges aus aller Welt

So wie Franz Hohler mit seinen Übersetzungen und Nachdichtungen ferne Poetenkolleginnen und -kollegen wie Alberto Nessi, Giuseppe Ungaretti, Antonio Machado, Luisa Famos, Arthur Rimbaud und Publius Aelius Hadrianus seinem Publikum nähergebracht hatte, so tat er dies 2007 auch wieder mit fremden Kurzgeschichten aus verschiedenen Ländern und verschiedenen Zeiten. Diesmal gab er »112 einseitige Geschichten« heraus – eine mehr noch also als 1981 mit den »111 einseitigen Geschichten«. Im Herkunftsverzeichnis fanden sich große Namen wie Hebel, Büchner, Kafka, Tolstoi, Canetti und Tagore, aber auch unbekannte und eine ganze Reihe von älteren und jüngeren Kolleginnen und Kollegen aus der Schweiz. Und niemand kriegte mehr als die eine Seite, die im Buchtitel angekündigt worden war. Hohler hatte wieder ein wahre Fundgrube gegraben, und man fiel mit Begeisterung hinein. Der Klappentext zitierte den Wiener Schriftsteller und Kritiker Alfred Polgar mit der Feststellung, dass »das Leben viel zu kurz für lange Geschichten ist«. Hohler eröffnete das Buch mit »Halt!« des Russen Daniil Charms:

> *Halt! Bleiben Sie stehen und hören Sie, was für eine erstaunliche Geschichte. Ich weiß nicht mal, mit welchem Ende ich anfangen soll. Es ist einfach unwahrscheinlich.*

Vom Aargauer Kollegen Klaus Merz übernahm er eine Gegendarstellung zu seiner eigenen Geschichte darüber, wie die Berge in die Schweiz kamen. Merz hatte Folgendes festzustellen:

> *Zur Entstehung der Alpen*
> *In der Nacht vom fünften auf den sechsten April stellte ich fest, dass die Theorien über mein Heimatgebirge – durch Auffaltung entstanden und erst im Laufe des vergangenen Krieges zur militärischen Festung aufgebaut – nicht mehr zu halten sind.*
>
> *Das Gegenteil hat sich vielmehr als wahr erwiesen, dass nämlich das gesamte subterrane Waffenarsenal Helvetiens ursprünglich schon dagewesen sein muss und man erst später, Caspar Wolfs phantastische Gebirgsmalereien kopierend, zu dieser gigantischen und beinahe landesweiten Tarnarbeit angesetzt hat, die zu guter Letzt in so eindrücklichen Staffagen wie Gotthard, Jungfrau, Matterhorn gipfelte. – Was sich ja auch touristisch, wie wir wissen, nachträglich aufs schönste hat auswerten lassen.*

Zwei Tiergeschichten von lateinamerikanischen Kollegen übersetzte er selbst ins Deutsche:

Von Jairo Aníbal Niño stammte

Die Überwachung
Der Pförtner ist sehr alt, und oft schläft er in seinem Wachhäuschen ein. Die Schildkröte, die im Garten lebt, beobachtet ihn immer unauffällig.
Gestern unterhielt ich mich mit ihm, und er sagte mir, er habe den Verdacht, die Schildkröte sei eine Geheimagentin der Zeit.

Augusto Monterroso steuerte die kürzeste Geschichte im Buch bei (laut verschiedenen Quellen soll sie gar die kürzeste der Weltliteratur sein):

Der Dinosaurier
Als er erwachte, war der Dinosaurier noch da.

Der zweite Roman klopft an

Nach den Kurz- und Kürzestgeschichten folgte im gleichen 2007 – im Jahr, in dem Franz Hohler das Beatles'sche »When I'm Sixty-Four« erreichte – sein zweiter literarischer »Langstreckenlauf«. »Es klopft« war mit 175 Seiten allerdings deutlich schlanker als 18 Jahre zuvor »Der neue Berg« mit deren 434. Die Story erzählte vom Ohren-Nasen-Hals-Arzt Manuel Ritter, der vom Leben verwöhnt worden war: eine glückliche Ehe, eine gut gehende Praxis, zwei gefreute Kinder. Doch plötzlich hört der Ohrenspezialist seltsame Klopfgeräusche und erkennt sie als einen Tinnitus, von dem er weiß, dass da oftmals psychische Gründe dahinterstecken.

Das Klopfen erinnert ihn an eine Frau, die 20 Jahre früher an das Fenster seines Zugabteils geklopft hatte und bald darauf in seiner Praxis aufgetaucht war. Sie hatte an einem

Tinnitus-Symposium, an dem er teilgenommen hatte, übersetzt und ihn für eine seltsame Anfrage ausgesucht: Sie hatte von ihm verlangt, er solle mit ihr ein Kind zeugen, und hatte versprochen, im Erfolgsfall gleich wieder aus seinem Leben zu verschwinden. Und er hatte sich verführen lassen.

Als 20 Jahre später Anna, die neue Freundin seines Sohnes, ihn auffallend stark an jene Frau erinnert und dasselbe Baseldeutsch spricht, wird er so unruhig, dass es in seinem Ohr genauso klopft wie einst ans Zugfenster, und seine kleine Lebenslüge sich lautstark meldet. Es stellt sich heraus, dass Anna nicht seine Tochter ist, aber deren Cousine – und damit wird auch das Wiedersehen mit der wirklichen Tochter plötzlich Tatsache.

Franz Hohler erzählt die Geschichte nicht moralisierend – auch Manuel Ritters Frau hat einen Seitensprung hinter sich –, sondern mit viel Verständnis für den Protagonisten und seine verzwickte Situation. Und bettet die Handlung mit viel Geschick in die soziale und politische Situation der Schweiz ein. Der Roman wurde vom Publikum gut aufgenommen und zu einem Verkaufserfolg – und spaltete die Kritikergemeinde.

Die »Zürichsee-Zeitung«, die Tageszeitung der Region, in welcher der Romanheld Manuel Ritter zu Hause war, druckte am 30. August 2007 eine Besprechung von Beat Mazenauer vom Schweizerischen Feuilleton-Dienst. »Franz Hohler erzählt eine vordergründig harmonische Geschichte, unter deren glatter Oberfläche eine unruhige Erinnerung köchelt. Hieraus entsteht ein Moment der Spannung, die irgendwann aufplatzen muss. (...) ›Es klopft‹ ist ein geradlinig erzählter, sich bedächtig entwickelnder Roman, dessen Unruhegeist zu lange in der Flasche bleibt. Erst als dieser befreit wird, entfalten die sorgsam gesetzten literarischen Andeutungen ihre tiefere Wirkung und bringen die Atmosphäre geflegter Bürgerlichkeit zum Kippen.« Martin Ebel meinte im »Tages-Anzeiger« vom gleichen Tag: »Diese Ausgangslage ist nicht unspannend, das moralische Dilemma glaubwürdig und lebensnah, das Motiv des Klopfens wird mit Könnerschaft genutzt (auch für slapstickhafte Komik). Überdies ist Franz Hohler ein geschickter Handwerker, und die glücklichen Formulierungen muss er nicht mühsam suchen. Dass sein neuer Roman nicht vollends befriedigt, hat mehrere Ursachen. Zum einen hat Hohler eine Konstellation, die sich ideal für eine Kalendergeschichte zuspitzen ließe, episch aufgeblasen. (...) Hohler weiß zudem alles über die Gedanken seiner Helden, und auch das muss er uns mitteilen. (...) Diese grell ausgeleuchteten, erschöpfend auserzählten Personen können so kein Leben gewinnen, das im Kopf des Lesers weitergeht.«

»Man könnte zwar diesem Text (...) einiges vorwerfen«, schrieb Beatrice Eichmann-Leutenegger in der »Neuen Zürcher Zeitung« vom 4. September, etwa »dass er streckenweise wie ein Fallbeispiel aus der tiefenpsychologischen Praxis anmutet« oder dass Franz Hohler »nicht selten fast unwahrscheinliche Konstellationen und Zufälle als Mitspieler« bemühe, um die Handlung voranzubringen. »Doch reißt dieses Buch von der ersten Seite an mit, und schwerlich kann man sich seinem Sog entziehen, auch wenn sich die erwähnten Vorbehalte melden. Man schimpft sie Störenfriede und taucht bereitwillig wieder in die Geschichte zurück, die Hohler mit all jenen Aussparungen entwickelt, welche den Lesenden Raum für eigene Überlegungen zugestehen.«

Jedes Leben ist eine Geschichte

2008 erschien mit »Das Ende eines ganz normalen Tages« eine Sammlung von 40 kürzeren Erzählungen, Berichten, Reflexionen, zum Beispiel über kleine Anzeichen des eigenen Älterwerdens, über seine Großeltern, Reisebeobachtungen aus London, Kanada, der Mongolei, und dazu den bereits erwähnten Bericht aus den besetzten Gebieten, wo die palästinensische Bevölkerung versucht, unter der israelischen Besetzung zu überleben. Besonders faszinierte Hohlers Bericht über Indien, wo er mit der siebenjährigen Katharina Disch, der Heldin aus seiner Novelle »Die Steinflut«, auf Lesereise war und schreibend das Mädchen ganz selbstverständlich aus dem vorletzten Jahrhundert in die Realität des in manchem unwirklich wirkenden heutigen Indien holte. *»Es braucht hier, das merkten Katharina und ich bald, ziemlich viel, bis sich jemand wundert. (...) Katharinas Geschichte erscheint den Menschen so selbstverständlich, dass sie in ihren Fragen kaum darauf Bezug nehmen. Bei ihren Erdbeben, Schlammlawinen und Überschwemmungen geht es bald einmal um Hunderte von Toten. (...) Nur einmal sagt eine Frau, sie finde es bezeichnend, dass sowohl in Indien als auch in der Schweiz eine Katastrophe immer zuerst die Ärmsten treffe.«*

Hohler beschrieb jenen »ganz normalen Tag«, der dem Buch den Namen gegeben hatte und von dem fast alle Menschen im Westen wissen, wo sie waren: den 11. September 2001, den berühmten 9/11 mit den Angriffen auf die Twin Towers in New York. Am Ende jenes ganz normalen Tages tat Hohler etwas, womit er ebenfalls nicht allein war: Zur Bewältigung des Unfassbaren holte er mit einem Kraftakt die Normalität zurück: *»Da ich nicht gleich einschlafen konnte, las ich noch etwas in Stifters ›Nachsommer‹, einem Buch, in dem gute Menschen Gutes tun und schöne Menschen Schönes schaffen und niemand irgendjemandem etwas zuleide tut.«* Naiv und rührselig für die einen, tröstlich und zutiefst menschlich für die anderen.

»Monumente der Harmlosigkeit« war der Titel von Christine Richards Besprechung am 19. September 2008 in der »Basler Zeitung«. Sie fand Hohlers Stil »blumig. Solch blumiges

Umschreiben erspart Franz Hohler die Genauigkeit des Beschreibens, es rückt das Peinigende auf Distanz – und schützt die Leserschaft. Texte müssen nicht wehtun, aber Texte von alternden Autoren, die auch die Weisheit für sich pachten könnten, müssen die Grenze zu Tragik und Tod streifen.« Marianne Fehr konnte in der »Schweizer Familie« vom 27. November deutlich mehr mit dem Buch anfangen: »Aus scheinbar banalen Ereignissen werden Glieder einer Kette, die mehr über die großen Themen der Zeit aussagen als mancher dicke Zeitgeist-Roman.«

Auch Ildiko Hunyadi vom »Blick« war das aufgefallen, und sie fragte Hohler in einem Gespräch, das am 30. September erschien – kurz nachdem Hohlers Buch in der Bestsellerliste den ersten Platz erobert hatte –, ob wir dem Alltag zu wenig Aufmerksamkeit schenken würden. Hohler antwortete ihr: »Das klingt jetzt ein bisschen moralisch, aber ich finde: ja. Häufig unterschätzen wir den Alltag, wir nehmen nicht richtig wahr, was um uns herum passiert. Uns ist nicht bewusst, dass wir pausenlos durch Geschichten hindurchgehen. Ich versuche, das Kombipack Augen, Herz und Hirn immer offenzuhalten und alles, was mir widerfährt, als Geschichte zu sehen. Plötzlich merkt man bei etwas ganz Alltäglichem: Oh, das ist ja eine Geschichte! Es gibt ganz viele Dinge, die einen berühren, und jedes Leben ist ein Roman. Jedes.«

Eine Geschichte hatte Franz Hohler auch an seine frühe Wirkungsstätte an der Universität Zürich zurückgeführt: Er beschrieb in der Erzählung »von Matt liest« mit großer Genauigkeit die Abschiedsvorlesung des legendären Germanisten Peter von Matt, eines seiner Freunde, der freundlicherweise auch noch über ein Hohler sehr nahe liegendes Thema sprach: »(...) über das Gehen, und dass es in der Literatur immer etwas bedeutet, wie jemand geht, sei es ein Stifter'scher Wanderer oder ein Walser'scher Spaziergänger oder seien es Gerhard Mei-

ers Baur und Bindschädler«. Dabei sprach von Matt eigentlich von E. T. A. Hoffmann, *»dem Vater der fantastischen Literatur«,* wie Hohler schrieb, und dazu kam von Matt auch gleich: *»Danach springt er das Thema seiner Vorlesung regelrecht an, indem er darauf hinweist, dass die Protagonisten Hoffmanns nie gehen, sondern immer rennen, hüpfen, Haken schlagen, stolpern, herumhühnern. Während er das sagt, fallen mir über den Türen die beiden rennenden grünen Männlein auf dem Notausgangssignet auf.«* Dann schilderte Hohler die Begeisterung über die Schätze der Literatur, die von Matt packte und die er an sein Publikum weitergab. Von dürrer Wissenschaftlichkeit keine Spur, Lesen macht Spaß.

Davon war auch Hohler ausgegangen, als er für dieselbe Universität Zürich über das Wesen des Erzählens nachgedacht und referiert hatte – allerdings nicht wie Peter von Matt in der großen Aula mit Direktübertragung in die Hörsäle 108 und 121, sondern im Literaturhaus unten an der Limmat. Die drei Poetik-Vorlesungen unter den Stichworten »Das Kurze«, »Das Einfache« und »Das Kindliche« hatten im November 2003 stattgefunden, und im Jahr 2010 waren sie in Franz Hohlers nächstem Buch nachzulesen und gaben diesem auch den Titel. Dieses versammelte eine Reihe von Aufsätzen aus Zeitungen und Reden, die er beispielsweise an einer Staatsexamensfeier für angehende Ärztinnen und Ärzte oder als Laudatio für das Organisationsteam der Solothurner Literaturtage gehalten hatte. Außerdem war der Text nachzulesen, mit dem sich Franz Hohler 1995 im »Tages-Anzeiger« gerechtfertigt oder entschuldigt hatte, dass in seinem Kinderbuch »Tschipo« von 1978 ein »Neger« aufgetreten war – ein in den 1970er-Jahren noch nicht so vorbelastetes Wort wie heute.

Am spannendsten aber waren die drei Poetik-Vorlesungen zu Beginn des schmalen Bandes. Da philosophierte Franz Hohler über das Schreiben von Geschichten – und damit natürlich auch über das Lesen. Anhand von vielen Beispielen, vor allem auch eigener Erzählungen, machte er die Mechanismen klar, nach denen Geschichten funktionieren, und zeigte ganz nebenbei, dass er die Methoden der Textkritik in seinem Studium gründlich mitbekommen und seither auch dank seinen vielen schreibenden Kolleginnen und Kollegen manches dazugelernt und vertieft hatte.

»Ich spreche nicht über die Kurzgeschichte, sondern über die kurze Geschichte«, definierte Hohler. »Unter Kurzgeschichte verstehe ich eine längere Geschichte, eine zwischen 2 und 10 Seiten, die nächstlängere Form ist die Erzählung, von 10 bis 50 Seiten, ab dann erwartet uns die Novelle, und ganz zuletzt die ausschweifendste Erzählform, der Roman.« Mit dieser »zugegebenermaßen rein quantitativen Abgrenzung« hatte der Meister der Erzählungen auch sein eigenes Werk recht gut abgesteckt.

Zu den Eigenheiten der kurzen Geschichte, zu der er auch den Witz zählt, meinte er: »Sie beschreibt fast immer die Aktion und nicht die Akteure.« Man erfahre nichts über das Aussehen oder die Kleidung der handelnden Personen, geschweige denn über ihre Herkunft. Das bleibe alles der Fantasie der Lesenden überlassen. Das sei in den kurzen Geschichten von Autoren wie Kafka oder Brecht nicht anders: »Gerade das gehört zum Anregenden, Stimulierenden der kurzen Geschichte: Sie verlangt die Mitarbeit unserer Vorstellungskraft, wir sind zum Ergänzen aufgefordert. Der Autor legt uns sein Skript vor, und wir, die wir es lesen, sind seine Produzenten, wir entscheiden über Casting, Kostüm, Maske, Frisur, Licht und Ton.«

Typisch für die kurze Geschichte sei auch, dass sie »ihren Scheinwerfer nur auf eine Situation, auf einen Moment richtet« und dadurch vieles im Dunkeln lasse. Sie könne ein ganzes Leben auf eine Seite verkürzen, »und wenn wir uns dazu das Gegenteil vorstellen wollen, können wir vielleicht an den ›Ulysses‹ von James Joyce denken, der einen einzigen Tag im Leben eines Menschen auf einen gigantischen Roman verlängert, oder anders ausgedrückt, vielleicht ist ›Ulysses‹ die längste kurze Geschichte der Weltliteratur.«

Zu »Das Einfache« hatte er in der folgenden Woche viele »einfache« Geschichten und überraschende Ausflüge in die Literaturgeschichte bereit, zu Märchen von Georg Büchner und aus der Grimm'schen Sammlung. Er erklärte, warum das Einfache wichtig sei: »Wir erleben ja selten große, verschlungene und verwickelte Abenteuer, sondern einfache Geschichten. (...) Vielleicht ist der Autor der, welcher aus der Masse an flüchtigen Eindrücken, denen wir täglich ausgesetzt sind, einen packt und zu ihm sagt: ›Ich hab dich erwischt. Du bist eine Geschichte.‹« Auf den Bahnhöfen, in den Zügen, Trams und Bussen würden »täglich Geschichten inszeniert, für mich sind die öffentlichen Verkehrsmittel immer auch ein Stück Welttheater«.

Das Einfache sei eben alles andere als einfach. »Johann Peter Hebel war wohl der größte Meister des Einfachen, und wenn wir an ihm Maß nehmen und nach Vergleichen suchen, merken wir auch, dass das Einfache offenbar zum Schwierigsten gehört, was es gibt. Und zwar das Einfache, das uns anrührt, und das uns nur anrührt, weil es nicht banal ist. Und es rührt uns immer dann an, wenn es ein Stück Leben enthält. (...) Das Einfache ist nicht das Simple, sondern es ist das Komplexe, das sich nichts anmerken lässt.«

In der dritten Poetik-Vorlesung schließlich befasste sich Hohler mit Geschichten für Kinder – und von Kindern, denn er zeigte an mehreren Beispielen, wie kreativ, unverbraucht und unvoreingenommen Kinder Geschichten schreiben – wenn man sie denn lässt und ihnen nicht alles im Detail vorschreibt. »Kinder sind Künstler, Kinder sind Dichter, Kinder sind Philosophen«, sagte er: »Kinder ordnen die Welt neu,

Kinder erschaffen die Welt. (...) Für Kinder schreiben heißt mithelfen, die Welt zu erschaffen, ihre Welt zu erschaffen.«

Von Kätzchen und Steinen

Was er in seinen Vorlesungen theoretisch erörtert hatte, setzte Franz Hohler im Jahr darauf wieder in die Tat um. 2011 erschien »Der Stein«, eine Kollektion von zehn Geschichten, zwischen sechs und 25 Seiten lang.

Hohler schildert in dramatischer und skurriler Überspitzung die Suche eines nach allen Kampagnen übrig gebliebenen Rauchers nach einer Ecke, wo er seinem Laster noch frönen darf, oder die wundersame, unerklärliche und schon fast etwas unheimliche Rettung eines Kranken aus einer Alphütte. Die Geschichte »Der Bleistiftstummel« gibt er gleich in sieben verschiedenen kurzen Varianten wieder. Brillant gelingt Hohler die Titelerzählung »Der Stein«, in der die Entstehung der Welt und der Alpen anhand eines Steins geschildert wird, der »vor zwanzigtausend Jahren mit dem Linthgletscher nach Zürich kam« und »hier mit Erde überdeckt wurde«. Der im Boden liegen blieb und die ganze Geschichte von Zürich verpasste, die über ihn hinweg gemacht wurde. Denn »*ein Stein handelt nicht. Er tut nur, was andere Kräfte mit ihm tun, die Fliehkraft, die Schwerkraft. Er kollert, sagt man, wenn er vom Erdhaufen eines Aushubs herunterrollt. Eigentlich aber wird er gerollt und wird er gekollert.*« So wurde er dann bei einem Aushub aus dem Boden geholt und auf einen Bauschuttcontainer geworfen und an einer 1.-Mai-Demonstration von einem Jugendlichen im Tränengasnebel gegen die »Front blauer Marsmenschen« hinter ihren Schilden geworfen. »*Der Stein gehorcht den Gesetzen der Physik, die ihn auf eine durch die Abschusskraft und die Zielrichtung bestimmte ballistische Kurve senden. Er prallt nicht auf einen*

Uniformierten, sondern auf ein fliehendes Mädchen, das in eine Seitenstraße getrieben wird.«

Der 14-jährige Demonstrant entkommt nach dem Steinwurf, »und er presst sich das Taschentuch auf die Augen und wischt sich die Tränen ab, die einen beißenden Geruch haben, aber es kommen immer mehr Tränen, die nicht mehr nach Gas riechen. Er muss sich auf einen Schaufenstersims setzen. Er möchte, dass das nicht geschehen ist, was gerade geschah. Aber es ist geschehen.« Das Mädchen erholt sich wieder, *»nach einer Operation und einem längeren Klinikaufenthalt. (...) Der jungen Frau wird der Stein auf ihr Verlangen ausgehändigt, und sie behält ihn. An ihrem 18. Geburtstag lässt sie sich von ihrem Freund in die Mitte des Sees hinausrudern, nimmt dann den Stein aus ihrer Tasche und wirft ihn ins Wasser.*

Und da versinkt er langsam und treibt noch einige Blasen nach oben, bevor er in der Tiefe verschwindet.

Ein Stein tut das, was mit ihm getan wird.

Jetzt ist er auf dem Grund des Beckens angekommen. Ein bisschen Schlamm wird aufgewühlt und zeigt an, wo nun sein Platz ist.

Ein Stein erinnert sich nicht. Ein Stein träumt nicht. Ein Stein hofft nicht.

Man kann nicht einmal sagen, dass er wartet.«

Aber bei Franz Hohler erzählt er eine Geschichte.

Im Interview mit Simone Meier und Florian Keller im »Tages-Anzeiger« vom 26. September 2011 erklärte Hohler dazu: »Der vergessene russische Dichter Konstantin Paustowski sagte einmal, er habe einen Stein aufgelesen und sei traurig gewesen, dass er die Geschichte dieses Steins, ›die Jahrtausende währen mochte‹, nicht schreiben konnte. Das war für mich der Urknall für meine Erzählung. Ich sagte mir: Was soll das heißen, diese Geschichte könne man nicht schreiben? Das kann ich, das mach ich! Vor meinem Haus fand ich auf einem Schutthaufen neben einer Baustelle diesen rötlichen Stein, der auch auf dem Buchumschlag abgebildet ist, und ich fragte ihn: Wer bist du? Ein Freund, ein Geograf und Geologe, erzählte mir dann, dass der Stein ein Verrucano ist und von der Glarner Überschiebung kommt, und bei dieser Überschiebung sieht man ja sehr gut, wie die älteste Gesteinsschicht zuoberst liegt, über allen jüngeren, eine geologische Seltenheit ...«

Bettina Kugler konnte sich im »St. Galler Tagblatt« vom 24. August Hohlers Geschichten durchaus in einem Schullesebuch vorstellen: »Nicht, dass sie schulmeisterlich daherkämen. Aber sie haben etwas zu sagen, und sie tun dies, wie von Franz Hohler zu erwarten, mit einer guten Mischung aus Fabulierlust und Hintersinn.«

2012 ließ Hohler gewissermaßen die Fortsetzung seiner »52 Wanderungen« von 2005 folgen. Waren es 2003 noch »Wanderungen« gewesen, hatte er sich 2010 mit »Spaziergängen« begnügt.

Er begann mit seinen neuen Gängen wieder Anfang März, kurz nach seinem 67. Geburtstag, und erneut in der Umgebung von Zürich, diesmal im Zürcher Oberland, am Greifensee. Eine Woche später ging es ins Limmattal, am Karfreitag wurde der Spaziergang zum Kirchgang quer durch die Stadt. Später führte der Spaziergänger sein Publikum an die ligurische Küste, durchs solothurnische Schwarzbubenland, nach Luzern, ins Tessin und auch »Sehr weit weg«, wie der Eintrag vom 28. Mai übertitelt war: *»Das Wunder des Fliegens hat dich nach 12 Stunden in einem fernöstlichen Land abgesetzt, in dem du nie zuvor warst, und kaum hast du dich bei deinen Gastgebern einquartiert, willst du einen Erkundungsgang machen.«* Der ewig neugierige Erzähler hatte von überall her Wissenswertes zu berichten, *»dein Ziel heißt die Fremde«*, war sein Motto und: *»Du bist gleichermaßen beglückt über alles, was fremd ist, und über alles, was dir das Fremde ent-*

schlüsselt.« In Korea galt das vor allem für die unlesbare Schrift.

Er besuchte seine eigene Geschichte und die seiner Familie: in seinem Jugenddorf Seewen, in Olten und in Zuzgen, dem Herkunftsort der Vorfahren väterlicherseits, und er unternahm einen ganz besonders weit in die Welt hinausführenden Spaziergang, der ihn trotzdem kaum ein paar Schritte kostete: Nach einer Operation, »*die allgemein unter den Begriff ›Routine‹ fällt und die ihm doch unheimlich ist, unvertraut eben*«, blieb er auf ärztlichen Rat eine Woche lang zu Hause »*und bin in meiner Bibliothek spazieren gegangen*«. Seine Umgebung erkundete er mit vier Spaziergängen, die von der Haustür aus in alle vier Himmelsrichtungen führten – so schnurgerade, wie es eben ging.

Beatrice von Matt schrieb in der »Neuen Zürcher Zeitung« vom 7. April 2012: »Später im Jahrhundert wird sich hier nachlesen lassen, wie es in den zehner Jahren bei uns im schweizerischen Mittelland ausgesehen hat. Denn dieses Mittelland, überbaut, übernutzt und trotzdem immer wieder reizvoll, gibt einen Hauptschauplatz ab. (...) Zeichen der Vergangenheit werden vermerkt, verwitterte Schriften, überwucherte Wegweiser, Bunker, Ruinen. Wildnis und Zivilisationswüsten stoßen in diesen Texten irritierend aneinander.«

Roman Nummer drei fährt auf Gleis 4

Isabelle, Stationsleiterin in der Pflegeabteilung eines Altersheims und unterwegs in die Ferien auf Stromboli, wurde zur Hauptfigur in Franz Hohlers drittem Roman »Gleis 4«, der 2013 erschien. Auf diesem Gleis 4 im Bahnhof Oerlikon, nur ein paar hundert Meter von Hohlers Haus an der Gubelstraße entfernt, beginnt die Geschichte. Ein »*gutgekleideter graumelierter Herr*« offeriert Isabelle, ihren Koffer die Treppe zum Perron hochzutragen. Dort allerdings bricht er zusammen und ist sofort tot. Isabelle verpasst ihr Flugzeug und verliert die Lust an der Reise. Und weil sie per Zufall in den Besitz der Mappe und des Handys des Toten gelangt, wächst das Interesse an dessen Schicksal. Mit ihrer Tochter Sarah und der aus Kanada angereisten Witwe des Toten beginnt sie das Leben von Martin Blancpain alias Marcel Wyssbrod zu recherchieren und stößt auf die schreckliche Jugend eines Verdingbuben, der nicht nur schlecht behandelt, sondern auch zu Unrecht eines Mordes beschuldigt worden war und sich schließlich in Kanada mit Erfolg eine neue Existenz aufgebaut hatte.

Hohler erzählt die Recherche nach den Hintergründen eines rätselhaften Todesfalls und eines Lebens unter außerordentlich erschwerten Bedingungen mit seiner gewohnten Präzision und Einbettung in die Zeitgeschichte und lässt seine Figuren dezidiert Partei ergreifen. Damit teilte er – ebenfalls wie gewohnt – die Gemeinde der Kritikerinnen und Kritiker. Vor allem die Konstruktion des Romans beurteilten einige Medienstimmen als wenig glaubwürdig.

Der frühere Radio-Kulturredaktor Peter Burri schrieb in der »Basler Zeitung« vom 20. Juli 2013: »In einfachen Sätzen, herzhaft, wie wir das von ihm gewohnt sind, entwirft Hohler eine Welt, in der das Gute, wenn man es nur will, zu guter Letzt triumphiert und in der am Ende alle einander gerührt in den Armen liegen. (...) Wenig schlüssig ist allerdings mancher Zufall, den Hohler arrangiert, damit sein Plot aufgeht. (...) Diese Vergangenheitsbewältigung und Bestandesaufnahme der Gegenwart, in der sich Hohler auch mal augenzwinkernd selbst zitiert (Sarah ist mit seinen Geschichten aufgewachsen), ist bei aller Erzählkunst des Autors stellenweise rührselig und einen Schuss zu gut gemeint.«

Sabine Doering sah in der »Frankfurter Allgemeinen Zeitung« vom 25. Juli 2013 im Roman auch die Geschlechterfrage auftauchen: »Im Medium der Detektivgeschichte verbindet Hohler das Anliegen des Sozialaufklärers, der er seit Langem ist, mit einigen spannenden, streckenweise auch amüsanten Passagen. (...) Sein Lesepublikum stellt Franz Hohler sich offenbar als überwiegend weiblich vor, dafür spricht allein schon das muntere Trio der helvetisch-kanadischen Detektivinnen. Die Männer, von denen der Roman erzählt, sind hingegen entweder üble Spießbürger oder bleiben blasse Nebenfiguren. Der einzige wirklich sympathische unter ihnen, der hilfsbereite Kofferträger, stirbt ja, kaum dass der Roman begonnen hat: schlechte Zeiten für Gentlemen.«

»›Gleis 4‹ ist spannend wie ein Krimi«, urteilte Radio-SRF-Redaktorin Susanne Sturzenegger auf srf.ch am 26. Juli. »Es gibt zwar keinen Mord aufzuklären, aber weil Isabelle, ihre Tochter und die Witwe des Toten wie Ermittlerinnen vorgehen, hat die Story durchaus Krimi-Qualität. (...) Franz Hohler, der Spezialist für Surreales und Unheimliches, bleibt in seinem neuen Roman auf dem Boden der Wirklichkeit. Die Geschichte ist realistisch und nachvollziehbar und die Figuren würden auch gut ins richtige Leben passen.«

Die beiden großen Zürcher Tageszeitungen mochten das Buch nicht: Martin Ebel schrieb im »Tages-Anzeiger« vom 31. Juli: »Die Grenze zum Klischee ist manchmal schnell erreicht. (...) Franz Hohler liebt die schlichten Wahrheiten, aber auch die sind nun einmal wahr. Das schlimme Schicksal der Verdingkinder ist in den letzten Jahren in vielfacher Form aufgearbeitet worden; aber einen gut zugänglichen, gut lesbaren Roman, der das Heute dem Gestern effektvoll, wenn auch etwas holzschnittartig und in sehr langsamer Gangart gegenüberstellt, gab es bisher noch nicht. Schon gar nicht von Franz Hohler, dem Lieblingsautor so vieler Schweizer.« Und in der »Neuen Zürcher Zeitung« vom 3. August meinte Beatrice Eichmann-Leutenegger: »Franz Hohler spielt mit den Elementen einer Kriminalstory. Sein Text stellt sich als Puzzle heraus, dessen Teile erst nach und nach zusammenfinden, wobei der Autor auch auf einige Zufälle, an deren Plausibilität man zweifeln muss, nicht verzichten mag. Jedoch empfindet man lesend zunehmend eine gewisse Umständlichkeit. Hängt es damit zusammen, dass der Autor seine Geschichte vorwiegend in Amtsräumen ansiedelt und daher viele Aufschlüsse zur Vorgeschichte des Toten sozusagen Secondhand-Fakten sind – vermittelt von Verwaltungsangestellten und ihren Dokumentationen? Direkte Ereignisse dagegen, die für Unmittelbarkeit bürgen, rücken in den Hintergrund.«

Ein Gesamtwerk wird gesammelt

In den vergangenen drei Jahren hat Franz Hohler – rund um seinen 70. Geburtstag herum – verschiedene Bücher publiziert, die sein Gesamtwerk zusammenfassen und auch vergriffene Gedichte und Geschichten wieder greifbar machen. Das begann 2012 mit einer Sammlung seiner Mundartlieder, -gedichte und -texte unter dem Titel »Schnäll i Chäller« [»Schnell in den Keller«]. Für diesen Band arbeitete er mit einem weiteren, für ihn noch neuen Verlag zusammen, mit »Der gesunde Menschenversand« in Luzern, der sich in den letzten Jahren zum wichtigsten Herausgeber der blühenden Schweizer Spoken-Word- und Poetry-Slam-Szene entwickelt hat. Der Verlag hat einige der Pioniere der modernen Schweizer Mundartliteratur wie Ernst Eggimann, Ernst Burren oder eben Franz Hohler neu entdeckt und an ein neues, junges Publikum weitergegeben. So steht Hohlers Name im Verlagsprospekt neben bekannten jüngeren Kolleginnen und Kollegen wie Pedro Lenz, Guy Krneta, Michael Fehr, Gerhard Meister, Ralf Schlatter, Michael Stauffer, Stefanie

Grob und der 2015 in Klagenfurt mit dem Ingeborg-Bachmann-Preis ausgezeichneten Nora Gomringer, Tochter von Eugen Gomringer, einem weiteren »Vater« der modernen Schweizer Mundartlyrik.

Verleger Matthias Burki berichtet über die Zusammenarbeit mit Franz Hohler: »›Das haben wir schon gemacht, lange bevor es Spoken Word gab‹ – das hat mir Franz Hohler augenzwinkernd und etwas erstaunt über die Begrifflichkeit gesagt, als wir an seinem Band ›Schnäll i Chäller‹ für die edition spoken script gearbeitet haben (...) Und er hat natürlich recht: Das literarische Kabarett, die Liedermacher und die ›modern mundart‹ der 60er- und 70er-Jahre sind einige Strömungen, auf die sich die heutige Spoken-Word-Szene bezieht. Und Franz Hohler gehört bis heute zu den prägenden Figuren – in einem Feld, das Sprache (auch) als Musik und die Mundart als Experimentierfeld begreift. Wenn ich zum Beispiel seine Liedtexte von damals anschaue, dann lese ich eine Verwandtschaft zur heutigen Szene, eine sprachlich-rhythmische Perfektion und eine ungebrochene Aktualität/Zeitgenossenschaft auch in Bezug auf die heutige Szene. Das muss man erst mal nachmachen!«

Den Multiinstrumentalisten Hohler, der in seiner langen Bühnenkarriere auch mit allen möglichen und unmöglichen Perkussionswerkzeugen und stark rhythmisierten Texten gearbeitet hat, darf man sogar zu den frühen Rappern hierzulande zählen.

In »Schnäll i Chäller« sind viele von Hohlers Mundartliedern nachzulesen, schon bekannte ebenso wie zum ersten Mal veröffentlichte Gedichte und eine Reihe seiner Übersetzungen oder Nachdichtungen anderssprachiger Kollegen in Gedicht- und Liedform, Kinderlieder und »Zytlupe«-Sendungen aus dem Radio. Dazu kommen drei Reden, die das Lesen besonders lohnen, vor allem jene zur Eidgenössischen Abstimmung von 2004 über die erleichterte Einbürgerung junger Ausländerinnen und Ausländer in der Schweiz. Wie Hohler mit viel Augenzwinkern die erleichterte Einbürgerung ausländischer Wörter und Redewendungen in der Schweiz – von Ciao und Coiffeur über Auto und Kino bis Schoggi und Döner Kebab – schildert und für das gleiche Recht für junge Menschen wirbt, ist auch mundartsprachlich brillant. Das resignierte Schlusswort unter die Rede setzt er dann in Hochdeutsch: »*P. S. Die erleichterte Einbürgerung junger Ausländerinnen und Ausländer wurde vom Volk mit 56,8% Nein-Stimmen abgelehnt.*« Passend zum Thema sagt Hohler einen besonders schönen Satz in seiner Rede für den neu gewählten Präsidenten des Zürcher Stadtparlaments Peter Stähli-Barth, der aus Hohlers Wohnquartier Oerlikon stammt. Wenn er sich frage, was Heimat sei, komme er zum Schluss: »*Heimat isch dört, wo s eim wohlet, we me heichunnt.*« [»*Heimat ist dort, wo es einem wohler wird, wenn man nach Hause kommt.*«]

2013 folgte der erste von zwei dicken Bänden mit Franz Hohlers Erzählungen, »Der Geisterfahrer«. Er enthält die längeren Geschichten aus den Büchern »Der Rand von Ostermundigen« (1973), »Die Rückeroberung« (1982), die sieben von 1987 bis 1994 verfassten Kapitel der Erzählung »Das verspeiste Buch«, zwei Geschichten aus »Die Karawane am Boden des Milchkrugs« (2003) sowie die Erzählungen aus »Die Torte« (2004) und »Der Stein« (2011). Im Nachwort schrieb der deutsche Publizist und Autor Roger Willemsen: »Franz Hohler bewirtschaftet einen ganzen Tagebau an guten Geschichten, grotesken Einfällen und Ideen. Deshalb sind seine Erzählungen prall und freigiebig. Zugleich aber ist sein sprachliches Vermögen groß und eigen, bestimmt von einer Sicherheit im Duktus, die sich als Sog vermittelt. (...) An Hohler, auch das ist eines Klassikers würdig, lässt sich die Größe des Einfachen lernen.«

2014 erschien dann die zweite große Sammlung »Der Autostopper«, diesmal mit den kurzen Geschichten – deren längere es allerdings in Sachen Länge durchaus mit den kürzeren der langen aufnehmen konnten – aus den »Idyllen« (1970), »Wo?« (1975), »Ein eigenartiger Tag« (1979), »Der Mann auf der Insel« (1991), »Da, wo ich wohne« (1993), »Die blaue Amsel« (1995), »Zur Mündung« (2000) und »Das Ende eines ganz normalen Tages« (2008) – auf fast 750 Seiten eine riesige Auswahl.

Beatrice von Matt hat dazu das Nachwort geschrieben und sieht in den Erzählungen »eine erstaunliche Spannweite der Themen. Alle sind sie durchgestaltet bis zur letzten Schlusspointe, bis zum letzten, oft eigenwillig gesetzten, Komma. Das Komma sei eine Regieanweisung, sagt Hohler. Eine heimliche Anarchie treibt diesen freundlichen Erzähler an. Sie richtet sich gegen geltende Ordnungen, hinter denen die Ver-Ordnungen stehen. Sie rüttelt an verbreiteten Meinungen, gerne auch an politisch korrekten.«

Einen weiteren Sammelband gab es 2014, einen, mit dem Franz Hohler ganz besonders hoch hinauswollte: »Immer höher« aus dem Zürcher AS Verlag vereint zahlreiche seiner Berichte über Hügel- und Bergwanderungen und -besteigungen – fein säuberlich nach Höhe der Erhebungen geordnet, vom Monte Rossola an der ligurischen Küste mit seinen 653 Höhenmetern bis zu den beiden höchsten von Hohler je bestiegenen Gipfeln, dem Mont Blanc (4810 Meter), Europas höchstem, und dem Popocatépetl (5462 Meter), dem Vulkan in Mexiko, »*der von der Stadt Mexiko aus durch die Dunstglocke mehr zu ahnen als zu sehen ist, als Warnung und Verlockung zugleich*«. Die meisten der bestiegenen Berge stehen in der Schweiz, aber der niedrigste und die beiden höchsten, Anfang und Ende des Buchs, bringen auch das nahe und ferne Ausland in Hohlers Gipfelbuch. Zu jeder Besteigung gibt es im Buch eine Fotografie, von Hohler selbst, seinen Tourenkameraden oder von anderen Bergexperten aufgenommen. Hohlers politisches Engagement scheint in einem Bericht auf, den er zuvor in »Echo, Zeitschrift der Alpen-Initiative« veröffentlichte: in jenem über die Besteigung des Agassizhorns, mit seinen 3946 Höhenmetern der höchste Dreitausender im Buch. Er wird selten bestiegen, und Franz Hohler nennt auch den Grund dafür: »*Der Nachbar. Es ist die mächtige Pyramide des Finsteraarhorns, die mir noch nie so düster und bedrohlich vorkam. Dort hinauf wollen fast alle, die hier unterwegs sind, auf den höchsten Berg des Berner Oberlands. Auch ich hätte nicht das Agassizhorn als Ziel gewählt, hätte es nicht vor kurzem eine chancenlose Petition gegeben, welche den Gipfel umbenennen wollte. Der Schweizer Naturforscher, dessen Namen er trägt, war im 19. Jahrhundert Professor in den Vereinigten Staaten. In seinen Publikationen deklarierte er die schwarze Rasse als minderwertig und ließ zur Illustration einen kongolesischen Sklaven namens Renty fotografieren. Aufrecht steht er da auf dem Bild, mit nacktem Oberkörper, und seine Augen blicken uns durch die Kamera und die 150 Jahre hindurch mit einem Vorwurf an, dem unser Blick nicht standhalten kann.*« Weil auf dem Agassizhorn, das trotz der Petition nicht Rentyhorn heißen darf, kein Gipfelbuch vorhanden war, steckte Hohler Rentys Foto und sein für Renty geschriebenes Gedicht »*möglichst tief zwischen zwei Steine, mein Bergführer schützt diese mit einer weiteren Steinplatte, die er darüber legt. Dem Berg, denke ich beim Abstieg, dem Berg ist es gleichgültig, wie er genannt wird. Er heißt nicht, er ist.*«

Fragen und Filmen

Zwei Hohler-Publikationen aus den letzten Jahren, die nicht zwischen zwei Buchrücken herauskamen, sind noch nachzutragen. 2010 veröffentlichte der Zytglogge Verlag die CD

»Fragen an Mani Matter«, das Gespräch, das Franz Hohler 1971 mit seinem Berner Liedermacherkollegen und Freund führte. Ein sowohl für Hohler- wie für Matter-Freunde hörenswertes Dokument. Da die gedruckte Transkription seit langer Zeit vergriffen ist, eröffnet sich die Möglichkeit, Mani Matters noch immer bedenkenswerte Gedanken zu vielen Themen kennenzulernen und sogar besser als in der leicht gestrafften schriftlichen Fassung dessen Verfertigung der Gedanken beim Sprechen mitzuerleben. Hohler teilte das Gespräch in die sieben Kapitel »Jugend«, »Beruf«, »Familie, Literatur, Komik«, »Bern, Berndeutsch«, »Volkslieder«, »Wirkung des Dialekts, Erfolg« und »Schluss« ein und stellte zu jedem eine kleine Cello-Vignette, die auf einem zum jeweiligen Thema passenden Chanson von Matter beruhte.

Im Booklet ließ Hohler Mani Matters Kollegen und vor allem dessen engsten Liedermacher-Vertrauten Fritz Widmer zu Wort kommen und stellte sein eigenes Gedicht »Der junge Freund« aus dem Gedichtband »Vom richtigen Gebrauch der Zeit« dazu:

Der junge Freund

Ich habe einen jungen Freund
mit dem ich gerne diskutiere
nachts vor allem
er ist gescheit und witzig
fasst, was kompliziert ist
rasch zusammen
und entlarvt, was einfach ist
als kompliziert

Dichter ist er
und mit ihm
Metaphern, Wortwahl, Versmaß, Reime

*zu besprechen
ist Genuss*

*Doch kann ich
über Menschliches genauso mit ihm reden
über Frauen, Sehnsucht, Krankheit, Sorgen, Neid und Zweifel
und wir können lachen
wie die Kinder*

*Er ist schon mehr als drei Jahrzehnte
36 Jahre alt
seit jenem Abend
auf der Autobahn*

Franz Hohler

Und 2013 erschien der Dokumentarfilm »Zum Säntis! – Unterwegs mit Franz Hohler«, die verlängerte Fassung einer Fernsehdokumentation zum 70. Geburtstag des Schriftstellers. Regisseur Tobias Wyss, der schon die meisten »Franz & René«-Sendungen und Hohlers Spielfilm »Dünki-Schott« inszeniert hatte, wanderte mit Hohler von dessen Gartentor zum Säntis, dem einzigen richtigen Berg, der von dessen Haus aus zu sehen ist. Für unterwegs arrangierte Wyss Treffen mit Hohlers Söhnen und mit René Quellet, dazu kamen Gespräche mit »Bäuerinnen, Reitern, Militär, Wanderern, Schülerinnen und Schülern«. Wyss befragte auch Hohlers Frau Ursula, Vater Hans, Assistentin Christine Rothenbühler, Ueli Weber vom Schweizerischen Literaturarchiv und die beiden praktischerweise am Wegesrand wohnenden Literaturexperten Beatrice und Peter von Matt.

Franz Hohler hatte lange von diesem Säntisgang geträumt, wann immer er zum Fenster hinaus zum Berg hinübergeschaut hatte. Der »Schweizer Familie« sagte er im April

2013: »Die Wanderung war schön und abwechslungsreich. Ich kam durch Gegenden, die ich bisher nur wenig kannte. Aber es war auch ein bisschen traurig, als ich auf dem Gipfel ankam. Jeder erfüllte Traum macht etwas traurig, denn mit der Erfüllung ist auch der Traum weg. Und wovon soll man jetzt träumen?«

Franz Hohler für die Kinder

12

Den Traum »Zum Säntis!« hat Franz Hohler zwar ausgeträumt. Aber auf seine eigene Frage »Und wovon soll man jetzt träumen?« hat seine reiche Fantasie immer eine Antwort gefunden. Das konsequenteste Traumgebilde schrieb der große Erzähler für seine kleinen Leserinnen und Leser: Er erfand den großartigen kleinen Träumer Tschipo.

Für alle, die nach 1965 zur Welt gekommen und als Kinder von ihren Eltern nicht auf Radio- und Fernseh-Nulldiät gesetzt worden sind, wird dieses Kapitel über Hohlers Kinderbücher zu kurz ausfallen. Für sie dürfte »Franz Hohler für die Kinder« die erste Begegnung mit dem Kabarettisten, Erzähler und Schriftsteller gewesen sein: Sie hörten seine Stimme bereits in Radiosendungen wie »Gspass mit em Franz Hohler« [Spaß mit F. H.] und sahen ihn in »Franz und René« am Fernsehen oder verschlangen die »Tschipo«-Bände.

Franz Hohler für die Kinder ist aber eigentlich immer auch Franz Hohler für die Großen. Denn er gehört zu denjenigen Großen, die eine Geschichte so erzählen können, dass die Kinder sie gut verstehen und gleichzeitig die Erwachsenen sich an zusätzlichen Pointen und Botschaften freuen können. In diese Kategorie gehören etwa auch Mani Matter mit seinen Liedern und der französische Comic-Texter Goscinny mit so unvergesslichen Geschichten wie jenen von Astérix oder »Le petit Nicolas« alias »Der kleine Nick«.

In der Radiosendung »Reflexe« zum Tod seines besonders engen Schriftstellerfreunds Jürg Schubiger fand Franz Hohler im Herbst 2014 ein Bild für die ihnen beiden gemeinsame Art des Schreibens: Sie hätten sich beide immer gerne im Grenzgebiet zwischen Kinder- und Erwachsenenliteratur bewegt, meinte Hohler. Und vor allem mit großem Vergnügen dafür gesorgt, dass es in diesem Grenzgebiet immer reichlich Schmuggel gebe.

Ganz besonders wichtig ist Franz Hohler der direkte Kontakt mit den ganz jungen Leserinnen und Lesern. Im Laufe der Recherchen für dieses Buch habe ich in den Archiven unzählige Berichte in großen und in Lokalblättern gefunden, die Hohlers Fähigkeit loben, bei Auftritten an Schulen und überhaupt vor Kindern auf alle möglichen Altersgruppen einzugehen und sie zum Mitmachen, Mitdenken, Mitschreiben anzuregen.

In seiner Zürcher Poetik-Vorlesung »Das Kindliche« sagte er unter anderem: »Kinder sind, wenn man sie erreicht, ein Traumpublikum. Sie fiebern mit ihren Helden mit, sie sind engagiert, und wenn sie sich entschieden haben, in eine Geschichte einzusteigen, steigen sie nicht so schnell wieder aus. (...) Allein die Kinderbriefe wären ein Grund, nur für Kinder zu schreiben. (...) Der Klassiker unter meinen Kinderzuschriften: ›Die beiden Tschipo-Bücher sind meine Lieblingsbücher. Ich bin froh, dass Sie noch nicht gestorben sind, dann können Sie noch einen dritten Band schreiben.‹«

Marianne Fehr von der »Schweizer Familie« erklärte Hohler 2011 in einem Interview: »Die Kinder, denen ich etwa aus meinen ›Tschipo‹-Kinderbüchern vorlese, fragen manchmal, wie ich schreibe. Dann zeige ich ihnen jeweils ein Brieflein meines Neffen Jonas. Er schrieb: ›Lieber Franz, hier hast du einen Bleistift für Tschipo 3 zum Schreiben.‹ Dazu überreichte er mir als Weihnachtsgeschenk einen Bleistift. Ich schrieb damit so lange an der neuen Geschichte, bis der Bleistift aufgebraucht war. Dann, nach dem 14. Kapitel, ging es auf der elektrischen Schreibmaschine weiter.«

Warum er besonders gern für Kinder arbeite, erläuterte Hohler am 28. September 1990 gegenüber Thomas Gubler von der »Basler Zeitung«: »Von den Kindern geht etwas Vitales und Lebensbejahendes aus. Ich brauche die Kraft der Fantasie, die sich nur bei Kindern findet, weil sie später im Alltag schrittweise abgebaut wird.«

Die intensive Auseinandersetzung Hohlers mit dem jugendlichen Lesepublikum wurde 2006 mit einer Ausstellung unter dem Titel »Lieber Franz Hohler!« im Zürcher Literaturmuseum Strauhof dokumentiert. Das Schweizerische Institut für Kinder- und Jugendmedien hatte sie gemeinsam mit Hohler zusammengestellt. »Dreizehn Vitrinen voller anrührender kindlicher Kostbarkeiten aus guten und aus schlechten Tagen« waren da zu finden, schrieb Alexandra Kedves in der »Neuen Zürcher Zeitung« vom 15. Dezember 2006 und ergänzte: »Kinder aus Kriegsgebieten berichten dem Autor ebenso wie hiesige, wohlbehütete Kindergartenschüler. Und Hohler weiß: ›Keine Kindheit ist heil.‹ Aber er weiß auch: ›Kinder sind die Künstler an sich: Sie erschaffen Welt, sind Botschafter des Lebens.‹« Neben vielen Hohler-Publikationen zum Lesen war genug Schreibmaterial da, damit die Jugendlichen in eigenen Geschichten drauflos spintisieren durften – ihre Briefe an Franz Hohler waren schließlich ein ebenso wesentlicher Bestandteil der Ausstellung wie dessen eigene Texte. Und als sichtbarer Beweis für Hohlers breite Akzeptanz in der Welt der Kinderbücher stand in der Ausstellung ein Turm, aufgeschichtet aus Belegexemplaren der 200 Schulbücher, in denen seine Texte abgedruckt waren.

Die ersten zwei Hohler-Kinderbücher erschienen in Erinnerung ans Fernsehen: 1978 publizierte der Zytglogge Verlag die »Fotobücher« »Franz und René auf dem Ausflug« und »Franz und René als Spediteure«, die nichts anderes waren als eine Abfolge von Szenenbildern von Stummfilmen aus der Fernsehsendung. Die Kinder konnten sich die Geschichte anhand der Standbilder selbst zusammenreimen.

Eine buchstäblich traumhafte Begegnung machen die kleinen Leserinnen und Leser im ersten »Tschipo«-Roman, der im gleichen Jahr erschienen ist wie die »Franz und René«-Filme. Es ist das konsequenteste Traumgebilde, das der große Erzähler für die kleinen Leseratten geschrieben hat. Franz Hohler nimmt darin sein junges Lesepublikum immer wieder an der Hand, erzählt und erklärt ihm die im Wortsinn unglaublichen Ereignisse im Buch mit viel Einfühlungsvermögen. So auch den ungewöhnlichen Namen des Titelhelden: »*In diesem Buch spielt ein Bub eine ziemliche Rolle, und dieser Bub heißt Tschipo. Nun ist Tschipo eigentlich kein richtiger Name, und richtig hieß der Bub auch anders, nämlich Philipp, bloß nannte ihn niemand so, und das hatte einen Grund. Seine Eltern hatten ihn, als er noch klein war, immer ›Filippo!‹ gerufen, und als er zu sprechen begann, nannte er sich selbst zuerst Pippo, und dann, als er eines Tages das schwere ›tsch‹ aussprechen konnte, sagte er zu sich aus lauter Freude darüber Tschipo, und von diesem Namen ließ er sich nicht mehr abbringen. So hieß er nun einfach, seine Eltern durften ihn nicht anders nennen, und wenn ich in diesem Buch von ihm erzähle, muss ich ihn auch Tschipo nennen, ob es mir passt oder nicht.*«

Dann warnt Hohler auch gleich, dass er Tschipos Geschichte erfunden habe. Aber er könne »*so gut Geschichten* erzählen, dass ihr mit der Zeit ganz vergesst, ob es diesen Tschipo wirklich gegeben hat oder nicht, und dass ihr nur noch lesen oder hören wollt, was ihm alles passiert ist. Wenn man nämlich lange genug an etwas denkt, dann wird es plötzlich auch irgendwie wahr.« So erzählt er die auch irgendwie wahre Geschichte des kleinen Jungen, der so intensiv träumen kann, dass seine Träume wahr werden. Hat er von einer Tannenzapfenschlacht mit seinem Vater geträumt, liegen am Morgen Tannenzapfen in seinem Bett, nachdem er sich ein Velo aus Schokolade erträumt hat, schmilzt ein solches unter seiner Bettdecke langsam vor sich hin.

So bereitet es Franz Hohler auch keine Mühe, seinen Tschipo auf abenteuerliche Traumreise durch die Südsee zu schicken und ihn dort allerlei Wunderliches erleben zu lassen. Als Reisegefährten gibt er ihm einen Piloten namens Tschako mit auf die Reise, der über ähnlich phänomenale Traumfähigkeiten verfügt. Der Junge und der Erwachsene schlagen sich durch unglaubliche Erlebnisse mit noch unglaublicheren Figuren auf den Inseln Snircirora, Snurcurora und Snarcarora, bei denen Hohler seiner wild wuchernden Fantasie freien Lauf lassen kann. Zwischendurch gibt er den deutschen und österreichischen Kindern ein paar Hinweise, was die schweizerisch hochdeutschen Ausdrücke bedeuten und stellt Südsee-Insulaner vor, die in Deutschland oder Österreich studiert haben. Dank dem Geschick des Erzählers bestehen Tschipo und Tschako tapfer die schwierigsten Herausforderungen, bis sie bei König Snarco IV. von Snarcarora, einem noch viel gewaltigeren Träumer, einen Zwischenhalt machen und schließlich glücklich wieder zu Hause landen. Tschipo stellt Tschako, dem erwachsenen Träumer, immer mal wieder die Frage, ob es das eigentlich überhaupt gebe, was sie an Unvorstellbarem gesehen und erlebt haben. Und erhält jeweils die Antwort: »*Eigentlich nicht, Tschipo, eigentlich wirklich nicht, aber hier gibt es alles, was es sonst nicht gibt.*«

1985 träumt Tschipo in seinem zweiten Buch »Tschipo und die Pinguine«, er sei »*irgendwo in der Gegend des Südpols an einem riesigen Strand, der ganz voller Pinguine war, und er selbst sei mitten unter diesen Pinguinen*«. Tschipo lernt im Traum die unglaublich schwierige Pinguin-Sprache, die ihm Erzähler Hohler so nebenher beibringt – und prompt watschelt am Morgen hinter Tschipos Kommode ein Pinguin hervor. Zum Glück muss Tschipos alter Freund Tschako anderntags in die Antarktis fliegen, wo er einer Wetterstation und einer Gruppe von Pinguinforschern Nachschub bringen will. »*Wissen Sie, was?*«, sagt er zu Tschipos verzweifelter Mutter: »*Ich könnte Tschipo auf diesem Flug mitnehmen, dann erlebt er wieder einmal etwas Ausgefallenes und braucht nicht davon zu träumen.*«

Zehn Jahre später schickte Franz Hohler Tschipo zum dritten und bisher letzten Mal auf eine herbeigeträumte große Reise, diesmal nicht geografisch in die Südsee oder an den Südpol, sondern auf eine Zeitreise in die Steinzeit. So ließ sich die ganze Geschichte in der Umgebung von Olten und jener Höhlen erzählen, in denen Franz Hohler als Junge gespielt hatte – allerdings nicht mit Urmenschen namens Urch, Zwurch, Murch, Schlurch, Strupl, Gurps, Zwull, Guru, Pfuk, Schnuk, Knuk und Schwups. Auch die Höhlenbewohnersprache, die Tschipo im Schlaf lernt, tönt wie auf u-Silben getrimmtes Schweizerdeutsch. Im Wortsinn fantastisch ist es, wie Hohler einen Oltner Steinzeitmedizinmann mit einem heutigen australischen Weisen Tschakos Wasserflugzeug-Zeitreise organisieren lässt, um Tschipo ins 20. Jahrhundert zurückzuholen. Dabei werden buchstäblich Berge versetzt.

Ein weiteres Jahrzehnt später übertrug Franz Hohler fürs Radio seine erste Tschipo-Geschichte in Dialekt und nahm damit vielen geplagten Eltern und Verwandten die Mühe des Vorlesens ab. Diese Fassung erschien 2006, vom

Autor gesprochen, auch auf CD. »Für Schweizer Radio DRS hat Franz Hohler nun diesen ersten ›Tschipo‹-Band auf Mundart aufgenommen. Er tut dies mit Elan und großer Sorgfalt im Umgang mit dem Dialekt«, schrieb Christine Tresch im »Tages-Anzeiger« am 5. Februar 2007. »Wer noch kein eingefleischter Tschipo-Fan ist, wird es nach dieser Aufnahme werden.« 2010 folgten »Tschipo und die Pinguine« und »Tschipo i der Steizit«, vom Autor gelesen und mit Cellomelodien umspielt.

Die Kinderbuchkritikerin Christine Lötscher sagt zur Bedeutung der Buch-Trilogie: »›Tschipo‹ ist natürlich ein Klassiker – allerdings vor allem in der Schweiz, in Deutschland ist er nicht ganz so bekannt geworden. Die Kinder lieben Tschipo. Mein Lieblingsbuch ist es nicht, aber es kommt dem kindlichen Lesen entgegen, weil es eine Welt zeigt, in die man eintauchen kann und die dazu inspiriert, selbst dazuzuträumen. Die Figur und die Welt, die Franz erfindet – das ist alles offen, wie eine Spielwelt, in die man eintauchen und sie selber weiterentwickeln kann. Das gefällt den Kindern bestimmt so gut, weil sie wohl auch so lesen. Man weiß das ja nicht so genau. Und sie bekommen eine Identifikationsfigur. ›Tschipo‹ funktioniert auch fantastisch als Hörbuch.

Eigentlich praktiziert Hohler in ›Tschipo‹ eine etwas schematische Art des Erzählens, gleichzeitig ist es faszinierend, dass alles, was man denkt oder träumt, Wirklichkeit wird. Alles, was man aufschreibt, ist dann konsequenterweise real – egal, wie fantastisch es ist. Das Erzählen hat immer Mittel und Wege, um alles möglich zu machen, auch verrückteste Dinge. Ich glaube, das ist etwas, das Franz sehr interessiert und das auch die Kinder lieben. Man kann nicht einfach wild drauflosfantasieren, sondern es muss konsequent sein, sonst ist eine Geschichte irgendwann nicht mehr spannend.«

Neben seinen drei »Tschipo«-Büchern, die alle vom Berner Sänger und Maler Arthur Loosli kongenial illustriert wurden, publizierte Franz Hohler eine ganze Reihe von Bilderbüchern und Erzählbände. Arthur Loosli zeichnete auch für den Kindergeschichtenband »Der Granitblock im Kino« von 1981, der unter anderen bereits in den »Wegwerfgeschichten« und anderen Büchern erschienene Geschichten enthielt. Loosli gab dabei den sich so seltsam menschlich verhaltenden Dingen wie etwa den miteinander streitenden Schrauben, dem Granitblock im Kino oder dem Bergschuh und dem Turnschuh beim gemeinsamen Ballbesuch die passenden, schräg-menschlichen Gesichter.

Mit dem Grafiker Werner Maurer zusammen realisierte Hohler Bilderbücher wie »In einem Schloss in Schottland« (1979) über ein kleines Gespenst, dem das Gruseligsein nicht gelingt und das entdeckt, dass auch das unheimliche Gespenst nur aus lauter Angst so schrecklich schreit, 1984 »Der Nachthafen« und 1987 »Der Räuber Bum«. Mit dem in beinahe fotorealistischem Stil surrealistische Situationen malenden Dieter Leuenberger entstand die Geschichte vom »Urwaldschreibtisch« (1994). Weitere Bilder- und Geschichtenbücher wurden von Rotraut Susanne Berner, Reinhard Michl, Jacky Gleich und Nikolaus Heidelbach illustriert.

Zusammen mit Jürg Schubiger erdachte Franz Hohler nicht nur ein Hin- und Hergeschichtenbuch für Erwachsene, sondern auch eines für Kinder – mit 34 Geschichten zu ein und demselben Thema »Schöpfung«. Das Werk hieß »Aller Anfang«, erschien 2006, und die Bilder zu den 34 Varianten, wie das alles mit unserer Welt begonnen hat, schuf Jutta Bauer.

Wer Hohlers Kindergeschichtenbücher verpasst hat und die bereits vergriffenen nicht in einem Antiquariat suchen mag, braucht nicht zu verzweifeln: 2009 publizierte er in seinem Kinderbuchverlag Hanser »Das große Buch – Ge-

schichten für Kinder« mit – wenn ich richtig gezählt habe –
91 wunderbar versponnenen Erzählungen und ebenso wunderbar versponnenen Illustrationen von Nikolaus Heidelbach. Dieser versteht es meisterhaft, den lakonischen, überraschungsreichen Schreibstil nachzuzeichnen.

Ein Kinderversebuch zum Mitdichten ist das von Kathrin Schärer bebilderte und 2011 erschienene »Es war einmal ein Igel« mit Nonsense-Versen, die zum Weiterschreiben einladen, wie beispielsweise: »*Es war einmal ein Floh, / Der wollte in den Zoo. / Er sprang auf einen Hund, / Doch dieser Hund verschwund / An einen andern Ort. / Jetzt ist der Floh halt dort.*«

Für Kinder weiterzuschreiben, ist Franz Hohlers feste Absicht. 2011 erschien im Schweizerischen Jugendschriftenwerk SJW die Geschichte »Jonas und der Hund« mit Zeichnungen von Karin Widmer, die einst schon »Die Rückeroberung« in einen Comic verwandelt hatte. Und wenn Sie diese Hohler-Biografie in den Händen halten, ist im Herbst 2015 ein neues Kinderbuch erschienen: »Die Nacht des Kometen«, wie »Es war einmal ein Igel« von Kathrin Schärer illustriert, ist die Geschichte des Geschwisterpaars Mona und Jona, das jeden Sommer in ein Gebirgstal, den schönsten aller Abenteuerspielplätze, in die Ferien darf. Der Alphirte erzählt zudem so wunderbare Geschichten, von denen niemand recht weiß, ob sie auch wahr sind. Es naht die Nacht, in der ein Komet der Erde ganz besonders nahe kommen soll. »Doch was dann in dieser Nacht tatsächlich geschieht, das hätte sich nicht einmal der beste Geschichtenerzähler ausdenken können«, kündigt der Verlag an. Außer Franz Hohler.

Zur Bedeutung von Franz Hohler meint Christine Lötscher: »In der Kinderliteratur ist Franz Hohler einer der ganz Großen. Das sieht man übrigens auch in Deutschland so. Ich habe ihn einmal gefragt, worauf es wirklich ankomme, wenn man für Kinder schreibe. Darauf antwortete er, es komme nicht darauf an, ob man für Kinder oder für Erwachsene schreibe, für ihn sei es am wichtigsten, bedingungslos der Fantasie zu vertrauen. Ich finde es sehr kunstvoll, was er schreibt. Im ›Großen Buch‹ mit den Heidelbach-Illustrationen – eine wunderschöne Kombination – hat es viele wunderbare Geschichten, etwa die mit dem Kühlschrank oder mit dem Billettautomaten. Das sind Klassiker geworden.

Er ist natürlich auch in der Schule ungeheuer wichtig. Ich unterrichte Studenten an der Pädagogische Hochschule Nordwestschweiz, die Lehrer werden wollen. Und Franz Hohler kennen sie alle: ›Made in Hongkong‹ und viele weitere Geschichten. Diese Erzählungen eignen sich großartig für die Schule – und gleichzeitig haben sie alles, was die Kinder lieben: Sie sind wild und frech und anarchisch. Und extrem witzig. In einem Interview sagte Hohler einmal, es gehe immer darum, das eigene Kind lebendig zu erhalten, das sei für ihn etwas vom Wichtigsten. Das glaubt man ihm auch, weil er es tatsächlich macht.

Er erzählt ja auch, dass die Geschichte von den drei Riesen, die im Parkhaus alle Autos kaputthauen, viele Erwachsene erschrecke. Aber die Kinder finden sie wunderbar. Die Geschichte hat eine unheimliche Wucht.

Vergangenen November saßen Franz und ich gemeinsam in einer Jury bei einem Schreibwettbewerb für Zürcher Gymnasiasten. Ich war sehr gespannt auf ihn, weil ich dachte, er sähe die Dinge ganz anders als die Lehrer und als ich. Bei der Diskussion über die Texte spürten wir, dass er eine starke politische Haltung hat. Auch das Schreiben mit Kindern ist für ihn etwas Politisches. Da gab es zum Beispiel den Text eines Mädchens mit Migrationshintergrund, der sprachlich ein wenig abgefallen ist. Dort sagte er, er sehe viel Energie in diesem Text, und auch wenn er in der Umsetzung nicht perfekt sei, müsse man doch berücksichtigen, dass Deutsch nicht die Muttersprache der Autorin sei. Da hat er ein sehr großherziges Gespür und viel Empathie – auch für Leute, die sich aus verschiedenen Gründen nicht leicht anpassen können oder wollen. Zudem hat er eine unglaubliche Sicherheit, und das lieben die Kinder an ihm.

Für mich ist das Wesentlichste an Franz Hohler, dass er etwas stark Geerdetes hat, das ihm aber die Möglichkeit gibt, die Fantasie nach oben völlig eskalieren zu lassen. Und ich sehe immer den pädagogischen Franz, der eine Botschaft hat: Er will, dass Kinder nicht einfach nur vor dem Fernseher sitzen, sondern herauszufinden versuchen: Wer bin ich, und wer bin ich in dieser Welt? Und in welcher Welt will ich leben? Ich fühlte mich schon als Kind bei ›Franz & René‹ aufgefordert, mich zu beteiligen und nicht einfach nur dazusitzen und zu denken: Ich kann ohnehin nichts machen. Das gibt einem als Kind die Botschaft: ›Schau, ich bin jetzt schon seit siebzig Jahren ein Kind und habe sehr viel gemacht. Das kannst du auch.‹ Er gibt den Kindern immer das Gefühl: ›Du kannst das alles auch. Du musst nicht bei Pokemon und bei Superman stehenbleiben.‹«

Was auch noch war

13

Wer spätestens beim Lesen dieser Biografie die Reichhaltigkeit und Vielseitigkeit von Franz Hohlers Werk kennengelernt hat, wird nicht erstaunt sein, dass nur ein Bruchteil davon hier beleuchtet werden konnte. Viele Stimmen, viele Ereignisse, viele Hohler'sche Einfälle fehlen. Ich habe eine halbe Million Zeichen geschrieben – und ein paar tausend, die weggefallen sind – und stelle mit Enttäuschung und Bedauern fest, wie viel trotzdem fehlt.

Zum Beispiel ist der Theaterautor Hohler nicht gebührend dargestellt worden. Das bildet allerdings auch die Realität ab, denn zu Hohlers Leidwesen sind seine mehr als ein Dutzend Theaterstücke nie so bekannt geworden wie seine Kabarettprogramme und Bücher. Am meisten aufgeführt wurde »Die dritte Kolonne – ein Stück für zwei Frauen und eine Gegensprechanlage«. Es thematisiert die Entfremdung in der Arbeitswelt, dargestellt von zwei Frauen, die in einem Lager im Keller einer großen Medikamentenfirma ihre nervtötende Arbeit verrichten müssen – resigniert die Ältere, zunehmend rebellischer die Jüngere. Hohler schrieb das Stück 1979 für die Badener »Claque«, damals eines der profiliertesten und aktivsten unter den Schweizer Avantgardetheatern. 2010 nahm er das Thema in modernerer Form wieder auf, als er in »Call Center« im Zürcher Theater Rigiblick drei Frauen sich mit ewig klingelnden Telefonen herumschlagen und dabei nebenher einen Entführungsfall lösen ließ.

Außer seinen Stücken wurden weitere Hohler-Texte auf die Bühnen gebracht: Verschiedene Laientheatertruppen inszenierten im Laufe der Jahre Bühnenfassungen von Geschichten aus seinen Büchern. Und die Lokalpresse berichtete oftmals über Besuche des Autors bei Proben und Premieren.

Franz Hohler gilt als der Schweizer Künstler, dem am meisten Kulturpreise verliehen worden sind. Das hat natürlich damit zu tun, dass er Auszeichnungen in mehreren Sparten erhalten hat. »Als Autor habe ich mich gern in verschiedenen Formen versucht«, sagte er in der Dankesrede für den Kunstpreis der Stadt Zürich im Jahr 2005, »ich sah mich stets als literarischen Allgemeinpraktiker.« So wurden ihm Preise für Kabarett, für Lieder, für Kinder- und Erwachsenenbücher in Mundart und Hochdeutsch, für grotesken Humor und für Menschenwürde verliehen – und das alles sowohl im In- als auch im Ausland. Seine Website listet 28 Preise auf, obwohl die »Gazzetta Pro Litteris« schon 2009 deren 25 gezählt hatte und seither mindestens sieben dazugekommen sind.

Darunter war der Ehrendoktortitel der Universität Fribourg oder Freiburg im Üechtland. In seiner Dankesrede erzählte Hohler, wie sein 94-jähriger Vater, der den Studien-»Unterbruch« seines jüngeren Sohnes einst sehr bedauert hatte, sich über den späten Doktortitel gefreut habe.

Die Schweizer Post widmete Hohler 2010 eine Briefmarke. Im Gegensatz zu Vorgängerinnen und Vorgängern wie Johanna Spyri, Iris von Roten, Jeremias Gotthelf, Gottfried

Keller oder Conrad Ferdinand Meyer war darauf kein Porträt, sondern eine ganze Geschichte abgedruckt, »Der große Zwerg« – von Hohler handgeschrieben auf Deutsch, in Druckbuchstaben auf Französisch. Sie sind eben rar, die Schriftsteller, die Kürzestgeschichten schreiben, welche zweisprachig auf einer Briefmarke Platz haben.

Zu den jüngsten Hohler-Preisen gehörten im Jahr 2014 der Poetik-Preis der Alice-Salomon-Hochschule in Berlin und der Johann-Peter-Hebel-Preis des deutschen Landes Baden-Württemberg. Die Berliner Jury lobte Hohlers »formvollendete Sprachkunst«, die »den Blick für das Ungewöhnliche und Ungehörige im Alltäglichen schärfe«. Und der durch seine Arbeit in den Zeiten der 1968er-Generation legendär gewordene Verleger Klaus Wagenbach erinnerte sich in seiner Laudatio, dass er 1972 im »Tintenfisch«, dem berühmten Jahrbuch für Literatur, Hohlers »Der Granitblock im Kino« abdruckte, die Geschichte vom Granitblock, der erstmals ins Kino geht und, an Humor nicht gewöhnt, mit seinem kinoerschütternden Lachen den Saal ruiniert. »Eine unschuldige Geschichte«, berichtete Wagenbach, »die ich an einem unschuldigen Ort – einer Kinderanthologie – gefunden hatte und vor Begeisterung gleich auf die zweite Seite des ›Tintenfisch‹ setzte, womit diese Fabel über das Lachen am falschen Ort die umstrittenste Nummer des Jahrbuchs eröffnete, über die quasi die gesamte Presse herfiel. Hauptanlass für die Medienattacken war eine Polemik von Heinrich Böll gegen die Vorverurteilung von Ulrike Meinhof durch die Presse, insbesondere durch die Bild-Zeitung.«

Der Festakt für Hohlers Johann-Peter-Hebel-Preis in Hausen im Wiesental wurde zu einem Dorffest für den legendären verstorbenen und den heutigen Dichter. Aus Stuttgart war der baden-württembergische Justizminister gekommen, das ganze Dorf drängte nach einem Umzug zu den Klängen der »Hebelmusik« genannten Dorfkapelle in die

Mehrzweckhalle, Schülerinnen und Schüler trugen Gedichte und Musik vor, und Kulturredaktorin Bettina Schulte von der regionalen »Badischen Zeitung«, zugleich Mitglied der Jury, befand in ihrer Laudatio: »Auf jeden Fall ist Franz Hohler einer der größten Geschichtenerzähler deutscher Sprache in der Gegenwart. Und mit welcher Auszeichnung ließe sich dieses großartige, unerschöpfliche Talent besser würdigen als mit dem Johann-Peter-Hebel-Preis! Ich kenne keinen anderen lebenden Schriftsteller, der in seinem Schreiben dem Verfasser der Kalendergeschichten im ›Rheinländischen Hausfreund‹ so nahe kommt.«

Nicht nur für Hebels Erbe, auch für andere Kolleginnen und Kollegen hat Franz Hohler sich eingesetzt. So engagierte er sich von 1976 bis 1980 im Vorstand des Schriftstellerverbands »Gruppe Olten« und 1988 bis 2002 in demjenigen der Urheberrechtsgesellschaft »Pro Litteris« für die Rechte der schreibenden Zunft. Und 2005 bis 2011 war er Präsident des »Prix Courage«, der von der Zeitschrift »Beobachter« jährlich für zivilcouragierte Aktionen verliehen wird. Auch Hohler wäre schon oft ein würdiger Preisträger gewesen, etwa in den 1990er-Jahren, als er in einer privaten Aktion Geld für kriegstraumatisierte Kinder in der Stadt Goražde in Bosnien-Herzegowina sammelte und sich für die Kulturbrücke nach Sarajevo engagierte. Auch für den 2000 im malaysischen Sarawak verschollenen Umweltaktivisten Bruno Manser hat Franz Hohler sich mit anderen Kulturschaffenden eingesetzt. Und neben Wolf Biermann, der auf Seite 294 und 295 davon berichtet, kümmerte er sich auch um andere künstlerische Widerständler in der DDR – mit persönlichen Kontakten und mit Auftritten jenseits der Mauer, die von den politischen Gesinnungsschnüfflern in Ostberlin und in Bern in erstaunlicher Eintracht misstrauisch beobachtet und dokumentiert wurden.

Sein politisches und menschliches Engagement, sein Einsatz für vom Mainstream abweichende Meinungen erinnern an den Widerstandsgeist seiner christkatholischen Vorfahren. Hohler setzt sich damit und mit der Rolle des Christentums in unserer Gesellschaft immer wieder auseinander – in Meditationen in Kirchen oder in kirchlichen Radio- und Fernsehsendungen. Über sein Verhältnis zur Kirche sagt er: »Ich bin übrigens nie aus der Kirche ausgetreten, obwohl ich nicht gläubig bin und dies den Leuten auch sage. Ich glaube nicht an diesen persönlichen Gott, an den man glauben sollte. Ich glaube auch nicht an ein Weiterleben nach dem Tod oder an die Auferstehung.«

Zu seinem Gedicht zum Tod von Urs Widmer, das am 4. April 2014 im »Tages-Anzeiger« erschienen ist und das einige als Glaubensbekenntnis interpretiert haben, sagt er: »Das war schon ein Glaubensbekenntnis, aber nicht zu einer Kirche – sondern zum Leben.«

Urs Widmer

Heute Morgen
beim Blick aus dem Fenster:
der Kirschbaum blüht
und bringt mir die Botschaft
der Frühling sei da.
Wenig später
im Radio die Meldung
Urs Widmer sei gestern
gestorben.
Dem Kirschbaum
nehme ich seine Nachricht ab
dem Radio nicht.
Urs ist nicht tot
er ist nur aufgebrochen

*voll Neugier und Wanderlust
zu einer großen Reise
bis an den Rand des Universums.*

Ausführlicher äußerte sich Hohler in einer »Sternstunde Religion« des Schweizer Fernsehens am 1. Dezember 2013 in einem Gespräch mit Christine Stark. Er sagte da unter anderem: »Kirchen sind Räume, in denen die Zeit stillsteht – in einer so von Tempo und Taktfahrplänen und Computerprogrammen geprägten Zeit wie heute habe ich diese Räume sehr gern, die sozusagen nicht von dieser Welt sind und die gemacht sind, um innezuhalten. Man kann nachdenken: über sich selbst, über den Verlauf der Welt. Man kann auch beten. Man kann Kerzen anzünden zum Gedenken an die Toten oder die Lebenden. Man kann zu Gott beten, wenn man an ihn glaubt – oder sonst kann man zu den Mitmenschen beten oder eigentlich auch zu sich selbst. Jedes Gebet ist auch ein Gebet an einen selbst, weil es die eigenen Kräfte zu mobilisieren versucht.

Ich bin sozusagen ein Quartalsgläubiger. Das hängt von der Tagesform ab und vom Moment. Ich kann auch nicht im Ernst sagen, dass ich glaube, dass Jesus Gottes Sohn war. Ich weiß doch das gar nicht. Ich finde, jedes Kind, das auf die Welt kommt, ist Gottes Sohn oder Gottes Tochter. Und wir haben die Aufgabe, es so aufzuziehen, dass es so menschlich wie möglich wird. Aber wichtiger, als wer Jesus war, ist, was er gesagt hat, seine Botschaft. Zum Beispiel die Verkündung der Liebe als eines der obersten Prinzipien. Und zwar hat er das in einer Zeit gesagt, als der Krieg eine unangefochtene Selbstverständlichkeit war – Krieg und Gewalt. Und da kommt einer und sagt: Es gibt etwas, das steht höher: Das ist die Liebe, das ist die Versöhnung. Auch gegenüber dem Alten Testament, das ja voll Rache und Kriegsgeschrei war: Auge um Auge, Zahn um Zahn. Und wenn Sie die heutige

Welt anschauen, dann muss man sagen: Leider ist diese Botschaft immer noch so aktuell wie vor 2000 Jahren. Und das beeindruckt mich auch – an Jesus. Wenn man betet, hofft man ja immer, dass Gott eingreift. Aber er greift nicht ein. *Wir* müssen das machen.

Das ist eine Urhoffnung der Menschen, dass es eine Instanz gibt, die einem hilft in der Not. Das ist auch das Gebet, das kommt von ganz tief unten, weil wir doch hoffen, dass es vielleicht noch etwas über uns gibt. Was es ist, wissen wir nicht genau. Und sobald mir jemand genau sagt, was es ist, dann kann er mit mir nicht mehr rechnen. Ich bin ein Feind von Dogmen. Die Dogmen sind das Gift des Christentums. Das hat man in der Inquisition gesehen. Es ist ja irgendwie unglaublich, dass das Christentum eine solche Blutspur hinterlassen hat, diese friedliche Botschaft – über Jahrhunderte hinweg. Dass dieses Christentum selbst Leute gefoltert und auf den Scheiterhaufen gebracht hat, nur weil sie etwas nicht glaubten, das der damaligen Bibelauslegung entsprach.«

Zur christlichen Nächstenliebe und Solidarität gehört es auch, sich nicht nur für Menschen in schwierigen Situationen einzusetzen, sondern sich über die Erfolge der Kolleginnen und Kollegen zu freuen. Dies drückte Franz Hohler in vielen Vor- und Geleitwörtern aus, zum Beispiel für Bücher von Emil, Kaspar Fischer, Cés Keiser, Gardi Hutter, Linard Bardill, Emil Zopfi und dodo hug. Er schrieb verschiedene Preisreden, und 2008 forderte er das Organisationskomitee der Solothurner Literaturtage auf, den Schriftstellerkollegen Urs Widmer für den Nobelpreis vorzuschlagen.

Nicht zu vergessen sind Geschichten und Texte für andere Bücher und Medien, in denen er sich zu Wort gemeldet hat. So verfasste er 1993 den Text zu Hans-Ulrich Schlumpfs Film »Kongress der Pinguine« – schließlich hatte er sich schon acht Jahre zuvor in seinem Kinderbuch »Tschipo und die Pinguine« intensiv mit den Schwarz-weiß-Tieren auseinandergesetzt.

Praktisch zeitgleich mit dieser Biografie erscheint Franz Hohlers neuer Erzählband »Ein Feuer im Garten«. Er berichtet von den jüngsten Lesereisen nach Nord- und Osteuropa, in den Nahen und Fernen Osten, und er macht sich wieder höchst nachdenkenswerte Gedanken über die Schweiz und unsere politischen, wirtschaftlichen und sozialen Verhältnisse – und wie sehr die doch alle zusammenhängen. Man könnte von mancher der 52 Erzählungen schwärmen, deren Länge zwischen fünf Seiten und einer einzigen Zeile variiert. Da ist zum Beispiel das sprachliche Bravourstück »Die Entwacklung der Sprüche«, in dem Hohler die Entwicklung der Sprache mit höchst eigenwilligen erfundenen Lautverschiebungen karikiert, bis man sich im Text eines wild gewordenen Korrekturprogramms wähnt. Allerdings bereitet Hohlers Fantasie wesentlich mehr Vergnügen als die Vorschlage der handelsüblichen Programmierer: »Die Entwacklung der Sprüche hat in den versetzten Jahren einen unerhärteten Verschlauf gesponnen«, heißt es da zum Beispiel, und unsere vierte Landessprache wird zum Drehtor-Romanischen.

Der unermüdliche Kämpfer für die Urheberrechte schildert auch die wackeren Bemühungen seiner vielen erfundenen Figuren, ihm ein anständiges Auskommen zu sichern: »Unermüdlich sind etwa meine beiden Süffel Schöppelimunggi und Houderebäseler irgendwo im Äther unterwegs und liefern mir für ihre schreckliche Begegnung mit dem Totemügerli und dem Blindeli ihren Tribut ab.« Der Bauer, der in Hohlers Lied »E Foti« sein Land verkauft hat, holte seinem Erfinder in einer Abrechnung der deutschen Urheberrechtsgesellschaft GEMA immerhin den stolzen Betrag von 0.01 Franken heraus.

Hohler druckt in seinem Buch mit Kurzerzählungen neben neuen Geschichten auch einige Texte nach, die beispielsweise in Zeitschriften publiziert wurden, es aber verdienen, auch in Buchform festgehalten zu werden. Darunter ist sein Text über Briefmarken und deren Sammeln, den er 2010 zu der ihm gewidmeten Marke verfasste, und derjenige über den Oltner Musikdirektor Ernst Kunz, von dem im Kapitel »Jugend« erzählt wurde. Zudem liefert Hohler einen menschenwürdigen Gegenvorschlag zur Ausschaffungsinitiative der Schweizerischen Volkspartei. In der letzten Geschichte des Buches nimmt er dann sein Sternzeichen beim Wort: »Ich bin ein Fisch. Ich bin am 1. März geboren« – und erzählt in aller Kürze sein Leben im Wasser.

»Ein Feuer im Garten« heißt die erste Geschichte des Buches, »Im Wasser« die letzte. Franz Hohlers Erzählfeuer ist noch lange nicht gelöscht, unser Lesedurst auch nicht.

Franz Hohler auf Celluloid

links · Franz Hohler 1986 als tapferer Film-Ritter Dünki-Schott vor dem AKW Leibstadt, seiner Windmühle (S. 207ff.)

Franz Hohler in China 1982 (S. 191ff.)

S.357 oben · Der Flötenspieler frühmorgens in Shanghai am »Bund«, der Uferpromenade am Fluss Huangpu.

S.357 unten · (v. r.) Hohler mit Martin Hauzenberger und Polo Hofer im Zug von Chengdu nach Kunming.

S. 358f. · Franz Hohler im Zentrum: Das Ensemble der Sichuan-Oper in Chengdu zusammen mit der Schweizer Kulturdelegation.

Franz Hohler vor großem und vor kleinem Publikum

links oben · Mit Kindern kann's der fantasievolle Erzähler Franz Hohler ganz besonders gut.
links unten · Auf der Bühne, im Freien, im Zelt: Hohler findet sein Publikum überall.
rechts · Die Einmann-Demo Hohler zugunsten der Kunstfreiheit am 13. Dezember 2004 vor dem Bundeshaus – im Gespräch mit dem SVP-Nationalrat und regelmäßigen politischen Gegner Ulrich Schlüer. Hohler gewann. Aber nicht für lange (S. 301f.).

Zwei von Franz Hohlers Lieblingsorten:

An seinem Schreibtisch und auf einer Wanderung in den Bergen. Soweit die Fantasie und die Füße tragen.

Urs Widmer
Schriftsteller

Laudatio für Franz Hohler
Aargauer Kulturpreis 2002

Franz Hohler, der fast alles versucht und gemacht hat, was ein Wortkünstler machen und tun kann, hat auch einen Film gedreht, dessen Skript er, natürlich selber geschrieben hat und in dem er, was sonst, die Hauptrolle spielt. In diesem Film, an den ich im Übrigen eine eher diffuse Erinnerung habe, gibt es eine Szene, die sich mir unauslöschlich genau eingeprägt hat. Nämlich, da sitzt Franz auf einem Pferd – ja, er kann auch reiten! – und galoppiert mit einem langen Spieß unterm Arm gegen ein riesenhaftes Atomkraftwerk an. Das Pferd heißt natürlich Rosinante, und Franz ist Don Quixote, Don Franz, und wie jeder Don Quixote verliert er seinen Kampf. Die Wirklichkeit ist stärker. Er vermag das AKW nicht aus der Welt zu schaffen. Er scheitert, aber er schenkt, scheiternd, unsern diffusen Sehnsüchten ein klares, stimmiges Bild. Und natürlich ist das ein Bild, in dem wir schreibenden Kollegen uns besonders gut erkennen, denn wer schreibt, ist ein Scheiternder – die Welt ist durch ein Buch nicht besser geworden, oder allenfalls um genau dieses Buch besser –, ja, wir alle sind öfters als oft lächerlich Scheiternde, und wir müssen, wie Don Quixote und Don Franz, imstande sein, unser Scheitern und unsere Lächerlichkeit auszuhalten. Man kann nicht Opfer und Sieger gleichzeitig sein, ein Kämpfer gegen die Widerwärtigkeiten dieser Erde und ein gut gelittener Freund derer, die diese Widerwärtigkeiten verursachen. Man kann, auch und gerade in der Kunst, nicht den Batzen und den Wecken haben.

Es ist unglaublich, was Franz Hohler alles kann. Er steht auf der Bühne, allein, einen langen und dank ihm kurzen Abend lang. Er hat nunmehr, wenn ich richtig gezählt habe, dreizehn Soloprogramme geschrieben. Er spielt Cello und singt. Er schreibt Gedichte. Er schreibt Kürzestgeschichten und kurze Geschichten und längere Geschichten und so lange, dass eine einzige ein ganzes Buch füllt. Er schreibt Geschichten für Kinder. Er hat Wegwerfgeschichten geschrieben, die niemand, außer ihm selber, jemals weggeworfen hat. Er schreibt Theaterstücke. Er hat ein gutes Dutzend CDs aufgenommen und jede Menge Rundfunksendungen gemacht, darunter – besonders beachtet – die »Zytlupe« von Radio DRS. Habe ich etwas vergessen? Oh ja. Er ist, wie ich Mitglied verschiedener nützlicher Organisationen für Schriftsteller, der Gruppe Olten, die nun nicht mehr so heißen soll, der Pro Litteris, des Pen, ja, und wie ich kriegt er immer die Einladungen zu den General- und sonstigen Versammlungen, und ganz anders als ich geht er immer hin, und ich lese später die Protokolle und sehe, dass sehr oft er es war, der das gesagt hat, was ich gern gesagt hätte, wäre ich hingegangen. Er hat ein großes Verantwortungsgefühl für das allgemeine Wohl und ist in der Branche so ziemlich der Einzige, für den der alte – natürlich auf uns Schriftsteller gemünzte – Scherz nicht gilt, nämlich, alle denken immer nur an sich, und nur ich denke immer an mich. Bei ihm ist es umgekehrt. Er denkt nie an sich, dafür aber denken wir andern an ihn, nicht gerade immer, aber immer öfter.

Ich habe ihn zwei- dreimal angetroffen, als ich im letzten Zug von irgendeiner Veranstaltung nach Hause fuhr, und unterwegs irgendwo stieg er ein, mit dem Cello auf dem Rücken, seinerseits auf dem Heimweg von einer Veranstaltung – wir beide schlafen lieber zu Hause als in irgendeinem Bären oder Ochsen –, und jedes Mal wirkte er auf mich wie ein Handwerker, der von seiner Arbeit kommt, einer Arbeit, die er mag, denn er sieht nicht unglücklich aus, und die ihn auch ein bisschen anstrengt. Weiß Gott, kein Wunder, sein größtes Talent ist nämlich auch das kräfteraubendste: der Bestie Wirklichkeit in die Augen zu schauen, ihren Medusenblick auszuhalten und dabei heiter zu bleiben, optimistisch. Ja, Franz Hohler hat eine wunderbare Kraft, sich der oft so entsetzlich fühllosen Wirklichkeit zu stellen und ihr seine eigenen Wirklichkeiten entgegenzuhalten. Er ist ein realistischer Fantast oder ein Fantasiegesegneter Realist, jedenfalls kann man bei ihm nicht das eine ohne das andere haben. Seine Fantasie bleibt immer in der Wirklichkeit geerdet. Seine Fantasien sind nie Fluchtmittel, im Gegenteil, sie helfen uns, mit dem Wirklichen freier umzugehen.

Am auffallendsten ist er natürlich auf der Bühne, ich nehme an, dass auch seine meiste Arbeit und Kraft seinen Solo-Auftritten gehört. Er ist ein Kabarettist, wenigstens nennen ihn viele so, und ich habe einige seiner Programme gesehen und war jedes Mal begeistert. Dabei kann ich sogenanntes Kabarett eigentlich nicht ausstehen, diese Männer in schwarzen Pullis – es sind immer Männer –, die auf Kleinkunstbühnen stehen und, noch bevor sie den Mund aufgetan haben, so aussehen, als würden sie jetzt gleich sehr witzig werden, und das werden sie natürlich dann auch gleich. Jedes Wort eine Pointe. Man sieht diese Unglücksvögel oft im Fernsehen, spätabends beim Zappen, sie mühen sich, wann immer man sich einklinkt, gerade mit einer grauenvoll herrlichen Pointe ab, und im Off lacht, etwas verspätet, ein spärliches Publikum. Es ist tief deprimierend, und ich glaube, diese Solo-Kabarettisten sieht man nur so oft im Fernsehen, weil sie die absolut billigste Sendeminute produzieren; billiger ist nur noch das Standbild nach Sendeschluss. Franz Hohler hat auch Fernsehen gemacht, klar, aber sein Geheimnis ist sogar auf der Mattscheibe nicht kaputtzumachen, nämlich eine Bühnenfigur zu sein, also etwas sehr Künstliches, und gleichzeitig so authentisch, dass man stets glaubt, ja, da stehe halt nun gerade eben der Franz und erzähle uns etwas, was ihm gerade so jetzt einfällt. Das ist natürlich nicht so – Kunst ist schön, macht aber viel Arbeit, hat bekanntlich Karl Valentin gesagt –, aber tatsächlich gibt es bei Franz Hohler keine falschen Töne, keine anbiedernde Mimik, kein Herumgetue und keine falsche Tiefe, Gott allein weiß, woher Franz diese Gnade der gefinkelten Authentizität hernimmt; Franz weiß es selber wohl auch nicht.

Und doch haftet ihm, dem Berühmten und Erfolgreichen, zuweilen immer noch das Bild eines Kleinmeisters an. Nun, erstens ist es nichts Ehrenrühriges, ein Kleinmeister zu sein. Lieber einer, der das Kleine groß bewältigt – das wäre die Tradition, sagen wir, Johann Peter Hebels –, als einer, der am Großen vollmundig scheitert, sagen wir, wie Stefan George. Und zweitens möchte ich dieser Einschätzung widersprechen. Franz Hohler hat einige Erzählungen geschrieben, die jeden Vergleich aushalten. Da ist zum Beispiel die Novelle »Die Steinflut« – ja, er nennt sie eine Novelle und fordert mit dieser Bezeichnung eine große Tradition heraus –, und diese Novelle kommt über mehr als hundert Seiten mit sozusagen schier gar keiner Handlung aus, meisterlich, »nur« Kleines und Kleinstes, außer dass wir ahnen, immer deutlicher ahnen, dass die im Titel verheißene Steinflut – der Bergsturz von Elm – auch wirklich kommen wird, und sie kommt natürlich, ganz am Ende, und reißt alle in den Tod, alle, alle bis auf die kleine Heldin der Geschichte. Eine Untergangsgeschichte, die uns an Gotthelfs »Schwarze Spinne« denken lässt. Allerdings, bei Franz Hohler straft kein Gott, und er empfindet, anders als der Pfarrherr aus Lützelflüh, keine Vernichtungslust. Wenn Gotthelf die mordende Spinne ist, so ist Franz Hohler kein stürzender Berg.

Der Geschichtenband »Die Rückeroberung« ist mir der liebste. Die Titelgeschichte oder »Walther von der Vogelweide« oder »Billiges Notizpapier« oder, an erster Stelle für mich, »Das Halstuch«, das sind starke Stücke. In ihnen hat Franz Hohler seine einfache Melodie gefunden, die zu singen dennoch nur er imstande ist.

Habe ich gesagt, dass er einer der politischsten Autoren unsres Landes ist? Ein Linker, wenn ein Linker einer ist, dem ein gerechtes Leben für alle am Herzen liegt? Einer der wenigen, der nicht nur redet, sondern sein Reden auch in Taten umzusetzen versucht? Einer, dem jeder Fundamentalismus zuwider ist und der jede starre Ideologie aufzuweichen versucht? Habe ich das gesagt? Ja, jetzt habe ich. – Franz, ich gratuliere dir, dass du den Aargauer Kulturpreis erhältst, und ich gratuliere denen, die ihn dir verleihen.

Lukas Bärfuss
Schriftsteller

Lieber Franz Hohler,
wer einen Preis vergibt, der gibt sich preis.
Die Stadt Zürich vergibt dir heute Abend ihren Kunstpreis, und ich darf die Laudatio halten, was mich ehrt und freut und, ehrlich gesagt, etwas in Verlegenheit bringt.
Eine Laudatio ist nämlich eine Lobrede, wie mir der Duden sagt, und eine Lobrede enthält doch nur Gutes. Wenn aber die Redensart geht, »Über Tote nichts als Gutes«, dann gilt wohl auch der Umkehrschluss, nichts als Gutes nur über Tote. Und abgesehen davon fürchte ich, dass ich mit einer reinen Lobhudelei zuallererst deinen Widerspruch herausfordern müsste und dass du dich heute Abend selbst kritisieren müsstest, das wäre diesem hohen Anlass gewiss nicht würdig.

Deshalb will ich die Gelegenheit lieber für etwas nutzen, das mir leicht geht und mir Freude macht.

Ich will dir danken. Ich will dir danken, dass du dich mit uns geteilt hast und immer noch teilst.

Ich will dir für alles danken, was ich von dir, von deiner Kunst gelernt habe. Und das ist viel, sehr viel.

Viel gelernt habe ich zum Beispiel von einer gewissen Geschichte in deinem Buch »Wo?«, das im Jahr 1975 zum ersten Mal erschienen ist. Die Geschichte trägt den Titel »Im 6. Stock«, und sie beginnt so: *»Unter mir ist ein Dachkännel, der wahrscheinlich verstopft ist. Das Wasser kräuselt sich darin. Ein riesiges Entlüftungsrohr kriecht 5 Stockwerke an der gegenüberliegenden Mauer hoch. Es sieht so aus:«*

So beginnt diese Geschichte, aber darauf folgt nicht etwa eine Beschreibung dieses besagten Entlüftungsrohres, sondern, Achtung, Skandal: die halbseitige Zeichnung davon! Keine besonders schöne, das muss ich leider sagen, sondern eine mit krakeligem Strich gezeichnete, allerhöchstens zweckmäßige, die allerdings vollkommen genügend dieses alberne, hundsgewöhnliche Entlüftungsrohr abbildet.

In diesem ganzen Band findet sich keine weitere Zeichnung, und ich weiß noch, wie damals, als ich diese Geschichte zum ersten Mal las oder eben nur zum Teil las, wie damals die Empörung in den Kopf eines Jungen stieg, dessen Wangen, nebenbei gesagt, gerade vom ersten Flaum bewachsen wurden. Ich war also in jenem Alter, in dem man radikale Ansichten von der Welt zu haben pflegt, radikale und vor allem unerschütterliche Ansichten.

Was fällt diesem Hohler ein, schrie ich innerlich. Er hat dieses Lüftungsrohr gefälligst zu beschreiben! Und nicht zu zeichnen. Wenn ich eine Lüftungsrohrzeichnung will, dann kaufe ich mir einen Katalog für Klimaanlagen oder etwas Ähnliches. Ich habe mir aber ein Buch gekauft, Literatur. Dieser Hohler war doch nur zu faul, ein paar ordentliche Sätze zu machen! Wenn seine dichterischen Fähigkeiten nicht ausreichen, ein solches Rohr zu beschreiben, dann soll er es eben sein lassen. Wo kommen wir denn da hin, wenn Schriftsteller nicht mehr schreiben, sondern zeichnen, Zeichner Cello spielen, Cellisten plötzlich Filme drehen oder Filmemacher vielleicht sogar Kabarett machen?

Heute, ehrlich gesagt, ist es mir einerlei, wohin wir damit kämen, aber ich habe mittlerweile begriffen, dass wir nur auf diese Weise ein so wunderbares Werk wie deines geschenkt bekommen. Ich möchte dir also danken, dass du dich nicht um meine dummjugendlichen Schubladen gekümmert und dich nicht zufrieden gegeben hast mit einer einzigen Berufsbezeichnung, sondern über den Hag gefressen hast, wo immer es dir beliebte. Man glaube nicht, diese Angewohnheit sei wohlgelitten. Es wird zwar allenthalben vom hohen Wert des Interdisziplinären geschwätzt, aber wehe, einer wagt es, die eng gesteckten Grenzen der üblichen Fachidiotie zu verlassen. Für die Zuordner, Einordner wird es schwierig. Sie wissen nicht, wer sich um dich zu kümmern hat, und das ist in einer Zeit, wo man sich genau um das und nur um das zu kümmern pflegt, was in seinem eigenen Garten liegt, eine ziemliche Herausforderung.

Du hast dich also nicht an die Ordnung gehalten, aber ein paar Jahre früher ist dir etwas gelungen, was vorher und nachher nur ganz wenigen gelungen ist. Mir hast du Ordnung beigebracht oder besser: Sorgfalt.

Ich war von früher Jugend an ein Dauergast in unserer Stadtbibliothek, und ich habe ausgeliehen, was auf die Bibliothekskarte passte. Die kostete bloß drei Franken im Jahr, aber ich war trotzdem nie flüssig, denn ein Großteil meines Taschengeldes ging für die Mahnungen drauf, und oft genug hatte ich verlorene oder von Lumpi, unserem bissigen und kulturignoranten Dackelmischling, angefressene Bücher zu ersetzen.

Einmal fiel in der Bibliothek eine kleine offene Schachtel, ein Schuber, in meine liederlichen Hände. »Wegwerfgeschichten« stand darauf, verfasst von einem gewissen Franz Hohler. Darin fanden sich einige Dutzend lose Seiten, und auf jeder Seite stand eine Geschichte. Ich rechnete nicht damit, dass mir die Bibliothekarin diese verletzliche Preziose überlassen würde. Schließlich hatte ich allergrößte Mühe, selbst ledergebundene Wälzer erstens vollständig und zweitens fristgerecht zurückzubringen. Eine Loseblattsammlung in meinen Händen war todgeweiht, und der Titel, »Wegwerfgeschichten«, vollkommen überflüssig. Ich brauchte nichts wegzuwerfen, die Seiten würden von ganz alleine verloren gehen.

Die Bibliothekarin lieh mir den Schuber trotzdem aus, allerdings warf sie mir einen Blick zu, als habe sie nicht das Rückgabedatum in den Leihzettel gedrückt, sondern bereits den großen roten Stempel »Ausgeschieden«. Irgendetwas in diesem Blick muss meinen Ehrgeiz angestachelt haben. Ich wollte der Bibliothekarin und der restlichen Welt beweisen, dass man mir Unrecht tat und ich sehr wohl Sorge tragen konnte.

In den nächsten Wochen hütete ich diese Schachtel wie meinen Augapfel. Mein Zimmer, mein Schulpult, meine Familie, alles versank im Chaos. Oft genug konnte ich meinen rechten Schuh nicht finden, hatte ich ihn endlich gefunden, fehlte plötzlich der linke. Wo deine »Wegwerfgeschichten« waren, lieber Franz, das wusste ich hingegen immer. Täglich zählte ich die Seiten, und ich behielt den Schuber genau die erlaubten dreißig Tage lang. Natürlich hätte ich ihn früher in die Bibliothek zurückbringen können, aber ich hätte damit die Regel verletzt.

Nein, der Bibliotheksdirektor verlieh mir keinen Orden, die Zeitung berichtete nicht über das unwahrscheinliche Ereignis, dass ich das Buch vollständig und fristgerecht zurückgebracht hatte. Selbst die Bibliothekarin ließ sich nichts anmerken und nahm die »Wegwerfgeschichten« gelangweilt zurück. Von meiner Anstrengung hat sie nichts gemerkt. Aber ich hatte gelernt, dass es im Umgang mit der dinglichen Welt weniger um Ordnung, als vielmehr um Sorgfalt geht. Buch habe ich seither keines mehr verloren.

Lieber Franz Hohler, ich fürchte, es wird erwartet, ich würde dir für deinen kritischen Geist danken. Und das könnte ich durchaus, aber mindestens so vorbildhaft ist mir dein Fleiß.

Auch ein kritischer Geist schreibt ohne Fleiß keine Bücher. Und ich wollte Bücher schreiben, so wie du, mehr noch, ich möchte mindestens so viele Bücher schreiben, wie du geschrieben hast. Für das noch nicht geschriebene Werk eines Hallodri wie ich, der abends gerne noch ein bisschen sitzen und morgens gerne noch etwas liegen bleibt, ist es deshalb hilfreich, in Zürich-Oerlikon einen zu wissen, der immer noch oder schon wieder an seinem Schreibtisch sitzt und sich nicht mit dem Schweigen begnügt. Danke auch für dieses Vorbild.

Den ersten Teil deiner vielleicht wichtigsten Lektion allerdings, den habe ich im Schuljahr 82/83 gelernt. Du hast damals eine bittere Niederlage erlitten. In der dritten Klasse der Primarschule Gotthelf in Thun bist du in einer geheimen Abstimmung Astrid Lindgren unterlegen. Die Kinder entschieden sich für die Brüder Löwenherz als Samstagslektüre und nicht für deinen Träumling Tschipo. Bloß eine einzige Stimme hast du erhalten, nämlich meine.

Natürlich war ich verletzt.

Was mich schmerzte, war nicht etwa, dass wir nicht dein Buch lasen.

Ehrlich gesagt, ich hatte es bereits gelesen.

Schlimmer war, dass ich nicht zur Mehrheit gehörte oder dass die Mehrheit nicht zu mir gehörte.

Was ist schöne Kunst, was ist ein gutes Buch, wenn es keine Mehrheit findet? Sie ist keine Kunst, und das Buch ganz allerhöchstens Papierverschwendung.

Was ist unserem Staat eine gerechte Sache, wenn sie keine Mehrheit findet? Sie ist nicht gerecht. Wir sind ja schließlich Demokraten. Wir fügen uns der Mehrheit.

Ich hatte vor einiger Zeit die Ehre, mich mit einem leibhaftigen Bundesrat zu streiten. Er war mit einem gewissen Theaterstück, das ich geschrieben und er, das heißt, der Bund, bezahlt hatte, ganz und gar nicht einverstanden.

An der Premierenfeier meinte er zu mir, das sei nun aber ganz gewiss kein kulturelles Ereignis gewesen und fügte, weil es sich bei der Vorführung um eine einmalige Sache ohne Wiederholung gehandelt hatte, hinzu: »Es isch e Prömiere gsi, u we mer ehrlich si, si mer froh, isch es o Derniere gsi.«

Nun, um genau zu sein, er war nicht einverstanden gewesen mit der Darstellung einer gewissen Problematik, welche vor allem die Sans-Papiers hart trifft, die Tatsache nämlich, dass niemand wählen kann, als wessen Staatsbürger er auf diese Welt kommt.

Von unserem obersten Magistraten wollte ich deshalb wissen, wann die Politik in dieser Frage endlich vorwärtsmache und den Menschen, die hier leben, arbeiten und in die Sozialwerke einzahlen, endlich auch eine ordentliche Aufenthaltsbewilligung erteile.

Der Herr Bundesrat erteilte mir nun den zweiten Teil dieser Lektion.

Er würde mir formalpolitisch recht geben, in dieser Sache müsse tatsächlich etwas geschehen. Mit unserem Theaterabend und mit unseren entsprechenden Äußerungen in der Presse allerdings hätten wir nun eben die Mehrheit vertäubt, jene Mehrheit, um die er jeden Tag so bitter kämpfen müsse, damit sich etwas ändere in diesem Land. Ich selbst hätte also mit meinem ungestümen Einstehen für die Minderheit der Sans-Papiers das sachlich durchaus berechtigte Anliegen hintertrieben.

Lieber Franz Hohler, du hast dich nie bemüht, in der Mehrheit zu sein. Als Künstler sind wir nämlich keine Demokraten. Vladimir Nabokov hat einmal gemeint, er könne mit dem Begriff der Gesellschaft nichts anfangen, es handle sich dabei um ein Abstraktum, und als Schriftsteller kümmere ihn nur das Konkrete. Konkret und damit darstellbar ist nur der Einzelne. Wir glauben nicht nur nicht an die Mehrheit, wir glauben ausschließlich an die extremste Minderheit, und das ist der einzelne Mensch.

Gleichzeitig wissen wir, wie gefährlich jene sind, die eben diesen Satz für die Politik in Anspruch nehmen. Ich kenne keine Gesellschaft, ich kenne nur Individuen. Nabokovs Satz hat für die Politik Maggie Thatcher formuliert, und sie hat damit wie viele andere in ihrer Nachfolge die Zerschlagung der Gewerkschaften und aller anderen Institutionen gerechtfertigt, die für gesellschaftliche Solidarität stehen.

In diesem Widerspruch existieren wir. Wir haben kein Programm. Wir stehen einerseits für die Einzigartigkeit des Menschen ein, dafür, dass alles, was sich allgemein über die Menschheit sagen lässt, dem einzelnen Menschen nicht gerecht wird und ihm sogar Gewalt antut.

Und andererseits wissen wir doch, dass, wer dieser Vereinzelung und der Segmentierung der Gesellschaft das Wort redet, eine bewährte Strategie verfolgt. Teile und herrsche, heißt sie.

Du hast mit deinen Büchern, mit deinen Stücken, mit deinen Bühnenprogrammen, mit deinen Liedern immer geteilt, lieber Franz Hohler, so lange, bis aus der gesichtslosen Masse der Einzelne und im Meer der gleichförmigen Zeit der einzigartige Moment erschien.

Die Mehrheit, die immer schweigend ist, bestimmt die Tatsachen. Von dir, lieber Franz Hohler, habe ich aber gelernt, dass wir unsere Wirklichkeit nicht einfach den Tatsachen überlassen können, nicht einfach dem Mann, der am Rand von Ostermundigen sitzt und immer, wenn sein Telefon klingelt, sagt: »Das ist der Rand von Ostermundigen.«

Von dir habe ich gelernt, dass der schweigenden Mehrheit und ihren Tatsachen nichts anderes gegenübergestellt werden kann als das sprechende, schreibende, das Cello spielende Ich.

Und wenn ich auch weiß, dass eine erfundene Geschichte nie eine Tatsache sein wird, so weiß ich doch dank dir, dass sie wirklich ist.

Lieber Franz Hohler, ich soll dir noch einen Dank bestellen. Von meiner Frau. Sie will dir danken, dass du sie in die Wüste Gobi entführt hast. Sie fand die Einöde vor vielen Jahren im Keller ihres Elternhauses, in Gümligen, nicht unweit des Randes von Ostermundigen, dort, wo dieses gewisse Telefon steht, du weißt schon. Sie fand die Wüstenei, nachdem sie das »Spielhaus« gesehen hatte mit dir und dem René, der nichts sagte, während du den Schnurrepfloderi hattest.

Ihr hattet da eure eigene kleine Bude mit einem Sofa, und dieses Sofa war nicht nur ein Sofa, sondern manchmal auch ein Flugzeug, mit dem ihr vom Leutschenbach direkt nach Zentralchina geflogen seid, bis eben hinüber zur Wüste Gobi. Und meine Frau also, damals, als kleines Mädchen, dachte nun nicht, so ne Chabis, däm Hohler spinnts, sie dachte vielmehr: Wenn das mit seinem Sofa funktioniert, warum sollte es also nicht auch mit der Bank funktionieren, die unten im Keller steht?

Und es funktionierte! Sie fand neben den Kartoffelhurden und den Wäscheleinen die Wüste Gobi und wahrscheinlich noch einen Dschungel und ein Meer dazu, und dafür eben, hat sie mir aufgetragen, möchte sie sich herzlich bedanken.

Wer einen Preis vergibt, der gibt sich preis.

Übrigens ... ihr beide, René und du, ihr hattet eine Filmkiste, in die ihr, wenn die Schoggistängeli verdrückt waren und René das Stanniolpapier flach gerieben und in seine Sammlung eingereiht hatte, wenn es nichts mehr zu tun gab, in die ihr also eure Köpfe stecktet und immer nur euch selber fandet, in Schwarzweiß, auf Abenteuersuche im schweizerischen Mittelland.

Auch dafür möchte ich dir danken. Dass du uns mit deinem Werk etwas geschenkt hast, etwas wie diese Filmkiste, in deren Innern genau dieselbe Welt ist wie die da hier, mit denselben Bäumen, denselben Tieren, denselben Menschen, in der aber, plötzlich, durch unsere Fantasie, alles möglich, denk- und lebbar wird.

Ich möchte dir im Namen all jener danken, die, wie ich selbst, immer noch in dieser Kiste stecken und nicht gedenken, sie in ihrem Leben wieder zu verlassen. Davon scheint es gar nicht wenige zu geben, hier in diesem Saal und zu deinem und unserem Glück auch in jener famosen Stadt Zürich, die dir heute Abend ihren Preis vergibt.

Herzlich, Lukas Bärfuss

Anhang

Schweizerdeutsches Glossar

1. August-Abzeichen – Das Abzeichen wird am Schweizer Nationaltag
(1. August) verkauft. Der Erlös geht an die Organisation »Pro Patria«
für kulturelle und soziale Zwecke.

Aushebung – Zur Einteilung in die militärische Truppengattung müssen
die Schweizer Männer in die militärische Aushebung. Anhand von
u.a. sportlichen Übungen wird ermittelt, in welcher Gattung der
zukünftige Soldat Militärdienst leisten muss.

Bajass – Der Bajazzo ist in Italien eine Clownsfigur. In einigen deutschen
Dialekten die Bezeichnung eines als Zirkusclown verkleideten Hanswursts und Possenreißers.

Blocher-Schweiz – Christoph Blocher gehört zu den einflussreichsten
Schweizer Politikern und ist einer der reichsten Schweizer.
Der ehemalige Nationalrat und Ex-Bundesrat ist Vordenker der
konservativen Schweizer Volkspartei (SVP).

Chäs – Käse

Frangsä federal – »français fédéral«: Schweizerisches Pseudofranzösisch,
das die mäßigen Französischkenntnisse vieler Deutschschweizer
karikiert.

Gilettäschli – Westentasche

Grümpelturnier – Fußballturnier, bei dem alle mitmachen dürfen
Jass, jassen – Jass ist in der Schweiz ein beliebtes Kartenspiel mit 36 Karten; »jassen« ist das Verb dazu.
Kantischüler – Schüler der Kantonsschule (Kantonales Gymnasium)
Mätteli – Matte, Bergwiese
Mätsch – Fußballspiel
Päckli – Paket; im Zsh. mit Universität: Fächerverbindung
Pro-Juventute-Briefmarke – Der Erlös des Verkaufs geht an die Stiftung »Pro Juventute«, die in der Schweiz mit Projekten Kinder und Jugendliche und deren Eltern unterstützt.
Rekrutenschule – Wer in der Schweiz Militärdienst leisten muss, absolviert zuerst eine Rekrutenschule, abgekürzt RS genannt (je nach Truppengattung 18 oder 21 Wochen). Danach muss ein Soldat je nach Länge der RS sechs bis sieben Wiederholungskurse (WK) machen. Sie finden in der Regel einmal pro Jahr statt und dauern je 19 Tage.
Saunuss (»Der Oltner Goalie war eine Saunuss«) – Versager
Schlitteln – Rodeln
Schnitzelbangg – Bänkelgesang an der Basler Fasnacht (Karneval). Kurze, meist rhythmische oder gesanglich vorgetragene satirische Verse
schnoiggen – stöbern
Schoggitaler – Schokoladentaler, wird von Kindern für 5 Schweizerfranken verkauft. Der Erlös geht an ein Hilfswerk.
Sonntagstürk – Sonntagsspaziergang (eher despektierlich)
Spital – Krankenhaus
Ständerat – Das Schweizer Parlament besteht aus dem Ständerat und dem Nationalrat. Der Ständerat setzt sich aus 46 Vertreterinnen und Vertretern der Kantone zusammen. Sie wird auch »kleine Kammer« genannt, da der Nationalrat 200 Sitze hat.
stunggeln – stampfen, stopfen
Töffrennfahrer – Motorradrennfahrer
Troim – Träume
Weggli – Brötchen, Semmel
Zehnernötli – Zehn-Franken-Geldschein
Zuber – Bottich

Werkverzeichnis und Auszeichnungen

Auftritte

in der Schweiz, in Deutschland, Österreich, Liechtenstein, Italien, Spanien, Portugal, Tschechien, Slowakei, Tunesien, Marokko, USA, Kanada, Israel, Frankreich, Schweden, Dänemark, Norwegen, Polen, Kroatien, Holland, Argentinien, Brasilien, Chile, Australien, Bolivien, Costa Rica, Bosnien und Herzegowina, Irland, England, Luxemburg, Rumänien, Griechenland, Venezuela, Kolumbien, Ecuador, Indien, Belgien, in den Vereinigten Arabischen Emiraten, Südkorea, Belarus, Iran, Thailand und Myanmar.

Soloprogramme

1965	*Pizzicato*
1967	*Die Sparharfe*
1969	*Kabarett in 8 Sprachen*
1970	*Doppelgriffe*
1973	*Die Nachtübung*
1979	*Schubert-Abend*
1985	*Der Flug nach Milano*
1987	*S isch nüt passiert*
1990	*Ein Abend mit Franz Hohler*
1994	*Drachenjagd*
1995	*Wie die Berge in die Schweiz kamen*
1999	*Das vegetarische Krokodil*
2000	*Im Turm zu Babel*
2001	*S Tram uf Afrika*

Theaterstücke

1968	*Bosco schweigt* (Groteske)	Theater am Neumarkt, Zürich
1974	*Lassen Sie meine Wörter in Ruhe!* (Stück)	Theaterkollektiv Studio am Montag, Bern
1976	*Der Riese* (Einakter)	Volkstheater Nürnberg, Hans-Sachs-Preis
1977	*David und Goliath* (Stück für Kinder)	Schpilkischte, Basel
1979	*Die dritte Kolonne* (Stück für 2 Frauen)	Claque, Baden
1981	*Die Lasterhaften* (Stück)	Theater an der Winkelwiese, Zürich

1986	*Der Zwerg* (Einakter, bisher nur von Laiengruppen gespielt)	
1995	*Die falsche Türe* (Stück)	Stadttheater, St. Gallen
1997	*Die drei Sprachen* (Stück für Kinder)	Mladih Theater, Sarajewo
2002	*Zum Glück* (Komödie)	Casinotheater, Winterthur
2010	*Call Center* (Stück)	Theater Rigiblick, Zürich
2011	*Sense!* (Stück)	Klosterhof Werthenstein, Luzern

Tonträger

1973	*I glaub jetzt hock i ab*	MC, Zytglogge Verlag
1974	*Ungemütlicher 2. Teil*	MC, LP, Zytglogge Verlag
1981	*Einmaliges von Franz Hohler*	MC, LP, Zytglogge Verlag
1981	*Das Projekt Eden*	MC, LP, Zytglogge Verlag
1982	*Es si alli so nätt*	MC, LP, Zytglogge Verlag
1987	*S isch nüt passiert*	MC, LP, Zytglogge Verlag
1989	*Hohler kompakt*	CD, Zytglogge Verlag
1993	*Der Flug nach Milano*	2 CDs, Zytglogge Verlag
1994	*Drachenjagd*	2 CDs, Zytglogge Verlag
1995	*Der Theaterdonnerer*	CD, Zytglogge Verlag
1996	*Hüsch trifft Hohler* (CD mit Hanns-Dieter Hüsch)	CD, WortArt
1998	*Zytlupe*	CD, Zytglogge Verlag
2002	*Im Turm zu Babel*	2 CDs, Zytglogge Verlag
2003	*Weni mol alt bi*	CD, Zytglogge Verlag
2010	*Fragen an Mani Matter*	CD, Zytglogge Verlag

Tonträger für Kinder

1995	*S Zauberschächteli*	MC, CD, Zytglogge Verlag
1998	*Der gross Zwärg*	MC, CD, Zytglogge Verlag
1999	*Tschipo i der Steizit, Teil 1 + 2*	MC, Zytglogge Verlag
2000	*Tschipo i der Steizit, Teil 3 + 4*	MC, Zytglogge Verlag
2002	*Tschipo und die Pinguine, Teil 1 + 2*	MC, Zytglogge Verlag
2003	*Tschipo und die Pinguine, Teil 3 + 4*	MC, Zytglogge Verlag
2006	*Tschipo*	3 CDs, Zytglogge Verlag
2007	*In einem Schloss in Schottland ...*	CD, Süddeutsche Zeitung Edition
2008	*Aller Anfang* (Mit Jürg Schubiger)	CD, Download, Christian Merian Verlag
2009	*Das große Buch*	2 CDs, Igel-Records
2010	*Mayas Handtäschli*	CD, Zytglogge Verlag

| 2010 | Tschipo und die Pinguine | 3 CDs, Zytglogge Verlag |
| 2010 | Tschipo i der Steizit | 3 CDs, Zytglogge Verlag |

Hörbücher, gelesen vom Autor

2001	Zur Mündung	CD, Audiobuch
2001	Bedingungen für die Nahrungsaufnahme (mit kurzen Cellostücken)	Wagenbach Verlag *(vergriffen)*
2004	Die Torte und andere Erzählungen	2 CDs, Random House Audio *(vergriffen)*
2005	52 Wanderungen (19 davon gelesen von F.H., mit kurzen Cellostücken)	2 CDs, Zytglogge Verlag
2006	Das kleine Orchester (Geschichten, DE)	CD, Gugis Hörbücher *(vergriffen)*
2006	Die Steinflut (Novelle)	4 CDs, Gugis Hörbücher *(vergriffen)*
2007	Es klopft (Roman)	4 CDs, Random House Audio
2008	Das Ende eines ganz normalen Tages (Geschichten)	2 CDs, Random House Audio *(vergriffen)*
2012	Spaziergänge	2 CDs, Zytglogge Verlag
2013	Der neue Berg	2 MP3-CDs, Christoph Merian Verlag
2013	Der Wortwerker – Eine Hommage an Franz Hohler (von Michael Augustin und Walter Weber)	Zytglogge Verlag
2013	Gleis 4 (Roman)	4 CDs, Zytglogge Verlag

Bücher

Jahr	Titel	Verlag Hardcover; Verlag Taschenbuch
1967	Das verlorene Gähnen (Erzählungen)	Benteli Verlag *(vergriffen)*
1970	Idyllen (Prosa)	Luchterhand *(vergriffen)*
1973	Der Rand von Ostermundigen (Geschichten)	Luchterhand; dtv *(vergriffen);* Wagenbach
1973	Fragen an andere (Interviews mit Wolf Biermann, Peter Handke, Ernst Jandl, Mani Matter und Hannes Wader)	Zytglogge Verlag *(vergriffen)*
1974	Wegwerfgeschichten	Zytglogge Verlag
1975	Wo? (Prosa)	Luchterhand *(vergriffen)*

1979	Ein eigenartiger Tag (Prosa)	Luchterhand *(vergriffen)*
1979	In einem Schloss in Schottland lebte einmal ein junges Gespenst (Bilderbuch mit Werner Maurer)	Sauerländer Verlag *(vergriffen)*
1981	111 einseitige Geschichten	Luchterhand *(vergriffen)*
1981	Der Granitblock im Kino (Geschichten)	Ravensburger Taschenbuch *(vergriffen)*
1982	Die Rückeroberung (Erzählungen)	Luchterhand, auch als E-Book; dtv
1984	Der Nachthafen (Bilderbuch mit Werner Maurer)	Benziger Verlag *(vergriffen)*
1986	Hin- und Hergeschichten (mit Jürg Schubiger)	Verlag Nagel & Kimche *(vergriffen)*
1987	Das Kabarettbuch	Luchterhand *(vergriffen)*
1987	Der Räuber Bum (Bilderbuch mit Werner Maurer)	Sauerländer Verlag *(vergriffen)*
1988	Vierzig vorbei (Gedichte)	Luchterhand *(vergriffen)*
1989	Der neue Berg (Roman)	Luchterhand, auch als E-Book; btb
1991	Die Rückeroberung (Comic Franz Hohler/Karin Widmer)	Zytglogge Verlag
1991	Der Mann auf der Insel (Lesebuch)	Luchterhand *(vergriffen)*
1992	Mani Matter (Porträtband)	Benziger Verlag, Neuauflage 2001 *(vergriffen)*
1993	Da, wo ich wohne (Erzählungen)	Luchterhand *(vergriffen)*
1993	Franz Hohler – Texte, Daten, Bilder	Luchterhand *(vergriffen)*
1993	Der Riese und die Erdbeerkonfitüre (Geschichten)	Ravensburger Verlag; dtv *(vergriffen)*
1994	Der Urwaldschreibtisch (Bilderbuch mit Dieter Leuenberger)	Sauerländer Verlag *(vergriffen)*
1995	Die blaue Amsel (Erzählungen)	Luchterhand, auch als E-Book; btb
1996	Drachenjagen, Das neue Kabarettbuch	Luchterhand
1996	Das verspeiste Buch (mit Illustrationen von Hans Traxler)	Schöffling Verlag; Taschenbuch Sammlung Luchterhand, auch als E-Book
1998	Die Steinflut (Novelle)	Luchterhand, auch als E-Book; dtv *(vergriffen)*; btb
1998	Die Spaghettifrau (illustriert von Nikolaus Heidelbach)	Ravensburger Verlag *(vergriffen)*
2000	Zur Mündung, 37 Geschichten von Leben und Tod	Taschenbuch Sammlung Luchterhand, auch als E-Book
2003	Die Karawane am Boden des Milchkrugs (Groteske Geschichten)	Taschenbuch Sammlung Luchterhand, auch als E-Book

2004	*Die Torte und andere Erzählungen*	Luchterhand; btb
2005	*52 Wanderungen*	Luchterhand, auch als E-Book; btb
2006	*Vom richtigen Gebrauch der Zeit* (Gedichte)	Taschenbuch Sammlung Luchterhand, auch als E-Book
2007	*112 einseitige Geschichten*	Taschenbuch Sammlung Luchterhand
2007	*Es klopft* (Roman)	Luchterhand; btb
2008	*Das Ende eines ganz normalen Tages* (Geschichten)	Luchterhand; btb
2008	*Mayas Handtäschchen* (Bilderbuch mit Jacky Gleich)	Sauerländer bei Patmos *(vergriffen)*
2009	*Cielo in Casa – Himmel im Haus* (Fotobuch von Edy Brunner mit 12 Geschichten von F. H.)	Schwabe/Dadò
2010	*Das Kurze. Das Einfache. Das Kindliche.* (Ein Gedankenbuch)	Taschenbuch Sammlung Luchterhand, auch als E-Book
2011	*Der Stein* (Erzählungen)	Luchterhand, auch als E-Book; btb
2011	*Eine Kuh verlor die Nerven* (Franz Hohlers erste Texte, 1959–1966 im Oltner Tagblatt erschienen)	Knapp Verlag
2012	*Spaziergänge*	Luchterhand, auch als E-Book; btb
2012	*Schnäll i Chäller* (Lieder, Gedichte, Texte)	Der gesunde Menschenversand
2013	*Der Geisterfahrer* (gesammelte Erzählungen)	Luchterhand, auch als E-Book
2013	*Gleis 4* (Roman)	Luchterhand, auch als E-Book
2014	*Immer höher* (gesammelte Bergtexte)	AS Verlag
2014	*Der Autostopper* (gesammelte kurze Erzählungen)	Luchterhand, auch als E-Book
2015	*Ein Feuer im Garten* (Kurzerzählungen)	Luchterhand, auch als E-Book

Franz Hohlers Bücher wurden in diverse Sprachen übersetzt.
Eine Übersicht dazu finden Sie unter *www.franzhohler.ch/files/werk.html*

Kinderbücher

1979	*Sprachspiele*	Verlag SJW
1978	*Tschipo* (Roman)	dtv
1985	*Tschipo und die Pinguine* (Roman)	dtv
1995	*Tschipo in der Steinzeit* (Roman)	Ravensburger Verlag, tb, Jubiläumsausgabe (2008)
2000	*Wenn ich mir etwas wünschen könnte* (Bilderbuch mit Rotraut Susanne Berner)	Hanser Verlag
2005	*Der Tanz im versunkenen Dorf* (Bilderbuch mit Reinhard Michl)	Hanser Verlag
2006	*Aller Anfang* (Geschichten von Jürg Schubiger und Franz Hohler; Bilder von Jutta Bauer)	Beltz & Gelberg
2009	*Das große Buch* (gesammelte Kindergeschichten, illustriert von Nikolaus Heidelbach)	Hanser Verlag
2011	*Es war einmal ein Igel* (Kinderverse, illustriert von Kathrin Schärer)	Hanser Verlag
2011	*Jonas und der Hund* (illustriert von Karin Widmer)	Verlag SJW
2013	*Der Grüffelo* (CH) (illustriert von Axel Scheffler)	Beltz & Gelberg

Fernsehsendungen

1973– 1994	*»Franz & René«* Kinderstunden am Fernsehen DRS (zusammen mit René Quellet)
1980– 1983	*»Denkpause«* am Fernsehen DRS; 40 satirische Sendungen
1989– 1994	*»übrigens ...«* am Fernsehen DRS; 46 satirische Sendungen
	und viele Aufzeichnungen von Programmen und Teilen davon in SF DRS, ARD, ZDF, ORF, 3 SAT

Radiosendungen

»Zytlupe« am Radio DRS
Satirische Sendungen 1986, 1995, 1996, 1997, 2003–2009
und viele Kindersendungen, Einzelbeiträge und Programmaufzeichnungen in Radio DRS, ORF, SWR, BR, SR, WDR, NDR, MDR, RIAS, der jetzt DeutschlandRadio heißt, und Deutschlandfunk.

Filme

1993	*Der Kongress der Pinguine* (Regie: Hans-Ulrich Schlumpf; Text: Franz Hohler)
1993	*Dünki-Schott* (mit Franz Hohler, René Quellet, dodo hug; 87 Minuten, CH/DE, Impuls Home Entertainment AG)
2013	*Hohler, Franz* (Buch/Regie: Tobias Wyss; Produzent: Peter Spoerri, PS Film GmbH; Sendegefäss: SF Kultur »Sternstunde Kunst«)
2013	*Zum Säntis! Unterwegs mit Franz Hohler* (Buch/Regie: Tobias Wyss; Produzent: Peter Spoerri, PS Film GmbH)

Auszeichnungen

1968	Preis der C.F. Meyer Stiftung
1973	Deutscher Kleinkunstpreis
1976	Hans-Sachs-Preis der Stadt Nürnberg
1978	Oldenburger Kinderbuchpreis
1983	Solothurner Kunstpreis
1987	Alemannischer Literaturpreis
1988	Hans-Christian Andersen Diplom
1990	Schweizer Kabarett-Preis Cornichon
1991	Preis der Schweizerischen Schiller-Stiftung
1994	Schweizerischer Jugendbuchpreis
1995	Premio mundial »José Marti« de literatura infantil
1997	Liederpreis des SWF
2000	Kunstpreis der Stadt Olten
2001	Binding-Preis für Natur- und Umweltschutz
2002	Aargauer Kulturpreis
2002	Kasseler Literaturpreis für grotesken Humor
2005	Schillerpreis der ZKB (für »Die Torte«)
2005	Kunstpreis der Stadt Zürich
2007	Tertianum-Preis für Menschenwürde
2008	Salzburger Ehrenstier für das kabarettistische Gesamtwerk
2009	Dr.h.c. der Universität Fribourg
2011	»Stern der Satire« auf dem »Walk of Fame« des Kabaretts, Mainz
2011	»Heidelberger Leander« für »Es war einmal ein Igel«
2013	Ehrenpreis der ktv (Vereinigung KünstlerInnen – Theater – VeranstalterInnen, Schweiz)
2013	Solothurner Literaturpreis
2014	Alice Salomon Poetik Preis, Berlin
2014	Ehrenpreis des Landes Rheinland-Pfalz zum Deutschen Kleinkunstpreis
2014	Johann-Peter-Hebel-Preis

Text- und Bildnachweis

Textnachweis

Mit freundlicher Genehmigung durch:

Alle vollständig abgedruckten Texte von Franz Hohler: © Franz Hohler
265f. © Peter Bichsel. Peter Bichsel: »Zum Fall Hohler«. In: Michael Bauer und Klaus Siblewski (Hg.): »Franz Hohler – Texte, Daten, Bilder«, Luchterhand Literaturverlag, Hamburg 1993.
313 © Haymon Verlag, Innsbruck. Klaus Merz: »Zur Entstehung der Alpen«. In: »Kurze Durchsage« (1995) resp. »Fährdienst« (2012), Werkausgabe Bd. 3, beide Haymon Verlag, Innsbruck.
364 © May Widmer-Perrenoud. Urs Widmer: »Laudatio für Franz Hohler«, gehalten aus Anlass des »Aargauer Kulturpreis 2002« am 18.09.2002.
368 © Lukas Bärfuss; Laudatio gehalten aus Anlass des »Kunstpreises der Stadt Zürich 2005« am 20.09.2005. Text für die Biografie leicht überarbeitet.

Bildnachweis

Mit freundlicher Genehmigung durch:

Fotos Umschlag/Schmutztitel:
Porträt Franz Hohler: © Christian Altorfer
Porträt Martin Hauzenberger: © Bruno Schlatter

14 Privatbesitz Franz Hohler, Fotograf unbekannt.
15 © Patrick Lüthy, IMAGOpress.com
16 *oben:* © Edouard Rieben
16 *unten:* © Christian Altorfer
17 Privatbesitz Franz Hohler, Fotografen unbekannt.
18 *oben:* © Bruno Kirchgraber
18 *unten:* © Noel Weber
19 © Christian Altorfer
20 © Christian Altorfer
21 © SRF/Marianne Wohlleb
356 © Christian Altorfer
357ff. © Martin Hauzenberger
360 © Christian Altorfer
361 © Edouard Rieben
362f. © Christian Altorfer

Personenverzeichnis

Abbühl, Hans-Rudolf: S.192
Abel, Heidi: S. 51
Ammann, Peter: S. 67
Amundsen, Roald: S. 61
Anderegg, Roger: S. 305
Andreae, Hans Volkmar: S. 38, 41, 49, 70
Andreae, Volkmar: S. 38
Anliker, Peter: S. 222
Arafat, Jassir: S. 301
Arn, Nell: S. 192
Arp, Hans: S. 78
Augustin, Michael: S. 23, 28
Bach, Johann Sebastian: S. 40ff., 185
Bächi, Balz: S. 110
Baer, Reto: S. 270
Ball, Hugo: S. 78
Bänziger, Andreas: S. 247
Bardill, Linard: S. 294, 353
Bärfuss, Lukas: S. 368ff.
Barks, Carl: S. 311
Barth, Karl: S. 80
Basler, Hans-Jürg: S. 71ff.
Bauer, Jutta: S. 343
Bauer, Michael: S. 58, 214, 264, 293
Bauer, Wolfgang: S. 96f.
Baumann, Guido: S. 135f.
Beatles: S. 213, 241, 293, 298, 314
Becher, Martin Roda: S.173
Beeler, Armin: S.163
Beethoven, Ludwig van: S. 31, 85
Bellmann, Carl Michael: S.176f.
Bergflödt, Torbjörn: S. 271
Berkland, Jim: S. 224
Bernays, Ueli: S. 281
Berner, Rotraut Susanne: S. 343
Bernhard, Rudolf: S. 64
Beutler, Maja: S. 251
Bichsel, Peter: S. 44, 117, 237, 248, 265f., 276, 286
Bielicki, Jan: S. 206
Biermann, Wolf: S. 129, 148, 159, 161, 294f., 350

Binder, Wolfgang: S. 77
Binswanger, Michèle: S. 42
Blatter, Silvio: S. 266
Bloch, Peter André: S. 55, 289f.
Blocher, Christoph: S. 302
Blum, Rudolf: S.181, 207, 221
Böckli, Carl (»Bö«): S. 63
Bogner, Franz Josef: S. 129
Böll, Heinrich: S. 349
Bolli, Thomas: S. 279
Borchert, Wolfgang: S. 188f.
Bossart, Pirmin: S. 272f.
Brecht, Bertolt: S. 320
Bregy, Georges: S. 144
Breznik, Melitta: S. 235
Brock-Sulzer, Elisabeth: S. 178
Brunner, Edy: S. 187
Büchi, Andres: S. 252
Büchner, Georg: S. 312, 321
Bueller, Vera: S. 209
Bugmann, Urs: S. 181, 263
Bühler, Michel: S. 280ff., 294
Bullinger, Heinrich: S. 80
Burger, Hermann: S.157
Burkhart, Peter (»Mühli-Pesche«): S. 17, 205
Burki, Matthias: S. 329
Burren, Ernst: S. 328
Burri, Peter: S. 326
Busch, Wilhelm: S. 61f., 64
Butz, Richard: S.184f.
Byland, Hans: S. 17
Byland, Theo: S. 211
Canetti, Elias: S. 273, 312
Capus, Alex: S. 42
Carigiet, Alois: S. 51
Carigiet, Zarli: S. 63
Casals, Pablo (»Pau«): S. 38, 40, 70, 252
Castaneda, Carlos: S.142
Cavelty, Gieri: S. 297f.
Charms (Juwatschow), Daniil: S. 313
Christie, Agatha: S. 277
Claudius, Matthias: S. 176, 218

Coray, Monika: S. 192
Cornu, Charles: S. 173f., 198f., 222f., 257f.
Cortesi, Antonio: S. 222
Cotti, Flavio: S. 267
Cuneo, Anne: S. 266
Danuser, Menga: S. 254
Da Ponte, Lorenzo: S. 84
De Haën (La Roche-), Brigitta: S. 17, 246
De la Fontaine, Jean: S.105
Dimitri: S. 19, 95, 120ff., 164, 192ff., 266, 294
Dimitri, Gunda: S. 95, 192
Dindo, Richard: S. 216
Disch (Rhyner-Disch), Katharina: S. 278f., 317
DJ Bobo (Baumann, Peter René): S. 287
Doering, Sabine: S. 293, 326f.
Dürrenmatt, Friedrich: S. 51, 237, 300
Dylan, Bob (Zimmerman, Robert Allen): S.154, 160f., 167, 213, 241, 283
Ebel, Martin: S. 315f., 327
Eckermann, Johann Peter: S. 278
Eggimann, Ernst: S. 328
Eichenlaub, Hans M.: S. 209
Eicher, Stephan: S. 294
Eichmann-Leutenegger, Beatrice: S. 232ff., 316, 327f.
Eisler, Hanns: S. 282
Enz, Hansjörg: S. 144
Faes, Urs: S. 42
Famos, Luisa: S. 312
Federspiel, Jürg: S. 251
Fehr, Marianne: S. 318, 338
Fehr, Michael: S. 328
Finck, Werner: S. 92
Fischer, Kaspar: S. 112, 119, 122, 164, 192ff., 353
Fischer, Otto: S.199f.
Frauchiger, Urs: S.18, 185, 199f.
Frisch, Max: S. 237, 248
Fromm, Walter: S. 279
Fueter, Daniel: S. 282

Ganz, Bruno: S. 307, 309
Garbe, Horst: S. 90
Geiler, Voli: S. 83
Genre, Heide: S. 21, 227ff.
George, Stefan: S. 367
Giacobbo, Viktor: S. 294
Glanzmann, Max-Jürg: S. 167f.
Gleich, Jacky: S. 343
Gloor, Kurt: S. 247f.
Gmür, Hans: S. 92f.
Goethe, Johann Wolfgang: S. 77, 84, 217f., 278, 295
Gogol, Nikolai Wassiljewitsch: S. 297
Golovtchiner, Lova: S. 105, 155
Gomringer, Eugen: S. 329
Gomringer, Nora: S. 329
Gorbatschow, Michail: S. 248
Goscinny, René: S. 337
Gotthelf, Jeremias (Bitzius, Albert): S. 31, 64, 100, 280, 296, 304, 348, 367
Grass, Günter: S. 290
Gregor-Dellin, Martin: S.158
Grimmer, Klaus: S. 78, 187
Grob, Stefanie: S. 329
Gröner, Werner: S. 21, 228f.
Gubler, Thomas: S. 251, 338
Guetg, Marco: S. 71, 205
Guisan, Isabelle: S.192
Gut, Philipp: S. 307
Guthrie, Woody: S.161, 167, 215, 241
Gyger, Beat: S. 221f.
Hadorn, Werner: S. 186
Hadrianus, Publius Aelius: S. 312
Haller, Christian: S. 235
Händel, Georg Friedrich: S. 43
Handke, Peter: S. 159
Hanimann, Beda: S. 263
Hartmann, Werner: S. 181
Hasler, Kurt: S. 43f., 75, 289
Hauswirth, Massimo: S. 93f.
Haydn, Joseph: S. 39
Hebel, Johann Peter: S. 257f., 275, 312, 321, 349f., 367
Heidelbach, Nikolaus: S. 112, 343ff.

Heine, Heinrich: S. 243, 282f.
Hildebrandt, Dieter: S. 181
Hirschbiegel, Oliver: S. 307
Hirschhorn, Thomas: S. 125, 302, 308
Hoehne, Verena: S. 228
Hofer, Polo (Urs): S. 7, 135, 192ff., 287, 357
Hofer, Walther: S. 182
Hoffmann, Ernst Theodor Amadeus (E.T.A.): S. 319
Hohler, Anna (Großmutter): S. 27ff., 49, 73f., 91, 313
Hohler, Hans (Vater): S. 15, 22f., 25ff., 39, 44, 45, 53, 55ff., 64, 92, 128, 231, 258, 334, 348
Hohler, Julius (Großvater): S. 27ff., 49
Hohler, Kaspar: S. 12, 14, 141ff., 334
Hohler, Lukas: S. 12, 14, 23, 25, 40f., 141ff., 334
Hohler, Peter: S. 12, 15, 23, 25ff., 38f., 45, 47, 50, 53f., 55ff., 64, 83
Hohler, Ruth (Mutter): S. 15, 23f., 27, 38f., 50, 55, 57, 59, 64, 258
Hohler-Nagel, Ursula: S. 12, 14, 76, 79, 81, 123f., 138ff., 165, 186f., 231, 240, 242, 334
Horaz: S. 218
Hornby, Nick: S. 52
Howald, Stefan: S. 177f.
hug, dodo: S. 130ff., 207, 293, 353
Hugi, Anita: S. 297
Hugi, Beat: S. 177
Hunyadi, Ildiko: S. 318
Hürzeler, Rolf: S. 250
Hüsch, Hanns Dieter: S. 17, 65f., 83, 87, 89, 92, 109f., 120, 125, 165, 212f., 276f., 295, 380
Hüsch, Marco: S. 215f.
Hutter, Gardi: S. 135, 148, 353
In der Gand, Hanns: S. 168
Ionesco, Eugène: S. 84f.
Irvine, Andrew: S. 53, 61
Isler, Thomas: S. 287
Iten, Jürg: S. 82
Jandl, Ernst: S. 117, 159, 318

Jegge, Jürg: S. 18, 167, 184ff.
Joyce, James: S. 321
Jürgens, Udo: S. 287
Kafka, Franz: S. 312, 320
Kälin, Adi: S. 270f., 272f., 296
Kappeler, Friedrich: S. 159
Kästner, Erich: S. 60
Kaub, Hannelore: S. 89
Kedves, Alexandra: S. 312, 338
Keiser, César (Hanspeter): S. 65, 112, 165, 202, 239, 240, 249, 294, 353
Keiser, Lorenz: S. 134, 240ff., 249, 294
Keiser, Mathis: S. 241
Keller, Florian: S. 323
Keller, Gottfried: S. 31, 349
Killer, Peter: S. 42
Knellwolf, Ulrich: S. 42
Koblet, Hugo: S. 50f.
Kohl, Renate: S. 222
Koller, Röbi: S. 19, 294
Koller, Xavier: S. 231
Kopp, Elisabeth: S. 203, 248f.
Kraft, Martin: S. 272
Krneta, Guy: S. 328
Kübler, Arnold: S. 165
Kübler, Ferdy: S. 50
Kübler, Gunhild: S. 218, 225ff., 305f.
Kugler, Bettina: S. 324
Kündig, Ulrich: S. 202
Kunz, Ernst: S. 41ff., 355
Labhart, Gaby: S. 13
Lahann, Birgit: S. 175
Lämmli, Franz: S. 45ff., 75, 289
Landolt, Patrik: S. 264
Lang, Bernard: S. 207
Larese, Wolfgang: S. 202
La Roche, Emanuel: S. 191, 198
La Roche-de Haën, Brigitta: S. 17, 246
Läubli (Keiser), Margrit: S. 240, 294
Lauper, Anja: S. 286
Ledergerber, Elmar: S. 307ff.
Lembke, Robert: S. 136
Lenin (Uljanow, Wladimir Iljitsch): S. 272, 298

Lennon, John: S.161
Lentz, Bruno: S. 210
Lenz, Pedro: S. 328
Leuenberger, Dieter: S. 295, 343
Leuenberger, Moritz: S. 249, 295
Leutenegger, Daniel: S.191f., 196
Lewinsky, Charles: S.120, 147
Lewinsky, Ruth: S.147f.
Liechti, Hans: S.130
Linder, Hans Rudolf: S.115f.
Linsmayer, Charles: S. 276, 280, 300f., 305, 311f.
Liszt, Franz: S. 282
Loosli, Arthur: S. 256, 343
Loosli, Peter W.: S.122, 164
Loriot (Von Bülow, Viggo): S.181
Lötscher, Christine: S. 243ff., 282, 308, 342, 344ff.
Lüthi, Max: S. 76
Machado, Antonio: S. 312
Mallory, George: S. 53, 61
Manser, Bruno: S. 311, 350
Mao Zedong: S.159, 191
Marthaler, Christoph: S.130
Marti, Kurt: S. 235
Marx, Karl: S. 311
Masüger, Andrea: S. 302
Matter, Joy: S.123ff.
Matter, Mani (Hans Peter): S. 18, 89, 91, 118, 122ff., 159, 164, 166, 260, 333f., 337
Matter, Meret: S.124
Matter, Sibyl: S.124, 126
Matter, Ueli: S.124
Matthys, Felix: S. 202
Maurer, Werner: S. 343
May, Karl: S. 60
Mazenauer, Beat: S. 315
McCartney, Paul: S.161
Meienberg, Niklaus: S.141, 187, 248, 263f., 273, 310f.
Meier, Gerhard: S. 304, 318f.
Meier, Simone: S. 323
Meinhof, Ulrike: S. 349
Meister, Gerhard: S. 328

Mendelssohn, Felix: S. 282
Merki, Kurt-Emil: S. 269
Merz, Klaus: S. 313
Meschini, Dora: S. 289
Meyer, Conrad Ferdinand: S. 349
Michl, Reinhard: S. 343
Mindell, Arnold: S.142
Moeschlin, Felix: S.141
Molière (Poquelin, Jean-Baptiste): S. 66
Monliger, Markus: S. 223
Monterroso, Augusto: S. 314
Moore, Roger: S. 287
Morath, Walter: S. 83
Morgenstern, Christian: S. 61
Mozart, Wolfgang Amadeus: S. 39, 68, 83f.
Mühlemann, Rolf: S.181
Müller, Tobi: S. 307f.
Müller, Wilhelm: S. 42, 177, 229
Murer, Fredi M.: S. 207f., 266
Muschg, Adolf: S. 266, 294
Musil, Robert: S. 91
Nef, Ernst: S.116
Nessi, Alberto: S. 266, 312
Nestroy, Johann Nepomuk: S. 66
Niederhauser, Rolf: S. 216
Niño, Jairo Aníbal: S. 314
Novak, Christopher: S. 295
Nyffeler, Max: S. 82, 84
Ogi, Adolf: S. 248
Okudschawa, Bulat: S.161
Oppenheim, Roy: S. 202
Orlando, Antonio: S.158
Overath, Angelika: S. 235
Ovid: S. 46
Papenberg, Roland: S. 270
Papst, Manfred: S. 282, 286
Pasternak, Boris: S. 36
Paucker, Henri R.: S. 209
Paustowski, Konstantin: S. 323
Pedretti, Erica: S. 251
Peter, Matthias: S. 88
Piatti, Celestino: S. 51
Planzer, Mani: S.192ff.

Platon: S. 286
Platter, Thomas: S.140
Polgar, Alfred: S. 312
Pound, Ezra: S. 90
Pulver, Elsbeth: S. 219
Quellet, René: S.19f., 121, 160, 207, 230, 232, 260, 294, 334, 339
Rainer, Margrit: S. 63
Ramseyer, Hugo: S. 87, 89, 94f., 118ff., 170
Rasser, Alfred: S. 63, 83, 92, 165
Rasser, Roland: S. 87
Reck, Oskar: S.198f.
Reich-Ranicki, Marcel: S.158
Reinhart, Josef: S. 64
Renty: S. 332
Richard, Christine: S. 258f., 280, 317f.
Richner, Beat (Beatocello): S. 35, 238
Rickenbacher, Hans-Jürg: S. 282
Rieben, Edouard: S.192
Rilke, Rainer Maria: S. 74, 113
Rimbaud, Arthur: S. 312
Ringelnatz, Joachim: S. 61, 64f.
Ris, Roland: S.101
Rittmeyer, Joachim: S.18, 128ff., 134, 148, 164f., 184ff., 250, 294
Roelli, Hans: S.168
Rogner, Felix: S. 92
Rometsch, Rudolf: S.180
Rostropowitsch, Mstislaw: S. 41
Rothenbacher, Susanne: S. 283
Rothenbühler, Christine: S. 334
Rüeger, Max: S. 252f.
Saner, Fabian: S. 70f.
Saner, Hans: S. 266
Santschi, Madeleine: S.192
Sappho: S. 218
Sauvage, Catherine: S. 92
Scapa, Ted (Schaap, Eduard): S.112
Schaber, Susanne: S. 221
Schär, Brigitte: S. 294
Schärer, Kathrin: S. 344
Schellenberg, Peter: S.144
Schenker (Kinderarzt): S. 33, 36
Schlatter, Ralf: S. 328

Schlumpf, Hans-Ulrich: S. 353
Schlunegger, Adolf: S. 54, 295
Schmidli, Peter: S. 161
Schmidlin, Vreni: S. 249
Schmidt, Georg: S. 281
Schneider, Gertrud: S. 282
Schubert, Franz: S. 42, 86, 175ff., 218, 229
Schubiger, Jürg: S. 43, 119, 141, 210ff., 294, 337, 343
Schulte, Bettina: S. 277, 350
Schumann, Clara: S. 282
Schumann, Robert: S. 282
Schüz, Daniel J.: S.144
Schweizer, Eduard: S. 80f.
Scott, Robert Falcon: S. 61
Seibt, Constantin: S. 309
Shakespeare, William: S. 84
Siblewski, Klaus: S.12, 235ff., 264f.
Sieger, Nadja (Nadeschkin): S. 238ff., 294
Sonderegger, Stefan: S. 76
Späth, Gerold: S. 251
Speck, Verena: S.136
Spyri, Johanna: S. 348
Stader, Maria: S. 43
Stadler, Peter: S. 75
Stähli-Barth, Peter: S. 330
Staiger, Emil: S. 77, 79, 218
Stanley, Henry Morton: S. 60f.
Stark, Christine: S. 352
Stauffer, Michael: S. 328
Steinberger, Emil: S.12, 19, 93, 95, 122, 126f., 136, 154, 162ff., 294, 353
Steinberger, Maya: S.163
Steinegger, Birgit: S. 250
Steiner, Jörg: S.117
Stifter, Adalbert: S. 317
Stirnemann, Bernhard: S. 89, 176
Stocker, Monika: S.144
Storz, Claudia: S. 248
Storz, Ludwig: S. 48f., 304
Stössinger, Verena: S. 251
Stuber, Ruedi: S.167

Studer, Annemarie: S. 233
Sturzenegger, Susanne: S. 327
Tagore (Thakur), Rabindranath: S. 312
Tamò, Bettina: S. 294
Thiel, Andreas: S.120
Thommen, Elsbeth: S. 98, 106
Tolstoi, Lew Nikolajewitsch: S. 312
Toulouse-Lautrec, Henri: S. 85
Traxler, Hans: S. 274
Tresch, Christine: S. 342
Tschudi, Gilles: S. 295
Ungaretti, Giuseppe: S. 312
Ursus & Nadeschkin: S. 238ff., 294
Valentin, Karl: S. 64, 66, 367
Vergil: S. 218
Vescoli, Toni: S.161
Vian, Boris: S.154f., 161, 185, 241, 282
Villard, Jean (Gilles): S.165
Villiger, August P.: S.109, 118, 169
Vita, Helen: S. 92
Vollenweider, Andreas: S. 266
Von Allmen, Anita: S.10
Von Allmen, Hansueli: S. 9ff., 133ff.
Von Arx, Urs: S. 58
Von Grünigen, Heinrich: S.102f., 106, 135ff.
Von Haller, Albrecht: S.102
Von Hofmannsthal, Hugo: S. 74f.
Von Manger, Jürgen: S. 92
Von Matt, Beatrice: S. 274, 325, 331, 334
Von Matt, Peter: S. 234, 294ff., 318f., 334
Von Matthisson, Friedrich: S.116
Von Muralt, Leonhard: S. 75
Von Ostfelden, Maria: S. 88
Von Roten, Iris: S. 348
Waalkes, Otto: S.181
Wader, Hannes: S.148, 159, 294
Wagenbach, Klaus: S. 349
Wagner, Thomas: S.195
Waller, Fats (Thomas Wright): S.161
Wallmann, Jürgen P.: S. 219f.
Walser, Robert: S. 24, 174, 304, 318

Walter, Bruno: S. 41
Walter, Otto F.: S.117, 235, 248
Walter, Ruedi: S. 63
Wälterlin, Oskar: S. 41
Weber, Antje: S. 279
Weber, Ulrich (Literaturarchiv): S.11, 334
Weber, Ulrich (TV DRS): S. 249f.
Weber, Walter: S. 23, 28
Weber, Werner: S.116, 158
Wehrli, Peter K.: S. 86
Wehrli, Urs (Ursus): S. 238ff., 294
Widmann, Josef Viktor: S. 41
Widmer, Fritz: S. 256f., 260, 294, 333
Widmer, Karin: S. 256f., 344
Widmer, Sigmund: S.195f.
Widmer, Thomas: S. 306
Widmer, Urs: S.116, 251, 351f., 353, 364ff.
Widmer, Werner (Bluesmax): S. 250
Wienzierl, Ulrich: S.190f.
Wild, Max: S. 201
Wille, Ulrich: S.187
Willemsen, Roger: S. 330
Wittwer, Lina (Großmutter): S. 27, 29, 33, 49
Wittwer, Hermann (Großvater): S. 27ff., 37, 49
Wynistorf, Max: S. 258
Wyss, Thomas: S. 306
Wyss, Tobias: S.130, 207f., 230ff., 334
Yupanqui, Atahualpa: S.161, 167, 241
Zahn, Ernst: S. 31
Zappa, Frank: S.161, 169, 241
Zappa, Marco: S. 280ff., 294
Zimmerman, Tucker: S.131, 161
Zimmermann, Eduard: S. 228
Zimmermann, Marie-Louise: S. 211f.
Zimmermann, Osy: S. 249
Zimmermann, Peter: S.155f.
Zopfi, Emil: S. 353

so viel zum Menschen
und jetzt kommen wir zur Auftrittsliste
das ist mir eigentlich das Wichtigste
dass die Menschen im Netz irgendeinmal die Frage beantwortet bekommen
die mir so häufig gestellt wird
wann treten Sie wieder in Mettmenstetten auf
oder kommen Sie auch einmal nach Lambach
und nach diesem Moment hab ich mich lange gesehnt
nach dem Moment
der jetzt schon da ist
in dem ich also sagen kann
klicken Sie doch einfach meine Homepage an.

Also los, klicken Sie!
www.franzhohler.ch